Pratiques et Ressources

CM

SOPHIE HÉNON & MARCELIN HAMON

LECTURE COMPRÉHENSION

6 STRATÉGIES

POUR APPRENDRE À COMPRENDRE

RESSOURCES BI-MÉDIA

Nathan

SOMMAIRE DES RESSOURCES

COMMENT ACCÉDER À VOS RESSOURCES

Mes ressources Pratiques et Ressources - Lecture compréhension CM EN 1 CLIC !

1. Rendez-vous sur le site d'activation : activation.nathan.fr/lecture-comprehension-cm
2. Créez votre compte si nécessaire et répondez aux questions posées pour vous identifier en utilisant ce guide pédagogique. Vous recevrez un mail avec des instructions à suivre pour activer vos ressources gratuites ainsi que votre login et votre mot de passe.
3. Téléchargez l'appli gratuite BiblioManuels en suivant les instructions.
4. Ouvrez BiblioManuels sur votre ordinateur, rentrez vos login et mot de passe. La ressource apparait dans sa bibliothèque.

Cliquez sur « Téléchargez » sous le visuel de la ressource.

Cliquez sur « Ouvrir » pour accéder à la ressource.

Pour télécharger les ressources sur clé USB personnelle, allez dans le menu et sélectionnez « Copier sur une clé personnelle ».

TEST ET ÉVALUATIONS

TEST DE DÉBUT ET DE FIN D'ANNÉE : FAÇON DE PARLER

Prénom : ....

Façons de parler

Papa, il est prof de français… Oh, pardon : *mon père enseigne la langue et la littérature françaises*. C'est pas marrant tous les jours ! Je veux dire : *parfois, la profession de mon père est pour moi cause de certains désagréments*.

L'autre jour, par exemple. En sciant du bois, je me suis coupé le pouce. Profond ! J'ai couru trouver papa qui lisait dans le salon.

– Papa, papa ! Va vite chercher un pansement, je pisse le sang ! ai-je hurlé en tendant mon doigt blessé.

– Je te prie de bien vouloir t'exprimer correctement, a répondu mon père sans même lever le nez de son livre.

– *Très cher père*, ai-je corrigé, *je me suis entaillé le pouce et le sang s'écoule abondamment de la plaie*.

– Voilà un exposé des faits clair et précis, a déclaré papa.

– Mais grouille-toi ça fait vachement mal ! ai-je lâché, n'y tenant plus.

– Luc, je ne comprends pas ce langage, a répliqué papa, insensible.

– *La douleur est intolérable*, ai-je traduit, *je te serais donc extrêmement reconnaissant de bien m'accorder sans délai les soins nécessaires*.

– Ah, voilà qui est mieux, a commenté papa, satisfait. Examinons d'un peu plus près cette égratignure.

Il a baissé son livre et m'a aperçu, grimaçant de douleur et serrant mon pouce sanguinolent.

– Mais t'es cinglé, ou quoi ? a-t-il hurlé, furieux. Veux-tu f… le camp, tu pisses le sang ! Tu as dégueulassé la moquette ! File à la salle de bains et dém…-toi ! Je ne veux pas voir cette boucherie !

J'ai failli répondre : *« Très cher papa, votre façon de parler m'est complètement étrangère. Je vous saurais donc gré de bien vouloir vous exprimer en français. »*

Mais j'ai préféré ne rien dire.

De toute façon, j'avais parfaitement compris.

Je suis doué pour les langues, moi.

Nouvelles histoires pressées, Bernard Friot, © Éditions Milan.

1. Combien y a-t-il de personnages dans cette histoire ?	1 0 A
2. Quel est le métier du papa du petit garçon ?	1 0 A
3. Quel est le prénom de l'enfant ?	1 0 A
4. Comment l'enfant s'est-il blessé ?	1 0 A
5. Qu'est-ce qui n'est pas marrant tous les jours ? (ligne 3)	1 0 A
6. Qu'est-ce qui est profond ? (ligne 5)	1 0 A
7. Que faisait le papa quand son fils est venu le voir parce qu'il s'était blessé ?	1 0 A
8. Pourquoi le papa est-il furieux ? (lignes 21-23) ☐ Parce qu'il ne peut plus lire tranquillement. ☐ Parce que son fils n'a pas bien parlé. ☐ Parce que son fils a mis du sang partout.	1 0 A
9. Pourquoi le père ne lève-t-il pas le nez de son livre alors que son fils lui annonce qu'il est blessé ? (lignes 9-10)	1 0 A
10. Le père écoute son fils : ☐ Seulement quand il est poli. ☐ Seulement quand il est blessé. ☐ Seulement quand il parle très bien.	1 0 A
11. Que pense le père quand il entend son fils lui dire « Mais grouille-toi papa, ça fait vachement mal ! » ? (ligne 14) ☐ Oh là là, mon fils souffre ! ☐ Oh là là, mon fils parle mal ! ☐ Oh là là, il faut appeler les pompiers !	1 0 A
12. Pourquoi le père parle-t-il mal ? (lignes 21-23) ☐ Parce que son fils lui a mal parlé. ☐ Parce que son fils a sali la moquette avec du sang. ☐ Parce qu'il est inquiet pour son fils blessé.	1 0 A
13. Que penses-tu du comportement du père qui n'écoute son fils que quand il parle très bien ? Pourquoi ?	1 0 A
14. Quel problème cela pose-t-il de toujours demander à son fils de bien s'exprimer ?	1 0 A
15. Penses-tu que… ☐ le fils a peur du sang ? ☐ le père a peur du sang ? ☐ personne n'a peur du sang ?	1 0 A
16. Qu'est-ce qui aurait pu permettre d'éviter que le sang de l'enfant coule sur la moquette ?	1 0 A

ÉVALUATION : LA VOIX

Prénom : ....

Robert Desnos est un poète français né en 1900 et mort en 1945. Il devient soldat pendant la Seconde Guerre mondiale, et c'est pendant cette guerre qu'il écrit le poème La voix *(et bien d'autres).*

La voix

1 Une voix, une voix qui vient de si loin
Qu'elle ne fait plus tinter les oreilles,
Une voix, comme un tambour, voilée
Parvient pourtant, distinctement, jusqu'à nous.

Bien qu'elle semble sortir d'un tombeau
Elle ne parle que d'été et de printemps.
Elle emplit le corps de joie,
Elle allume aux lèvres le sourire.

Je l'écoute. Ce n'est qu'une voix humaine
Qui traverse les fracas de la vie et des batailles,
L'écroulement du tonnerre et le murmure des bavardages.

Et vous ? Ne l'entendez-vous pas ?
Elle dit « La peine sera de courte durée. »
Elle dit « La belle saison est proche. »

Ne l'entendez-vous pas ?

Corps et biens, Robert Desnos,

1. Qu'entend le poète ? ……	1 0 A
2. De quoi parle cette voix ? …… ……	1 0 A
3. Dans le poème, trouve un mot ou un groupe de mots qui montre que le poète parle de la guerre. ……	1 0 A
4. Dans le poème, trouve un mot ou un groupe de mots qui montre que le poète parle d'espoir. ……	1 0 A
5. La voix que le poète entend est-elle forte ou faible ? ……	1 0 A
6. Quelle émotion ressent le poète ? ……	1 0 A
7. À qui le poète parle-t-il quand il dit « Et vous… » ? (lignes 12 à 15) ☐ à ses ennemis ☐ à nous, ses lecteurs ☐ à ses parents	1 0 A
8. Quel autre titre conviendrait à ce poème ? ☐ L'espoir ☐ La joie ☐ La guerre	1 0 A
9. Pourrait-on vraiment entendre la même voix que le poète si on était près de lui ? ……	1 0 A
10. À quoi pense le poète pendant cette guerre ? ☐ Cette guerre va nous débarrasser de tous nos ennemis. ☐ Cette guerre sera bientôt terminée. ☐ Cette guerre amène le sourire.	1 0 A
11. Penses-tu que Robert Desnos entende VRAIMENT une voix ? Pourquoi ? …… ……	1 0 A
12. Où imagines-tu le poète quand il écrit ce poème ? …… ……	1 0 A
13. Que penses-tu d'un homme qui écrit un poème alors qu'il est à la guerre ? ☐ Il a raison, ça lui fait du bien. ☐ Il a tort, il ferait mieux de se battre.	1 0 A
14. Imagine des soldats à la guerre lisant ce poème. Que pourrait leur apporter ce poème ? Explique pourquoi. …… …… ……	1 0 A
15. Que veut dire Robert Desnos avec ce poème ? ☐ Il faut utiliser sa voix pour faire revenir le printemps. ☐ Si on garde espoir tous ensemble, on réussira à sortir de cette guerre.	1 0 A
16. Que ferais-tu, toi, pour garder espoir dans un moment difficile ? …… …… ……	1 0 A

ÉVALUATION : LE LIÈVRE ET LA TORTUE

Prénom : ....

Le Lièvre et la Tortue

Le Lièvre se vantait d'être, de tous les animaux,
Le plus rapide à la course.
Il s'apitoyait avec mépris sur la Tortue à cause de sa lenteur.
Un jour, la Tortue le provoqua en disant :
« Si tu faisais la course avec moi,
Tu serais surement perdant. »
Le Lièvre s'en amusa,
Et comme il était de bonne humeur ce jour-là,
Il décida de relever le défi.
Peu après le départ,
Le Lièvre eut déjà une confortable avance.
Il ne voulut pas se fatiguer plus longtemps,
Et il s'installa confortablement au bord du chemin pour se reposer.
Peu après, il s'endormit.
Quand il se réveilla,
Il s'affola et courut droit au but…
Pour y trouver la Tortue qui l'attendait.
Elle ne s'était pas attardée
Et elle avait suivi son chemin droit jusqu'au but.
C'est ainsi qu'elle se retrouva grande gagnante.

Ésope, VIIe-VIe siècle avant J.-C.

1. Qui se vante d'être le plus rapide ?	1	0	A
2. Que fait le Lièvre pour ne pas trop se fatiguer pendant la course ?	1	0	A
3. Qui est en tête juste après le départ ?	1	0	A
4. Qui gagne la course ?	1	0	A
5. Quel défi le Lièvre accepte-t-il ?	1	0	A
6. Pourquoi, peu de temps après le départ, le Lièvre a-t-il déjà beaucoup d'avance sur la Tortue ?	1	0	A
7. Pourquoi le Lièvre prend-il le risque de se reposer pendant la course ?	1	0	A
8. Que veut dire « Le Lièvre s'apitoyait avec mépris sur la Tortue à cause de sa lenteur » ?	1	0	A
9. Avant le départ, qui pense être vainqueur ? ☐ La Tortue ☐ Le Lièvre ☐ Les 2 animaux	1	0	A
10. Le Lièvre s'affole, pourquoi ? (ligne 16)	1	0	A
11. Qu'aurait dû faire le Lièvre pour gagner ?	1	0	A
12. Lequel de ces 2 animaux connait le mieux ses capacités ? ☐ La Tortue ☐ Le Lièvre ☐ Les 2 animaux	1	0	A
13. Penses-tu que la Tortue savait qu'elle allait gagner la course quand elle a dit au Lièvre « Si tu faisais la course avec moi, tu serais surement perdant » ?	1	0	A
14. Imagine un conseil que pourrait donner la Tortue au Lièvre sur la ligne d'arrivée.	1	0	A
15. Que veut nous dire l'auteur dans cette fable ? ☐ C'est toujours le plus fort qui gagne. ☐ Il ne faut jamais sous-estimer son adversaire. ☐ Pour gagner, il faut s'entraider.	1	0	A
16. Pourquoi l'auteur a-t-il choisi un lièvre et une tortue pour raconter cette histoire ?	1	0	A

ÉVALUATION : MAFALDA

Prénom : ....

Mafalda rencontre son amie Susanita

Mafalda, Quino © 2024, sucesores de Joaquín S. Lavado (Quino) / Caminito Sas Literary Agency.

Mafalda rencontre son amie Susanita

Mafalda, Quino © 2024, sucesores de Joaquín S. Lavado (Quino) / Caminito Sas Literary Agency.

Mafalda rencontre son amie Susanita

Mafalda, Quino © 2024, sucesores de Joaquín S. Lavado (Quino) / Caminito Sas Literary Agency.

1. Comment s'appellent les 2 personnages ?	1 0 A
2. Que demande Susanita à Mafalda ?	1 0 A
3. Que répond Mafalda à la question « Est-ce que ton père a eu mal chez le dentiste ? » ☐ Oui, il a souffert. ☐ Non, il n'a pas souffert.	1 0 A
4. Grâce à quel instrument du dentiste le papa de Mafalda n'a-t-il pas souffert ?	1 0 A
5. Où a mal le papa de Mafalda ?	1 0 A
6. Que fait Susanita quand Mafalda lui dit que son père n'a absolument rien senti ? (vignette 3)	1 0 A
7. Pourquoi est-ce que Susanita s'en va alors que Mafalda est en train de lui parler ? (vignette 3)	1 0 A
8. Pourquoi y a-t-il un point d'interrogation dans une bulle de parole de Mafalda ? (vignette 3) ☐ Parce que Mafalda dit à Susanita : « Point d'interrogation. » ☐ Parce que Mafalda ne comprend pas pourquoi Susanita lui tourne le dos.	1 0 A
9. Quelle réponse Susanita voulait-elle entendre ? ☐ Que le papa avait beaucoup souffert chez le dentiste. ☐ Que le papa n'avait pas du tout souffert chez le dentiste.	1 0 A
10. À ton avis, que ressent Susanita quand elle apprend que le papa de Mafalda n'a pas souffert chez le dentiste ? ☐ Susanita est contente. ☐ Susanita est déçue.	1 0 A
11. Quand on apprend que quelqu'un n'a pas souffert, normalement, on est plutôt : ☐ content ☐ déçu	1 0 A
12. Pourquoi Susanita préfèrerait-elle entendre que le papa de Mafalda a souffert ?	1 0 A
13. Imagine la réaction qu'aurait eue Susanita si elle avait appris que le papa de Mafalda avait souffert chez le dentiste.	1 0 A
14. Que dirais-tu de Susanita dans cette histoire ? ☐ Elle est jolie. ☐ Elle est cruelle. ☐ Elle est gentille.	1 0 A
15. Que pourrait répondre Mafalda à Susanita dans une 5e vignette ? ☐ Mon papa n'est pas un héros, mais un être humain. ☐ Mon papa a été très courageux. ☐ Mon papa est un très bon dentiste.	1 0 A

ÉVALUATION : TOM SAWYER

Prénom : ....

Avant la passation de l'évaluation, lire le titre et l'introduction en italique avec les élèves et faire dire : « Il y a 2 personnages, Tom et sa tante Polly. Tom est un enfant et Polly est sa tante, sa tata. Tom doit repeindre la clôture du jardin de Tante Polly. » Ajouter que cette histoire se passe en Amérique, dans les années 1850. À cette époque, les gens blancs et riches possèdent des esclaves noirs.

Les aventures de Tom Sawyer

Tante Polly a demandé à Tom de repeindre la clôture du jardin.

Tom apparut sur le trottoir, muni d'un seau de lait de chaux et d'un pinceau à long manche. Lorsqu'il examina la clôture, toute joie le quitta et la mélancolie prit possession de son esprit. Trente mètres de clôture en planches, un mètre et demi de haut. La vie lui apparut comme vide, l'existence n'était plus qu'un fardeau. Avec un soupir, il plongea son pinceau et en barbouilla la planche supérieure ; répéta l'opération ; recommença ; compara la trainée blanche insignifiante au continent immense de clôture non badigeonnée, et s'assit, découragé, sur un des rondins protégeant les jeunes arbres. Jim franchit le portail d'un pas primesautier en chantant *Buffalo Gals*, un seau en fer-blanc à la main. [...] Tom dit :

« Dis donc, Jim, je vais chercher l'eau si tu badigeonnes un peu. »

Jim secoua la tête et dit :

« Peux pas, Mait' Tom. La vieille Maitresse, elle m'a dit d'aller chercher cette eau et de pas m'arrêter pour fai' l'imbécile avec personne. Elle a dit qu'elle pense que Mait' Tom va me demander de badigeonner, et alo' elle m'a dit de m'occuper de mes prop' oignons – elle se disait qu'elle, elle surveillerait le badigeon.

– Oh, t'occupe pas de ce qu'elle a dit, Jim. Elle parle toujours comme ça. Passe-moi le seau – je serai parti tout juste une minute. Elle en saura rien.

– Oh, faut pas, Mait' Tom. La vieille Maitresse, elle m'arrache la tête pou' la mets' ent' mes deux oreilles. Ça c'est sû'.

– Elle ! Elle bat jamais personne – nous tape juste sur la tête avec son dé à coudre – et qui s'en inquiète, j'aimerais le savoir. Elle dit des choses terribles, mais les paroles font jamais mal – en tout cas pas si elle crie pas. Jim, je vais te donner une merveille. Je vais te donner mon agate blanche ! »

Jim commençait à hésiter.

« Mon agate blanche, Jim ! Et c'est un calot monstre.

– Oh là là ! Une vraie merveille, comme elle brille, je vois bien ! Mais Mait' Tom, c'est que Jim, il a très peu' de la vieille Maitresse...

– Et en plus, si tu veux, je te montrerai mon orteil abimé. »

Jim n'était qu'humain – ce spectacle était par trop attirant. Il posa son seau, prit l'agate blanche et se pencha sur l'orteil avec un intérêt captivé tandis que Tom défaisait lentement le bandage. Un instant plus tard, Jim courait dans la rue avec son seau et un derrière en feu, Tom badigeonnait vigoureusement, et tante Polly quittait le champ de bataille, une pantoufle à la main, le regard triomphant.

Les aventures de Tom Sawyer, Mark Twain, trad. de Bernard Hœpffner, © Tristram.

1. Que demande tante Polly à Tom ? .... 1 0 A

2. Combien mesure la clôture du jardin ? .... 1 0 A

3. Qui vient parler à Tom ? .... 1 0 A

4. Que veut donner Tom à Jim pour qu'il fasse le travail à sa place ? 1 0 A

....

5. Tom a-t-il envie de faire le travail que tante Polly lui demande ? Explique comment tu le sais. 1 0 A

....

....

6. Entre la ligne 35 et 39, l'auteur n'écrit pas tout. Jim vient voir l'agate et l'orteil de Tom et un instant plus tard Jim court avec le derrière en feu. Que s'est-il passé ? 1 0 A

☐ Un pétard a explosé. ☐ Tom a frappé Jim.

☐ Tante Polly lui a donné un coup de pantoufle sur les fesses.

7. « Une vraie merveille, comme elle brille ! » (ligne 26), de quoi parle-t-on ? 1 0 A

....

8. À la dernière ligne, pourquoi Tante Polly a-t-elle le regard triomphant ? 1 0 A

....

9. Tu dirais que : 1 0 A

☐ Tom est courageux et obéissant.

☐ Tom est malin et fainéant. ☐ Tom est méchant et mal poli.

Explique ce que Tom fait dans l'histoire et qui t'amène à donner cette réponse.

....

....

10. Quelle ruse utilise Tom pour ne pas repeindre la clôture lui-même ? 1 0 A

....

11. Pourquoi l'auteur écrit que « l'existence n'était plus qu'un fardeau » pour Tom ? 1 0 A

☐ Le seau était très lourd.

☐ Tom vient de se faire gronder par tante Polly.

☐ Tom vient de comprendre que peindre la palissade serait un travail très long.

12. Tu dirais que cette histoire est plutôt : 1 0 A

☐ comique ☐ effrayante ☐ triste

13. Tu penses que :

☐ Tante Polly s'attendait à ce que Tom n'ait pas envie de repeindre la clôture. 1 0 A

☐ Tante Polly est surprise que Tom n'ait pas envie de repeindre la clôture.

14. À la fin de l'histoire, Tom peint et Jim court. Que penses-tu de ce qui leur arrive ? Pourquoi ? 1 0 A

....

....

15. À ton avis, pourquoi l'auteur du texte ne raconte pas comment Tom et Jim se sont fait disputer par la Tante Polly ? 1 0 A

....

....

16. L'auteur utilise des expressions imagées comme « l'existence n'était plus qu'un fardeau » (ligne 4) ou « continent immense de clôture non badigeonnée » (ligne 7). Pourquoi ? 1 0 A

☐ Par hasard, sans raison précise.

☐ Il a recopié sur un autre texte car c'était plus facile.

☐ Par choix, pour mieux faire comprendre ce qu'il veut exprimer.

TEXTES

EXERCICES

La mère de Charles a invité ses amies pour prendre le thé. Depuis sa chambre, Charles les entend papoter.
Il décroche le téléphone et compose un numéro au hasard. D'après la voix à l'autre bout de la ligne, il est tombé chez une vieille dame.
– Bonjour, chère madame, dit Charles très lentement, en articulant chaque mot exagérément, vous êtes une vieille autruche alcoolique complètement déplumée, congelée, déshydratée et lyophilisée.
– Mon petit Charles, demande sa mère depuis le salon, mon petit Charles, tu ne t'ennuies pas ?
– Non, maman, répond Charles, je fais du français, un exercice de vocabulaire.
Et toutes les dames du salon gloussent en chœur :
– Quel enfant sérieux, quel enfant studieux !

Charles va chercher l'atlas dans le bureau de son père. Sur la carte de l'Islande, il écrase une glace à la vanille. Il laisse couler du ketchup sur la Pologne et du produit à vaisselle sur la Nouvelle-Calédonie. Pour l'Australie, il choisit du yaourt à la framboise et de l'encre de Chine pour la Somalie.
– Mon petit Charles, demande sa mère, tu ne t'ennuies pas ?
– Non, maman, répond Charles, je fais de la géographie, la carte des océans avec les fleuves et les rivières.
Et toutes les dames du salon gloussent en chœur :
– Quel enfant sérieux, quel enfant studieux !

Dans l'entrée, ces dames ont entassé leurs manteaux de fourrure et laissé leurs sacs à main. En fouillant, Charles découvre quelques porte-monnaie. Il les vide soigneusement et cache tout l'argent dans le panier du chat.
– Mon petit Charles, demande sa mère, tu ne t'ennuies pas ?
– Non, maman, répond Charles, je fais des mathématiques, des additions et des soustractions.
Et toutes les dames du salon gloussent en chœur :
– Quel enfant sérieux, quel enfant studieux !
– Eh oui, dit fièrement la maman, il est le premier de sa classe.
Et Charles, pendant ce temps, a pêché le poisson rouge dans son bocal et sorti des ciseaux pointus.
« Bon, maintenant, se dit-il, je vais faire de la biologie. »

« Exercices », in *Histoires pressées*, Bernard Friot, © Éditions Milan, 1988.

SÉQUENCE 2 LE VAILLANT PETIT TAILLEUR

Par un matin d'été, un petit tailleur, assis sur sa table, près de la fenêtre, était de bonne humeur et cousait de toutes ses forces. Et voilà qu'une paysanne descendit la rue en criant : « Marmelade, bonne marmelade à vendre ! » Ce fut bien agréable à l'oreille du petit tailleur, il passa sa tête menue par la fenêtre et cria : « Montez, bonne femme, on va vous débarrasser de votre marchandise ! » La femme monta les trois étages avec son lourd panier et dut déballer devant lui tous ses pots. Il les examina tous, les leva en l'air, y mit le nez et dit enfin : « La marmelade m'a l'air bonne, pesez-m'en donc quatre onces, ma bonne femme, même si ça fait un quart de livre ça m'est égal. » La femme, qui avait espéré faire une bonne vente, lui donna ce qu'il demandait, mais s'en fut toute fâchée et en bougonnant. « À présent, Dieu bénisse ma confiture, s'écria le petit tailleur, et qu'elle me donne force et vigueur ! » Il alla prendre le pain de la miche et y tartina la marmelade. « Ça ne va pas être mauvais, dit-il, mais avant d'y mettre la dent, je vais finir mon pourpoint. » Il posa le pain à côté de lui, continua de coudre et, de plaisir, fit des points de plus en plus grands. Cependant l'odeur de la confiture sucrée montait le long des murs où il y avait une grande quantité de mouches, si bien qu'elles furent attirées et vinrent en troupe s'abattre dessus. « Hé, qui vous a donc invitées ? » dit le petit tailleur et il chassa ses convives importuns. Mais les mouches, qui ne comprenaient pas l'allemand, ne se laissèrent pas écarter et revinrent au contraire en compagnie de plus en plus nombreuse. Alors la moutarde, comme on dit, finit par monter au nez du petit tailleur, il attrapa un bout de drap dans sa corbeille à chiffons et « attendez un peu que je vous en donne ! », il tapa dessus impitoyablement. Quand il retira le chiffon et compta, il n'en vit pas moins de sept, mortes sous ses yeux, les pattes en l'air. « Serais-tu donc un gaillard de cette trempe ? dit-il, forcé lui-même d'admirer sa vaillance, il faut que toute la ville sache cela. » Et en grande hâte, le petit tailleur se coupa une ceinture, la cousit et y broda en grandes lettres : « Sept d'un coup ! » « Eh quoi, la ville ? dit-il, non, c'est le monde entier qui doit le savoir. » Et de plaisir, son cœur se trémoussait dans sa poitrine comme la queue d'un petit agneau.

Le tailleur se noua la ceinture autour du corps et décida d'aller courir le vaste monde, parce qu'il pensait que son atelier était trop petit pour sa bravoure. Avant de partir, il chercha s'il n'y avait pas dans sa maison quelque chose à emporter, mais il ne trouva rien d'autre qu'un vieux bout de fromage qu'il fourra dans sa poche. Devant la porte, il aperçut un oiseau qui s'était pris dans un buisson, l'oiseau dut aller retrouver le fromage dans sa poche. Puis il se mit bravement à arpenter la route, et comme il était léger et preste, il ne ressentait pas de fatigue.

Son chemin le conduisit en haut d'une montagne et quand il en atteignit le sommet, voici qu'un énorme géant y était assis et promenait tranquillement ses regards alentour. Le petit tailleur alla hardiment à lui, l'interpella et lui dit : « Bonjour, camarade, hein, te voilà en train de contempler le vaste monde ? Je suis justement en train de m'y rendre pour y tenter ma chance. As-tu envie de venir avec moi ? » Le géant toisa le tailleur d'un air dédaigneux et dit : « Pouilleux ! Pitoyable avorton !

– Par exemple ! répondit le petit tailleur en déboutonnant son habit et en montrant sa ceinture au géant, tiens ! Lis donc là quel gaillard je suis ! » Le géant lut : « Sept d'un coup ! », pensa que c'étaient des hommes que le tailleur avait assommés, et se sentit un peu de respect pour le petit luron. Pourtant il voulut d'abord le mettre à l'épreuve, prit une pierre dans sa main et la pressa tellement qu'il en sortit de l'eau. « Fais-en autant, dit le géant, si tu en as la force.

– Si ce n'est que ça, dit le tailleur, pour nous autres c'est un jeu d'enfant », il mit sa main dans sa poche, y prit le fromage mou et le serra de manière à en exprimer le jus. « Hein ! fit-il, c'est un peu plus fort ? » Le géant ne

sut que dire, il n'aurait jamais cru ça de ce petit homme. Alors il ramassa une pierre et la lança si haut qu'on pouvait à peine la suivre des yeux. « Eh bien, mon petit caneton, fais-en donc autant !
– Bien lancé, dit le tailleur, mais ta pierre, il a bien fallu qu'elle retombe après, moi, je vais t'en lancer une qui ne reviendra pas du tout. » Il mit la main dans sa poche, y prit l'oiseau et le jeta en l'air. Ravi d'être libre, l'oiseau s'éleva, prit son vol et ne revint plus. « Qu'est-ce que tu dis de mon petit tour, camarade ? demanda le tailleur.
– Quant au lancer, tu t'y entends, dit le géant, mais maintenant nous allons voir si tu es capable de porter un poids convenable. » Il conduisit le tailleur auprès d'un chêne puissant qui était abattu et gisait par terre, et dit : « Si tu es assez fort, aide-moi à sortir cet arbre du bois.
– Volontiers, répondit le petit bonhomme, tu n'as qu'à prendre le tronc sur tes épaules, je soulèverai les branches avec tout le feuillage et je les porterai, c'est bien le plus lourd. » Le géant prit le tronc sur ses épaules, mais le tailleur s'assit sur une maitresse branche et le colosse, qui ne pouvait pas se retourner, dut emporter tout l'arbre et le tailleur par-dessus le marché. Celui-ci était tout guilleret et de bonne humeur là-derrière, il sifflotait la chansonnette « Trois tailleurs s'en allaient à cheval », comme si porter un arbre n'était qu'un jeu d'enfant. Après avoir trainé sa lourde charge un bout de chemin, le géant ne put pas continuer et s'écria : « Écoute, il faut que je lâche l'arbre ! » Le tailleur sauta prestement par terre, prit l'arbre à deux bras comme s'il l'avait porté et dit au géant : « Un grand gaillard comme toi, tu ne peux même pas porter cet arbre ! »
Ils continuèrent de cheminer ensemble, et comme ils passaient près d'un cerisier, le géant saisit la cime de l'arbre, là où il y avait les fruits les plus mûrs, la courba, la mit dans la main du petit tailleur et lui dit d'en manger. Mais le petit tailleur était bien trop chétif pour tenir l'arbre et quand le géant le lâcha, il se redressa et le tailleur fut projeté en l'air. Quand il fut retombé sans mal, le géant dit : « Qu'est-ce que ça veut dire ? Tu n'as pas la force de tenir cette misérable badine ?
– Ce n'est pas la force qui me manque, répondit le petit tailleur, penses-tu que ce soit une affaire pour quelqu'un qui en a occis sept d'un coup ? J'ai bondi par-dessus l'arbre parce que les chasseurs là, en bas, sont en train de tirer dans le fourré, saute derrière moi si tu peux. » Le géant essaya, mais, il ne put passer par-dessus l'arbre et resta accroché dans les branches, si bien que le petit tailleur garda encore l'avantage.
Le géant dit : « Puisque tu es un gars si courageux, viens avec moi dans notre caverne et passe la nuit avec nous. » Le petit tailleur se montra disposé à le suivre. Quand ils arrivèrent dans la caverne, ils trouvèrent d'autres géants assis près de l'âtre, et chacun d'eux avait en main un mouton rôti où il mordait à belles dents. Le petit tailleur inspecta les lieux et pensa : « C'est vraiment beaucoup plus spacieux que mon atelier. » Le géant lui désigna un lit, en lui disant de s'y coucher et de dormir tout son soûl. Mais le lit était beaucoup trop vaste pour le petit tailleur, il ne se mit pas dedans et alla se blottir dans un coin. Quand il fut minuit et que le géant crut le petit tailleur profondément endormi, il se leva, prit une grosse barre de fer, en donna un coup sur toute la largeur du lit, et crut avoir achevé le marmouset. Dès l'aube les géants partirent pour la forêt, et ils avaient complètement oublié le petit tailleur quand, tout à coup, ils le virent venir d'un air tout joyeux et téméraire. Ils prirent peur, craignirent d'être tous assommés et s'enfuirent à toutes jambes.
Le petit tailleur continua son chemin, toujours le nez en l'air. Après avoir cheminé longtemps, il se trouva dans la cour d'un palais royal et comme il se sentait las, il se coucha dans l'herbe et s'endormit. Pendant qu'il dormait, des gens arrivèrent, le regardèrent sur toutes les faces et lurent sur sa ceinture : « Sept d'un coup ! » « Ah, dirent-ils, que vient faire ici ce grand guerrier, en pleine paix ? Ce doit être un puissant seigneur. » Ils allèrent rapporter la chose au roi et lui dirent qu'au cas où la guerre éclaterait, ce serait là un personnage

important et utile qu'il ne fallait laisser partir à aucun prix. Le conseil plut au roi, et il envoya au petit tailleur l'un de ces courtisans qui, à son réveil, devait lui offrir de prendre du service dans l'armée. L'ambassadeur resta auprès du dormeur, attendant qu'il s'étirât et ouvrît les yeux, puis il lui fit sa proposition. « C'est justement pour cela que je suis venu, répondit-il, je suis prêt à me mettre au service du roi. » On le reçut donc avec tous les honneurs et on lui assigna une demeure particulière.

Mais les militaires étaient montés contre le petit tailleur et le souhaitaient à mille lieues de distance. « Que va-t-il sortir de là ? se disaient-ils dans leurs conciliabules, si nous lui cherchons noise et qu'il cogne, il en tombera sept à chaque coup. Dans ces conditions, nous ne pourrons pas lui tenir tête. » Ils prirent donc une résolution, allèrent tous ensemble trouver le roi et lui demandèrent leur congé. « Nous ne sommes pas faits, dirent-ils, pour vivre à côté d'un homme qui vous en assomme sept d'un coup. » Le roi fut attristé de perdre tous ses fidèles serviteurs à cause d'un seul, il souhaita que ses yeux ne l'eussent jamais vu et se serait volontiers débarrassé de lui. Mais il n'osait pas lui signifier son congé, parce qu'il avait peur que le tailleur ne le tuât, lui et les siens, et ne montât sur le trône. Il retourna le problème en tous sens et finit par trouver un expédient. Il envoya quelqu'un au petit tailleur, et lui fit dire que, puisqu'il était un si grand guerrier, il allait lui faire une proposition. Dans une forêt de son royaume habitaient deux géants qui causaient de grands dégâts en volant, tuant, grillant et incendiant, personne ne pouvait approcher d'eux sans se mettre en danger de mort. S'il triomphait de ces deux géants et les tuait, il lui donnerait sa fille unique en mariage, et la moitié de son royaume en dot ; de plus, cent cavaliers l'accompagneraient et lui prêteraient main forte. « Ce ne serait pas mal pour un homme comme toi, se dit le petit tailleur, on ne vous offre pas tous les jours une jolie princesse et la moitié d'un royaume.

– Oh, oui, je me charge de mater les géants, et je n'ai pas besoin pour cela de cent reîtres. Qui en abat sept d'un coup n'a pas de raison d'en craindre deux. »

Le petit tailleur se mit en route, suivi des cent cavaliers. Arrivé à l'orée du bois, il dit à ses compagnons : « Faites donc halte ici, je viendrai bien à bout des géants tout seul. » Il entra d'un bond dans la forêt et regarda de droite et de gauche. Au bout d'un petit moment, il aperçut les géants couchés sous un arbre, ils dormaient et ronflaient si fort qu'ils faisaient monter et descendre les branches. Vivement, le petit tailleur remplit ses deux poches de pierres et grimpa dans l'arbre. Quand il fut au milieu, il se laissa glisser le long d'une branche pour arriver juste au-dessus des dormeurs, et fit tomber ses pierres l'une après l'autre sur la poitrine de l'un d'eux. Pendant longtemps le géant ne sentit rien, mais finalement il se réveilla, donna une bourrade à son compagnon et dit :

« Pourquoi me bats-tu ?

– Tu rêves, dit l'autre, je ne te bats pas. » Ils s'allongèrent de nouveau pour dormir, mais alors le tailleur jeta une pierre sur le second.

« Qu'est-ce que ça veut dire ? s'écria l'autre, pourquoi me lances-tu des pierres ?

– Je ne te lance pas de pierres », répondit le premier en bougonnant. Ils se chamaillèrent un moment, mais comme ils étaient fatigués, ils en restèrent là et leurs yeux se refermèrent.

Le petit tailleur recommença son manège, il choisit la pierre la plus grosse et la jeta de toutes ses forces sur la poitrine du premier géant. « C'est trop fort ! » s'écria-t-il, il se leva comme un fou, et poussa violemment son compagnon contre l'arbre, qui en trembla. L'autre lui rendit la monnaie de sa pièce et ils entrèrent dans une telle fureur qu'ils arrachèrent les arbres et cognèrent l'un sur l'autre, tant et si bien qu'ils tombèrent morts en même temps. Alors le petit tailleur sauta par terre. « Une chance, dit-il, qu'ils n'aient pas arraché l'arbre où j'étais perché, sans quoi j'aurais dû sauter sur un autre à la manière d'un écureuil, mais nous sommes lestes, nous autres ! » Il tira son épée et en assena quelques bons coups dans la poitrine de chacun, puis il sortit du bois pour retrouver ses cavaliers et dit : « L'ouvrage est fait, je

leur ai donné à tous deux le coup de grâce. Mais l'affaire a été rude, dans le péril ils ont déraciné des arbres, pourtant tout cela ne sert de rien quand il en vient un comme moi qui en abats sept d'un coup.
– Vous n'êtes donc pas blessé ? demandèrent les cavaliers.
– Pas de danger, ils n'ont pas touché à un cheveu de ma tête. »
Les cavaliers ne voulurent pas le croire, et entrèrent dans la forêt ; ils y trouvèrent les géants baignant dans leur sang, au milieu des arbres arrachés.
Le petit tailleur demanda au roi la récompense promise, mais celui-ci, qui regrettait sa promesse, chercha un nouveau moyen de se débarrasser du héros : « Avant d'obtenir ma fille et la moitié de mon royaume, dit-il, il te faut accomplir un nouvel exploit. Dans la forêt, il y a une licorne qui fait de grands dégâts, il faut d'abord me l'attraper.
– Je crains encore moins une licorne que deux géants ; sept d'un coup, voilà mon affaire. »
Il emporta une corde et une hache, alla à la forêt et dit encore une fois à ceux qu'il avait sous ses ordres de l'attendre dehors. Il n'eut pas à chercher longtemps, la licorne ne tarda pas à se montrer et bondit tout droit sur le tailleur, comme si elle voulait sans plus de façons l'embrocher. « Doucement, doucement, dit-il, ça ne se fait pas si vite que ça », il s'arrêta et attendit que la bête arrivât tout près de lui, puis il bondit prestement derrière un arbre. La licorne donna de toute sa force contre l'arbre et enfonça sa corne si profondément dans le tronc qu'elle n'eut pas assez de force pour la retirer et se trouva prise. « Je tiens l'oiseau », dit le tailleur, il sortit de derrière son arbre, passa d'abord sa corde au cou de la licorne, puis, à coups de hache il dégagea la corne du tronc, et quand tout fut réglé, il emmena la bête et la conduisit au roi.
Le roi ne voulut pas encore lui accorder la récompense promise et exprima une troisième exigence. Avant ses noces, le tailleur devrait encore lui attraper un sanglier qui causait de grands dégâts dans la forêt ; les chasseurs lui prêteraient main forte. « Bien, dit le tailleur, ce n'est qu'un jeu d'enfant. » Il n'emmena pas les chasseurs dans le bois et ils en furent bien contents, car le sanglier les avait déjà accueillis souvent d'une manière qui leur ôtait l'envie de se mettre à sa poursuite. Quand le sanglier aperçut le tailleur, il fonça sur lui, l'écume à la gueule, en s'aiguisant les dents, et voulut le jeter par terre. Mais le héros sauta avec agilité dans une chapelle voisine et, d'un bond, ressortit aussitôt par la fenêtre du haut. Le sanglier l'avait suivi, mais le tailleur fit le tour par-dehors et ferma la porte sur lui ; alors l'animal furieux, bien trop lourd et maladroit pour sauter par la fenêtre, se trouva pris. Le tailleur appela les chasseurs, pour qu'ils voient de leurs propres yeux l'animal prisonnier. Le héros, quant à lui, s'en alla trouver le roi qui, bon gré mal gré, dut alors tenir sa promesse et lui donna sa fille et la moitié de son royaume. S'il avait su qu'il n'avait pas devant lui un grand guerrier, mais un petit tailleur, il eût été encore plus affecté. Les noces furent donc célébrées en grande pompe et petite joie et l'on fit un roi d'un petit tailleur.
Quelque temps après, la jeune reine entendit son époux parler en rêve, la nuit : « Fais-moi ce pourpoint, garçon, et ravaude-moi cette culotte, ou bien je te casse mon aune sur les oreilles. » Elle comprit alors dans quelle ruelle le jeune seigneur était né, le lendemain elle confia son chagrin à son père et le pria de l'aider à se débarrasser d'un mari qui n'était rien de plus qu'un tailleur. Le roi la consola et lui dit : « La nuit prochaine, laisse la porte de ta chambre ouverte, mes serviteurs se tiendront dehors et quand il sera endormi, ils entreront, le ligoteront et le porteront sur un navire qui l'emmènera dans le vaste monde. » La femme se montra satisfaite, mais l'écuyer du roi, qui avait tout entendu, était attaché à son jeune maître et lui dénonça tout le complot. « Je mettrai obstacle à la chose », dit le tailleur. Le soir, il alla se coucher avec sa femme à l'heure habituelle. Quand elle le crut endormi, elle se leva, ouvrit la porte et se recoucha. Le petit tailleur, qui feignait seulement de dormir, se mit à crier d'une voix claire : « Fais-moi ce pourpoint, garçon, et

ravaude-moi cette culotte, ou bien je te casse mon aune sur les oreilles ! J'en ai occis sept d'un coup, j'ai tué deux géants, capturé une licorne, pris un sanglier, et j'aurais peur de ceux qui sont en ce moment dehors, devant ma chambre ? » Quand ceux-ci entendirent le tailleur parler ainsi, ils furent pris d'une grande frayeur, ils détalèrent comme s'ils avaient la chasse infernale à leurs trousses, et pas un ne voulut plus se risquer à l'attaquer. C'est ainsi que le petit tailleur devenu roi le resta toute sa vie.

Contes,
Jacob et Wilhelm Grimm,
trad. Marthe Robert, © Éditions Gallimard, 1973.

SÉQUENCE 3

P'TIT LIBÉ DANS LA JUNGLE DE L'INFORMATION

P'tit Libé dans la jungle de l'information

P'tit Libé a un exposé à faire sur le changement climatique. Dans ce jeu, tu dois l'aider à avancer dans la jungle des informations trouvées sur Internet.

Attention, il y a des pièges ! Il faut bien regarder les sources, c'est-à-dire les endroits d'où viennent les informations, vérifier qu'on peut avoir confiance en la personne qui affirme quelque chose, s'assurer que l'information ne date pas d'il y a longtemps ou qu'elle n'a pas été trafiquée.

À toi d'être attentif et de trouver si les éléments que P'tit Libé découvre grâce aux différents animaux sont fiables, c'est-à-dire si on peut les croire et donc les utiliser à l'école, ou pas.

Pour commencer son exposé, P'tit Libé cherche à savoir ce qu'est le changement climatique. Il veut donc savoir si le climat s'est réchauffé sur une longue période.

Cet article du journal *le Monde* explique que la température moyenne a augmenté d'un degré sur la Terre en un siècle.

En un siècle, la température a bien augmenté sur la Terre

Par Judith Gérard – 9 février 2017

La température moyenne sur Terre a augmenté de presque un degré en un siècle.
Résultat, le climat se dérègle : il y a de plus en plus de vagues de chaleur, de tempêtes et d'inondations. Tout ça peut abîmer ou détruire les maisons, les champs ou les routes. Certaines personnes sont alors obligées de quitter l'endroit où elles habitent, pour se mettre à l'abri.

À ton avis, cette information est-elle fiable ?

OUI NON

P'tit Libé aimerait tout de même comprendre pourquoi il fait toujours très froid l'hiver alors que les températures augmentent.

Dans cet article, un scientifique explique que le réchauffement climatique est une invention.

Le réchauffement climatique n'existe pas !

Par Juan Xavier – 5 janvier 2017

Selon James Wilfried, chercheur de la compagnie pétrolière Pitrus, les vagues de froid observées ces dernières années dans plusieurs pays du monde montrent bien que le réchauffement climatique n'existe pas : «Il a fait -50°C au nord de la Russie cet hiver, une température jamais atteinte en cinquante ans ! C'est bien la preuve qu'il n'y a pas de réchauffement climatique», explique-t-il.

À ton avis, cette information est-elle fiable ?

OUI NON

P'tit Libé aimerait bien montrer à sa classe comment les températures ont évolué ces dix dernières années. Et pour que les choses soient bien claires, rien de mieux qu'un graphique.

Dans cet article, un graphique montre que la Terre se réchauffe beaucoup trop.

En France, les températures moyennes augmentent

Par Célia Aguiar – 18 octobre 2001

Année après année, le constat est le même : la Terre se réchauffe. Ces dix dernières années, la température moyenne sur notre planète a augmenté de 1 degré. C'est beaucoup, et si on continue comme ça, ça va être la catastrophe dans cinquante ans.

Évolution de la température moyenne de la Terre en fonction des années

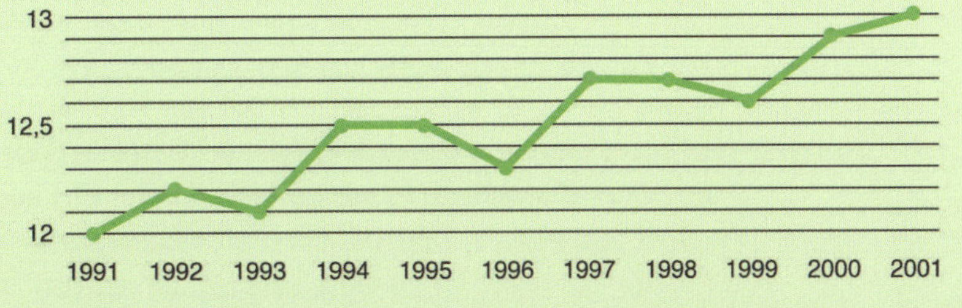

À ton avis, cette information est-elle fiable ?

OUI NON

Pour parler du changement climatique, P'tit Libé doit aborder la question des gaz à effet de serre, ces gaz qui conservent la chaleur sur la Terre. Il souhaite expliquer à ses camarades de quoi il s'agit et quelles sont les conséquences de leur existence.

Selon cet article trouvé sur le site du ministère de l'Environnement, pas de doute : les gaz à effet de serre sont tout ce qu'il y a de plus naturel.

L'effet de serre : un phénomène naturel

Par Le ministère de l'Environnement – 12 février 2017

Le climat change petit à petit parce qu'il y a trop de gaz à effet de serre dans l'atmosphère. À la base, l'effet de serre est un phénomène tout à fait naturel qui permet de conserver de la chaleur sur la Terre. Grâce aux gaz à effet de serre, la température moyenne sur notre planète est de 15°C. Sans eux, elle serait de... -18°C, c'est très froid ! Sur la planète Mars, par exemple, il fait très froid parce qu'il n'y a pas beaucoup de gaz à effet de serre, et sur Vénus très chaud parce qu'il y en a énormément.

À ton avis, cette information est-elle fiable ?

OUI NON

C'est bien beau de critiquer, mais il existe aussi des solutions pour arranger les choses, non ?

Selon cet article, les Français ont envie d'arrêter de polluer, et ils ont une bonne idée pour ça : utiliser de l'huile d'olive dans le moteur de leur voiture !

Communiqué

Automobile : les Français adorent l'huile d'olive

Par La compagnie des huiles parfumées – 14 janvier 2017

Et si l'essence du futur se trouvait dans nos cuisines ? De plus en plus de Français affirment qu'ils sont prêts à utiliser de l'huile d'olive pour faire rouler leur voiture. Une solution naturelle et saine pour remplacer le pétrole, qui pollue beaucoup. En plus, ça sent bon !

À ton avis, cette information est-elle fiable ?

OUI NON

P'tit Libé a trouvé quelques informations pour son exposé mais il lui manque une photo pour illustrer son propos. Il a entendu parler d'une image montrant les effets du réchauffement climatique sur les animaux. Mais où peut-elle bien être ?

Sur le réseau social Twitter, une photo avec un ours blanc est très partagée par les internautes. La personne qui a écrit ce message explique qu'à cause du réchauffement climatique, les ours polaires vivent sur des îles où il fait chaud.

Aurélie Laforette
@aurelieLaforette
Suivre

« Regardez ! A cause du réchauffement climatique, les ours polaires vivent sur des îles tropicales ! »
11:30 - 1er Mars 2017

11 3

À ton avis, cette photo est-elle fiable ?

OUI NON

P'tit Libé dans la jungle de l'information,
https://www.liberation.fr/apps/2017/03/le-ptit-libe-semaine-de-la-presse/,
Cécile Bourgneuf, Elsa Maudet et Émilie Coquard, © Le P'tit Libé.

MAFALDA

Mafalda, Quino © 2024, sucesores de Joaquín S. Lavado (Quino) / Caminito Sas Literary Agency.

Mafalda, Quino © 2024, sucesores de Joaquín S. Lavado (Quino) / Caminito Sas Literary Agency.

SÉQUENCE 5

LE CHAMEAU ET SA BOSSE

Voici maintenant l'histoire suivante qui raconte comment le Chameau a eu sa bosse. Au commencement des temps, quand le monde était tout neuf et tout ce qui s'ensuit, et que les Animaux commençaient tout juste à travailler pour l'Homme, il y avait un Chameau qui vivait au beau milieu d'un Désert Hurlant parce qu'il ne voulait pas travailler ; d'ailleurs, c'était un Hurleur lui-même.

Alors, il se nourrissait de bouts de bois, d'épines, de tamarisques, d'euphorbes et d'un tas de choses piquantes, tout ça dans l'oisiveté la plus mortelle. Et quand on lui adressait la parole, il disait : « Bof ! » Exactement « Bof ! », et rien de plus.

Alors le Cheval vint le voir, le lundi matin, avec une selle sur le dos et un mors dans la bouche, et il lui dit :

– Chameau, ô Chameau, viens avec nous et trotte comme nous autres !

– Bof ! dit le Chameau.

Et le cheval s'en fut le dire à l'Homme.

Alors le Chien vint à lui, un bâton dans la gueule, et lui dit :

– Chameau, ô Chameau, viens avec nous, va chercher et rapporte comme nous autres !

– Bof ! dit le Chameau.

Et le chien s'en fut le dire à l'Homme.

Alors le Bœuf vint à lui, le joug sur la nuque, et lui dit :

– Chameau, ô Chameau, viens labourer comme nous autres !

– Bof ! dit le Chameau.

Et le bœuf s'en fut le dire à l'Homme.

À la fin de la journée, l'Homme appela le Cheval, et le Chien, et le Bœuf, et leur dit :

– Vous Trois, ô Vous Trois, je suis bien désolé pour vous, avec ce monde tout neuf et tout ce qui s'ensuit : mais cette Chose-qui-dit-Bof, dans le Désert, est incapable de travailler, sans cela elle serait déjà ici. Je vais donc la laisser tranquille, et vous, vous travaillerez deux fois plus, pour compenser.

Cela fit que les Trois ne furent pas contents du tout, avec ce monde tout neuf et tout ce qui s'ensuit. Ils tinrent conseil à la limite du Désert, discutèrent, palabrèrent, blablatèrent… Le Chameau arriva en mâchant ses herbes, et plus que jamais dans une oisiveté mortelle. Il rit en les regardant, puis il dit : « Bof ! » et repartit.

Mais voilà que passa le Génie qui s'occupe de Tous les Déserts. Il passait en roulant dans un nuage de poussière, car c'est ainsi que voyagent les Génies, parce que c'est magique. Et il s'arrêta pour discuter et blablater avec les Trois.

– Génie de Tous les Déserts, dit le Cheval, est-il juste qu'une créature soit paresseuse dans ce monde tout neuf et tout ce qui s'ensuit ?

– Certainement non, dit le Génie.

– Eh bien ! dit le Cheval, il y a quelqu'un, au beau milieu de ton Désert Hurlant (et c'est un Hurleur lui-même), quelqu'un avec un long cou et de longues jambes, qui n'en a pas fichu une rame depuis lundi matin. Il ne veut pas trotter.

– Hou ! dit le Génie en sifflant. Mais c'est mon Chameau, par tout l'or de l'Arabie ! Et que dit-il quand on lui parle de ça ?

– Il dit « Bof ! » dit le Chien. Et il ne veut pas aller chercher ni rapporter.
– Et… dit-il autre chose ?
– Seulement « Bof ! » dit le Bœuf. Et il ne veut pas labourer.
– Très bien, dit le Génie. Je vais le « boffer » comme il faut, si seulement vous voulez bien attendre une minute !
Le Génie s'enveloppa dans son manteau de poussière, survola le Désert et trouva le Chameau, toujours dans l'oisiveté la plus mortelle, qui regardait son propre reflet dans une flaque d'eau.
– Mon cher faiseur de bulles, dit le Génie, qu'est-ce que j'entends dire à ton sujet ? Il parait que tu ne travailles pas, dans ce monde tout neuf et tout ce qui s'ensuit ?
– Bof ! dit le Chameau.
Le Génie s'assit par terre, le menton dans la main et commença à méditer une grande Magie, pendant que le Chameau continuait à se regarder dans la flaque d'eau.
– Depuis lundi matin, dit le Génie, tu donnes du travail supplémentaire aux Trois Animaux, à cause de ton oisiveté mortelle !
Et il continua à méditer des Magies, son menton dans la main.
– Bof ! dit le Chameau.
– Si j'étais toi, je ne répéterais pas ça, dit le Génie : tu pourrais le dire une fois de trop ! Faiseur de bulles, je veux que tu travailles !
Alors le Chameau dit encore une fois :
– Bof !
Mais à peine l'avait-il dit qu'il vit son dos, dont il était si fier, s'enfler, s'enfler et devenir une grosse bosse ballante.
– Tu vois ça ? dit le Génie. C'est ton propre « Bof ! » que tu t'es mis sur le dos en refusant de travailler. Nous sommes aujourd'hui jeudi, tu n'as rien fait depuis lundi, quand le travail a commencé… À présent, tu vas te mettre à l'ouvrage.
– Mais comment le pourrais-je, dit le Chameau, avec ce « Bof » sur le dos ?
– C'est fait exprès, dit le Génie, parce que tu as manqué ces trois premiers jours. Dorénavant, tu seras capable de travailler trois jours pleins sans manger, parce que tu vivras sur ton « Bof ! » Tu ne diras pas que je n'ai rien fait pour toi ! Maintenant, sors du Désert, va rejoindre les Trois et tâche d'apprendre à te conduire. En route !
Alors le Chameau se mit en route, avec son « Bof » et tout ce qui s'ensuit, et il s'en fut rejoindre les Trois. Depuis ce jour-là, il porte toujours un « Bof » sur le dos (nous disons une « bosse » aujourd'hui, pour ne pas le vexer), mais il n'a jamais rattrapé les trois jours de travail qu'il a manqués au commencement du monde, et il n'a jamais pu apprendre à se conduire.

« Le Chameau et sa bosse », in *Histoires comme ça*,
Rudyard Kipling, trad. P. Gripari, © Éditions Gallimard.

SÉQUENCE 6

LE LABOUREUR ET SES ENFANTS

Travaillez, prenez de la peine :
C'est le fonds qui manque le moins.
Un riche laboureur sentant sa mort prochaine
Fit venir ses enfants, leur parla sans témoins.
« Gardez-vous, leur dit-il, de vendre l'héritage
Que nous ont laissé nos parents.
Un trésor est caché dedans.
Je ne sais pas l'endroit ; mais un peu de courage
Vous le fera trouver, vous en viendrez à bout.
Remuez votre champ dès qu'on aura fait l'août.
Creusez, fouillez, bêchez, ne laissez nulle place
Où la main ne passe et repasse. »
Le Père mort, les fils vous retournent le champ
Deçà, delà, partout ; si bien qu'au bout de l'an
Il en rapporta davantage.
D'argent, point de caché. Mais le Père fut sage
De leur montrer avant sa mort
Que le travail est un trésor.

Fables, livre 5 (1668), Jean de La Fontaine.

L'électricité en France

Sans y penser, nous consommons de l'électricité tous les jours, à longueur de journée. L'électricité nous sert à nous éclairer, à faire fonctionner les appareils de la maison, à faire briller les enseignes lumineuses des magasins…

Mais d'où vient cette énergie ?
En France, l'électricité est produite de différentes façons : elle provient des centrales nucléaires, des centrales hydroélectriques, des éoliennes, des panneaux solaires et d'autres sources moins importantes.

Les centrales nucléaires

Une centrale nucléaire produit de l'électricité grâce à des explosions d'uranium. Elle a donc besoin de minerai d'uranium pour fonctionner. Elle ne rejette pas de gaz polluant dans l'atmosphère, mais de la vapeur d'eau. Elle produit des déchets radioactifs très dangereux, que les hommes ne savent pas trop comment stocker.
Pour refroidir ses circuits, elle utilise l'eau des rivières qu'elle rejette ensuite : cela réchauffe la rivière et perturbe la nature.

Les centrales hydroélectriques

Les centrales hydroélectriques sont des barrages construits sur des rivières ou des fleuves. Un système permet de produire de l'électricité grâce à la force de l'eau qui descend, en créant une chute d'eau.

Les éoliennes

Une éolienne est une machine qui utilise la force du vent pour produire de l'électricité : le vent fait tourner les pales pour produire l'énergie. En France, on trouve de plus en plus de champs d'éoliennes.

Les panneaux solaires

Un panneau solaire est un dispositif qui récupère les rayons du soleil pour les transformer en énergie électrique. On en trouve de plus en plus sur les toits des maisons ou des bâtiments.

Les énergies renouvelables

Les énergies renouvelables sont des sources d'énergie qui ne s'épuisent pas (comme le soleil, le vent ou l'eau), et qui sont propres : elles ne polluent pas la planète.

Le contraire des sources d'énergie renouvelables, ce sont les sources d'énergie fossiles : elles sont épuisables (il n'y en aura pas toujours sur Terre), et leur utilisation pollue la planète. Ce sont, par exemple, le pétrole, le charbon, le gaz, l'uranium.

Pour l'instant, nous produisons peu d'électricité grâce aux sources d'énergie renouvelables.

Énergie	*Avantages*	*Inconvénients*
Hydraulique (centrales hydroélectriques)	– Développement possible important – Pas de pollution	– Coute cher à installer – Abime l'environnement
Solaire (panneaux solaires)	– Développement possible important – Pas de pollution	– Occupe beaucoup d'espace – Coute cher à installer
Éolienne	– Pas de pollution – Technologie bien maitrisée par les hommes	– Occupe beaucoup d'espace – Coute cher à installer

Avantages et inconvénients de quelques sources d'énergie renouvelables

Comment est produite l'électricité en France ?

En France, la production de l'électricité est répartie de cette manière :

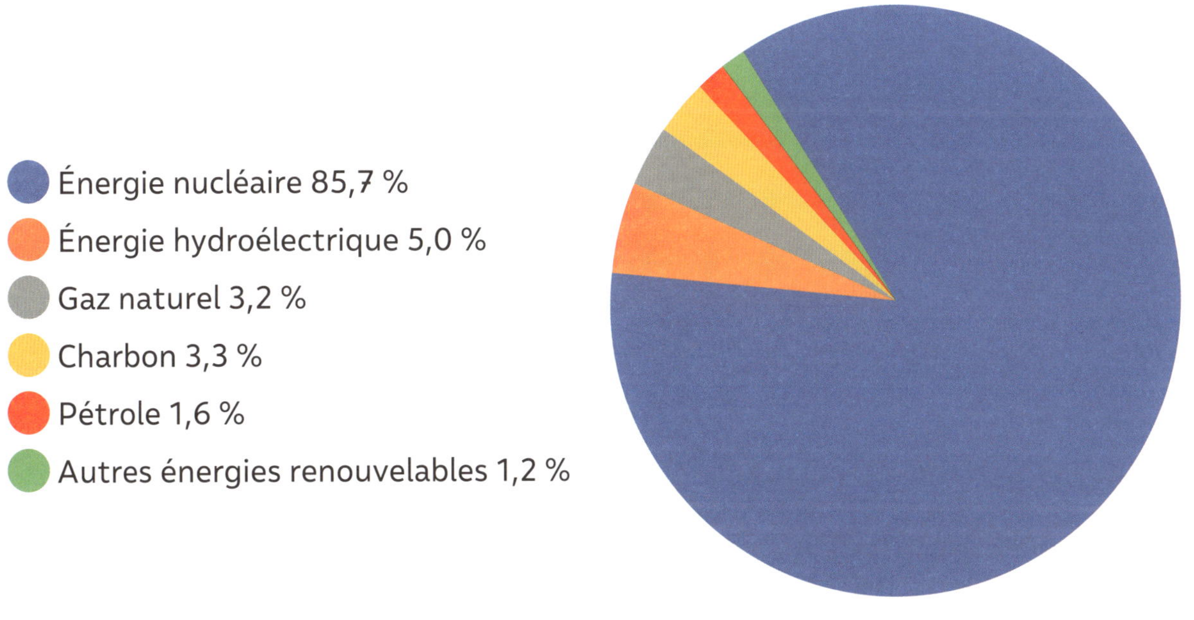

L'électricité en France, Maxime Paul, Monsieur Paul (blogueur), © Maxime Paul.

Écosystèmes et cycles naturels

Un écosystème, communauté complète d'êtres vivants dans leur environnement, peut être aussi vaste qu'un récif corallien ou aussi petit qu'un seul arbre.

Les nutriments et ressources tels que le carbone, l'azote et l'eau permettent aux êtres vivants… de vivre. Ils sont employés et réemployés par la nature, en un « cycle » constitué d'échanges continuels de nutriments.

Un système équilibré

Nul être vivant n'existe seul, chacun appartient à un écosystème et entretient des relations complexes avec d'autres êtres comme avec son habitat.

Dans une chaîne alimentaire, chaque niveau se procure de l'énergie en se nourrissant au niveau inférieur.

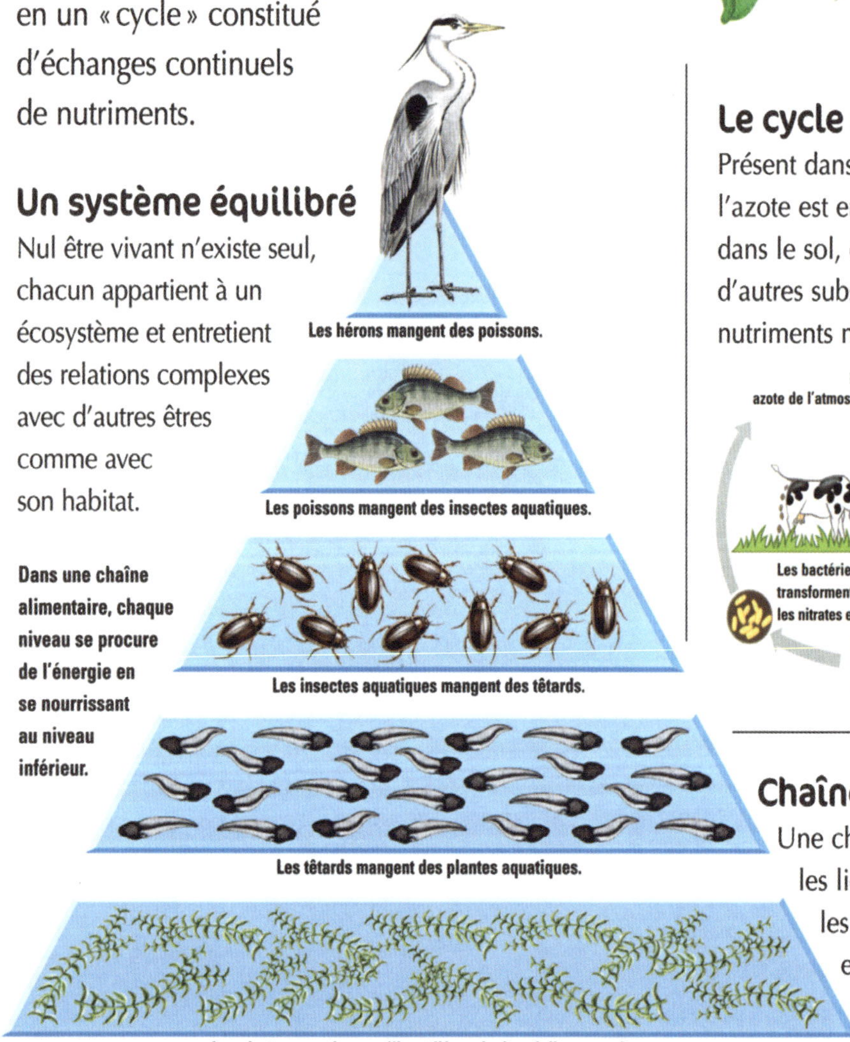

Le cycle de l'azote

Présent dans l'atmosphère, l'azote est entraîné par la pluie dans le sol, où il se combine avec d'autres substances, créant des nutriments nécessaires aux plantes.

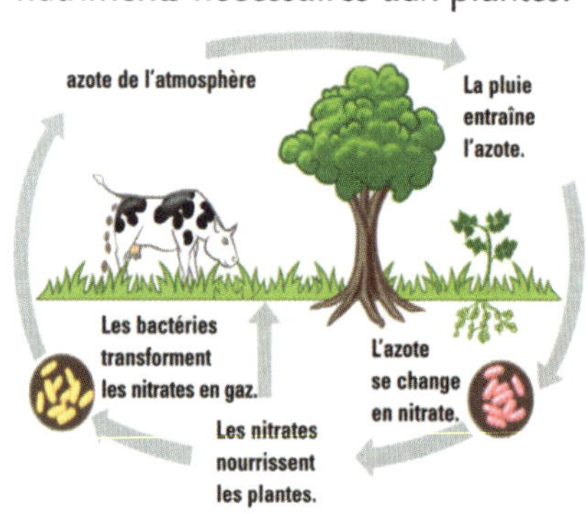

Chaînes alimentaires

Une chaîne alimentaire illustre les liens de dépendance entre les êtres vivants. Le héron est le prédateur supérieur de cette chaîne simple *(ci-contre)*.

La symbiose

La symbiose est la relation profitable entre deux espèces différentes. Ainsi, le pluvier d'Égypte se procure sa nourriture en nettoyant les dents des crocodiles. Les plantes épiphytes, dont certaines orchidées, vivent sur d'autres plantes afin de mieux capter la lumière.

Le cycle du carbone

Le carbone est présent dans tous les organismes vivants. Les plantes absorbent le dioxyde de carbone de l'atmosphère. Des animaux se nourrissent de ces plantes et libèrent le dioxyde de carbone en respirant.

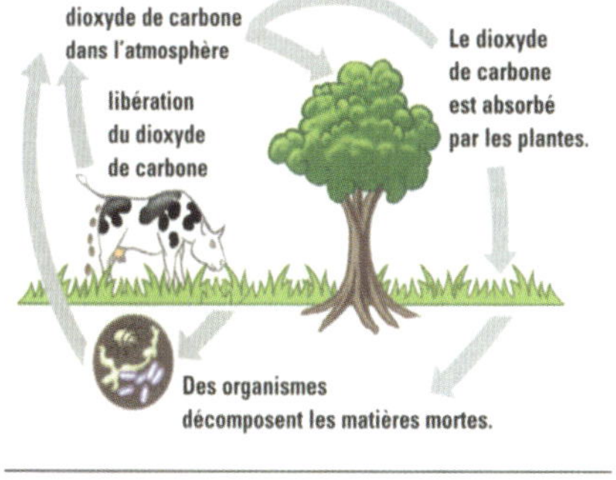

À chacun son rôle

Les végétaux sont des producteurs primaires. Ils captent la lumière du soleil et fabriquent des nutriments. Les animaux sont des consommateurs, qui se nourrissent des plantes ou d'autres animaux.

C'EST NATUREL !

LES CHAMPIGNONS

On connaît plus de 70000 espèces de champignons, qui comprennent aussi les levures et les moisissures. Dépourvus de chlorophylle, ils ne fabriquent pas de nutriments mais décomposent les cadavres et débris organiques, ce qui libère des nutriments et autres substances chimiques dans le sol.

SÉQUENCE 9

L'HOMME À L'OREILLE COUPÉE

Chapitre 1

Il y avait dans un port de la Norvège un très vieil homme à qui manquait une oreille.

– Comment l'as-tu perdue ? lui demandait-on dans l'auberge où il venait s'enivrer chaque soir, et il répondait volontiers :

« Oh, ça remonte à loin ! disait-il, j'étais encore un petit garçon… J'avais neuf ans à peine, alors voyez ! Un cirque ambulant est passé dans notre village. Ça ne coutait pas très cher, mais nous étions pauvres et mes parents ne pouvaient pas me payer l'entrée. Alors, le soir de la représentation, j'y suis allé en cachette.

Je me suis faufilé sous la toile du chapiteau, ni vu ni connu, et j'ai pris place dans les gradins. C'était plein à craquer. La musique assourdissante, l'odeur forte des animaux, tout ça : j'étais comme ivre. Il y a eu les chevaux qui tournaient, puis les acrobates-voltigeurs, puis les petits caniches dressés. J'en restais la bouche ouverte. Quelle émotion pour moi qui n'avais jamais rien vu ! Enfin le directeur du cirque a annoncé un numéro de fouet. J'ai oublié le nom de l'artiste, Pacito, Pancho, un nom comme ça. Il s'est avancé, dans sa tenue de cow-boy, accompagné de son assistante en maillot de bain. Et clac ! Clac ! ça a commencé.

D'abord l'assistante a mis une longue cigarette de papier dans sa bouche. Clac ! Au premier coup de fouet, la cigarette a perdu un centimètre. Clac ! À chaque coup elle en perdait un de plus, jusqu'à ce qu'il n'en reste qu'un minuscule mégot. Alors elle a avancé ses lèvres maquillées de rouge, comme pour donner un baiser, puis elle a légèrement basculé la tête en arrière, pour ne pas se faire couper le bout du nez je suppose. Il y a eu un roulement de tambour, et clac ! le mégot a volé ! »

Chapitre 2

« Ensuite ils ont demandé un volontaire. C'est juste à ce moment-là que j'ai vu un camarade d'école en face de moi, de l'autre côté de la piste. Il me faisait de grands signes. J'ai levé le bras pour lui répondre et ils ont cru que je voulais venir ! Ils m'ont mis une cigarette de papier dans les oreilles. Une dans chaque. Clac ! Clac ! De quoi vous rendre sourd. Les gens applaudissaient. Et ils riaient aussi. Sans doute à cause de mon air ahuri.

Et puis tout à coup j'ai entendu "ooOOOooh !" Ça faisait comme une vague dans les gradins… L'assistante s'est aussitôt évanouie et quelques spectatrices aussi. J'ai senti quelque chose de tiède qui dégoulinait dans mon cou. J'ai passé la main. C'était mon sang. Alors j'ai compris. J'ai regardé par terre et j'ai vu mon oreille, là, dans la sciure…

J'ai oublié la suite. Je me revois transporté dans des bras étrangers. Je revois des gens très flous qui me tiennent les mains. Je revois surtout ma mère qui pleure et mon père qui lève les bras au ciel :

– Ah, ce gamin ! Ce gamin !

Voilà comment je l'ai perdue, mon oreille. Ça vous évitera d'avoir à le demander la prochaine fois… »

Chapitre 3

Le lendemain il disait :
« Mon oreille ? Oh, j'avais vingt-sept ans et j'allais me marier. / Ma petite amie était bien amoureuse, oui, bien amoureuse ! Et moi je la trouvais assez gentille, ma foi. D'après tout le monde, on allait drôlement bien ensemble, et je crois que c'était vrai. / Et puis elle est arrivée, l'autre là, avec ses taches de rousseur sur le nez... J'ai su tout de suite que j'étais fichu. À la première seconde, elle m'a électrocuté, cette fille.
Je vous le jure, elle avait été fabriquée sur mesure pour moi, depuis ses orteils mignons jusqu'à ses mèches blondes. Elle était toute jeunette.
Pourquoi elle s'est jetée sur moi comme ça ? Et pas sur un autre ? Je n'en sais rien. Je n'étais même pas beau ! Elle m'a fait tourner chèvre ! J'essayais de l'éviter, mais c'était impossible. Elle me cherchait. "Je t'aime, qu'elle disait, je t'attendrai aussi longtemps qu'il faudra, je n'en voudrai jamais d'autre que toi", et ainsi de suite. Et je pleurais aussi, parce que j'en étais tombé amoureux. Elle m'a rendu fou, quoi... »

Chapitre 4

« Si bien que j'ai fini par écrire une longue lettre à ma pauvre fiancée. Comme je n'arrivais pas à le dire, je l'ai écrit... Je vous jure que j'ai trempé le papier de mes larmes tellement j'avais honte, tellement j'étais malheureux. Je lui ai expliqué que j'allais partir avec une autre, que j'étais désolé, que la vie était mal faite et bla bla bla. Vous savez bien les bêtises qu'on peut dire dans ces cas-là !
Et un soir j'ai pris mon courage à deux mains et je lui ai donné la lettre. C'était dans sa cuisine. Je me suis assis sur une chaise en face d'elle, tête basse, et j'ai attendu.
Elle a lu en silence, jusqu'au bout, avec un grand calme. Puis elle m'a regardé sans aucune expression. Un peu comme si elle me voyait pour la première fois. J'ai pensé l'espace d'un instant que rien n'allait se produire. Qu'elle me dirait : "Eh bien si tu veux me quitter, quitte-moi", et que je partirais, tout simplement. Que je l'embrasserais une dernière fois et qu'on se séparerait, bons amis ou presque...
Mais ça ne s'est pas passé exactement comme ça. En effet, elle a replié la lettre, l'a posée sur la table, et puis savez-vous ce qu'elle a fait ? Elle s'est jetée sur moi !
Ma chaise a basculé et nous avons roulé tous les deux au sol. J'ai bien tenté de me défendre, mais c'était sans espoir. Je me battais contre une véritable furie, une panthère en rage. Dans la lutte, elle a refermé sa mâchoire sur mon oreille et ne l'a plus desserrée. Vous avez compris maintenant ?
C'est ma fiancée qui m'a arraché cette oreille avec ses propres dents ! Et maintenant fichez-moi la paix avec cette histoire. Ne m'en parlez plus ! »

Chapitre 5

Le lendemain, il levait les bras au ciel :
« Vous me fatiguez avec cette oreille ! Je vous l'ai dit cent fois. C'était un soir où j'avais trop bu. Je me suis endormi contre un poêle et ça me l'a brulée. Voilà ! »

L'homme à l'oreille coupée, Jean-Claude Mourlevat, © Éditions Thierry Magnier, 2015.

SÉQUENCE 10

LILY

On la trouvait plutôt jolie, Lily
Elle arrivait des Somalies, Lily
Dans un bateau plein d'émigrés
Qui venaient tous de leur plein gré
Vider les poubelles à Paris

Elle croyait qu'on était égaux, Lily
Au pays d'Voltaire et d'Hugo, Lily
Mais, pour Debussy, en revanche
Il faut deux noires pour une blanche
Ça fait un sacré distinguo

Elle aimait tant la liberté, Lily
Elle rêvait de fraternité, Lily
Un hôtelier, rue Secrétan
Lui a précisé, en arrivant
Qu'on ne recevait que des Blancs

Elle a déchargé des cageots, Lily
Elle s'est tapée les sales boulots, Lily
Elle crie pour vendre des choux-fleurs
Dans la rue, ses frères de couleur
L'accompagnent au marteau-piqueur

Et quand on l'appelait Blanche-Neige, Lily
Elle se laissait plus prendre au piège, Lily
Elle trouvait ça très amusant
Même s'il fallait serrer les dents
Ils auraient été trop contents

Elle aima un beau blond frisé, Lily
Qui était tout prêt à l'épouser, Lily
Mais, la belle-famille lui dit
« Nous n'sommes pas racistes pour deux sous
Mais on veut pas de ça chez nous »

Elle a essayé l'Amérique, Lily
Ce grand pays démocratique, Lily
Elle aurait pas cru sans le voir
Que la couleur du désespoir
Là-bas, aussi ce fût le noir

Mais, dans un meeting à Memphis, Lily
Elle a vu Angela Davis, Lily
Qui lui dit « viens, ma petite sœur
En s'unissant on a moins peur
Des loups qui guettent le trappeur »

Et c'est pour conjurer sa peur, Lily
Qu'elle lève aussi un poing rageur, Lily
Au milieu de tous ces gugus
Qui foutent le feu aux autobus
Interdits aux gens de couleur

Mais, dans ton combat quotidien, Lily
Tu connaitras un type bien, Lily
Et l'enfant qui naitra, un jour
Aura la couleur de l'amour
Contre laquelle on ne peut rien

On la trouvait plutôt jolie, Lily
Elle arrivait des Somalies, Lily
Dans un bateau plein d'émigrés
Qui venaient tous de leur plein gré
Vider les poubelles à Paris

Lily, paroles et musique de Pierre Perret,
avec l'aimable autorisation des Éditions Adèle.

SOPRANO, RÉDACTEUR EN CHEF D'UN JOUR

À LA UNE

{ PORTRAIT }

De Psy 4 de la Rime au jury de *The Voice*

© F. Garrouste

Saïd M'Roumbaba, dit Soprano, est né le 14 janvier 1979 (il vient d'avoir 40 ans), à Marseille (Bouches-du-Rhône). Il débute dans le rap dans les années 1990, avec le groupe Psy 4 de la Rime. Puis, il se lance en solo. Son premier album, *Puisqu'il faut vivre,* sort en 2007. Viennent ensuite *La Colombe* (2010), *Le Corbeau* (2011), *Cosmopolitanie* (2014) et *L'Everest* (2016), qui se vend à 800 000 exemplaires. Sorti en novembre, son 6e album, *Phoenix,* dépasse les 200 000 ventes. Vous l'avez à nouveau élu chanteur de l'année 2018 (*lire n° 6 693*). Soprano sera en tournée à partir de mars. Et, dès ce mois-ci, il rejoint le jury de *The Voice* saison 8, sur TF1.

{ ZOOM }

Une pochette inspirée du roman *Le Petit Prince*

« Au départ, c'était moi qui arrosais un trèfle à 4 feuilles en plein désert, sur la pochette de mon dernier album, confie Soprano. *Un ami m'a dit que ça lui faisait penser à la couverture du* Petit Prince, *de Saint-Exupéry (publié en 1943). C'est ainsi que l'on a eu l'idée de mettre un enfant à ma place. Il essaie de faire pousser sa chance... »*

Gospel
Chant religieux (joyeux) des Noirs d'Amérique du Nord.
À l'oreille
Ici, sans indication musicale.

« À l'école, j'étais j'aimais apprendr

Dimanche, le rappeur Soprano était le rédacteur en chef exceptionnel de *Mon Quotidien*. 4 abonnés l'ont interviewé.

Qu'est-ce qui t'a donné envie de devenir chanteur ?
« Je vais plutôt vous dire qui m'a donné envie de le devenir. Je ne sais pas si vous le connaissez, il s'appelle Michael Jackson *(rire).* Je n'avais que 5 ans, mais je m'en rappelle très bien. Je le voyais chanter, danser, j'adorais ses clips. Je me suis dit qu'il fallait que je fasse comme lui : transmettre quelque chose à travers la musique. »

D'où vient ton nom de scène, Soprano ?
« Enfant, j'étais dans une madrasa, une école pour les musulmans. Comme dans une école de gospel, j'y ai appris le chant pour les mariages, les anniversaires... J'aimais beaucoup ça. J'avais une voix aiguë, alors on m'a appelé "soprano". Quand j'ai commencé le rap, je l'ai gardé comme nom de scène. »

As-tu appris à jouer d'un instrument ? Si oui, lequel ?
« Non, excepté de la flûte, à l'école. Mais je n'ai jamais pris de cours, je fais tout à l'oreille. J'ai appris à composer des morceaux seul, avec un ordi, sur un piano... J'enregistrais des petites mélodies. »

Tes parents t'ont-ils encouragé à faire de la musique ?
« Mes parents voulaient que je sois médecin. Quand je leur ai dit que je voulais faire de la musique, et en plus du rap, cela les a inquiétés. Ils avaient peur pour moi. Mais je les ai rassurés. La première fois que mon père est venu me voir chanter, à Marseille, il a surtout été impressionné par le nombre de spectateurs ! En plus, c'était son premier concert... »

> « Mes parents voulaient que je sois médecin »

Pourquoi avoir quitté le groupe Psy 4 de la Rime ? Te sens-tu plus libre en solo ?
« Je n'ai pas quitté le groupe. On a sorti beaucoup d'albums ensemble, on est cousins, on se voit tout le temps. À un moment, on a eu envie de développer chacun nos univers personnels et de continuer en groupe et en solo. Malheureusement, on a perdu quelqu'un du groupe, et on ne peut pas revenir à 3. »

D'où te vient l'inspiration ? De ta vie ?
« Certaines de mes chansons sont inspirées de ma vie, de mes proches, ou sont liées à l'actualité. Par exemple : *Renaissance, Mon précieux (sur les portables très présents dans notre quotidien), À la vie, à l'amour...* D'autres chansons, comme *Zoum Zoum Zoum,* naissent d'une bêtise faite ou dite en studio... »

> « J'ai écrit *Fragile* quand ma fille est rentrée en 6e »

Dans la chanson *Fragile*, tu parles de harcèlement scolaire. Pourquoi ?
« J'ai écrit cette chanson pour ma fille quand elle est rentrée au collège. Je me rappelais ma 6e et j'ai flippé. Je me disais que ça allait être dur, je savais comment se comportaient les garçons, comment étaient les filles entre elles... Je ne connais pas d'enfant harcelé, mais je connais beaucoup de

page 2- Mon Quotidien {22-01-2019} - www.playbacpresse.fr

très timide, e des choses »

© F. Garrouste

petits harceleurs. Ils s'amusent. Ils n'ont pas conscience que cela peut être dangereux. Il faut le leur expliquer. Avec cette chanson, je crois que je n'ai jamais reçu autant de remerciements, de messages de jeunes, de parents et de personnalités ayant elles-mêmes été harcelées quand elles étaient jeunes. »

Quel est ton chanteur préféré ?
« Il y en a 3. Michael Jackson et Daniel Balavoine, mais je ne peux pas chanter avec eux (*ils sont morts*). Et Stromae. Il est trop fort. Il arrive à faire danser les gens sur des sujets sérieux, en faisant des chansons fun, positives… On se connaît bien. On devait chanter ensemble dans mon précédent album, *L'Everest*. Mais ça ne s'est pas fait. »

As-tu des rituels avant de monter sur scène ?
« Oui. L'équipe et moi avons un rituel : se dire des blagues pourries, comme celles des Carambar, pour combattre le stress et entrer sur scène avec le sourire ! »

Comment gères-tu le manque de ta famille quand tu es en tournée ?
« C'est compliqué, mais ma famille a l'habitude. Quand mes 3 enfants (6, 10 et 12 ans) ne sont pas à l'école, je suis avec eux au téléphone toutes les 2 ou 3 heures. Cette année, j'ai décidé de ne plus faire de concerts pendant les vacances scolaires. C'est surtout pour ma femme que c'est dur, car elle est toute seule avec nos 3 enfants. »

« Le succès et la célébrité sont venus lentement »

Qu'as-tu ressenti lors de tes premiers concerts, quand tu as découvert tous tes fans ?
« J'ai eu de la chance, j'ai fait mes premiers concerts devant 2 personnes. Ensuite, il y en a eu 100, puis 1 000… Le succès et la célébrité sont venus lentement. Aujourd'hui, je chante devant 60 000 personnes, comme s'il n'y en avait que 2. Dans la rue, quand on me demande une photo ou un autographe, je dis tout le temps oui. Les gens sont toujours respectueux. »

Quel enfant étais-tu à 12 ans ? Aimais-tu l'école ?
« J'étais très timide, très réservé. Je ne parlais pas beaucoup. À l'école, c'était pareil. J'aimais apprendre des choses. Mes matières préférées étaient la musique, bien sûr, et l'histoire-géo. J'aimais bien le français, mais je n'étais pas très bon. Heureusement, j'ai eu la chance d'avoir des super profs. Ce sont eux qui font aimer l'école. »

Mon frère, qui t'adore, est fan du PSG : supporteras-tu le PSG en Ligue des champions alors que l'OM est éliminé ?
« Franchement ? Non ! (*rire*) J'ai du respect pour le PSG, mais je ne peux pas encourager ce club à gagner le trophée que seuls les Marseillais détiennent en France ! »

Propos recueillis par Corentin, Laura, Lila-Marie et Romane, avec C. Hallé

{ ILS ONT DIT }

Corentin, 10 ans
« C'était super. J'étais un peu stressé au début, mais il a réussi à me mettre à l'aise. Je garderai un bon souvenir de cette rencontre. »

Laura, 12 ans
« Il était très décontracté. Il parlait avec des mots faciles à comprendre. Je n'imaginais pas qu'il était aussi gentil. »

Lila-Marie, 14 ans
« Soprano est sympa, sociable et très marrant. J'ai trouvé que c'était bien qu'il sensibilise les jeunes au harcèlement. »

Romane, 11 ans
« C'était impressionnant de se retrouver à côté de lui. Je n'ai pas eu peur de poser mes questions, car il était rassurant. Il nous regardait quand il parlait. »

Rituel
Ici, petite habitude.
Réservé
Ici, discret.

SÉQUENCE 12 COMMENT CHARLEMAGNE A-T-IL ORGANISÉ SON POUVOIR DANS L'EMPIRE ?

Les dates importantes du règne de Charlemagne

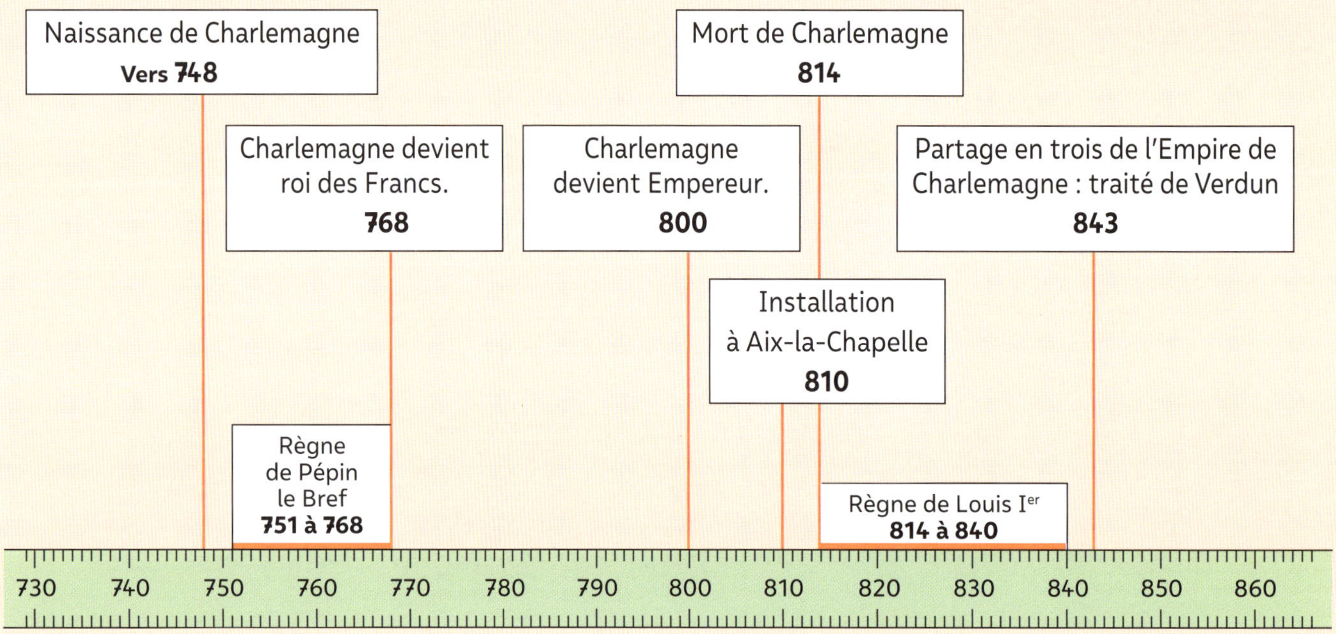

L'Empire de Charlemagne en 814

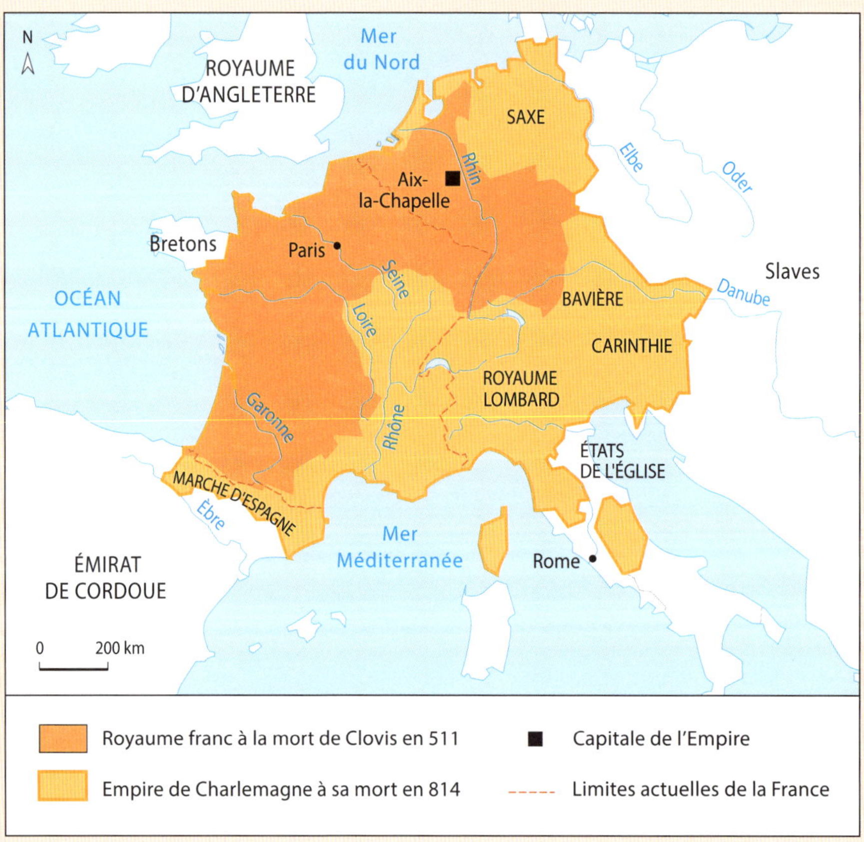

COMMENT CHARLEMAGNE A-T-IL ORGANISÉ SON POUVOIR DANS L'EMPIRE ?

Comment Charlemagne contrôle-t-il son Empire ?

Charlemagne devient roi en 768. Afin d'asseoir son pouvoir sur ses territoires, il se fait couronner empereur à Rome en 800 par le pape. Il se retrouve alors à la tête non plus d'un royaume mais d'un empire. Il choisit Aix-la-Chapelle comme capitale. Son règne dure jusqu'à sa mort en 814.

Charlemagne agrandit le royaume par de nouvelles conquêtes. Il remporte de nombreuses victoires et christianise les nouvelles provinces. Pour contrôler cet immense empire composé de peuples très différents, il nomme des comtes dans chaque région, qui rendent la justice, reçoivent les impôts et s'occupent des armées. Ces comtes sont eux-mêmes surveillés par les *missi dominici*.

Marcelin Hamon, professeur des écoles.

Le couronnement de Charlemagne

Le 25 décembre, tandis que Charlemagne se levait après avoir entendu la messe, le pape Léon lui mit une couronne sur la tête et tout le peuple des Romains l'acclama en criant : « Vie et victoire à Charles, Auguste, couronné par Dieu, grand et pacifique empereur des Romains ! » Et après ces acclamations, Charles fut adoré à la manière des anciens empereurs.

Annales du royaume des Francs, IXe siècle.

Le rôle des comtes dans l'Empire de Charlemagne

L'Empire est divisé en plus de 200 comtés. À la tête de chacun d'eux, un comte, nommé par l'empereur, remplit les fonctions de juge, de chef militaire et de collecteur des impôts. Une fois par an, le comte se rend au palais d'Aix-la-Chapelle pour écouter les capitulaires (recueils de lois).

Le comte est contrôlé par les *missi dominici*, des envoyés de l'empereur qui veillent à l'application des capitulaires.

D'après Claude Gauvard, *La France au Moyen Âge du Ve siècle au XVe siècle*, 1996.

Les surveillants de Charlemagne : les *missi dominici*

« L'empereur Charles a choisi les hommes les plus avisés et les a envoyés dans tout le royaume. Il leur a ordonné de se renseigner activement et de l'informer sur les pratiques contraires à la loi. »

D'après le *Capitulaire des « missi dominici »*, 802.

SÉQUENCE 13

LA LUNE

Introduction	La Terre et la Lune existent depuis 4,6 milliards d'années. La Lune est visible depuis la Terre : on peut la voir sous différentes formes. C'est le seul objet céleste ayant été exploré par l'Homme.	 Distance Terre – Lune : 385 000 km Diamètre de la Lune : 3 500 km Révolution : 1 mois (27 jours et 7 heures) Température moyenne : – 23 °C
Origine	Il y a 4,6 milliards d'années, notre planète aurait percuté un énorme objet céleste. Une partie de la Terre se serait brisée et détachée. Les morceaux projetés dans l'espace auraient formé une boule de pierre qui se serait mise à tourner autour de la Terre, avant de se compresser pour donner naissance à la Lune. La Terre n'a donc qu'un seul astre qui orbite autour d'elle. La Lune est le seul satellite naturel de la Terre.	 Formation de la Lune : le satellite de la Terre
Les orbites	La Lune, la Terre et le Soleil tournent dans l'espace et font une sorte de danse orbitale. Le Soleil, immobile, éclaire la Terre qui tourne autour de lui, et il éclaire la Lune qui tourne autour de la Terre. En même temps qu'elle tourne autour de la Terre, la Lune tourne sur elle-même. Cela explique qu'on la voie avec des formes différentes. Depuis la Terre, on ne voit donc pas toujours la même quantité de Lune éclairée par le Soleil. Mais tous les mois sans exception, nous pouvons observer les huit phases de la Lune. Les mêmes formes se succèdent. Les éclipses se produisent quand le Soleil, la Terre et la Lune sont alignés. Lors d'une éclipse totale, la Lune cache complètement le disque solaire, et il fait nuit en plein jour.	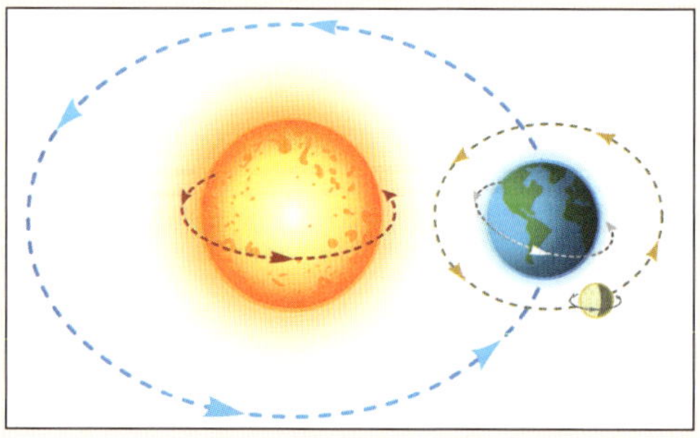 Orbites de la Terre autour du Soleil et de la Lune autour de la Terre

Les phases de la Lune	1. Nouvelle Lune 2. Premier croissant, ou Lune croissante 3. Premier quartier 4. Lune gibbeuse croissante 5. Pleine Lune 6. Lune gibbeuse décroissante 7. Dernier quartier 8. Dernier croissant, ou Lune décroissante	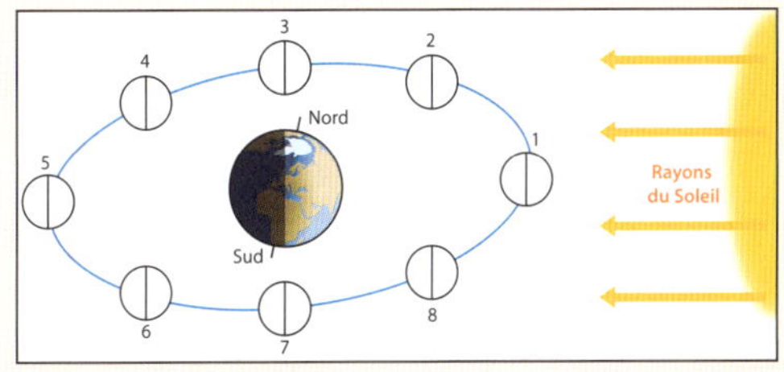 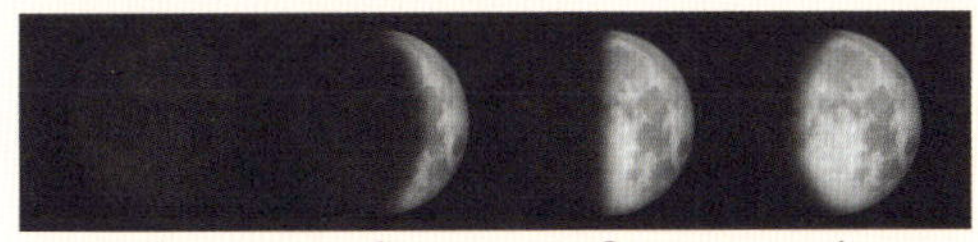 1 2 3 4 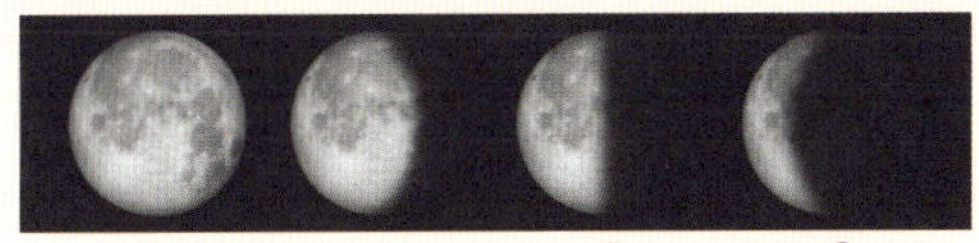 5 6 7 8
La surface de la Lune	Dès l'Antiquité, et même peut-être avant, les Hommes ont remarqué que la Lune n'était pas lisse. À sa surface, on devine qu'il y a eu des océans, des montagnes, des cirques, des cratères. D'ailleurs, quand les Hommes ont foulé son sol, ils ont pu en avoir la preuve.	
On a marché sur la Lune	Le 24 juillet 1969, la mission Apollo 11 se pose sur la Lune. Neil Armstrong, Edwin Aldrin (surnommé Buzz) et Michael Collins posent leur module lunaire. Quelques heures plus tard, le premier Homme marche sur la Lune. En tout, 6 hommes ont marché sur le satellite de la Terre, lors de 6 voyages entre 1969 et 1972. Le Programme Artémis a été lancé en 2019 pour envoyer de nouveaux astronautes fouler le sol de la Lune et mener des études pour en apprendre davantage sur ses mystères.	

CHANSON DU VITRIER

Chanson du vitrier

Comme c'est beau
ce qu'on peut voir comme ça
à travers le sable à travers le verre
à travers les carreaux
tenez regardez par exemple
comme c'est beau
ce bûcheron
là-bas au loin
qui abat un arbre
pour faire des planches
pour le menuisier
qui doit faire un grand lit
pour la petite marchande de fleurs
qui va se marier
avec l'allumeur de réverbères
qui allume tous les soirs les lumières
pour que le cordonnier puisse voir clair
en réparant les souliers du cireur
qui brosse ceux du rémouleur
qui affûte les ciseaux du coiffeur
qui coupe le ch'veu au marchand d'oiseaux
qui donne ses oiseaux à tout le monde
pour que tout le monde soit de bonne humeur.

Histoires et d'autres histoires, Jacques Prévert,

LIVRETS

DÉCOUVERTE DES 6 STRATÉGIES

Stratégie pour comprendre les mots qu'on a du mal à comprendre.	
Stratégie pour relier, associer, faire des liens entre les informations du texte.	
Stratégie pour lire dans les pensées des personnages, comprendre ce qu'ils veulent faire, repérer leurs émotions.	
Stratégie pour savoir s'il faut lire vite, ou moins vite, s'il faut relire des morceaux du texte ou bien ne pas lire certaines parties du texte.	
Stratégie pour imaginer le film de l'histoire dans sa tête, se faire des images de ce qu'on lit.	
Stratégie pour aller chercher toutes nos connaissances sur le monde, sur la vie, sur les textes, sur les livres et qui vont nous servir.	

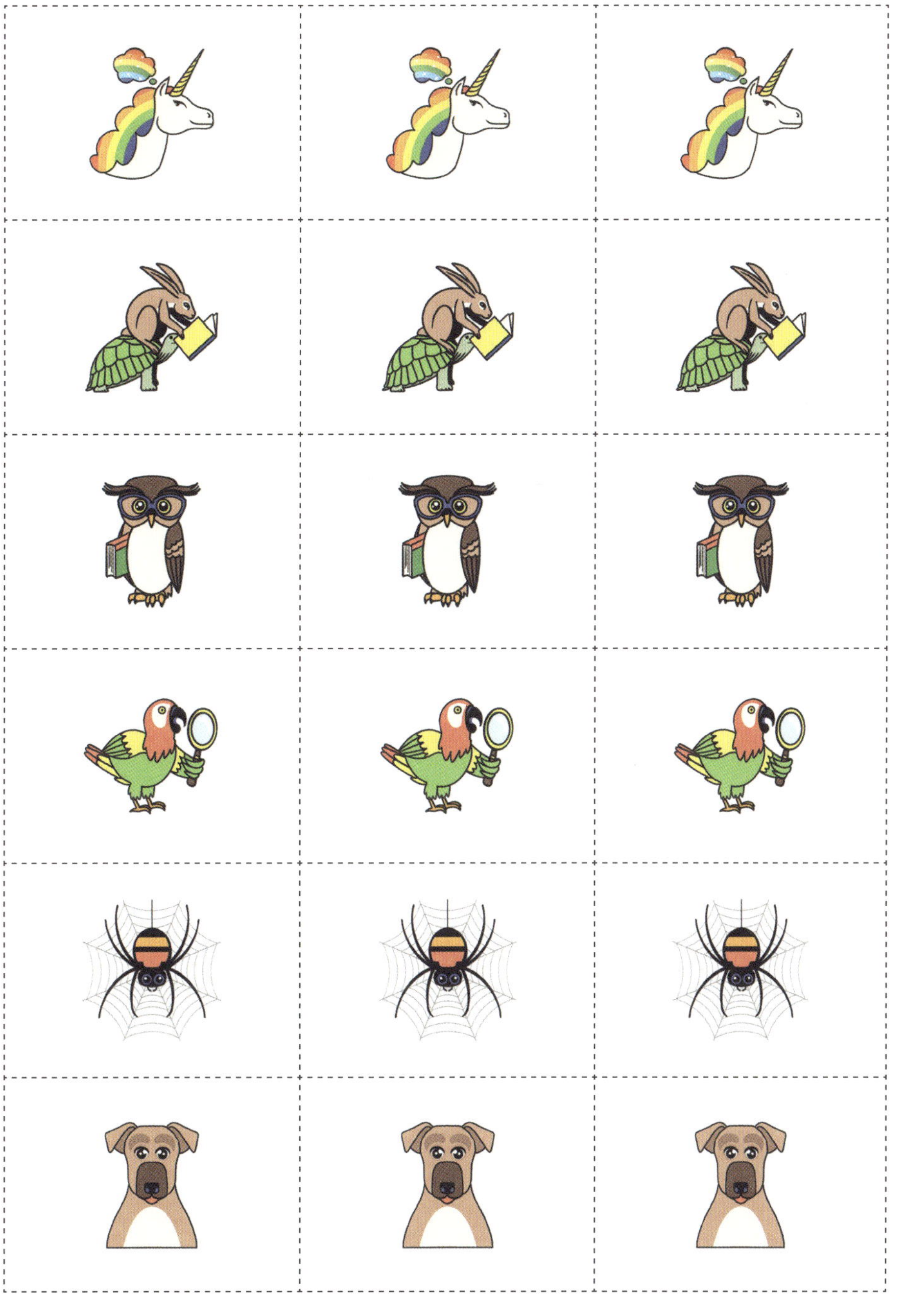

SÉQUENCE 1 EXERCICES

ACTIVITÉ A

- **Titre :** *Exercices*
- **Auteur :** Bernard Friot
- **Origine :** *Histoires pressées*
- **Éditeur :** Éditions Milan
- **Date :** 1988
- **Type de texte :** narratif
- **Genre :** nouvelle à chute

Couverture d'*Histoires pressées*, Bernard Friot, © Éditions Milan.

QUI EST BERNARD FRIOT ?

Bernard Friot est professeur et écrivain. Il a enseigné en collège et en lycée pendant de nombreuses années. Il a vécu dans plusieurs villes de France et il habite désormais à Besançon, où il se consacre à l'écriture et à la traduction française de livres pour la jeunesse. Il a écrit plus d'une cinquantaine d'ouvrages destinés aux enfants et adolescents. Ses textes les plus connus sont issus de la série *Histoires pressées*.

QU'EST-CE QU'UNE NOUVELLE ? QU'EST-CE QU'UNE NOUVELLE À CHUTE ?

Le texte *Exercices* est une nouvelle à chute.

- Une nouvelle est un récit court (plus court qu'un roman).
- Une nouvelle est faite pour être lue en une seule fois.
- Une nouvelle parle d'un seul évènement.
- Une nouvelle a peu de personnages.
- La chute est la fin de l'histoire.
- Une nouvelle à chute est une histoire courte avec une fin tellement inattendue, surprenante, qu'on a envie de la relire.

EXERCICES

ACTIVITÉ B

- **Surligne les mots qui t'ont permis de comprendre le début de l'histoire.**

La mère de Charles a invité ses amies pour prendre le thé. Depuis sa chambre, Charles les entend papoter.
Il décroche le téléphone et compose un numéro au hasard.

- **Surligne les mots qui t'ont permis de comprendre la deuxième bêtise de Charles.**

Charles va chercher l'atlas dans le bureau de son père. Sur la carte de l'Islande, il écrase une glace à la vanille. Il laisse couler du ketchup sur la Pologne et du produit à vaisselle sur la Nouvelle-Calédonie. Pour l'Australie, il choisit du yaourt à la framboise et de l'encre de Chine pour la Somalie.
– Mon petit Charles, demande sa mère, tu ne t'ennuies pas ?
– Non, maman, répond Charles, je fais de la géographie, la carte des océans avec les fleuves et les rivières.
Et toutes les dames du salon gloussent en chœur :
– Quel enfant sérieux, quel enfant studieux !

- **Surligne les 3 mots qui t'ont permis de comprendre la fin de l'histoire.**

Et Charles, pendant ce temps, a pêché le poisson rouge dans son bocal et sorti des ciseaux pointus.
« Bon, maintenant, se dit-il, je vais faire de la biologie. »

EXERCICES

ACTIVITÉ C

- **Lis la nouvelle *Exercices*.**

Exercices

La mère de Charles a invité ses amies pour prendre le thé. Depuis sa chambre, Charles les entend papoter.
Il décroche le téléphone et compose un numéro au hasard. D'après la voix à l'autre bout de la ligne, il est tombé chez une vieille dame.
– Bonjour, chère madame, dit Charles très lentement, en articulant chaque mot exagérément, vous êtes une vieille autruche alcoolique complètement déplumée, congelée, déshydratée et lyophilisée.
– Mon petit Charles, demande sa mère depuis le salon, mon petit Charles, tu ne t'ennuies pas ?
– Non, maman, répond Charles, je fais du français, un exercice de vocabulaire.
Et toutes les dames du salon gloussent en chœur :
– Quel enfant sérieux, quel enfant studieux !

Charles va chercher l'atlas dans le bureau de son père. Sur la carte de l'Islande, il écrase une glace à la vanille. Il laisse couler du ketchup sur la Pologne et du produit à vaisselle sur la Nouvelle-Calédonie. Pour l'Australie, il choisit du yaourt à la framboise et de l'encre de Chine pour la Somalie.
– Mon petit Charles, demande sa mère, tu ne t'ennuies pas ?
– Non, maman, répond Charles, je fais de la géographie, la carte des océans avec les fleuves et les rivières.
Et toutes les dames du salon gloussent en chœur :
– Quel enfant sérieux, quel enfant studieux !

Dans l'entrée, ces dames ont entassé leurs manteaux de fourrure et laissé leurs sacs à main. En fouillant, Charles découvre quelques porte-monnaie. Il les vide soigneusement et cache tout l'argent dans le panier du chat.
– Mon petit Charles, demande sa mère, tu ne t'ennuies pas ?
– Non, maman, répond Charles, je fais des mathématiques, des additions et des soustractions.
Et toutes les dames du salon gloussent en chœur :
– Quel enfant sérieux, quel enfant studieux !
– Eh oui, dit fièrement la maman, il est le premier de sa classe.
Et Charles, pendant ce temps, a pêché le poisson rouge dans son bocal et sorti des ciseaux pointus.
« Bon, maintenant, se dit-il, je vais faire de la biologie. »

Histoires pressées, Bernard Friot, © Éditions Milan.

SÉQUENCE 1

EXERCICES

ACTIVITÉ D

- **Complète le tableau à l'aide du texte.**

	Ce que Charles fait.	Ce que Charles dit.	Ce que sa maman et ses amies imaginent.
Bêtise 1	Il appelle quelqu'un au hasard et dit de vilains mots à une dame.	Il dit qu'il fait	Elles imaginent qu'il ....
Bêtise 2	Il abime un atlas (avec de l'encre, du ketchup, de la glace, du produit vaisselle, du yaourt).	Il dit qu'il fait	Elles imaginent qu'il ....
Bêtise 3	Il vide les portemonnaies des amies de sa maman.	Il dit qu'il fait	Elles imaginent qu'il ....
		Ce que Charles dit.	Ce que tu imagines que Charles va faire.
Bêtise 4		Il dit qu'il va faire de la biologie.	....

SÉQUENCE 1

EXERCICES

ACTIVITÉ E

- **Réponds aux questions suivantes.**

Que répond toujours Charles aux questions de sa maman ?	Charles répond qu'il fait ....
Que fait Charles en réalité ?	En réalité, il fait ....
Que laisse croire Charles ?	Il laisse croire qu'il est ....
Pourquoi Charles dit-il à sa mère qu'il fait des exercices alors qu'il fait des bêtises ?	Parce qu'il veut ....
Que souhaite faire l'auteur avec ce texte ?	L'auteur veut ....
Qu'est-ce qui est drôle ?	Ce qui est drôle, c'est que ....

SÉQUENCE 1

EXERCICES

ACTIVITÉ F

- **Coche la bonne réponse.**

	C'est écrit dans le texte, je l'ai lu.	Ce n'est pas écrit dans le texte, mais je l'ai compris.
Charles s'ennuie.	☐	☐
Les amies trouvent que Charles est un enfant adorable.	☐	☐
La maman de Charles a peur que son fils s'ennuie.	☐	☐
Charles va découper le poisson rouge.	☐	☐
Charles vide les portemonnaies.	☐	☐

ACTIVITÉ G

- **Récapitule les stratégies que tu as utilisées pour comprendre la nouvelle *Exercices*.**

Avec la stratégie de l'araignée, j'ai	Avec la stratégie du chien, j'ai ....

Avec la stratégie de la licorne, j'ai	Avec la stratégie du hibou, j'ai ....

SÉQUENCE 2

LE VAILLANT PETIT TAILLEUR

ACTIVITÉ A

- **Titre :** *Le Vaillant Petit Tailleur*
- **Auteurs :** Jacob et Wilhelm Grimm
- **Origine :** *Contes de l'enfance et du foyer*
- **Date :** 1812 (en allemand)
- **Traduction :** Marthe Robert, 1973
- **Éditeur :** Éditions Gallimard
- **Type de texte :** narratif
- **Genre :** conte traditionnel

Couverture *Le vaillant petit tailleur et autres contes*, Jacob et Wilhelm Grimm, © Éditions Gallimard.

QUI SONT LES FRÈRES GRIMM ?

Jacob et Wilhelm Grimm sont deux frères allemands nés à la fin du XVIIIe siècle (1785/1786). Leur père meurt quand ils ont 10 ans. Ils sont pauvres, mais comme ce sont d'excellents élèves, ils entrent à l'Université. C'est pendant leurs études qu'ils commencent à récolter tous les contes de langue allemande que les gens se racontent à l'oral, de génération en génération. Ils les écrivent et les publient dans leur ouvrage *Contes de l'enfance et du foyer* (1812), ce qui les rend aussitôt célèbres.

QU'EST-CE QU'UN CONTE TRADITIONNEL ?

Le texte *Le Vaillant Petit Tailleur* est un conte traditionnel.

- Un conte traditionnel est un récit qui s'est transmis pendant des siècles à l'oral, de génération en génération, avant d'être écrit par quelqu'un.
- Un conte traditionnel raconte une histoire située dans un monde imaginaire, nous ne savons jamais ni où ni quand cela se passe.
- Dans un conte traditionnel, il y a un héros ou une héroïne, un opposant et des aides.
- Dans un conte traditionnel, il y a une situation de départ, un évènement qui amène des changements, des péripéties, un dénouement et une situation finale meilleure que celle du début.

LE VAILLANT PETIT TAILLEUR

ACTIVITÉ B

• **Imagine et écris ce que dit le vaillant petit tailleur en regardant sa marmelade.**

....

....

....

....

ACTIVITÉ C

• **Lis la suite de l'histoire. Surligne les paroles que prononce le vaillant petit tailleur.**

Il posa le pain à côté de lui, continua de coudre et, de plaisir, fit des points de plus en plus grands. Cependant l'odeur de la confiture sucrée montait le long des murs où il y avait une grande quantité de mouches, si bien qu'elles furent attirées et vinrent en troupe s'abattre dessus. « Hé, qui vous a donc invitées ? » dit le petit tailleur et il chassa ses convives importuns. Mais les mouches, qui ne comprenaient pas l'allemand, ne se laissèrent pas écarter et revinrent au contraire en compagnie de plus en plus nombreuse. Alors la moutarde, comme on dit, finit par monter au nez du petit tailleur, il attrapa un bout de drap dans sa corbeille à chiffons et « attendez un peu que je vous en donne ! », il tapa dessus impitoyablement. Quand il retira le chiffon et compta, il n'en vit pas moins de sept, mortes sous ses yeux, les pattes en l'air. « Serais-tu donc un gaillard de cette trempe ? dit-il, forcé lui-même d'admirer sa vaillance, il faut que toute la ville sache cela. » Et en grande hâte, le petit tailleur se coupa une ceinture, la cousit et y broda en grandes lettres : « Sept d'un coup ! » « Eh quoi, la ville ? dit-il, non, c'est le monde entier qui doit le savoir. » Et de plaisir, son cœur se trémoussait dans sa poitrine comme la queue d'un petit agneau.

SÉQUENCE 2

LE VAILLANT PETIT TAILLEUR

ACTIVITÉ D

- Écris sur sa ceinture ce que le vaillant petit tailleur a brodé.
- Imagine ses paroles dans la bulle.

J'ai béni la marmelade ....

....

....

....

ACTIVITÉ E

- Dessine ce que le vaillant petit tailleur met dans sa poche avant d'aller parcourir le monde.

SÉQUENCE 2

LE VAILLANT PETIT TAILLEUR

ACTIVITÉ F

- **Lis la suite de l'histoire et surligne les ruses que le vaillant petit tailleur utilise.**

Son chemin le conduisit en haut d'une montagne et quand il en atteignit le sommet, voici qu'un énorme géant y était assis et promenait tranquillement ses regards alentour. Le petit tailleur alla hardiment à lui, l'interpella et lui dit : « Bonjour, camarade, hein, te voilà en train de contempler le vaste monde ? Je suis justement en train de m'y rendre pour y tenter ma chance. As-tu envie de venir avec moi ? » Le géant toisa le tailleur d'un air dédaigneux et dit : « Pouilleux ! Pitoyable avorton !

– Par exemple ! répondit le petit tailleur en déboutonnant son habit et en montrant sa ceinture au géant, tiens ! Lis donc là quel gaillard je suis ! » Le géant lut : « Sept d'un coup ! », pensa que c'étaient des hommes que le tailleur avait assommés, et se sentit un peu de respect pour le petit luron. Pourtant il voulut d'abord le mettre à l'épreuve, prit une pierre dans sa main et la pressa tellement qu'il en sortit de l'eau. « Fais-en autant, dit le géant, si tu en as la force.

– Si ce n'est que ça, dit le tailleur, pour nous autres c'est un jeu d'enfant », il mit sa main dans sa poche, y prit le fromage mou et le serra de manière à en exprimer le jus. « Hein ! fit-il, c'est un peu plus fort ? » Le géant ne sut que dire, il n'aurait jamais cru ça de ce petit homme. Alors il ramassa une pierre et la lança si haut qu'on pouvait à peine la suivre des yeux. « Eh bien, mon petit caneton, fais-en donc autant !

– Bien lancé, dit le tailleur, mais ta pierre, il a bien fallu qu'elle retombe après, moi, je vais t'en lancer une qui ne reviendra pas du tout. » Il mit la main dans sa poche, y prit l'oiseau et le jeta en l'air. Ravi d'être libre, l'oiseau s'éleva, prit son vol et ne revint plus. « Qu'est-ce que tu dis de mon petit tour, camarade ? demanda le tailleur.

LE VAILLANT PETIT TAILLEUR

ACTIVITÉ G

• **Lis la suite de l'histoire.**

– Quant au lancer, tu t'y entends, dit le géant, mais maintenant nous allons voir si tu es capable de porter un poids convenable. » Il conduisit le tailleur auprès d'un chêne puissant qui était abattu et gisait par terre, et dit : « Si tu es assez fort, aide-moi à sortir cet arbre du bois.

– Volontiers, répondit le petit bonhomme, tu n'as qu'à prendre le tronc sur tes épaules, je soulèverai les branches avec tout le feuillage et je les porterai, c'est bien le plus lourd. » Le géant prit le tronc sur ses épaules, mais le tailleur s'assit sur une maitresse branche et le colosse, qui ne pouvait pas se retourner, dut emporter tout l'arbre et le tailleur par-dessus le marché. Celui-ci était tout guilleret et de bonne humeur là-derrière, il sifflotait la chansonnette « Trois tailleurs s'en allaient à cheval », comme si porter un arbre n'était qu'un jeu d'enfant. Après avoir traîné sa lourde charge un bout de chemin, le géant ne put pas continuer et s'écria : « Écoute, il faut que je lâche l'arbre ! » Le tailleur sauta prestement par terre, prit l'arbre à deux bras comme s'il l'avait porté et dit au géant : « Un grand gaillard comme toi, tu ne peux même pas porter cet arbre ! »

ACTIVITÉ H

• **Dessine ce que tu as imaginé : comment les 2 personnages portent-ils le chêne selon toi ?**

SÉQUENCE 2

LE VAILLANT PETIT TAILLEUR

ACTIVITÉ 1

- **Lis la suite de l'histoire et repère les deux nouvelles ruses du vailllant petit tailleur.**

Ils continuèrent de cheminer ensemble, et comme ils passaient près d'un cerisier, le géant saisit la cime de l'arbre, là où il y avait les fruits les plus mûrs, la courba, la mit dans la main du petit tailleur et lui dit d'en manger. Mais le petit tailleur était bien trop chétif pour tenir l'arbre et quand le géant le lâcha, il se redressa et le tailleur fut projeté en l'air. Quand il fut retombé sans mal, le géant dit : « Qu'est-ce que ça veut dire ? Tu n'as pas la force de tenir cette misérable badine ?

– Ce n'est pas la force qui me manque, répondit le petit tailleur, penses-tu que ce soit une affaire pour quelqu'un qui en a occis sept d'un coup ? J'ai bondi par-dessus l'arbre parce que les chasseurs là, en bas, sont en train de tirer dans le fourré, saute derrière moi si tu peux. » Le géant essaya, mais, il ne put passer par-dessus l'arbre et resta accroché dans les branches, si bien que le petit tailleur garda encore l'avantage.

Le géant dit : « Puisque tu es un gars si courageux, viens avec moi dans notre caverne et passe la nuit avec nous. » Le petit tailleur se montra disposé à le suivre. Quand ils arrivèrent dans la caverne, ils trouvèrent d'autres géants assis près de l'âtre, et chacun d'eux avait en main un mouton rôti où il mordait à belles dents. Le petit tailleur inspecta les lieux et pensa : « C'est vraiment beaucoup plus spacieux que mon atelier. » Le géant lui désigna un lit, en lui disant de s'y coucher et de dormir tout son soûl. Mais le lit était beaucoup trop vaste pour le petit tailleur, il ne se mit pas dedans et alla se blottir dans un coin. Quand il fut minuit et que le géant crut le petit tailleur profondément endormi, il se leva, prit une grosse barre de fer, en donna un coup sur toute la largeur du lit, et crut avoir achevé le marmouset. Dès l'aube les géants partirent pour la forêt, et ils avaient complètement oublié le petit tailleur quand, tout à coup, ils le virent venir d'un air tout joyeux et téméraire. Ils prirent peur, craignirent d'être tous assommés et s'enfuirent à toutes jambes.

SÉQUENCE 2

LE VAILLANT PETIT TAILLEUR

ACTIVITÉ J

- **Lis la suite de l'histoire.**

Le petit tailleur continua son chemin, toujours le nez en l'air. Après avoir cheminé longtemps, il se trouva dans la cour d'un palais royal et comme il se sentait las, il se coucha dans l'herbe et s'endormit. Pendant qu'il dormait, des gens arrivèrent, le regardèrent sur toutes les faces et lurent sur sa ceinture : « Sept d'un coup ! » « Ah, dirent-ils, que vient faire ici ce grand guerrier, en pleine paix ? Ce doit être un puissant seigneur. » Ils allèrent rapporter la chose au roi et lui dirent qu'au cas où la guerre éclaterait, ce serait là un personnage important et utile qu'il ne fallait laisser partir à aucun prix. Le conseil plut au roi, et il envoya au petit tailleur l'un de ces courtisans qui, à son réveil, devait lui offrir de prendre du service dans l'armée. L'ambassadeur resta auprès du dormeur, attendant qu'il s'étirât et ouvrît les yeux, puis il lui fit sa proposition. « C'est justement pour cela que je suis venu, répondit-il, je suis prêt à me mettre au service du roi. » On le reçut donc avec tous les honneurs et on lui assigna une demeure particulière.

ACTIVITÉ K

- **Écris ce que pense le roi et ce qu'il dit au vaillant petit tailleur, ce qu'il lui demande de faire.**

....
....
....

....
....
....

SÉQUENCE 2

LE VAILLANT PETIT TAILLEUR

ACTIVITÉ L

- **Lis la suite de l'histoire.**

Le roi ne voulut pas encore lui accorder la récompense promise et exprima une troisième exigence. Avant ses noces, le tailleur devrait encore lui attraper un sanglier qui causait de grands dégâts dans la forêt ; les chasseurs lui prêteraient main forte. « Bien, dit le tailleur, ce n'est qu'un jeu d'enfant. » Il n'emmena pas les chasseurs dans le bois et ils en furent bien contents, car le sanglier les avait déjà accueillis souvent d'une manière qui leur ôtait l'envie de se mettre à sa poursuite. Quand le sanglier aperçut le tailleur, il fonça sur lui, l'écume à la gueule, en s'aiguisant les dents, et voulut le jeter par terre. Mais le héros sauta avec agilité dans une chapelle voisine et, d'un bond, ressortit aussitôt par la fenêtre du haut. Le sanglier l'avait suivi, mais le tailleur fit le tour par-dehors et ferma la porte sur lui ; alors l'animal furieux, bien trop lourd et maladroit pour sauter par la fenêtre, se trouva pris. Le tailleur appela les chasseurs, pour qu'ils voient de leurs propres yeux l'animal prisonnier. Le héros, quant à lui, s'en alla trouver le roi qui, bon gré mal gré, dut alors tenir sa promesse et lui donna sa fille et la moitié de son royaume. S'il avait su qu'il n'avait pas devant lui un grand guerrier, mais un petit tailleur, il eût été encore plus affecté. Les noces furent donc célébrées en grande pompe et petite joie et l'on fit un roi d'un petit tailleur.

SÉQUENCE 2

LE VAILLANT PETIT TAILLEUR

ACTIVITÉ M

• Écris les reformulations.

La phrase du texte	Notre reformulation
Le roi dut tenir sa promesse.	....
Il eut été encore plus affecté.	....
Les noces furent donc célébrées en grande pompe et petite joie.	....
On fit un roi d'un petit tailleur.	....

SÉQUENCE 2

LE VAILLANT PETIT TAILLEUR

ACTIVITÉ N

- **Récapitule les stratégies que tu as utilisées pour comprendre le conte *Le Vaillant Petit Tailleur*.**

Avec la stratégie du lièvre et de la tortue, ...	Avec la stratégie de l'araignée, j'ai	Avec la stratégie du chien, j'ai ....

Avec la stratégie de la licorne, j'ai	Avec la stratégie du perroquet, j'ai	Avec la stratégie du hibou, j'ai ....

SÉQUENCE 2

LE VAILLANT PETIT TAILLEUR

SÉQUENCE

2 LE VAILLANT PETIT TAILLEUR

SÉQUENCE 2 LE VAILLANT PETIT TAILLEUR

SÉQUENCE 2

LE VAILLANT PETIT TAILLEUR

SÉQUENCE 3 P'TIT LIBÉ DANS LA JUNGLE DE L'INFORMATION

ACTIVITÉ A

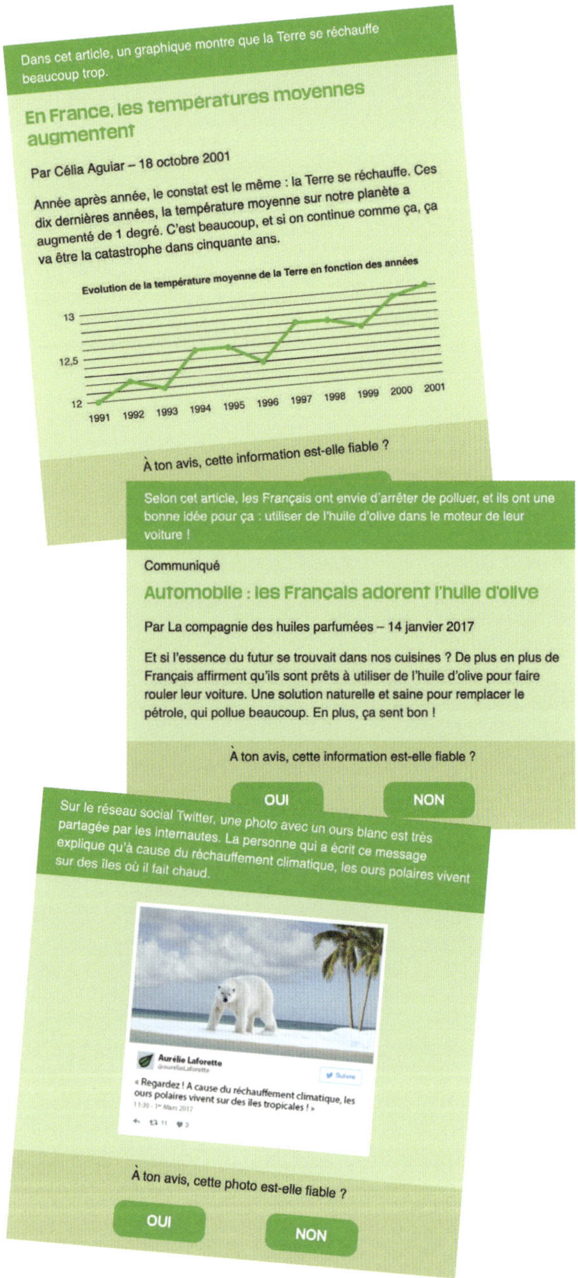

- **Titre :** *P'tit Libé dans la jungle de l'information*
- **Autrices :** Cécile Bourgneuf, Elsa Maudet et Émilie Coquard
- **Origine :** https://www.liberation.fr/apps/2017/03/le-ptit-libe-semaine-de-la-presse/
- **Journal :** Le P'tit Libé
- **Type de texte :** informatif
- **Genre :** documentaire

QUI SONT LES AUTRICES DE CE DOCUMENT ?

Les autrices de ce document sont des journalistes. Elles ont créé un site Internet sur lequel elles partagent des articles de presse sur le thème du réchauffement climatique. Elles ont pour but de faire réfléchir leurs lecteurs, des enfants de votre âge, sur la fiabilité des informations données.

QU'EST-CE QU'UN SITE DOCUMENTAIRE EN LIGNE ?

Le site « P'tit Libé dans la jungle de l'information » est un documentaire en ligne composé de textes et d'éléments visuels.

- Un documentaire en ligne a pour but d'apporter des informations.
- Un documentaire en ligne peut comporter du texte, des images, des dessins, des schémas, des graphiques…
- Un documentaire en ligne nécessite de naviguer (descendre dans la page, cliquer…).
- Un documentaire est écrit pour un public de lecteurs particulier : enfants, adultes, spécialistes.

P'TIT LIBÉ DANS LA JUNGLE DE L'INFORMATION

ACTIVITÉ B

- **Lis les affirmations et indique si tu es d'accord, pas d'accord ou si tu ne sais pas.**

P'tit Libé dans la jungle de l'information							
	Avant la lecture du texte			Après la lecture du texte			Je justifie mes réponses après la lecture.
Les affirmations	Je suis d'accord.	Je ne suis pas d'accord.	Je ne sais pas.	Je suis d'accord.	Je ne suis pas d'accord.	Je ne sais pas.	
A. Une information donnée par un site Internet est toujours vraie.							....
B. Pour s'assurer de la fiabilité d'une information, il faut savoir qui l'a écrite.							....
C. Pour s'assurer de la fiabilité d'une information, il faut savoir quand cela a été écrit.							....
D. Pour s'assurer de la fiabilité d'une information, il faut savoir pourquoi cela a été écrit.							....
E. Une photographie est plus fiable qu'un texte.							....

ACTIVITÉ C

- **Entoure les différentes parties de ce document, donne un titre à chaque partie et indique son contenu.**

Cet article du journal *le Monde* explique que la température moyenne a augmenté d'un degré sur la Terre en un siècle.

En un siècle, la température a bien augmenté sur la Terre

Par Judith Gérard – 9 février 2017

La température moyenne sur Terre a augmenté de presque un degré en un siècle.
Résultat, le climat se dérègle : il y a de plus en plus de vagues de chaleur, de tempêtes et d'inondations. Tout ça peut abîmer ou détruire les maisons, les champs ou les routes. Certaines personnes sont alors obligées de quitter l'endroit où elles habitent, pour se mettre à l'abri.

À ton avis, cette information est-elle fiable ?

OUI NON

ACTIVITÉ D

• **Complète le tableau (groupe 1).**

Pour commencer son exposé, P'tit Libé cherche à savoir ce qu'est le changement climatique. Il veut donc savoir si le climat s'est réchauffé sur une longue période.

Cet article du journal *le Monde* explique que la température moyenne a augmenté d'un degré sur la Terre en un siècle.

En un siècle, la température a bien augmenté sur la Terre

Par Judith Gérard – 9 février 2017

La température moyenne sur Terre a augmenté de presque un degré en un siècle.
Résultat, le climat se dérègle : il y a de plus en plus de vagues de chaleur, de tempêtes et d'inondations. Tout ça peut abîmer ou détruire les maisons, les champs ou les routes. Certaines personnes sont alors obligées de quitter l'endroit où elles habitent, pour se mettre à l'abri.

À ton avis, cette information est-elle fiable ?

OUI NON

Que recherche P'tit Libé ?	....
Quelles informations donne le document ?	....
Quel document est donné pour répondre ?	....
Cette information est-elle fiable ?	....

ACTIVITÉ D

- **Complète le tableau (groupe 2).**

P'tit Libé aimerait tout de même comprendre pourquoi il fait toujours très froid l'hiver alors que les températures augmentent.

Dans cet article, un scientifique explique que le réchauffement climatique est une invention.

Le réchauffement climatique n'existe pas !

Par Juan Xavier – 5 janvier 2017

Selon James Wilfried, chercheur de la compagnie pétrolière Pitrus, les vagues de froid observées ces dernières années dans plusieurs pays du monde montrent bien que le réchauffement climatique n'existe pas : «Il a fait -50°C au nord de la Russie cet hiver, une température jamais atteinte en cinquante ans ! C'est bien la preuve qu'il n'y a pas de réchauffement climatique», explique-t-il.

À ton avis, cette information est-elle fiable ?

OUI NON

Que recherche P'tit Libé ?	
Quelles informations donne le document ?	
Quel document est donné pour répondre ?	
Cette information est-elle fiable ?	

P'TIT LIBÉ DANS LA JUNGLE DE L'INFORMATION

ACTIVITÉ D

- **Complète le tableau (groupe 3).**

P'tit Libé aimerait bien montrer à sa classe comment les températures ont évolué ces dix dernières années. Et pour que les choses soient bien claires, rien de mieux qu'un graphique.

Dans cet article, un graphique montre que la Terre se réchauffe beaucoup trop.

En France, les températures moyennes augmentent

Par Célia Aguiar – 18 octobre 2001

Année après année, le constat est le même : la Terre se réchauffe. Ces dix dernières années, la température moyenne sur notre planète a augmenté de 1 degré. C'est beaucoup, et si on continue comme ça, ça va être la catastrophe dans cinquante ans.

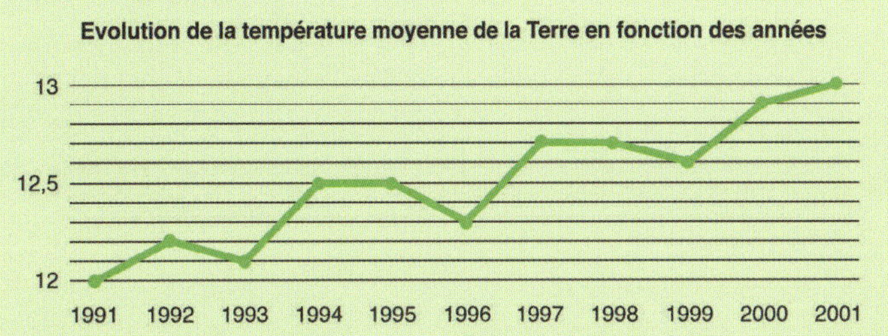

À ton avis, cette information est-elle fiable ?

OUI NON

Que recherche P'tit Libé ?	....
Quelles informations donne le document ?	....
Quel document est donné pour répondre ?	....
Cette information est-elle fiable ?	....

ACTIVITÉ D

- **Complète le tableau (groupe 4).**

Pour parler du changement climatique, P'tit Libé doit aborder la question des gaz à effet de serre, ces gaz qui conservent la chaleur sur la Terre. Il souhaite expliquer à ses camarades de quoi il s'agit et quelles sont les conséquences de leur existence.

Selon cet article trouvé sur le site du ministère de l'Environnement, pas de doute : les gaz à effet de serre sont tout ce qu'il y a de plus naturel.

L'effet de serre : un phénomène naturel

Par Le ministère de l'Environnement – 12 février 2017

Le climat change petit à petit parce qu'il y a trop de gaz à effet de serre dans l'atmosphère. A la base, l'effet de serre est un phénomène tout à fait naturel qui permet de conserver de la chaleur sur la Terre. Grâce aux gaz à effet de serre, la température moyenne sur notre planète est de 15°C. Sans eux, elle serait de... -18°C, c'est très froid ! Sur la planète Mars, par exemple, il fait très froid parce qu'il n'y a pas beaucoup de gaz à effet de serre, et sur Vénus très chaud parce qu'il y en a énormément.

À ton avis, cette information est-elle fiable ?

OUI NON

Que recherche P'tit Libé ?	....
Quelles informations donne le document ?	....
Quel document est donné pour répondre ?	....
Cette information est-elle fiable ?	....

SÉQUENCE 3

P'TIT LIBÉ DANS LA JUNGLE DE L'INFORMATION

ACTIVITÉ D

- **Complète le tableau (groupe 5).**

C'est bien beau de critiquer, mais il existe aussi des solutions pour arranger les choses, non ?

Selon cet article, les Français ont envie d'arrêter de polluer, et ils ont une bonne idée pour ça : utiliser de l'huile d'olive dans le moteur de leur voiture !

Communiqué

Automobile : les Français adorent l'huile d'olive

Par La compagnie des huiles parfumées – 14 janvier 2017

Et si l'essence du futur se trouvait dans nos cuisines ? De plus en plus de Français affirment qu'ils sont prêts à utiliser de l'huile d'olive pour faire rouler leur voiture. Une solution naturelle et saine pour remplacer le pétrole, qui pollue beaucoup. En plus, ça sent bon !

À ton avis, cette information est-elle fiable ?

OUI NON

Que recherche P'tit Libé ?	....
Quelles informations donne le document ?	....
Quel document est donné pour répondre ?	....
Cette information est-elle fiable ?	....

ACTIVITÉ D

• **Complète le tableau (groupe 6).**

P'tit Libé a trouvé quelques informations pour son exposé mais il lui manque une photo pour illustrer son propos. Il a entendu parler d'une image montrant les effets du réchauffement climatique sur les animaux. Mais où peut-elle bien être ?

Sur le réseau social Twitter, une photo avec un ours blanc est très partagée par les internautes. La personne qui a écrit ce message explique qu'à cause du réchauffement climatique, les ours polaires vivent sur des îles où il fait chaud.

À ton avis, cette photo est-elle fiable ?

OUI NON

Que recherche P'tit Libé ?	....
Quelles informations donne le document ?	....
Quel document est donné pour répondre ?	....
Cette information est-elle fiable ?	....

P'TIT LIBÉ DANS LA JUNGLE DE L'INFORMATION

ACTIVITÉ E

• **Récapitule les stratégies que tu as utilisées pour comprendre le document *P'tit Libé dans la jungle de l'information*.**

Avec la stratégie du lièvre et de la tortue, ...	Avec la stratégie de l'araignée, ...	Avec la stratégie du perroquet, ...

Avec la stratégie du chien, ...	Avec la stratégie du hibou, ...	

SÉQUENCE 4

MAFALDA

ACTIVITÉ A

- **Remplis la fleur lexicale.**

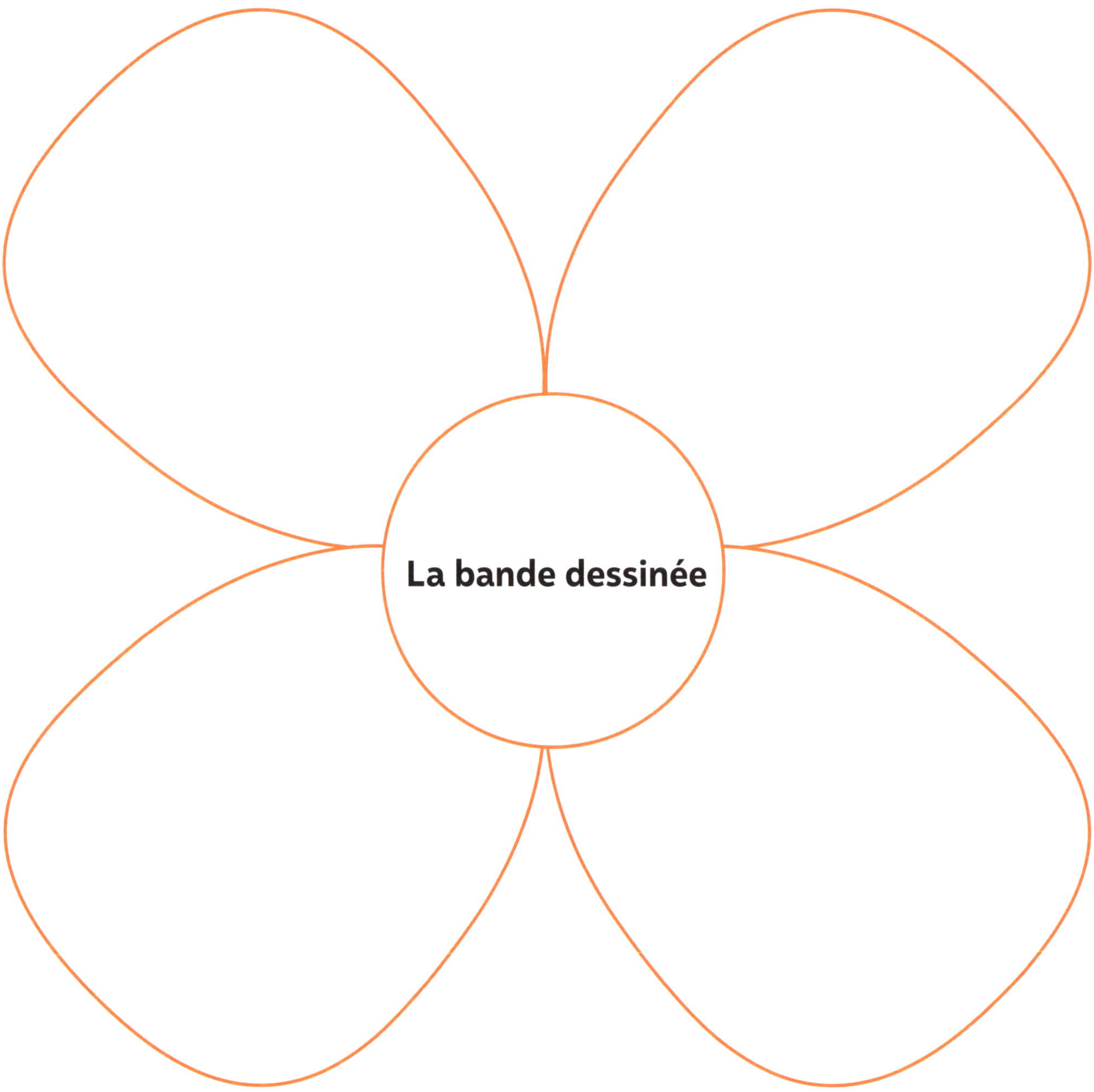

MAFALDA

ACTIVITÉ B

- **Titre :** *Mafalda*
- **Auteur :** Quino
- **Origines :** *Mafalda* (tome 1) et *Le club de Mafalda* (tome 10)
- **Éditeur :** Glénat
- **Type de texte :** narratif
- **Genre :** bande dessinée

QUI ÉTAIT QUINO ? QUI EST MAFALDA ?

Quino est né en 1932 et mort en 2020. Il était argentin. Il était auteur-dessinateur de bandes dessinées qu'il signait Quino, son diminutif. Son véritable nom était Joaquín Salvador Lavado Tejón. Il a toujours aimé dessiner. Il a commencé à gagner de l'argent en faisant des dessins pour des publicités. Il imagine et crée Mafalda en 1962. Mafalda est une toute petite fille, elle a 5 ou 6 ans, mais s'exprime et pense comme une adulte. Elle se pose beaucoup de questions, elle essaie de comprendre les adultes, ses amis… Ce personnage permet à Quino de critiquer le monde dans lequel il vit. Il fait dire à une enfant, Mafalda, ce que les adultes pensent tout bas. En lisant les histoires de Mafalda, le lecteur rit et réfléchit en même temps.

QU'EST-CE QU'UNE BANDE DESSINÉE ?

Mafalda est une bande dessinée (BD) humoristique, mais aussi engagée.

- Une BD est un texte narratif : elle raconte une histoire.
- Une BD est composée d'images dessinées.
- Une BD fait apparaitre des personnages qui parlent et qui pensent.
- Une BD humoristique est faite d'histoires courtes.
- Dans une BD humoristique, le héros ou l'héroïne vit de nombreuses situations de la vie courante qui finissent par faire rire ET réfléchir.
- Une BD engagée montre la réalité des choses.
- Une BD engagée critique la société.

MAFALDA

ACTIVITÉ C

• **Réponds aux questions.**

Qui ? (personnages)	Où ? (lieu)	Que se passe-t-il ?
....	....	....
....	....	....
....	....	....
....	....	....

ACTIVITÉ D

• **Écris ce que pense Mafalda, selon toi.**

....

....

....

....

SÉQUENCE 4

MAFALDA

ACTIVITÉ E

- Écris ce que le dessin t'apprend.
- Écris ce que pense Mafalda, selon toi.

Ce que pense Mafalda		Ce que nous apprend le dessin
		....

ACTIVITÉ F

- Écris ce que le texte t'apprend.
- Écris ce que le dessin t'apprend.
- Compare les 2.

Ce que nous dit le texte		Ce que nous apprend le dessin
....		....

....

SÉQUENCE 4

MAFALDA

ACTIVITÉ G

- Écris ce que le texte t'apprend.
- Écris ce que le dessin t'apprend.
- Compare les 2.

Ce que nous dit le texte		Ce que nous apprend le dessin
....		....
....		....
....		....
....		....
....		....
....		....
....		....
....		....
....		

ACTIVITÉ H

- Écris ce que le texte t'apprend.
- Écris ce que le dessin t'apprend.
- Compare les 2.

Ce que nous dit le texte		Ce que nous apprend le dessin
....		....
....		....
....		....
....		....
....		....
....		....
....		....
....		....
....		

SÉQUENCE 4

MAFALDA

ACTIVITÉ I

- **Pourquoi cette histoire est-elle drôle ?**
  Coche la ou les bonnes réponses.

☐ Parce que Mafalda tire la langue.

☐ Parce que Mafalda croit que sa maman a cuisiné avec de l'encre.

☐ Parce que la maman ne se rend pas compte que sa recette est ratée.
Et nous, lecteurs, nous le comprenons.

☐ Parce que la maman de Mafalda est une bonne cuisinière.

ACTIVITÉ J

- **Réponds aux questions.**

Qui ? (personnages)	Où ? (lieu)
....	....
....	....
....	....
....	....

ACTIVITÉ K

- Écris ce que le texte t'apprend.
- Écris ce que le dessin t'apprend.
- Compare les 2.

Ce que nous dit le texte		Ce que nous apprend le dessin

ACTIVITÉ L

- Écris ce que le texte t'apprend.
- Écris ce que le dessin t'apprend.
- Compare les 2.

Ce que nous dit le texte		Ce que nous apprend le dessin

SÉQUENCE 4

MAFALDA

ACTIVITÉ M

- Écris ce que le texte t'apprend.
- Écris ce que le dessin t'apprend.
- Compare les 2.

Ce que nous dit le texte		Ce que nous apprend le dessin
....		....
....		....
....		....
....		....
....		....
....		....
....		....
....		....
....		

ACTIVITÉ N

- Écris ce que le texte t'apprend.
- Écris ce que le dessin t'apprend.
- Compare les 2.

Ce que nous dit le texte		Ce que nous apprend le dessin
....		....
....		....
....		....
....		....
....		....
....		....
....		....
....		....
....		

ACTIVITÉ O

- **Récapitule les stratégies que tu as utilisées pour comprendre les deux bandes dessinées.**

Avec la stratégie de l'araignée, ...	Avec la stratégie du chien, ...

Avec la stratégie du perroquet, ...	Avec la stratégie du hibou, ...

SÉQUENCE 5

LE CHAMEAU ET SA BOSSE

ACTIVITÉ A

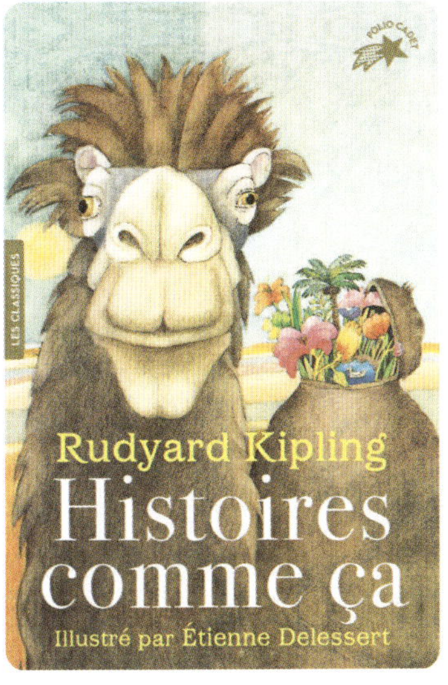

- **Titre :** *Le Chameau et sa bosse*
- **Auteur :** Rudyard Kipling
- **Origine :** *Histoires comme ça*
- **Date de la première édition :** 1902 (en anglais)
- **Éditeur :** Éditions Gallimard
- **Type de texte :** narratif
- **Genre :** conte étiologique ou conte d'origine

Couverture d'*Histoires comme ça*, Rudyard Kipling, © Éditions Gallimard.

QUI ÉTAIT RUDYARD KIPLING ?

Rudyard Kipling est né en 1865 en Inde britannique et est mort à Londres en 1936. C'est un écrivain anglais universellement connu. Il a notamment écrit *Le Livre de la jungle*, paru en 1894. Durant toute sa vie, il a montré une passion pour les pays lointains. Ses ouvrages pour la jeunesse ont connu un immense succès, notamment *Histoires comme ça*, publié en 1902. En 1907, il reçoit le Prix Nobel de Littérature parce qu'il sait observer le monde, qu'il fait preuve d'originalité et qu'il a un véritable talent pour raconter des histoires.

QU'EST-CE QU'UN CONTE D'ORIGINE ?

Le texte *Le Chameau et sa bosse* est un conte d'origine.
- Un conte raconte une histoire ; le lecteur ne sait ni où ni quand elle se passe.
- Le but d'un conte d'origine est d'expliquer un phénomène naturel.
- Un conte d'origine explique des phénomènes naturels de manière imaginaire.
- Les personnages du conte d'origine sont généralement des animaux.
- Un conte d'origine s'appelle aussi un conte étiologique ou un conte du « pourquoi ».

SÉQUENCE 5

LE CHAMEAU ET SA BOSSE

ACTIVITÉ B

- **Lis le début du conte.**
- **Écris tes annotations.**

....	Voici maintenant l'histoire suivante qui raconte comment le Chameau a eu sa bosse. Au commencement des temps, quand le monde était tout neuf et tout ce qui s'ensuit, et que les Animaux commençaient tout juste à travailler pour l'Homme, il y avait un Chameau qui vivait au beau milieu d'un Désert Hurlant parce qu'il ne voulait pas travailler ; d'ailleurs, c'était un Hurleur lui-même. Alors, il se nourrissait de bouts de bois, d'épines, de tamarisques, d'euphorbes et d'un tas de choses piquantes, tout ça dans l'oisiveté la plus mortelle. Et quand on lui adressait la parole, il disait : « Bof ! » Exactement « Bof ! », et rien de plus.	....

LE CHAMEAU ET SA BOSSE

ACTIVITÉ C

- **Lis la suite du conte.**

Alors le Cheval vint le voir, le lundi matin, avec une selle sur le dos et un mors dans la bouche, et il lui dit :
– Chameau, ô Chameau, viens avec nous et trotte comme nous autres !
– Bof ! dit le Chameau.
Et le cheval s'en fut le dire à l'Homme.
Alors le Chien vint à lui, un bâton dans la gueule, et lui dit :
– Chameau, ô Chameau, viens avec nous, va chercher et rapporte comme nous autres !
– Bof ! dit le Chameau.
Et le chien s'en fut le dire à l'Homme.
Alors le Bœuf vint à lui, le joug sur la nuque, et lui dit :
– Chameau, ô Chameau, viens labourer comme nous autres !
– Bof ! dit le Chameau.
Et le bœuf s'en fut le dire à l'Homme.

ACTIVITÉ D

- **Complète le tableau après en avoir parlé avec tes camarades.**

	Le Chameau	Le Cheval, le Chien, le Bœuf	L'Homme
Ce qu'on a lu	....	....	....
Ce qu'on a compris	....	....	....

SÉQUENCE 5

LE CHAMEAU ET SA BOSSE

ACTIVITÉ E

- **Lis la suite du conte.**
- **Surligne les mots, les morceaux de phrases que tu ne comprends pas.**
- **Écris tes annotations.**

À la fin de la journée, l'Homme appela le Cheval, et le Chien, et le Bœuf, et leur dit :
– Vous Trois, ô Vous Trois, je suis bien désolé pour vous, avec ce monde tout neuf et tout ce qui s'ensuit : mais cette Chose-qui-dit-Bof, dans le Désert, est incapable de travailler, sans cela elle serait déjà ici. Je vais donc la laisser tranquille, et vous, vous travaillerez deux fois plus, pour compenser.
Cela fit que les Trois ne furent pas contents du tout, avec ce monde tout neuf et tout ce qui s'ensuit. Ils tinrent conseil à la limite du Désert, discutèrent, palabrèrent, blablatèrent… Le Chameau arriva en mâchant ses herbes, et plus que jamais dans une oisiveté mortelle. Il rit en les regardant, puis il dit : « Bof ! » et repartit.
Mais voilà que passa le Génie qui s'occupe de Tous les Déserts. Il passait en roulant dans un nuage de poussière, car c'est ainsi que voyagent les Génies, parce que c'est magique. Et il s'arrêta pour discuter et blablater avec les Trois.
– Génie de Tous les Déserts, dit le Cheval, est-il juste qu'une créature soit paresseuse dans ce monde tout neuf et tout ce qui s'ensuit ?
– Certainement non, dit le Génie.
– Eh bien ! dit le Cheval, il y a quelqu'un, au beau milieu de ton Désert Hurlant (et c'est un Hurleur lui-même), quelqu'un avec un long cou et de longues jambes, qui n'en a pas fichu une rame depuis lundi matin. Il ne veut pas trotter.
– Hou ! dit le Génie en sifflant. Mais c'est mon Chameau, par tout l'or de l'Arabie ! Et que dit-il quand on lui parle de ça ?
– Il dit « Bof ! » dit le Chien. Et il ne veut pas aller chercher ni rapporter.
– Et… dit-il autre chose ?
– Seulement « Bof ! » dit le Bœuf. Et il ne veut pas labourer.
– Très bien, dit le Génie. Je vais le « boffer » comme il faut, si seulement vous voulez bien attendre une minute !
Le Génie s'enveloppa dans son manteau de poussière, survola le Désert et trouva le Chameau, toujours dans l'oisiveté la plus mortelle, qui regardait son propre reflet dans une flaque d'eau.

SÉQUENCE 5

LE CHAMEAU ET SA BOSSE

ACTIVITÉ F

- **Reformule ce que dit le Génie.**

Très bien. Je vais le « boffer » comme il faut, si seulement vous voulez bien attendre une minute !

Très bien. Je vais

....

....

....

si seulement vous voulez bien attendre une minute !

ACTIVITÉ G

- **Lis la suite du conte.**
- **Surligne en bleu les paroles les plus importantes du Génie et en marron les paroles les plus importantes du Chameau.**

– Mon cher faiseur de bulles, dit le Génie, qu'est-ce que j'entends dire à ton sujet ? Il parait que tu ne travailles pas, dans ce monde tout neuf et tout ce qui s'ensuit ?
– Bof ! dit le Chameau.
Le Génie s'assit par terre, le menton dans la main et commença à méditer une grande Magie, pendant que le Chameau continuait à se regarder dans la flaque d'eau.
– Depuis lundi matin, dit le Génie, tu donnes du travail supplémentaire aux Trois Animaux, à cause de ton oisiveté mortelle !
Et il continua à méditer des Magies, son menton dans la main.
– Bof ! dit le Chameau.
– Si j'étais toi, je ne répéterais pas ça, dit le Génie : tu pourrais le dire une fois de trop ! Faiseur de bulles, je veux que tu travailles !
Alors le Chameau dit encore une fois :
– Bof !
Mais à peine l'avait-il dit qu'il vit son dos, dont il était si fier, s'enfler, s'enfler et devenir une grosse bosse ballante.
– Tu vois ça ? dit le Génie. C'est ton propre « Bof ! » que tu t'es mis sur le dos en refusant de travailler. Nous sommes aujourd'hui jeudi, tu n'as rien fait depuis lundi, quand le travail a commencé… À présent, tu vas te mettre à l'ouvrage.
– Mais comment le pourrais-je, dit le Chameau, avec ce « Bof » sur le dos ?
– C'est fait exprès, dit le Génie, parce que tu as manqué ces trois premiers jours. Dorénavant, tu seras capable de travailler trois jours pleins sans manger, parce que tu vivras sur ton « Bof ! » Tu ne diras pas que je n'ai rien fait pour toi ! Maintenant, sors du Désert, va rejoindre les Trois et tâche d'apprendre à te conduire. En route !

SÉQUENCE 5

LE CHAMEAU ET SA BOSSE

ACTIVITÉ H

- **Relie chaque étape du récit au résumé qui lui correspond.**

1. Situation initiale ou début du conte	2. Élément perturbateur	3. Déroulement	4. Dénouement	5. Fin du conte
•	•	•	•	•
•	•	•	•	•
Le Chameau est paresseux et ne veut pas travailler, ce qui donne plus de travail aux autres animaux.	Le Chameau peut travailler avec sa bosse qui lui permet de rester 3 jours sans boire ni manger.	Les Animaux sont mécontents d'avoir plus de travail, ils vont voir le Génie ; il va forcer le Chameau à travailler.	Les Animaux travaillent pour l'Homme : le Cheval le transporte, le Chien surveille, le Bœuf laboure.	Le Génie fait apparaitre une bosse sur le dos du Chameau.

ACTIVITÉ I

- **Es-tu d'accord ou pas d'accord avec le chameau ? Écris quelques arguments pour justifier ta réponse.**

Je suis d'accord avec le Chameau.	Je ne suis pas d'accord avec le Chameau.
Chameau, tu as raison de ne pas avoir changé	Chameau, tu aurais dû changer ....
....	....
....	....
....	....
....	....
....	....

SÉQUENCE 5

LE CHAMEAU ET SA BOSSE

ACTIVITÉ J

• **Récapitule les stratégies que tu as utilisées pour comprendre le conte *Le Chameau et sa bosse*.**

Avec la stratégie du lièvre et de la tortue, ...	Avec la stratégie de l'araignée, ...

Avec la stratégie du perroquet, ...	Avec la stratégie de la licorne, ...

LE LABOUREUR ET SES ENFANTS

ACTIVITÉ A

- **Titre :** *Le Laboureur et ses enfants*
- **Auteur :** Jean de La Fontaine
- **Origine :** *Fables, livre 5*
- **Date :** 1668
- **Type de texte :** narratif
- **Genre :** fable

QUI ÉTAIT JEAN DE LA FONTAINE ?

Jean de La Fontaine est né en 1621 à Château-Thierry et mort en 1695 à Paris. Il a vécu pendant le règne du roi Louis XIV. C'est un poète français très connu, principalement pour ses *Fables*. Quand Jean de La Fontaine publie son premier recueil de fables, il a presque 50 ans. En 1683, il est élu à l'Académie française, institution qui est chargée de donner son avis sur la langue française, et qui existe toujours.

QU'EST-CE QU'UNE FABLE ?

Le texte *Le Laboureur et ses enfants* est une fable.

- Une fable est un récit court.
- Une fable est écrite en vers, avec des rimes.
- Une fable a 3 parties : l'accroche, l'exemple et la morale.
- Une fable montre un exemple concret de la vie.
- Une fable contient une morale, une leçon à retenir.
- Une fable apprend quelque chose au lecteur.

SÉQUENCE 6

LE LABOUREUR ET SES ENFANTS

ACTIVITÉ B

- **Reformule la fable, par partie.**

PARAPHRASE	TEXTE	COMMENTAIRES
	Un riche laboureur sentant sa mort prochaine	
	Fit venir ses enfants, leur parla sans témoins.	
	« Gardez-vous, leur dit-il, de vendre l'héritage	
	Que nous ont laissé nos parents.	
	Un trésor est caché dedans.	

LE LABOUREUR ET SES ENFANTS

ACTIVITÉ C

- **Reformule la fable, par partie.**

PARAPHRASE	TEXTE	COMMENTAIRES
	Je ne sais pas l'endroit ; mais un peu de courage	
	Vous le fera trouver, vous en viendrez à bout.	
	Remuez votre champ dès qu'on aura fait l'août.	
	Creusez, fouillez, bêchez ; ne laissez nulle place	
	Où la main ne passe et repasse. »	

SÉQUENCE

6 LE LABOUREUR ET SES ENFANTS

ACTIVITÉ D

• **Reformule la fable, par partie.**

PARAPHRASE	TEXTE	COMMENTAIRES
	Le Père mort, les fils vous retournent le champ	
	Deçà, delà, partout ; si bien qu'au bout de l'an	
	Il en rapporta davantage.	
	D'argent, point de caché. Mais le Père fut sage	
	De leur montrer avant sa mort	
	Que le travail est un trésor.	

SÉQUENCE 6

LE LABOUREUR ET SES ENFANTS

ACTIVITÉ E

- **Récapitule les stratégies que tu as utilisées pour comprendre la fable *Le Laboureur et ses enfants*.**

Avec la stratégie du lièvre et de la tortue, ...	Avec la stratégie du perroquet, ...	Avec la stratégie du chien, ...

SÉQUENCE 7

L'ÉLECTRICITÉ EN FRANCE

ACTIVITÉ A

L'électricité en France

Sans y penser, nous consommons de l'électricité tous les jours, à longueur de journée. L'électricité nous sert à nous éclairer, à faire fonctionner les appareils de la maison, à faire briller les enseignes lumineuses des magasins…

Mais d'où vient cette énergie ?
En France, l'électricité est produite de différentes façons : elle provient des centrales nucléaires, des centrales hydroélectriques, des éoliennes, des panneaux solaires et d'autres sources moins importantes.

Les centrales nucléaires
Une centrale nucléaire produit de l'électricité grâce à des explosions d'uranium. Elle a donc besoin de minerai d'uranium pour fonctionner. Elle ne rejette pas de gaz polluant dans l'atmosphère, mais de la vapeur d'eau. Elle produit des déchets radioactifs très dangereux, que les hommes ne savent pas trop comment stocker.
Pour refroidir ses circuits, elle utilise l'eau des rivières qu'elle rejette ensuite : cela réchauffe la rivière et perturbe la nature.

Les centrales hydroélectriques
Les centrales hydroélectriques sont des barrages construits sur des rivières ou des fleuves. Un système permet de produire de l'électricité grâce à la force de l'eau qui descend, en créant une chute d'eau.

Les éoliennes
Une éolienne est une machine qui utilise la force du vent pour produire de l'électricité : le vent fait tourner les pales pour produire l'énergie. En France, on trouve de plus en plus de champs d'éoliennes.

Les panneaux solaires
Un panneau solaire est un dispositif qui récupère les rayons du soleil pour les transformer en énergie électrique. On en trouve de plus en plus sur les toits des maisons ou des bâtiments.

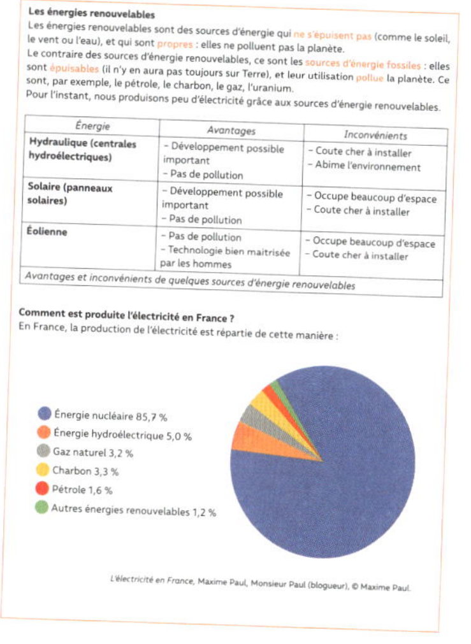

Les énergies renouvelables
Les énergies renouvelables sont des sources d'énergie qui ne s'épuisent pas (comme le soleil, le vent ou l'eau), et qui sont propres : elles ne polluent pas la planète.
Le contraire des sources d'énergie renouvelables, ce sont les sources d'énergie fossiles : elles sont épuisables (il n'y en aura pas toujours sur Terre), et leur utilisation pollue la planète. Ce sont, par exemple, le pétrole, le charbon, le gaz, l'uranium.
Pour l'instant, nous produisons peu d'électricité grâce aux sources d'énergie renouvelables.

Énergie	*Avantages*	*Inconvénients*
Hydraulique (centrales hydroélectriques)	– Développement possible important – Pas de pollution	– Coute cher à installer – Abime l'environnement
Solaire (panneaux solaires)	– Développement possible important – Pas de pollution	– Occupe beaucoup d'espace – Coute cher à installer
Éolienne	– Pas de pollution – Technologie bien maitrisée par les hommes	– Occupe beaucoup d'espace – Coute cher à installer

Avantages et inconvénients de quelques sources d'énergie renouvelables

Comment est produite l'électricité en France ?
En France, la production de l'électricité est répartie de cette manière :

L'électricité en France, Maxime Paul, Monsieur Paul (blogueur), © Maxime Paul.

- **Titre :** *L'électricité en France*
- **Auteur :** Maxime Paul, Monsieur Paul (blogueur)
- **Origine :** https://chezmonsieurpaul.org/
- **Type de texte :** informatif
- **Genre :** documentaire

QUE SAIT-ON DE L'AUTEUR DE CE TEXTE ?
L'auteur de ce texte, Maxime Paul, est un professeur des écoles qui a créé un site Internet sur lequel il partage son travail pour que d'autres enseignant.e.s l'utilisent avec leurs élèves. Maxime Paul est un enseignant blogueur.

QU'EST-CE QU'UN TEXTE DOCUMENTAIRE ?
Le texte *L'électricité en France* est un texte documentaire composé de textes et d'autres éléments.

- Un texte documentaire est un texte dont le but est d'apporter des informations vraies.
- Un texte documentaire peut comporter du texte, des images, des dessins, des schémas, des graphiques…
- Un texte documentaire est écrit pour un public de lecteurs particulier : enfants, adultes, spécialistes.

SÉQUENCE 7

L'ÉLECTRICITÉ EN FRANCE

ACTIVITÉ B

• **Lis les affirmations et indique si tu es d'accord, pas d'accord ou si tu ne sais pas.**

L'électricité en France							
	Avant la lecture du texte			Après la lecture du texte			Je justifie mes réponses après la lecture.
Les affirmations	Je suis d'accord.	Je ne suis pas d'accord.	Je ne sais pas.	Je suis d'accord.	Je ne suis pas d'accord.	Je ne sais pas.	
A. Les centrales nucléaires ne polluent pas du tout.							....
B. Les centrales hydroélectriques utilisent de l'eau pour produire de l'électricité.							....
C. En France, la source d'énergie la plus importante pour produire de l'électricité est le pétrole.							....
D. L'éolien est une source d'énergie fossile.							....
E. L'énergie solaire n'a que des avantages.							....
F. Les éoliennes peuvent être groupées.							....

SÉQUENCE 7

L'ÉLECTRICITÉ EN FRANCE

ACTIVITÉS C, D ET E

- **C : Encadre le titre et entoure les 3 sous-titres de ce document. (2 pages)**
- **D : Souligne en bleu les titres de la partie « Mais d'où vient cette énergie ? »**
- **E : Souligne en vert tout ce qui concerne l'énergie hydroélectrique.**

L'électricité en France

Sans y penser, nous consommons de l'électricité tous les jours, à longueur de journée. L'électricité nous sert à nous éclairer, à faire fonctionner les appareils de la maison, à faire briller les enseignes lumineuses des magasins...

Mais d'où vient cette énergie ?
En France, l'électricité est produite de différentes façons : elle provient des centrales nucléaires, des centrales hydroélectriques, des éoliennes, des panneaux solaires et d'autres sources moins importantes.

Les centrales nucléaires
Une centrale nucléaire produit de l'électricité grâce à des explosions d'uranium. Elle a donc besoin de minerai d'uranium pour fonctionner. Elle ne rejette pas de gaz polluant dans l'atmosphère, mais de la vapeur d'eau. Elle produit des déchets radioactifs très dangereux, que les hommes ne savent pas trop comment stocker.
Pour refroidir ses circuits, elle utilise l'eau des rivières qu'elle rejette ensuite : cela réchauffe la rivière et perturbe la nature.

Les centrales hydroélectriques
Les centrales hydroélectriques sont des barrages construits sur des rivières ou des fleuves. Un système permet de produire de l'électricité grâce à la force de l'eau qui descend, en créant une chute d'eau.

Les éoliennes
Une éolienne est une machine qui utilise la force du vent pour produire de l'électricité : le vent fait tourner les pales pour produire l'énergie. En France, on trouve de plus en plus de champs d'éoliennes.

Les panneaux solaires
Un panneau solaire est un dispositif qui récupère les rayons du soleil pour les transformer en énergie électrique. On en trouve de plus en plus sur les toits des maisons ou des bâtiments.

SÉQUENCE 7

L'ÉLECTRICITÉ EN FRANCE

Les énergies renouvelables

Les énergies renouvelables sont des sources d'énergie qui ne s'épuisent pas (comme le soleil, le vent ou l'eau), et qui sont propres : elles ne polluent pas la planète.

Le contraire des sources d'énergie renouvelables, ce sont les sources d'énergie fossiles : elles sont épuisables (il n'y en aura pas toujours sur Terre), et leur utilisation pollue la planète. Ce sont, par exemple, le pétrole, le charbon, le gaz, l'uranium.

Pour l'instant, nous produisons peu d'électricité grâce aux sources d'énergie renouvelables.

Énergie	*Avantages*	*Inconvénients*
Hydraulique (centrales hydroélectriques)	– Développement possible important – Pas de pollution	– Coute cher à installer – Abime l'environnement
Solaire (panneaux solaires)	– Développement possible important – Pas de pollution	– Occupe beaucoup d'espace – Coute cher à installer
Éolienne	– Pas de pollution – Technologie bien maitrisée par les hommes	– Occupe beaucoup d'espace – Coute cher à installer

Avantages et inconvénients de quelques sources d'énergie renouvelables

Comment est produite l'électricité en France ?

En France, la production de l'électricité est répartie de cette manière :

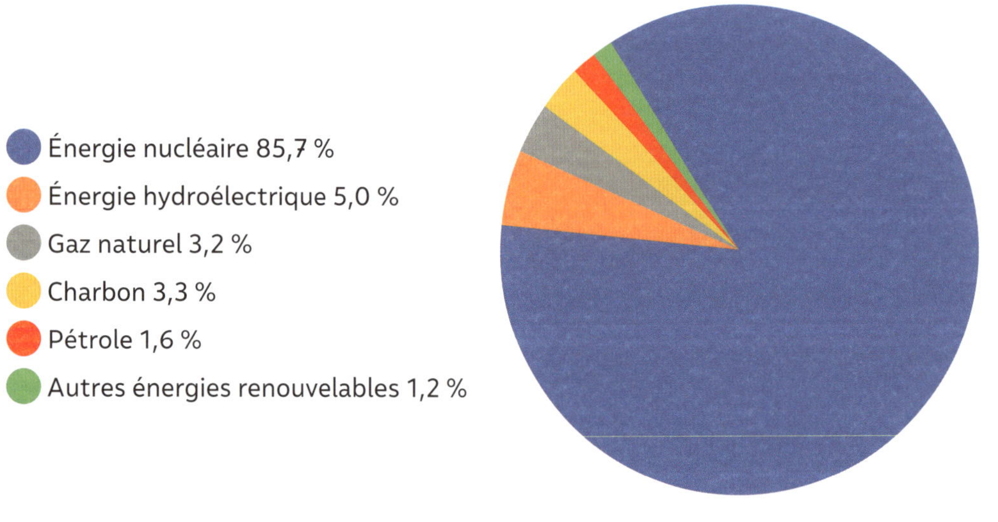

L'électricité en France, Maxime Paul, Monsieur Paul (blogueur), © Maxime Paul.

L'ÉLECTRICITÉ EN FRANCE

ACTIVITÉ F

• **Complète le tableau.**

Éléments	Comment ça s'appelle ?	À quoi ça sert ?
	....	....
	....	....
	....	....
	....	....

L'électricité en France

Sans y penser, nous consommons de l'électricité tous les jours, à longueur de journée. L'électricité nous sert à nous éclairer, à faire fonctionner les appareils de la maison, à faire briller les enseignes lumineuses des magasins...

Mais d'où vient cette énergie ?
En France, l'électricité est produite de différentes façons : elle provient des centrales nucléaires, des centrales hydroélectriques, des éoliennes, des panneaux solaires et d'autres sources moins importantes.

Les centrales nucléaires
Une centrale nucléaire produit de l'électricité grâce à des explosions d'uranium. Elle a donc besoin de minerai d'uranium pour fonctionner. Elle ne rejette pas de gaz polluant dans l'atmosphère, mais de la vapeur d'eau. Elle produit des déchets radioactifs très dangereux, que les hommes ne savent pas trop comment stocker.
Pour refroidir ses circuits, elle utilise l'eau des rivières qu'elle rejette ensuite : cela réchauffe la rivière et perturbe la nature.

Les centrales hydroélectriques
Les centrales hydroélectriques sont des barrages construits sur des rivières ou des fleuves. Un système permet de produire de l'électricité grâce à la force de l'eau qui descend, en créant une chute d'eau.

Les éoliennes
Une éolienne est une machine qui utilise la force du vent pour produire de l'électricité : le vent fait tourner les pales pour produire l'énergie. En France, on trouve de plus en plus de champs d'éoliennes.

Les panneaux solaires
Un panneau solaire est un dispositif qui récupère les rayons du soleil pour les transformer en énergie électrique. On en trouve de plus en plus sur les toits des maisons ou des bâtiments.

Énergie	*Avantages*	*Inconvénients*
Hydraulique (centrales hydroélectriques)	– Développement possible important – Pas de pollution	– Coute cher à installer – Abime l'environnement
Solaire (panneaux solaires)	– Développement possible important – Pas de pollution	– Occupe beaucoup d'espace – Coute cher à installer
Éolienne	– Pas de pollution – Technologie bien maitrisée par les hommes	– Occupe beaucoup d'espace – Coute cher à installer

Avantages et inconvénients de quelques sources d'énergie renouvelables

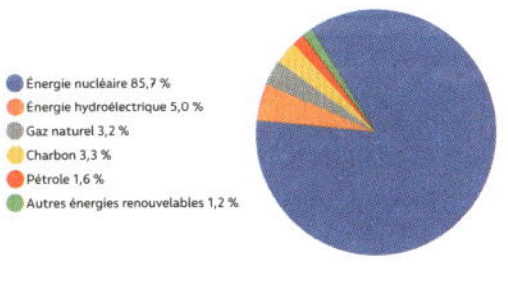

L'ÉLECTRICITÉ EN FRANCE

ACTIVITÉ G

- **Récapitule les stratégies que tu as utilisées pour comprendre le document *L'électricité en France*.**

Avec la stratégie du lièvre et de la tortue, ...	Avec la stratégie de l'araignée, ...

Avec la stratégie du perroquet, ...	Avec la stratégie du hibou, ...

SÉQUENCE

8 ÉCOSYSTÈMES ET CYCLES NATURELS

ACTIVITÉ A

• **Réponds à la question.**

Comment s'appelle la relation profitable, bénéfique, entre 2 espèces ?

....

....

....

ACTIVITÉ B

• **Réponds à la question.**

Trouve le nom de 2 gaz qui sont indispensables aux êtres vivants.

....

....

....

ACTIVITÉ C

• **Réponds à la question.**

L'auteur de ce texte documentaire veut nous faire passer un message. À ton avis, lequel ?

....

....

....

ACTIVITÉ D

• **Réponds à la question.**

Selon toi, y a-t-il des parties qui ne servent à rien dans ce texte documentaire ? Lesquelles ? Pourquoi ?

....

....

....

SÉQUENCE 8

ÉCOSYSTÈMES ET CYCLES NATURELS

ACTIVITÉ E

- **Écris une définition du mot « écosystème ».**

....

....

....

....

....

....

ACTIVITÉ F

- **Récapitule les stratégies que tu as utilisées pour comprendre le document *Écosystèmes et cycles naturels*.**

Avec la stratégie du lièvre et de la tortue, ...	Avec la stratégie de l'araignée, ...

Avec la stratégie du perroquet, ...	Avec la stratégie du hibou, ...

SÉQUENCE 9

L'HOMME À L'OREILLE COUPÉE

ACTIVITÉ A

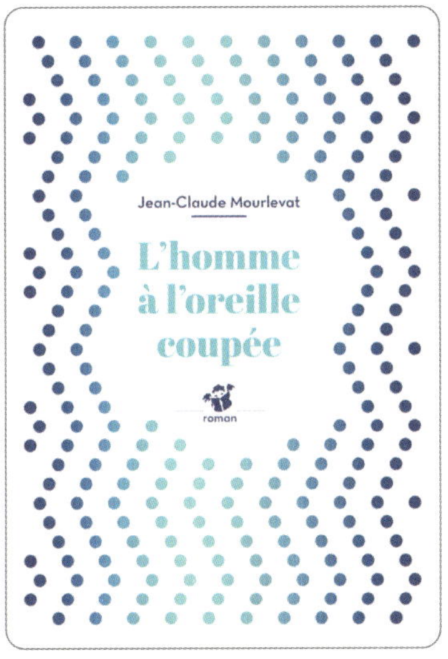

- **Titre :** *L'homme à l'oreille coupée*
- **Auteur :** Jean-Claude Mourlevat
- **Éditeur :** Éditions Thierry Magnier
- **Collection** : Petite Poche
- **Date :** 2015
- **Type de texte :** narratif
- **Genre :** extrait de roman

Couverture de *L'homme à l'oreille coupée*, Jean-Claude Mourlevat, © Éditions Thierry Magnier.

QUI EST JEAN-CLAUDE MOURLEVAT ?

« Je m'appelle Jean-Claude Mourlevat et je suis né le 22 mars 1952 à Ambert, en Auvergne. [...] Une fois le baccalauréat acquis, je suis parti faire des études, successivement à Strasbourg, Toulouse, Stuttgart, Bonn et Paris... En 1976, je suis devenu professeur d'allemand. [...] Je crois que j'ai été un professeur heureux. J'ai aimé enseigner. Mon premier texte publié a été un album, il s'appelle *Histoire de l'enfant et de l'œuf*. C'était en 1997. Je ne savais pas alors que ce serait le premier d'une longue liste, et qu'écrire allait devenir mon unique et merveilleuse occupation. »

https://jcmourlevat.com/

QU'EST-CE QU'UN ROMAN ?

Le texte *L'homme à l'oreille coupée* est un roman court.

- Un roman raconte une histoire imaginée par un auteur.
- Un roman est situé dans le temps et dans l'espace.
- Un roman présente la vie d'un ou plusieurs personnages.
- Un roman a pour objectif de divertir le lecteur et de le faire réfléchir.
- Un roman court est plus court qu'un roman et plus long qu'une nouvelle.

SÉQUENCE 9

L'HOMME À L'OREILLE COUPÉE

ACTIVITÉ B

- **Surligne en bleu tous les mots qui désignent le personnage principal.**
- **Surligne en rouge tous les mots qui montrent que le personnage principal ressent des émotions.**
- **Surligne en jaune tous les mots qui te font penser au cirque.**

Il y avait dans un port de la Norvège un très vieil homme à qui manquait une oreille. Comment l'as-tu perdue ? lui demandait-on dans l'auberge où il venait s'enivrer chaque soir, et il répondait volontiers :

« Oh, ça remonte à loin ! disait-il, j'étais encore un petit garçon… J'avais neuf ans à peine, alors voyez ! Un cirque ambulant est passé dans notre village. Ça ne coutait pas très cher, mais nous étions pauvres et mes parents ne pouvaient pas me payer l'entrée. Alors, le soir de la représentation, j'y suis allé en cachette.

Je me suis faufilé sous la toile du chapiteau, ni vu ni connu, et j'ai pris place dans les gradins. C'était plein à craquer. La musique assourdissante, l'odeur forte des animaux, tout ça : j'étais comme ivre. Il y a eu les chevaux qui tournaient, puis les acrobates-voltigeurs, puis les petits caniches dressés. J'en restais la bouche ouverte. Quelle émotion pour moi qui n'avais jamais rien vu !

ACTIVITÉ C

- **Écris ce que tu sais.**
- **Résume chaque information par un ou deux mots.**
- **Écris ce que les 3 informations t'ont permis de comprendre : il s'agit d'utiliser la stratégie de l'araignée.**

Ce que l'on sait	information n° 1	+	information n° 2	+	information n° 3	=	

SÉQUENCE 9

L'HOMME À L'OREILLE COUPÉE

ACTIVITÉ D

- **Lis la suite de l'histoire.**

« Ensuite ils ont demandé un volontaire. C'est juste à ce moment-là que j'ai vu un camarade d'école en face de moi, de l'autre côté de la piste. Il me faisait de grands signes. J'ai levé le bras pour lui répondre et ils ont cru que je voulais venir ! Ils m'ont mis une cigarette de papier dans les oreilles. Une dans chaque. Clac ! Clac ! De quoi vous rendre sourd. Les gens applaudissaient. Et ils riaient aussi. Sans doute à cause de mon air ahuri.
Et puis tout à coup j'ai entendu "ooOOOooh !" Ça faisait comme une vague dans les gradins... L'assistante s'est aussitôt évanouie et quelques spectatrices aussi. »

ACTIVITÉ E

- **Écris ce que tu sais.**
- **Résume chaque information par un ou deux mots.**
- **Écris ce que les 3 informations t'ont permis de comprendre : il s'agit d'utiliser la stratégie de l'araignée.**

Ce que l'on sait	information n° 1	+	information n° 2	+	information n° 3	=	
....	....		....		....		....
....	....		....		....		....
....	....		....		....		....
....	....		....		....		....
....	....		....		....		....
....	....		....		....		....
....	....		....		....		....

SÉQUENCE 9 L'HOMME À L'OREILLE COUPÉE

ACTIVITÉ F

- **Lis la suite de l'histoire.**

« J'ai senti quelque chose de tiède qui dégoulinait dans mon cou. J'ai passé la main. C'était mon sang. Alors j'ai compris. J'ai regardé par terre et j'ai vu mon oreille, là, dans la sciure…
J'ai oublié la suite. Je me revois transporté dans des bras étrangers. Je revois des gens très flous qui me tiennent les mains. Je revois surtout ma mère qui pleure et mon père qui lève les bras au ciel :
– Ah, ce gamin ! Ce gamin !
Voilà comment je l'ai perdue, mon oreille. Ça vous évitera d'avoir à le demander la prochaine fois… »

ACTIVITÉ G

- **Récapitule les stratégies que tu as utilisées pour comprendre l'extrait de *L'homme à l'oreille coupée.***

Avec la stratégie de la licorne, ...	Avec la stratégie de l'araignée, ...	Avec la stratégie du chien, ...

Avec la stratégie du perroquet, ...	Avec la stratégie du hibou, ...

SÉQUENCE 9

L'HOMME À L'OREILLE COUPÉE

ACTIVITÉ H

- **Lis la suite de l'histoire.**

« Si bien que j'ai fini par écrire une longue lettre à ma pauvre fiancée. Comme je n'arrivais pas à le dire, je l'ai écrit… Je vous jure que j'ai trempé le papier de mes larmes tellement j'avais honte, tellement j'étais malheureux. Je lui ai expliqué que j'allais partir avec une autre, que j'étais désolé, que la vie était mal faite et bla bla bla. Vous savez bien les bêtises qu'on peut dire dans ces cas-là !

Et un soir j'ai pris mon courage à deux mains et je lui ai donné la lettre. C'était dans sa cuisine. Je me suis assis sur une chaise en face d'elle, tête basse, et j'ai attendu.

Elle a lu en silence, jusqu'au bout, avec un grand calme. Puis elle m'a regardé sans aucune expression. Un peu comme si elle me voyait pour la première fois. J'ai pensé l'espace d'un instant que rien n'allait se produire. Qu'elle me dirait : "Eh bien si tu veux me quitter, quitte-moi", et que je partirais, tout simplement. Que je l'embrasserais une dernière fois et qu'on se séparerait, bons amis ou presque…

Mais ça ne s'est pas passé exactement comme ça. En effet, elle a replié la lettre, l'a posée sur la table, et puis savez-vous ce qu'elle a fait ? Elle s'est jetée sur moi !

Ma chaise a basculé et nous avons roulé tous les deux au sol. J'ai bien tenté de me défendre, mais c'était sans espoir. Je me battais contre une véritable furie, une panthère en rage. Dans la lutte, elle a refermé sa mâchoire sur mon oreille et ne l'a plus desserrée. Vous avez compris maintenant ?

C'est ma fiancée qui m'a arraché cette oreille avec ses propres dents ! Et maintenant fichez-moi la paix avec cette histoire. Ne m'en parlez plus ! »

SÉQUENCE 10

LILY

ACTIVITÉ A

- **Titre :** *Lily*
- **Auteur :** Pierre Perret
- **Origine :** Album *Lily*
- **Année :** 1977
- **Type de texte :** poétique
- **Genre :** chanson

Couverture de l'album *Lily*, Pierre Perret,

QUI EST PIERRE PERRET ?
Pierre Perret est auteur, compositeur et interprète : il chante des chansons dont il écrit les textes et compose les musiques. Il est né le 9 juillet 1934 dans le sud de la France. À 9 ans, il commence le solfège et prend des cours de saxophone. À 23 ans, il enregistre son premier disque. À 43 ans, il compose la célèbre chanson *Lily* (1977). D'autres chansons de Pierre PERRET sont très connues : *Le zizi, Les jolies colonies de vacances, Mon p'tit loup, La cage aux oiseaux*... La particularité de Pierre Perret est qu'il écrit des chansons avec des mots simples, quelquefois familiers, tout en gardant un style très poétique. C'est un amoureux de la langue française.

QU'EST-CE QU'UNE CHANSON ENGAGÉE ?
Le texte *Lily* est une chanson engagée.
- Une chanson est un texte poétique.
- Une chanson est un texte mis en musique.
- Une chanson est souvent divisée en couplets et refrain.
- Une chanson est faite pour être chantée.
- Une chanson engagée est une chanson qui montre la réalité des choses, qui transmet un message, des émotions pour informer et faire réagir sur un sujet, défendre un point de vue.

ACTIVITÉ B

- **Recopie le résultat du travail réalisé avec ta classe.**

....	On la trouvait plutôt jolie, Lily	....
....	Elle arrivait des Somalies, Lily	....
....	Dans un bateau plein d´émigrés	....
....	Qui venaient tous de leur plein gré	....
....	Vider les poubelles à Paris	....

ACTIVITÉ C

- **Annote chaque passage, puis reformule-le avec tes mots.**

....	Elle aimait tant la liberté, Lily	....
....	Elle rêvait de fraternité, Lily	....
....	Un hôtelier, rue Secrétan	....
....	Lui a précisé, en arrivant	....
....	Qu´on ne recevait que des Blancs	....

ACTIVITÉ C suite

....	Elle a déchargé des cageots, Lily	....
....	Elle s´est tapée les sales boulots, Lily	....
....	Elle crie pour vendre des choux-fleurs	....
....	Dans la rue, ses frères de couleur	....
....	L´accompagnent au marteau-piqueur	....

....	Et quand on l´appelait Blanche-Neige, Lily	....
....	Elle se laissait plus prendre au piège, Lily	....
....	Elle trouvait ça très amusant	....
....	Même s´il fallait serrer les dents	....
....	Ils auraient été trop contents	....

LILY

ACTIVITÉ D

- **Colorie le résumé qui correspond au début de la chanson.**

Lily se fait rejeter d'un hôtel où elle vide les poubelles.	Une jeune fille noire vient en France pour vivre libre et égale aux autres.	Une Somalienne qui s'appelle Blanche-Neige vient vivre à Paris.

ACTIVITÉ E

- **Annote chaque passage, puis reformule-les avec tes mots.**

....	Elle aima un beau blond frisé, Lily	....
....	Qui était tout prêt à l´épouser, Lily	....
....	Mais, la belle-famille lui dit	....
....	Nous n'sommes pas racistes pour deux sous	....
....	Mais on veut pas de ça chez nous »	....

....	Elle a essayé l´Amérique, Lily	....
....	Ce grand pays démocratique, Lily	....
....	Elle aurait pas cru sans le voir	....
....	Que la couleur du désespoir	....
....	Là-bas, aussi ce fût le noir	....

ACTIVITÉ E (suite)

....	Mais, dans un meeting à Memphis, Lily	....
....	Elle a vu Angela Davis, Lily	....
....	Qui lui dit « viens, ma petite sœur	....
....	En s´unissant on a moins peur	....
....	Des loups qui guettent le trappeur »	....

....	Et c´est pour conjurer sa peur, Lily	....
....	Qu´elle lève aussi un poing rageur, Lily	....
....	Au milieu de tous ces gugus	....
....	Qui foutent le feu aux autobus	....
....	Interdits aux gens de couleur	....

ACTIVITÉ F

- **Écris si c'est vrai (V) ou faux (F).**

Pierre Perret raconte l'histoire de sa fille.	......
Pierre Perret veut que l'on accueille mieux les émigrés en France.	......
Pierre Perret trouve que les émigrés qui viennent travailler en France sont courageux.	......
Pierre Perret dit que la vie des émigrés est agréable lorsqu'ils arrivent en France.	......
Pierre Perret est optimiste dans cette chanson.	......

ACTIVITÉ G

- **Récapitule les stratégies que tu as utilisées pour comprendre la chanson engagée *Lily.***

Avec la stratégie de la licorne, ...	Avec la stratégie de l'araignée, ...

Avec la stratégie du perroquet, ...	Avec la stratégie du hibou, ...

SÉQUENCE

11 SOPRANO, RÉDACTEUR EN CHEF D'UN JOUR

ACTIVITÉ A

« À l'école, j'étais très timide, j'aimais apprendre des choses »

Dimanche, le rappeur Soprano était le rédacteur en chef exceptionnel de *Mon Quotidien*. 4 abonnés l'ont interviewé.

Qu'est-ce qui t'a donné envie de devenir chanteur ?
« Je vais plutôt vous dire qui m'a donné envie de le devenir. Je ne sais pas si vous le connaissez, il s'appelle Michael Jackson *(rire)*. Je n'avais que 5 ans, mais je m'en rappelle très bien. Je le voyais chanter, danser, j'adorais ses clips. Je me suis dit qu'il fallait que je fasse comme lui : transmettre quelque chose à travers la musique. »

D'où vient ton nom de scène, Soprano ?
« Enfant, j'étais dans une madrasa, une école pour les musulmans. Comme dans une école de gospel, j'y ai appris le chant pour les mariages, les anniversaires... J'aimais beaucoup ça. J'avais une voix aigue, alors on m'a appelé "soprano". Quand j'ai commencé le rap, je l'ai gardé comme nom de scène. »

As-tu appris à jouer d'un instrument ? Si oui, lequel ?
« Non, excepté de la flûte, à l'école. Mais je n'ai jamais pris de cours, je fais tout à l'oreille. J'ai appris à composer des morceaux seul, avec un ordi, sur un piano... J'enregistrais des petites mélodies. »

Tes parents t'ont-ils encouragé à faire de la musique ?
« Mes parents voulaient que je sois médecin. Quand je leur ai dit que je voulais faire de la musique, et en plus du rap, cela les a inquiétés. Ils avaient peur pour moi. Mais je les ai rassurés. La première fois que mon père est venu me voir chanter, à Marseille, il a surtout été impressionné par le nombre de spectateurs ! En plus, c'était son premier concert... »

« Mes parents voulaient que je sois médecin »

Pourquoi avoir quitté le groupe Psy 4 de la Rime ? Te sens-tu plus libre en solo ?
« Je n'ai pas quitté le groupe. On a sorti beaucoup d'albums ensemble, on est cousins, on se voit tout le temps. À un moment, on a eu envie de développer chacun nos univers personnels et de continuer en groupe et en solo. Malheureusement, on a perdu quelqu'un du groupe, et on ne peut pas revenir à 3. »

D'où te vient l'inspiration ? De ta vie ?
« Certaines de mes chansons sont inspirées de ma vie, de mes proches, ou sont liées à l'actualité. Par exemple : *Renaissance, Mon précieux* (*sur les portables très présents dans notre quotidien*), *À la vie, à l'amour*... D'autres chansons, comme *Zoum Zoum Zoum*, naissent d'une bêtise faite ou dite en studio... »

« J'ai écrit *Fragile* quand ma fille est rentrée en 6e »

Dans la chanson *Fragile*, tu parles de harcèlement scolaire. Pourquoi ?
« J'ai écrit cette chanson pour ma fille quand elle est rentrée au collège. Je me rappelais ma 6e et j'ai flippé. Je me disais que ça allait être dur, je savais comment se comportaient les garçons, comment étaient les filles entre elles... Je ne connais pas d'enfant harcelé, mais je connais beaucoup de petits harceleurs. Ils s'amusent. Ils n'ont pas conscience que cela peut être dangereux. Il faut le leur expliquer. Avec cette chanson, je crois que je n'ai jamais reçu autant de remerciements, de messages de jeunes, de parents et de personnalités ayant elles-mêmes été harcelées quand elles étaient jeunes. »

Quel est ton chanteur préféré ?
« Il y en a 3. Michael Jackson et Daniel Balavoine, mais je ne peux pas chanter avec eux (*ils sont morts*). Et Stromae. Il est trop fort. Il arrive à faire danser les gens sur des sujets sérieux, en faisant des chansons fun, positives... On se connaît bien. On devait chanter ensemble dans mon précédent album, *L'Everest*. Mais ça ne s'est pas fait. »

As-tu des rituels avant de monter sur scène ?
« Oui. L'équipe et moi avons un rituel : se dire des blagues pourries, comme celles des Carambar, pour combattre le stress et entrer sur scène avec le sourire ! »

Comment gères-tu le manque de ta famille quand tu es en tournée ?
« C'est compliqué, mais ma famille a l'habitude. Quand mes 3 enfants (6, 10 et 12 ans) ne sont pas à l'école, je suis avec eux au téléphone toutes les 2 ou 3 heures. Cette année, j'ai décidé de ne plus faire de concerts pendant les vacances scolaires. C'est surtout pour ma femme que c'est dur, car elle est toute seule avec nos 3 enfants. »

« Le succès et la célébrité sont venus lentement »

Qu'as-tu ressenti lors de tes premiers concerts, quand tu as découvert tous tes fans ?
« J'ai eu de la chance, j'ai fait mes premiers concerts devant 2 personnes. Ensuite, il y en a eu 100, puis 1000... Le succès et la célébrité sont venus lentement. Aujourd'hui, je chante devant 60 000 personnes, comme s'il n'y en avait que 2. Dans la rue, quand on me demande une photo ou un autographe, je dis tout le temps oui. Les gens sont toujours respectueux. »

Quel enfant étais-tu à 12 ans ? Aimais-tu l'école ?
« J'étais très timide, très réservé. Je ne parlais pas beaucoup. À l'école, c'était pareil. J'aimais apprendre des choses. Mes matières préférées étaient la musique, bien sûr, et l'histoire-géo. J'aimais bien le français, mais je n'étais pas très bon. Heureusement, j'ai eu la chance d'avoir des super profs. Ce sont eux qui font aimer l'école. »

Mon frère, qui t'adore, est fan du PSG : supporteras-tu le PSG en Ligue des champions alors que l'OM est éliminé ?
« Franchement ? Non ! *(rire)* J'ai du respect pour le PSG, mais je ne peux pas encourager ce club à gagner le trophée que seuls les Marseillais détiennent en France ! »

Propos recueillis par Corentin, Laura, Lila-Marie et Romane, avec C. Hallé

© F. Garcouste

- **Titre :** *Soprano, rédacteur en chef d'un jour*
- **Auteur :** PlayBac Presse
- **Origine :** *Mon quotidien du 22 janvier 2019*
- **Journal :** *Mon Quotidien*
- **Date :** 22 janvier 2019
- **Type de texte :** informatif
- **Genre :** article de presse

Mon Quotidien du 22 janvier 2019, © PlayBac Presse.

QUE SAIT-ON DES AUTEURS DE CE TEXTE ?
Les auteurs de ce texte sont des journalistes et des enfants. Ils ont interviewé le chanteur Soprano. *Mon Quotidien* est un journal d'informations pour les enfants de 10 à 13 ans qui parait tous les jours, du lundi au vendredi.

QU'EST-CE QU'UN ARTICLE DE PRESSE ?
Ce document est composé de différentes parties, avec, au milieu, une longue interview. Le sujet est Soprano, un rappeur français.
- Un article de presse est un texte dont le but est d'apporter des informations vraies.
- Un article de presse peut comporter du texte, des photos, des dessins.
- Un article de presse est écrit pour un public de lecteurs particulier, ici les enfants.

SOPRANO, RÉDACTEUR EN CHEF D'UN JOUR

ACTIVITÉS B ET D

- **B : Entoure et numérote les différentes parties du document avec des crayons de couleurs.**
- **D : Surligne dans le document ce qui va t'aider à écrire un texte sur Soprano.**

À LA UNE

{ PORTRAIT }

De Psy 4 de la Rime au jury de *The Voice*

© F. Garrouste

Saïd M'Roumbaba, dit Soprano, est né le 14 janvier 1979 (il vient d'avoir 40 ans), à Marseille (Bouches-du-Rhône). Il débute dans le rap dans les années 1990, avec le groupe Psy 4 de la Rime. Puis, il se lance en solo. Son premier album, *Puisqu'il faut vivre*, sort en 2007. Viennent ensuite *La Colombe* (2010), *Le Corbeau* (2011), *Cosmopolitanie* (2014) et *L'Everest* (2016), qui se vend à 800 000 exemplaires. Sorti en novembre, son 6e album, *Phoenix*, dépasse les 200 000 ventes. Vous l'avez à nouveau élu chanteur de l'année 2018 (*lire n° 6693*). Soprano sera en tournée à partir de mars. Et, dès ce mois-ci, il rejoint le jury de *The Voice* saison 8, sur TF1.

{ ZOOM }

Une pochette inspirée du roman *Le Petit Prince*

«Au départ, c'était moi qui arrosais un trèfle à 4 feuilles en plein désert, sur la pochette de mon dernier album, confie Soprano. *Un ami m'a dit que ça lui faisait penser à la couverture du* Petit Prince, *de Saint-Exupéry (publié en 1943). C'est ainsi que l'on a eu l'idée de mettre un enfant à ma place. Il essaie de faire pousser sa chance...»*

Gospel
Chant religieux (joyeux) des Noirs d'Amérique du Nord.
À l'oreille
Ici, sans indication musicale.

«À l'école, j'étais j'aimais apprendr

Dimanche, le rappeur Soprano était le rédacteur en chef exceptionnel de *Mon Quotidien*. 4 abonnés l'ont interviewé.

Qu'est-ce qui t'a donné envie de devenir chanteur ?
«Je vais plutôt vous dire qui m'a donné envie de le devenir. Je ne sais pas si vous le connaissez, il s'appelle Michael Jackson (*rire*). Je n'avais que 5 ans, mais je m'en rappelle très bien. Je le voyais chanter, danser, j'adorais ses clips. Je me suis dit qu'il fallait que je fasse comme lui : transmettre quelque chose à travers la musique.»

D'où vient ton nom de scène, Soprano ?
«Enfant, j'étais dans une madrasa, une école pour les musulmans. Comme dans une école de gospel, j'y ai appris le chant pour les mariages, les anniversaires... J'aimais beaucoup ça. J'avais une voix aiguë, alors on m'a appelé "soprano". Quand j'ai commencé le rap, je l'ai gardé comme nom de scène.»

As-tu appris à jouer d'un instrument ? Si oui, lequel ?
«Non, excepté de la flûte, à l'école. Mais je n'ai jamais pris de cours, je fais tout à l'oreille. J'ai appris à composer des morceaux seul, avec un ordi, sur un piano... J'enregistrais des petites mélodies.»

Tes parents t'ont-ils encouragé à faire de la musique ?
«Mes parents voulaient que je sois médecin. Quand je leur ai dit que je voulais faire de la musique, et en plus du rap, cela les a inquiétés. Ils avaient peur pour moi. Mais je les ai rassurés. La première fois que mon père est venu me voir chanter, à Marseille, il a surtout été impressionné par le nombre de spectateurs ! En plus, c'était son premier concert...»

> « Mes parents voulaient que je sois médecin »

Pourquoi avoir quitté le groupe Psy 4 de la Rime ? Te sens-tu plus libre en solo ?
«Je n'ai pas quitté le groupe. On a sorti beaucoup d'albums ensemble, on est cousins, on se voit tout le temps. À un moment, on a eu envie de développer chacun nos univers personnels et de continuer en groupe et en solo. Malheureusement, on a perdu quelqu'un du groupe, et on ne peut pas revenir à 3.»

D'où te vient l'inspiration ? De ta vie ?
«Certaines de mes chansons sont inspirées de ma vie, de mes proches, ou sont liées à l'actualité. Par exemple : *Renaissance, Mon précieux* (*sur les portables très présents dans notre quotidien*), *À la vie, à l'amour*... D'autres chansons, comme *Zoum Zoum Zoum*, naissent d'une bêtise faite ou dite en studio...»

> « J'ai écrit *Fragile* quand ma fille est rentrée en 6e »

Dans la chanson *Fragile*, tu parles de harcèlement scolaire. Pourquoi ?
«J'ai écrit cette chanson pour ma fille quand elle est rentrée au collège. Je me rappelais ma 6e et j'ai flippé. Je me disais que ça allait être dur, je savais comment se comportaient les garçons, comment étaient les filles entre elles... Je ne connais pas d'enfant harcelé, mais je connais beaucoup de

page 2- Mon Quotidien {22-01-2019} - www.playbacpresse.fr

SOPRANO, RÉDACTEUR EN CHEF D'UN JOUR

très timide, e des choses »

© F. Garrouste

petits harceleurs. Ils s'amusent. Ils n'ont pas conscience que cela peut être dangereux. Il faut le leur expliquer. Avec cette chanson, je crois que je n'ai jamais reçu autant de remerciements, de messages de jeunes, de parents et de personnalités ayant elles-mêmes été harcelées quand elles étaient jeunes. »

Quel est ton chanteur préféré ?
« Il y en a 3. Michael Jackson et Daniel Balavoine, mais je ne peux pas chanter avec eux (*ils sont morts*). Et Stromae. Il est trop fort. Il arrive à faire danser les gens sur des sujets sérieux, en faisant des chansons fun, positives... On se connaît bien. On devait chanter ensemble dans mon précédent album, *L'Everest*. Mais ça ne s'est pas fait. »

As-tu des rituels avant de monter sur scène ?
« Oui. L'équipe et moi avons un rituel : se dire des blagues pourries, comme celles des Carambar, pour combattre le stress et entrer sur scène avec le sourire ! »

Comment gères-tu le manque de ta famille quand tu es en tournée ?
« C'est compliqué, mais ma famille a l'habitude. Quand mes 3 enfants (6, 10 et 12 ans) ne sont pas à l'école, je suis avec eux au téléphone toutes les 2 ou 3 heures. Cette année, j'ai décidé de ne plus faire de concerts pendant les vacances scolaires. C'est surtout pour ma femme que c'est dur, car elle est toute seule avec nos 3 enfants. »

« Le succès et la célébrité sont venus lentement »

Qu'as-tu ressenti lors de tes premiers concerts, quand tu as découvert tous tes fans ?
« J'ai eu de la chance, j'ai fait mes premiers concerts devant 2 personnes. Ensuite, il y en a eu 100, puis 1000... Le succès et la célébrité sont venus lentement. Aujourd'hui, je chante devant 60 000 personnes, comme s'il n'y en avait que 2. Dans la rue, quand on me demande une photo ou un autographe, je dis tout le temps oui. Les gens sont toujours respectueux. »

Quel enfant étais-tu à 12 ans ? Aimais-tu l'école ?
« J'étais très timide, très réservé. Je ne parlais pas beaucoup. À l'école, c'était pareil. J'aimais apprendre des choses. Mes matières préférées étaient la musique, bien sûr, et l'histoire-géo. J'aimais bien le français, mais je n'étais pas très bon. Heureusement, j'ai eu la chance d'avoir des super profs. Ce sont eux qui font aimer l'école. »

Mon frère, qui t'adore, est fan du PSG : supporteras-tu le PSG en Ligue des champions alors que l'OM est éliminé ?
« Franchement ? Non ! (*rire*) J'ai du respect pour le PSG, mais je ne peux pas encourager ce club à gagner le trophée que seuls les Marseillais détiennent en France ! »

Propos recueillis par Corentin, Laura, Lila-Marie et Romane, avec C. Hallé

{ ILS ONT DIT }

Corentin, 10 ans
« C'était super. J'étais un peu stressé au début, mais il a réussi à me mettre à l'aise. Je garderai un bon souvenir de cette rencontre. »

Laura, 12 ans
« Il était très décontracté. Il parlait avec des mots faciles à comprendre. Je n'imaginais pas qu'il était aussi gentil. »

Lila-Marie, 14 ans
« Soprano est sympa, sociable et très marrant. J'ai trouvé que c'était bien qu'il sensibilise les jeunes au harcèlement. »

Romane, 11 ans
« C'était impressionnant de se retrouver à côté de lui. Je n'ai pas eu peur de poser mes questions, car il était rassurant. Il nous regardait quand il parlait. »

Rituel
Ici, petite habitude.
Réservé
Ici, discret.

www.playbacpresse.fr - Mon Quotidien {22-01-2019} - page 3

SÉQUENCE 11

SOPRANO, RÉDACTEUR EN CHEF D'UN JOUR

ACTIVITÉ C

• **Complète le tableau.**

Parties du document	Nature	Qu'est-ce que c'est ?	De quoi ça parle ?
....	....	....	....
....	....	....	....
....	....	....	....

ACTIVITÉ E

• **Écris un texte de quelques lignes pour présenter Soprano.**

....

....

....

....

....

....

....

....

SÉQUENCE 11

SOPRANO, RÉDACTEUR EN CHEF D'UN JOUR

ACTIVITÉ F

- **Récapitule les stratégies que tu as utilisées pour comprendre le texte documentaire *Soprano, rédacteur en chef d'un jour.***

Avec la stratégie du lièvre et de la tortue, ...	Avec la stratégie de l'araignée, ...

Avec la stratégie du perroquet, ...	Avec la stratégie du hibou, ...

COMMENT CHARLEMAGNE A-T-IL ORGANISÉ SON POUVOIR DANS L'EMPIRE ?

ACTIVITÉ A

- **Titre :** *Comment Charlemagne a-t-il organisé son pouvoir dans l'Empire ?*
- **Auteur :** Marcelin Hamon
- **Origine :** L'auteur s'est notamment basé sur les *Séances animées, Mon cahier d'Histoire CM1* publiées aux Éditions Nathan pour construire son document.
- **Type de texte :** informatif
- **Genre :** documentaire

QUI EST L'AUTEUR DE CE TEXTE ?

L'auteur de ce texte, Marcelin Hamon, est un professeur des écoles et un conseiller pédagogique. Il a utilisé un site Internet et un outil pédagogique publié par les éditions Nathan pour créer ce texte documentaire. Cet enseignant veut donner des informations à ses élèves sur l'organisation de l'Empire de Charlemagne.

QU'EST-CE QU'UN TEXTE DOCUMENTAIRE ?

Le texte *Comment Charlemagne a-t-il organisé son pouvoir dans l'Empire ?* est un texte documentaire composé de 4 textes et de 2 autres documents.

- Un texte documentaire est un texte dont le but est d'apporter des informations vraies.
- Un texte documentaire peut comporter du texte, des images, des dessins, des schémas, des graphiques…
- Un texte documentaire est écrit pour un public particulier de lecteurs : enfants, adultes, spécialistes.

SÉQUENCE 12

COMMENT CHARLEMAGNE A-T-IL ORGANISÉ SON POUVOIR DANS L'EMPIRE ?

ACTIVITÉS B ET D

- **B : Entoure et numérote les différentes parties du document avec des crayons de couleurs.**
- **D : Surligne dans le document ce qui va t'aider à répondre à la question.**

Les dates importantes du règne de Charlemagne

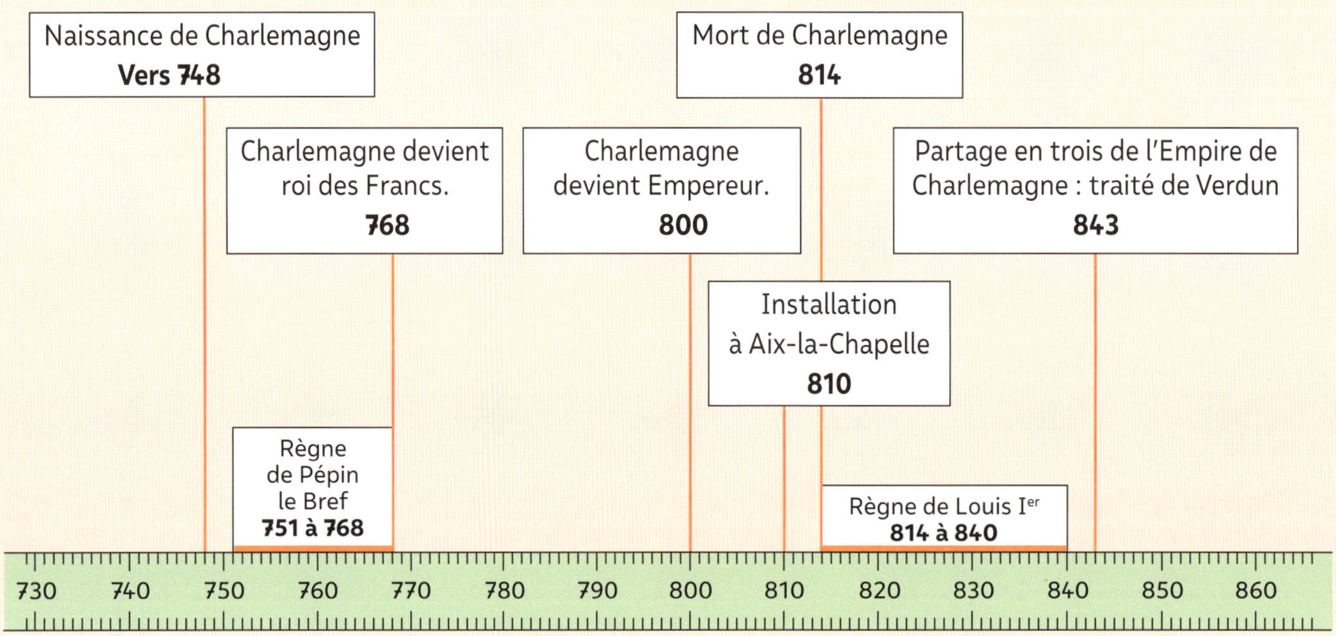

L'Empire de Charlemagne en 814

SÉQUENCE 12

COMMENT CHARLEMAGNE A-T-IL ORGANISÉ SON POUVOIR DANS L'EMPIRE ?

Comment Charlemagne contrôle-t-il son Empire ?

Charlemagne devient roi en 768. Afin d'asseoir son pouvoir sur ses territoires, il se fait couronner empereur à Rome en 800 par le pape. Il se retrouve alors à la tête non plus d'un royaume mais d'un empire. Il choisit Aix-la-Chapelle comme capitale. Son règne dure jusqu'à sa mort en 814.

Charlemagne agrandit le royaume par de nouvelles conquêtes. Il remporte de nombreuses victoires et christianise les nouvelles provinces. Pour contrôler cet immense empire composé de peuples très différents, il nomme des comtes dans chaque région, qui rendent la justice, reçoivent les impôts et s'occupent des armées. Ces comtes sont eux-mêmes surveillés par les *missi dominici*.

Marcelin Hamon, professeur des écoles.

Le couronnement de Charlemagne

Le 25 décembre, tandis que Charlemagne se levait après avoir entendu la messe, le pape Léon lui mit une couronne sur la tête et tout le peuple des Romains l'acclama en criant : « Vie et victoire à Charles, Auguste, couronné par Dieu, grand et pacifique empereur des Romains ! » Et après ces acclamations, Charles fut adoré à la manière des anciens empereurs.

Annales du royaume des Francs, IXe siècle.

Le rôle des comtes dans l'Empire de Charlemagne

L'Empire est divisé en plus de 200 comtés. À la tête de chacun d'eux, un comte, nommé par l'empereur, remplit les fonctions de juge, de chef militaire et de collecteur des impôts. Une fois par an, le comte se rend au palais d'Aix-la-Chapelle pour écouter les capitulaires (recueils de lois).

Le comte est contrôlé par les *missi dominici*, des envoyés de l'empereur qui veillent à l'application des capitulaires.

D'après Claude Gauvard, *La France au Moyen Âge du Ve siècle au XVe siècle*, 1996.

Les surveillants de Charlemagne : les *missi dominici*

« L'empereur Charles a choisi les hommes les plus avisés et les a envoyés dans tout le royaume. Il leur a ordonné de se renseigner activement et de l'informer sur les pratiques contraires à la loi. »

D'après le *Capitulaire des « missi dominici »*, 802.

SÉQUENCE 12

COMMENT CHARLEMAGNE A-T-IL ORGANISÉ SON POUVOIR DANS L'EMPIRE ?

ACTIVITÉ C

- **Complète le tableau.**

Partie du document	Titre et nature	De quoi ça parle ?

SÉQUENCE 12

COMMENT CHARLEMAGNE A-T-IL ORGANISÉ SON POUVOIR DANS L'EMPIRE ?

ACTIVITÉ E

- **Écris un texte de quelques lignes pour répondre à la question : Comment Charlemagne a-t-il organisé son pouvoir dans l'Empire ?**

ACTIVITÉ F

- **Récapitule les stratégies que tu as utilisées pour comprendre le texte documentaire *Comment Charlemagne a-t-il organisé son pouvoir dans l'Empire ?*.**

Avec la stratégie du lièvre et de la tortue,	Avec la stratégie de l'araignée,

Avec la stratégie du perroquet,	Avec la stratégie du hibou,

SÉQUENCE 13

LA LUNE

ACTIVITÉ A

• **Réponds à la question.**

Soleil, Lune, Terre : qui tourne autour de qui ?

....

....

....

....

....

ACTIVITÉ B

• **Réponds à la question.**

D'où vient la roche qui compose la Lune ?

....

....

....

....

....

ACTIVITÉ C

• **Réponds à la question.**

La Lune est un satellite : qu'est-ce qu'un satellite ?

....

....

....

....

....

SÉQUENCE 13 LA LUNE

ACTIVITÉ D

- **Réponds à la question.**

Laquelle des illustrations montre le mieux que la Lune est l'unique satellite de la Terre ? Pourquoi ?

....

....

....

....

....

ACTIVITÉ E

- **Écris une définition de la Lune.**

....

....

....

....

....

....

....

ACTIVITÉ F

- **Récapitule les stratégies que tu as utilisées pour comprendre le document *La Lune*.**

Avec la stratégie du lièvre et de la tortue, ...	Avec la stratégie de l'araignée, ...

Avec la stratégie du perroquet, ...	Avec la stratégie du hibou, ...

SÉQUENCE 14

CHANSON DU VITRIER

ACTIVITÉ A

- **Titre :** *Chanson du vitrier*
- **Auteur :** Jacques Prévert
- **Origine :** *Histoires et d'autres histoires*
- **Éditeur :** Gallimard
- **Date :** 1972
- **Type de texte :** poétique
- **Genre :** poème

QUI EST JACQUES PRÉVERT ?

Jacques Prévert est né en 1900 près de Paris et il est mort en 1977 en Normandie. Cet écrivain a écrit des poèmes, des paroles de chansons, des scénarios de films, des pièces de théâtre… À 20 ans, avec ses amis, de futurs grands écrivains, il a écrit des textes en jouant avec la langue française. Jacques Prévert a passé toute sa vie à écrire. Devenu célèbre à la fin de sa vie, il doit son succès à la simplicité et à l'accessibilité de ses textes ; les lecteurs comprennent facilement ses écrits.

QU'EST-CE QU'UN POÈME EN VERS LIBRE ?

Le texte *Chanson du vitrier* est un poème en vers libres.

- Un poème est un texte écrit en vers et qui contient des rimes.
- Un poème passe un message.
- Un poème procure des sensations grâce aux mots et à leurs sons.
- Un poème permet de jouer avec les mots.
- Un poème en vers libres n'a pas un nombre de syllabes fixe et n'a pas forcément de rimes.

SÉQUENCE 14

CHANSON DU VITRIER

ACTIVITÉS B, C ET F

- **B : Lis le poème *Chanson du vitrier*.**
- **C : Surligne les 10 noms de métiers.**
- **F : Surligne tous les mots « qui ».**
  Surligne tous les mots « pour ».

Chanson du vitrier

Comme c'est beau
ce qu'on peut voir comme ça
à travers le sable à travers le verre
à travers les carreaux
tenez regardez par exemple
comme c'est beau
ce bûcheron
là-bas au loin
qui abat un arbre
pour faire des planches
pour le menuisier
qui doit faire un grand lit
pour la petite marchande de fleurs
qui va se marier
avec l'allumeur de réverbères
qui allume tous les soirs les lumières
pour que le cordonnier puisse voir clair
en réparant les souliers du cireur
qui brosse ceux du rémouleur
qui affûte les ciseaux du coiffeur
qui coupe le ch'veu au marchand d'oiseaux
qui donne ses oiseaux à tout le monde
pour que tout le monde soit de bonne humeur.

Histoires et d'autres histoires, Jacques Prévert,

SÉQUENCE 14

CHANSON DU VITRIER

ACTIVITÉ D

- **Relie chaque métier à la tâche qui lui correspond.**

L'allumeur de réverbères •	• Nettoyer les chaussures.
Le cordonnier •	• Fabriquer des meubles.
Le menuisier •	• Affûter les ciseaux.
Le rémouleur •	• Abattre des arbres.
Le cireur •	• Fabriquer les chaussures.
Le bûcheron •	• Allumer les lampadaires.

ACTIVITÉ E

- **Surligne les répétitions en jaune.**
- **Surligne les 3 synonymes du mot « vitre » en vert.**
- **Surligne les 2 verbes qui se suivent en bleu.**

Chanson du vitrier

Comme c'est beau
ce qu'on peut voir comme ça
à travers le sable à travers le verre
à travers les carreaux
tenez regardez par exemple
comme c'est beau

- **Que dit Jacques Prévert dans ces 6 vers ?**

....

....

....

SÉQUENCE 14

CHANSON DU VITRIER

ACTIVITÉ G

• Écris les 9 métiers dans l'ordre du poème.

.... →	.... →	.... ↓
.... ↓	←	← ....
.... →	.... →	....

ACTIVITÉ H

• 1. Dans son poème, Jacques Prévert dit que pour être heureux, nous devons être...

solitaires
complémentaires
unis
solidaires
individualistes
personnels

• 2. Que feraient les artisans du poème les uns sans les autres ?

....

....

....

• 3. Qu'est-ce qui permet à chaque personne d'être ce qu'elle est ?

....

....

....

SÉQUENCE 14

CHANSON DU VITRIER

ACTIVITÉ 1

- **Récapitule les stratégies que tu as utilisées pour comprendre le poème *Chanson du vitrier*.**

	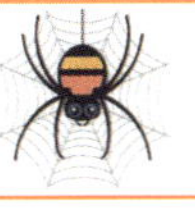	
Avec la stratégie de la licorne, ...	Avec la stratégie de l'araignée, ...	Avec la stratégie du perroquet, ...

Avec la stratégie du hibou, ...	Avec la stratégie du lièvre et de la tortue, ...

NOTES PERSONNELLES

NOTES PERSONNELLES

NOTES PERSONNELLES

NOTES PERSONNELLES

NOTES PERSONNELLES

CRÉDITS DES TEXTES

Séquence 1 : « Exercices » in *Histoires pressées*, Bernard Friot, © Éditions Milan, 1988.

Séquence 2 : « Le vaillant petit tailleur » in *Contes*, Jacob Grimm, Wilhelm Grimm, trad. Marthe Robert, © Éditions Gallimard, 1973.

Séquence 3 (texte et visuels) **:** *P'tit Libé dans la jungle de l'information*, https://www.liberation.fr/apps/2017/03/le-ptit-libe-semaine-de-la-presse/, Cécile Bourgneuf, Elsa Maudet et Émilie Coquard, © Le P'tit Libé.

Séquence 4 : *Mafalda*, Quino © 2024, sucesores de Joaquín S. Lavado (Quino) / Caminito Sas Literary Agency.

Séquence 5 : « Le chameau et sa bosse » in *Histoires comme ça*, Rudyard Kipling, trad. Pierre Gripari, © Éditions Gallimard.

Séquence 7 : *L'électricité en France*, Maxime Paul (Monsieur Paul, blogueur) https://chezmonsieurpaul.org/ © Maxime Paul.

Séquence 8 : *La grande encyclopédie*, Sean Callery, Clive Gifford, Mike Goldsmith et Nicolas Blot, © Éditions Nathan, 2019.

Séquence 9 : *L'homme à l'oreille coupée*, Jean-Claude Mourlevat © Éditions Thierry Magnier, 2015.

Séquence 10 : *Lily*, paroles et musique de Pierre Perret, avec l'aimable autorisation des Éditions Adèle.

Séquence 11 : *Mon Quotidien n° 6716* du 22/01/2019 © PlayBac Presse.

Séquence 14 : « Chanson du vitrier » in *Histoires et d'autres histoires*, Jacques Prévert, © Éditions Gallimard, 1972.

CRÉDITS PHOTOGRAPHIQUES

p. 8 BIS / Ph. © X – DR – Archives Larbor ; **p. 32** ht dte © Bob – stock.adobe.com ; m gche © joserpizarro – stock.adobe.com ; m dte, Ph. Rafa Irusta Machin © Archives Sejer ; b gche © diyanadimitrova – stock.adobe.com ; ampoule © oldesign – stock.adobe.com (reprises dans GP pages 140, 143, 145 et dans les ressources pages 101, 103 et 105) ; **p. 42** carte AFDEC (reprise dans GP page 195 et dans les ressources page 126) ; **p. 44** ht Ph. © NASA / Photothèque planétaire d'Orsay – Archives Larbor ; m www.spaceblog.org/tag/asteroide/ ; b © LuckySoul – stock.adobe.com ; **p. 45** ht, schéma Corédoc et phases de la Lune, Ph. Subjug © Archives Sejer ; m Ph. NASA-JPL Coll. Archives Sejer ; b Ph. © NASA – Archives Nathan ; **p. 50** Bernard Friot © Y. Petit (reprise dans GP page 59) ; **p. 56** Daguerreotype de 1847 Hermann Biow (reprise dans GP page p.69) ; **p. 81** © DANIEL LUNA / AFP (reprise dans GP page 101) ; **p. 89** © Mary Evans Picture Library / Photononstop (reprise dans GP page 119) ; **p. 96** ht © Archives Larbor ; m © Archives Nathan (reprises dans GP page 132) ; **p. 109** © Ave Maria Mõistlik (reprise dans GP page 160) ; **p. 114** ht avec l'aimable autorisation des éditions Adèle ; m © REMY GABALDA / AFP (reprises dans GP page 174) ; **p. 125** ht © Éditions Nathan ; m © Marcelin Hamon (reprises dans GP page 194) ; **p. 133** © Farabola / Bridgeman Images (reprise dans GP page 214).

Conception de couverture et maquette intérieure : Céline Bernard
Adaptation maquette intérieure : Amandine Chambosse
Adaptation couverture : Jean-Marc Denglos
Mise en page : Médiamax
Iconographie : Sylvie Leneveu
Illustrations : Régis Lejonc
Fabrication : Sébastien Argant
Direction éditoriale : Pascale Costet
Édition : Laure De Checchi et Julie Delaere

ISBN : 978-2-09-503354-5

Ce livre est imprimé sur du papier issu de forêts gérées durablement.

Code éditeur : 374554 - N° de projet : 10296547
Dépôt légal : juillet 2024 - Achevé d'imprimer en mai 2024 par Digit'Offset (54).

PRATIQUES ET RESSOURCES

CM

SOPHIE HÉNON & MARCELIN HAMON

LECTURE COMPRÉHENSION

6 STRATÉGIES

POUR APPRENDRE À COMPRENDRE

GUIDE PÉDAGOGIQUE

Nathan

SOMMAIRE

1 DE LA DÉFINITION À L'ENSEIGNEMENT DE LA COMPRÉHENSION

J'apprends à comprendre, JAC, est une méthode pour enseigner la compréhension et transmettre à vos élèves le gout de cette compréhension en leur donnant des mécanismes de réflexion à réinvestir à l'infini.
Pendant des décennies, nous avons vérifié ce que nos élèves étaient en mesure de comprendre dans un texte à travers les fameuses « questions de lecture ». Il est désormais primordial que les élèves apprennent à comprendre.

A. QUE SIGNIFIENT « LIRE » ET « COMPRENDRE » ?

Le mot « lire » recouvre plusieurs sens : il signifie à la fois **déchiffrer**, **dire un texte à voix haute**, lire **silencieusement** et **comprendre**. Lire, c'est donc bien **déchiffrer** le message codé et le **comprendre**. Or, nous le savons, l'élève qui décode bien n'accède pas au sens de manière automatique.

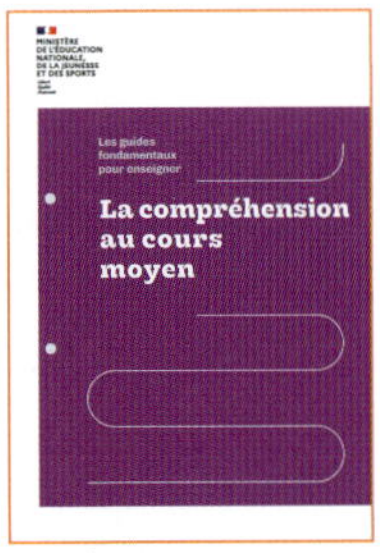

*« L'étymologie latine du verbe (*comprehendere *: « saisir ensemble ») suggère un mouvement de pensée. [...] Comprendre une phrase, c'est tirer d'une combinaison de mots et de propriétés la représentation d'une situation ou d'un événement.* ***C'est le contenu sémantique (le sens) qui est l'objectif ultime de la compréhension****, mais il ne peut être atteint, en lecture, que si le texte a été correctement déchiffré et si sa structure et son lexique ont été élucidés. »*[1]

B. LE CONTENU DU TEXTE EST-IL VRAIMENT L'OBJECTIF ULTIME DE LA COMPRÉHENSION ?

Selon Gough et Tunmer, la réponse est « oui ». En 1986, ils ont imaginé cette modélisation de la lecture :

L = R × C
L : lire, c'est-à-dire comprendre un contenu lu de manière autonome
R : reconnaissance des mots (décodage)
C : compréhension de textes entendus
(R et C variant de 0 à 1)

Comment comprendre ce modèle ?
La lecture, c'est la reconnaissance des mots multipliée par la compréhension.
Selon ce modèle, l'élève lit pour comprendre.
R et C sont nécessaires, mais aucune n'est suffisante : la reconnaissance des mots sans la compréhension orale ne mène pas à la LECTURE et la compréhension orale sans capacité de décodage non plus. Une faible performance à l'une des deux composantes écrase l'autre : un excellent déchiffrage (R) sans capacité à comprendre un texte entendu (C) rend la capacité à LIRE nulle, et une excellente capacité à comprendre un texte entendu (C) sans capacité de déchiffrage (R) également.

Les mécanismes d'apprentissage du décodage (R) sont de mieux en mieux appréhendés ; l'enseignant.e repère assez bien les progrès des élèves dans ce domaine. Les mécanismes d'accès au sens (C) sont plus opaques et les progrès des élèves sont plus difficiles à percevoir. Tout comme le décodage s'apprend, la compréhension s'apprend également. C'est pour que les élèves apprennent à comprendre que le dispositif JAC a été créé.

1. *La compréhension au cours moyen*, © ministère de l'Éducation nationale, de la Jeunesse et des Sports, Éduscol, 2022.

Certains chercheurs, comme J.-F. Rouet, proposent d'ajouter à ce modèle simple, une autre dimension, **pour aboutir à une conception élargie de la lecture**, ne s'arrêtant pas à la compréhension du support décodé.

La compréhension doit s'inscrire dans un **usage fonctionnel de toutes sortes d'écrits au service de tous types de besoins et d'objectifs** : découvrir une notion, comprendre un raisonnement, prendre une décision, résoudre un problème, chercher pourquoi ce texte nous fait rire...
Selon ce modèle, l'élève **comprend POUR effectuer une tâche bien précise**.

La compréhension n'est plus abordée comme le but à atteindre mais comme un moyen, une étape vers une tâche plus large. Il s'agit d'une conception fonctionnelle de la lecture.

À chaque texte sera assignée une intention de lecture explicitement communiquée aux élèves en début de séquence et reprise à la fin : « Nous allons lire et comprendre ce texte pour... ».
Chaque support de lecture de JAC proposera un objectif plus large que sa seule compréhension.

C. LES PRATIQUES EFFICACES POUR ENSEIGNER LA COMPRÉHENSION

De nombreuses recherches mettent en évidence que certaines démarches permettent aux élèves de progresser davantage que d'autres dans le domaine de la compréhension. Ces pratiques efficaces s'appuient sur **8 points communs**[2] :

- *Proposer des contextes motivants pour la lecture à partir de textes et d'objectifs variés ;*
- *Enseigner des structures de texte ;*
- *Enseigner les stratégies multiples de compréhension ;*
- *Encourager les élèves à discuter de ce qu'ils ont compris du texte ;*
- *Développer et mobiliser leurs connaissances : vocabulaire, morphosyntaxe, culture ;*
- *Observer, évaluer ;*
- *Différencier l'enseignement ;*
- *Intégrer l'écriture à la lecture.*

JAC propose un enseignement-apprentissage de la compréhension s'appuyant sur ces 8 préconisations.

D. LES GROUPES DE BESOINS

Maryse Bianco indique 4 groupes d'élèves : lecteurs en difficultés, faibles compreneurs, faibles décodeurs et normo-lecteurs[3].

		Décodage	
		Faible	**Bon**
Compréhension	**Faible**	Lecteurs en difficulté	Faibles compreneurs
	Bon	Faibles décodeurs	Normo-lecteurs

Afin de connaitre le profil de chacun de vos élèves, JAC vous propose de croiser leurs compétences en déchiffrage et en compréhension par le biais d'un test (p. 6-7 des Ressources, corrigés p. 46 du présent guide). Vous pourrez ensuite créer 4 groupes de besoin dans le but d'adapter les modalités de travail.

E. QUELLES DOIVENT ÊTRE LES COMPÉTENCES DES ÉLÈVES POUR COMPRENDRE EN LECTURE ?

Chez les chercheurs, il y a consensus autour des compétences à développer chez les élèves pour qu'ils deviennent bons compreneurs.

2. *La compréhension au cours moyen*, © ministère de l'Éducation nationale, de la Jeunesse et des Sports, Éduscol, 2022.
3. Rapport *Lire pour comprendre et apprendre : quoi de neuf ?*, Maryse Bianco, © Cnesco. Le détail de chaque profil est à retrouver ici : https://www.cnesco.fr/wp-content/uploads/2016/09/Synthese-rapport_Bianco.pdf (page 4).

Dans le rapport[4] qu'elle a réalisé pour la préparation de la conférence de consensus *Lire, comprendre, apprendre : comment soutenir le développement de compétences en lecture ?*, Maryse Bianco, docteure en psychologie cognitive, dresse une liste très détaillée des compétences et des mécanismes cognitifs sur lesquels repose la compréhension en lecture et qui font aujourd'hui l'objet d'un consensus scientifique international.

On retrouve ces compétences dans l'ouvrage *Lector & Lectrix*[5], dans lequel Sylvie Cèbe et Roland Goigoux, docteurs en sciences de l'éducation, ont entrepris *« un travail de transposition des savoirs issus de la recherche en savoirs pour l'action »*.
Les chercheurs cités précédemment ont ainsi défini **5 compétences** indispensables à la lecture-compréhension.
Pour comprendre un texte qu'ils lisent, les élèves doivent avoir :

- des compétences de décodage ;
- des compétences linguistiques (syntaxe et lexique) ;
- des compétences textuelles (genre, type, énonciation, anaphores, connecteurs...) ;
- des compétences référentielles (culture générale, connaissances littéraires) ;
- des compétences stratégiques (régulation, contrôle et évaluation de leur lecture).

JAC ambitionne de doter tous les élèves de 4 de ces 5 compétences spécifiques (hormis le décodage).

Il ne faut pas omettre le rôle central que vont jouer d'autres compétences, non spécifiques à notre domaine, dans l'apprentissage de la compréhension en lecture. Il s'agit des **compétences exécutives**[6].

F. QUELS SONT LES PRINCIPAUX OBSTACLES À LA COMPRÉHENSION DES ÉCRITS ?

Si on vous demande ce qui peut faire obstacle à la compréhension d'un texte, vous allez sans aucun doute citer : le vocabulaire, la syntaxe, l'imagination, l'organisation des actions, les schémas, dessins, graphiques, la culture de l'écrit, la lecture (décodage, fluidité), la représentation mentale de la situation, les trous du texte ou non-dits, mais aussi l'estime de soi, la concentration, la motivation, l'ambition, l'envie... Pour comprendre un texte, surmonter ces obstacles, le lecteur doit mobiliser simultanément les 5 compétences listées ci-dessus.

Roland Goigoux a répertorié et catégorisé les obstacles à la compréhension[7], nous avons repris et adapté son travail :

Décodage	Vocabulaire et syntaxe	Inférences	Culture de l'écrit
Décodage et oralisation de l'écrit	Lexique Syntaxe écrite	Implicite, non-dits, trous Temporalité et spatialité Relations causales	Types de textes Fonctions des écrits Travail de l'auteur
Connaissances du monde et littéraires	**Énonciation**	**États mentaux des personnages**	**Supports composites**
Culture générale Culture littéraire Stéréotypes/ représentations	Qui parle ? À qui ? Anaphores	Émotions Intentions Pensées	Dessin, schéma, photo, croquis, graphique...

4. Rapport *Lire pour comprendre et apprendre : quoi de neuf ?*, Maryse Bianco, © Cnesco.
5. *Lector & Lectrix*, Roland Goigoux et Sylvie Cèbe, © Éditions Retz, 2009.
6. http://yvetot-circ.spip.ac-rouen.fr/spip.php?article942
7. https://www.ozp.fr/spip.php?article27673

Reprenons chaque obstacle potentiel à la compréhension et analysons brièvement ce qu'il recouvre.

Obstacles	Explicitation
Décodage	**Compétences d'oralisation de l'écrit** décodage + vitesse phrasé + expressivité fluence + prosodie fluidité de la lecture à voix haute En lecture silencieuse, le lecteur déchiffre le texte « dans sa tête ». Cette compétence est donc première ; sans déchiffrage, impossible de comprendre un écrit de manière autonome. En plus de la précision du décodage, la vitesse, le phrasé et l'expressivité vont permettre une oralisation qui se rapproche du langage parlé, favorisant ainsi la compréhension.
Vocabulaire et syntaxe	**Compétences linguistiques** Le lecteur doit **gérer l'écart entre langue orale et langue écrite**. Pour comprendre la phrase « Les noces furent célébrées en grande pompe et petite joie et l'on fit un roi d'un petit tailleur », l'élève doit être capable de la reformuler ainsi : « Ça a été un grand mariage un peu triste et le petit tailleur a été transformé ? en roi. » Dans l'exemple proposé, l'écart entre les deux formulations est monumental. Par ailleurs, **la structure morphologique des mots** joue un rôle important dans les processus d'accès au sens. Certains mots sont morphologiquement simples (constitués d'un seul morphème – ou unité de sens –, comme « arbre ») ; d'autres sont composés de plusieurs morphèmes qu'il faut comprendre et cumuler (« chevrettes » : « chèvre » – animal – qui perd son accent + « -ette » – petite – + « -s » – pluriel. Il s'agit de comprendre que « chevrettes » signifie plusieurs petites chèvres). Il est nécessaire que les élèves apprennent à donner du sens non seulement aux mots, mais aussi aux morphèmes qui les composent. En ce qui concerne **la syntaxe**, les élèves peuvent être confrontés au traitement de formulations telles que : *Et si on mangeait les enfants ?* *Et si on mangeait, les enfants ?* *Le touriste déguste un gâteau au café.* *Le touriste déguste un gâteau, au café.* Pour les élèves les plus éloignés de l'écrit, le vocabulaire et la syntaxe peuvent rendre le texte aussi inaccessible qu'une langue étrangère.
Inférences	**Compétences à combler les vides, les non-dits du texte** Il est possible d'inférer à partir... ... de nos connaissances. Ce sont les **inférences extratextuelles ou inférences culturelles**. Il faut mettre en rapport une information du texte avec une connaissance de culture générale, de culture littéraire, de culture de l'écrit. ... des éléments du texte. Ce sont les **inférences intratextuelles ou inférences logiques**. Il faut rapprocher plusieurs informations du texte pour produire l'information essentielle.

<table>
<tr><th>Obstacles</th><th>Explicitation</th></tr>
<tr><td>Culture de l'écrit</td><td>Connaissances des types de textes, de leurs fonctions
Le type du texte va induire des modalités de lecture particulières : on ne lit pas un documentaire comme un récit, un poème ou une interview. La connaissance du type de texte est donc un facteur déterminant dans la façon d'aborder un écrit.</td></tr>
<tr><td>Connaissances du monde et littéraires</td><td>Compétences référentielles
C'est l'ensemble des connaissances encyclopédiques du lecteur.
Le renard se glissa sous la toile du chapiteau.
→ Culture générale : Savoir qu'un chapiteau évoque le cirque.
→ Culture littéraire : Savoir qu'un renard est rusé.
Ces connaissances permettent d'inférer : Le renard entre dans le chapiteau du cirque sans se faire remarquer pour faire un mauvais coup.</td></tr>
<tr><td>Énonciation</td><td>Compétences textuelles
L'analyse de la situation d'énonciation répond aux questions suivantes : qui parle (l'énonciateur) ? à qui (interlocuteur) ? à quel moment ? où ?
Pour bien entrer dans la compréhension, il est indispensable que les élèves sachent repérer l'énonciateur/le narrateur. Il existe 3 cas :
<table>
<tr><th></th><th>Qui parle ?</th><th>Marques</th></tr>
<tr><td rowspan="2">Narrateur acteur</td><td>Narrateur auteur personnage</td><td>Autobiographie, témoignage, l'auteur dit « je »</td></tr>
<tr><td>Narrateur personnage</td><td>Le narrateur dit « je » en tant que personnage</td></tr>
<tr><td>Narrateur externe</td><td>Narrateur</td><td>Il / Elle</td></tr>
</table>
Le lecteur expert fait ce travail sans même s'en rendre compte. Il est primordial de donner cette habitude réflexive à nos élèves.

Une autre compétence textuelle liée à l'énonciation est le traitement des anaphores ou mots de substitution. C'est aussi une compétence inférentielle. Une anaphore ne désigne pas ici la figure de style qui consiste en la répétition d'un mot au début de chaque phrase. Cela désigne les mots de substitution. Pour désigner un personnage, le recours aux synonymes et aux pronoms est indispensable (le renard – il – l'animal – le rusé – lui…). Il s'agira de lever les ambiguïtés et de rendre compréhensibles les anaphores, comme dans l'exemple suivant : Adèle cueille une fleur. Elle est épanouie.</td></tr>
<tr><td>États mentaux des personnages</td><td>Compétences interprétatives des émotions, intentions et pensées des personnages
C'est souvent grâce à ce que les personnages pensent, ressentent, croient, éprouvent que le lecteur va comprendre leurs raisons d'agir.
Les intentions sont aussi cachées dans les stéréotypes des personnages : un renard va vouloir ruser, la sorcière faire du mal… et le texte ne le dit pas forcément.</td></tr>
<tr><td>Supports composites</td><td>Compétences de sélection, de mise en relation et de déduction d'informations issues de supports variés
La lecture de textes composites est contraignante en raison de leur hétérogénéité. Un texte composite peut comporter un grand nombre de supports : titres, résumés, extraits, sommaires, schémas, tableaux, graphiques, histogrammes, cartes, plans, cartes, photos, dessins… Les supports numériques sont rendus encore plus difficiles par la présence de liens, onglets, animations, données multimédias, et la longueur variable d'une page numérique.</td></tr>
</table>

JAC propose de travailler en détail chaque point de résistance, hormis le déchiffrage.

G. QUELS SUPPORTS UTILISER POUR ENSEIGNER LA COMPRÉHENSION ?

Lors d'une séquence d'enseignement de la compréhension, il convient de privilégier :
– des textes littéraires courts, des nouvelles, des extraits significatifs, pour développer les procédures de compréhension spécifiques aux textes littéraires ;
– des documents (textes, tableaux, graphiques, schémas, diagrammes, images) pour développer les procédures de compréhension spécifiques aux textes documentaires et informatifs ;
– des textes littéraires longs, lus dans leur intégralité, pour réinvestir les habiletés mobilisées sur des textes courts et développer de nouvelles compétences.[8]

JAC propose une étude attentive de chaque support d'étude. Il s'agit d'une étape essentielle, l'enseignant.e anticipera ce qu'il y a à comprendre et pourra ainsi ajuster son enseignement.

H. QUELLES QUESTIONS SE POSER POUR ENSEIGNER EFFICACEMENT LA COMPRÉHENSION ?

Le guide *La compréhension au cours moyen* nous donne des pistes pour 2 types de textes[8].

Texte narratif	Texte informatif
Quel est l'enjeu de ce texte ? de ce support ? Quelles sont les intentions de l'auteur ?	
Quels sont les moments importants ?	Quelles sont les principales informations ?
Qui sont les personnages ? Quels sont les liens entre eux ?	Quels sont les thèmes abordés ? Comment apparaissent-ils ?
Que veulent-ils ? Quels sont leurs raisons d'agir ?	Quelles sont les différentes sources d'information ? (dessins, schémas, photos, texte…) Quels sont les liens entre elles ?
Les lieux et le temps jouent-ils un rôle particulier ?	Quel rôle joue la mise en page ?
Quels sont les éléments implicites nécessaires à la compréhension de ce texte ou document ? Quelles activités d'écriture proposer pour soutenir la compréhension ?	

En s'appuyant sur ce modèle de questionnement préalable, JAC propose une anticipation de l'activité de lecture des élèves, en aidant à repérer les éléments à comprendre et les difficultés qui devront être levées pour que les élèves accèdent au sens.

I. POUR RÉSUMER

Le lecteur doit disposer de **5 compétences spécifiques** à la lecture pour avoir accès de manière autonome au sens d'un écrit. Dans le cadre d'une lecture fonctionnelle, le lecteur devra se doter d'une représentation de la tâche à accomplir (comprendre, oui, mais pour quoi faire ?) qui influencera sa lecture. Il ne faut pas non plus oublier le rôle important des compétences exécutives.
Le lecteur expert, disposant de ces 5 compétences fondamentales, peut passer directement de l'écrit à son sens. Il traite les obstacles sans même s'en rendre compte, il a automatisé cette aptitude.

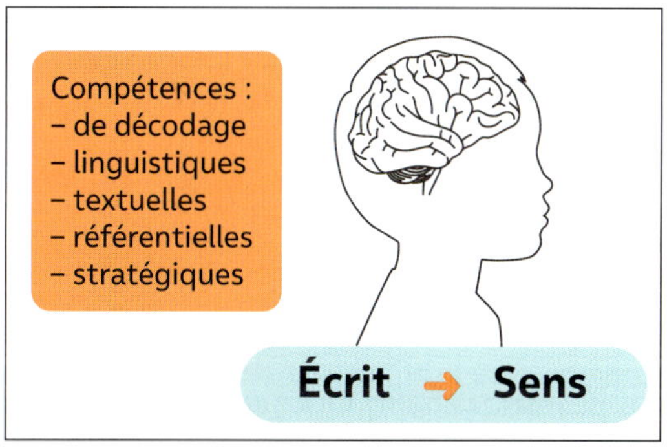

8. *La compréhension au cours moyen*, © ministère de l'Éducation nationale, de la Jeunesse et des Sports, Éduscol, 2022.

N'ayant pas encore acquis ces compétences, l'apprenti compreneur va se retrouver face à des **obstacles**. Ceux-ci vont stopper ou altérer sa lecture.

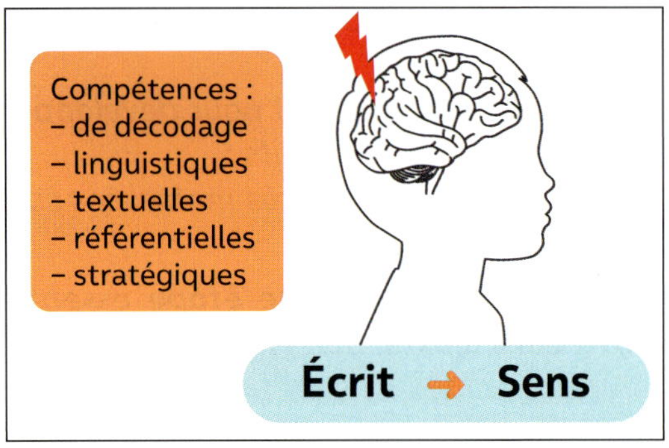

Si le texte fait **référence** à quelque chose que le lecteur ne connait pas, il se trouve face à un obstacle. Il a besoin d'apprendre à traiter cet obstacle.

C'est en apprenant à prendre en compte, traiter, gérer, dépasser ces obstacles que l'élève construira les compétences qui lui font défaut.

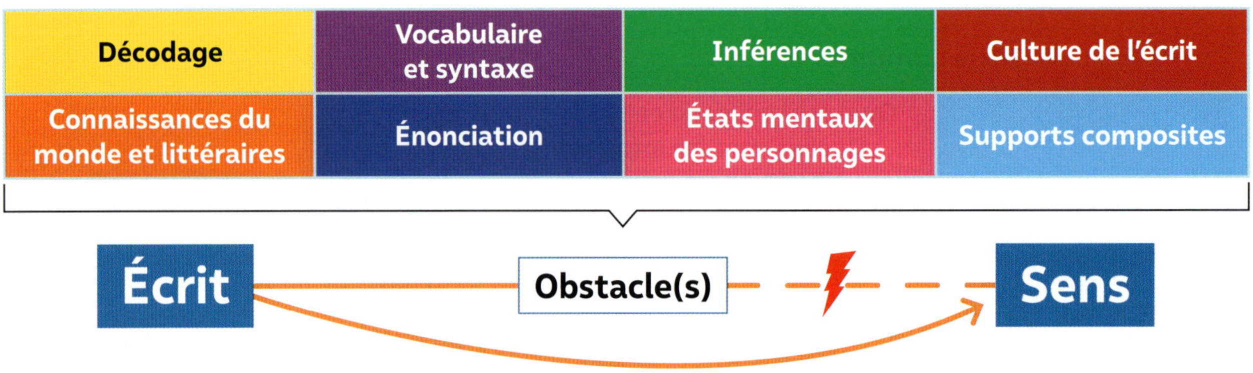

JAC propose de former les enseignant.e.s à l'enseignement de la compréhension afin que les jeunes compreneurs apprennent à surmonter les obstacles et acquièrent ainsi les compétences nécessaires à l'accès au sens. Le traitement des obstacles à la compréhension se fera par le recours à 6 stratégies.

2 LES STRATÉGIES DE COMPRÉHENSION

A. QU'EST-CE QU'UNE STRATÉGIE DE COMPRÉHENSION ?

« On entend par stratégies de compréhension ***un ensemble de procédures que le lecteur peut mobiliser délibérément pour comprendre*** *et notamment pour surmonter un obstacle à la compréhension (par exemple relire, paraphraser, prendre des notes...). [...]* ***L'enseignement des stratégies de compréhension permet à l'élève de devenir un lecteur actif qui peut contrôler sa propre compréhension****. Les élèves en difficulté ne disposent pas (ou peu) de ces stratégies. Or, comme nous l'apprennent les résultats de la recherche, l'enseignement explicite de stratégies de lecture et de compréhension améliore les performances des élèves à tous les niveaux de la scolarité et particulièrement pour les élèves les plus fragiles. »*[1]

B. QUELLES SONT LES STRATÉGIES DE COMPRÉHENSION ÉTUDIÉES DANS JAC ?

JAC propose un enseignement explicite de **6 stratégies de compréhension** :

- Stratégie de modulation de la vitesse de lecture : flexibilité et contrôle exécutif ;
- Stratégie de traitement des liens de causalité ;
- Stratégie de traitement des états mentaux des personnages ;
- Stratégie de construction de la représentation mentale ;
- Stratégie de traitement lexical ;
- Stratégie de traitement des inférences à partir de ses connaissances personnelles.

Afin d'automatiser le recours à ces stratégies, elles sont associées à des pictogrammes représentant des animaux, en lien avec les procédures cognitives mises en œuvre.

Stratégie	Pour surmonter quel obstacle ?	Présentation pour l'élève
Stratégie de modulation de la vitesse de lecture : flexibilité et contrôle exécutif	*« L'élève utilise des stratégies pour surmonter des obstacles de compréhension : – adaptation de la vitesse de lecture (la ralentir ou l'accélérer) ; – contrôle de sa lecture (identification du moment où il ne comprend plus) ; – retours en arrière, relecture d'un mot, d'une phrase ou d'un paragraphe. »*[2] Cette stratégie va permettre aux élèves de traiter des obstacles de décodage, d'inférences (implicite ou relations causales) ou de composition de texte documentaire (avec des documents de natures très variées).	 **La stratégie du lièvre et de la tortue** Le lièvre et la tortue savent s'il faut accélérer ou ralentir pendant la lecture, sauter des passages ou revenir en arrière si nécessaire.

1. https://eduscol.education.fr/document/16315/download
2. https://eduscol.education.fr/document/14515/download

Stratégie	Pour surmonter quel obstacle ?	Présentation pour l'élève
Stratégie de traitement des liens de causalité	*« La capacité inférentielle et la mise en lien des informations occupent une place centrale, principalement parce qu'il s'agit de l'une des causes majeures de difficulté rencontrées par les plus faibles lecteurs. De nombreux travaux en psychologie cognitive ont souligné le fait que les faibles compreneurs se différenciaient par leur moindre propension à effectuer les mises en lien nécessaires lors de la lecture. »*[3] Cette stratégie va permettre aux élèves de traiter des obstacles d'inférences : il s'agira d'apprendre à faire des liens entre des parties du texte.	 **La stratégie de l'araignée** L'araignée tisse des fils, construit des liens entre des morceaux du texte.
Stratégie de traitement des états mentaux des personnages	*« Dans la plupart des récits, la compréhension de l'implicite repose sur celle de l'identité psychologique et sociale des personnages, de leurs mobiles, de leurs systèmes de valeur, de leurs affects, de leurs connaissances. Elle exige que les élèves identifient et sachent nommer leurs sentiments, leur caractère, leurs croyances, mais aussi leurs buts, car ce sont ces derniers qui motivent leurs actions et permettent au lecteur d'instaurer une hiérarchie entre les événements. Or, plusieurs recherches ont mis en évidence que les pratiques éducatives dont bénéficient les enfants influent sur la capacité à saisir les intentions des personnages et, de manière plus générale, sur ce qui permet d'interpréter leurs états mentaux. »*[4]	 **La stratégie du chien** Le chien sait lire dans les pensées des personnages, il comprend leurs intentions, leurs émotions, leurs pensées.
Stratégie de construction de la représentation mentale	*« Une représentation mentale cohérente aide le lecteur dans l'élaboration de la cohérence du texte au fur et à mesure de la lecture : elle comprend notamment l'ensemble des traitements inférentiels réalisés pendant la lecture (interroger le texte en le paraphrasant, en l'auto-expliquant, en (se) posant des questions, en organisant l'information sous forme graphique... »*[5] Cette stratégie va permettre aux élèves de traiter de nombreux obstacles : la chronologie des faits, les inférences, l'énonciation, la spatialité.	 **La stratégie de la licorne** La licorne imagine, se fait le film de l'histoire dans sa tête, la résume.

3. https://centre-alain-savary.ens-lyon.fr/CAS/LECTURE-ECRITURE/pp-comprehension/savoir/aider-a-comprendre
4. *Lectorino & Lectorinette*, Roland Goigoux et Sylvie Cèbe, © Éditions Retz, 2013.
5. https://eduscol.education.fr/document/16315/download

<table>
<tr><th>Stratégie</th><th>Pour surmonter quel obstacle ?</th><th>Présentation pour l'élève</th></tr>
<tr><td>Stratégie de traitement lexical</td><td rowspan="2">Ces deux stratégies font partie des stratégies d'enrichissement des contenus : « l'analyse du vocabulaire et des contenus thématiques est au centre de ce type de stratégies qui consiste à apprendre les procédures que l'on peut utiliser pour trouver le sens des mots non connus (ou mal connus) ainsi qu'à faire appel aux connaissances liées au thème du texte et/ou les enrichir. »[6]
« Les recherches en psychologie cognitive nous indiquent que tout savoir se construit par l'établissement de liens entre les connaissances antérieures et les connaissances nouvelles. Les connaissances antérieures sont celles que l'élève possède déjà dans sa mémoire à long terme. Un lecteur efficace active ses connaissances antérieures en se servant des indices du texte. Il fait des liens avec ce qu'il sait déjà afin de faire des prédictions, de mieux comprendre le texte, d'alimenter son réseau de connaissances et de rester actif en lisant. »[7]</td><td>
La stratégie du perroquet
Le perroquet aime découvrir de nouveaux mots et comprendre ce qu'ils veulent dire.</td></tr>
<tr><td>Stratégie d'inférences à partir de ses connaissances personnelles</td><td>
La stratégie du hibou
Le hibou est curieux, connait des tas de choses sur le monde, sur les textes et il se souvient de tout.</td></tr>
</table>

C. COMMENT ENSEIGNER LA COMPRÉHENSION AVEC LES PICTOGRAMMES DES STRATÉGIES ?

Les pictogrammes des 6 stratégies seront présents :
- dans la mise en œuvre des séquences pédagogiques ;
- dans les livrets des élèves ;
- sur un poster des stratégies à réaliser avec les élèves à partir de documents disponibles dans le BBM (voir p. 43).

Dans la mise en œuvre des séquences, lors de chaque référence à une stratégie, l'enseignant.e dira explicitement aux élèves :
Nous allons nous mettre d'accord sur le sens du mot « s'évanouir » ; il s'agit d'utiliser la ***stratégie du perroquet***.

À la fin de chaque séance, le poster des stratégies sera rempli **collectivement**.

À la fin de chaque séquence, un travail **individuel** sera demandé aux élèves. Ils devront remplir individuellement un tableau des stratégies et se souvenir de celles utilisées pour comprendre le texte.

	On a défini le mot « s'évanouir ».	

Il est important de retenir que toutes les stratégies ne sont pas utilisées pour chaque texte.

6. https://eduscol.education.fr/document/16315/download
7. https://webcache.googleusercontent.com/search?q=cache:iKfQum2eVM4J:https://adel.uqam.ca/wp-content/uploads/2020/11/Strategie-2_activer_connaissances_6e_2016.pdf&cd=13&hl=fr&ct=clnk&gl=fr&client=firefox-b-e

D. POUR RÉSUMER

Six stratégies vont servir à traiter les obstacles ; selon l'obstacle, il s'agira de mobiliser telle ou telle stratégie :

- Stratégie de modulation de la vitesse de lecture : flexibilité et contrôle exécutif ;
- Stratégie de traitement des liens de causalité ;
- Stratégie de traitement des états mentaux des personnages ;
- Stratégie de construction de la représentation mentale ;
- Stratégie de traitement lexical ;
- Stratégie d'inférences à partir de ses connaissances personnelles.

Ces stratégies sont à la fois ponctuelles et générales : elles sont à usage local et ciblé, elles s'appliquent à des parties précises de texte. Mais elles sont aussi transférables dans tous les écrits. Pour enseigner ces 6 stratégies, le dispositif JAC s'appuiera sur 2 modèles théoriques et 2 modalités de travail.

3 DEUX MODÈLES THÉORIQUES ET DEUX MODALITÉS DE TRAVAIL POUR ENSEIGNER LA COMPRÉHENSION

Les 6 stratégies seront travaillées dans le cadre d'un **enseignement explicite**, dans une **approche intégrative**, en prenant appui sur l'oral et en écrivant pour mieux comprendre.

A. MODÈLE 1 : L'ENSEIGNEMENT EXPLICITE

L'**enseignement explicite** consiste à décomposer une tâche complexe en sous-tâches. Il comporte plusieurs étapes et mobilise des gestes professionnels précis, notamment une posture langagière spécifique.

L'enseignement explicite est :

- **méthodique** : l'enseignant.e suit une méthodologie identique dans beaucoup de situations ;
- **organisé** : les compétences travaillées s'appuient sur une progression minutieuse ;
- **gradué** : chaque connaissance ou capacité visée doit être à la portée de la majorité des élèves ; pour les élèves à besoins particuliers, l'enseignant.e adapte le contenu ;
- **spiralaire** : pour que les élèves progressent, il faut continuellement s'appuyer sur les acquis antérieurs construits à chaque palier.

« Enseigner plus explicitement contribuerait à lever des malentendus sociocognitifs. L'explicitation en parole ne suffit pas, enseigner plus explicitement ne passe pas seulement par le discours, par le dire, en ce sens il se différencie de l'explication. Enseigner plus explicitement est un processus qui se joue à plusieurs niveaux, dans le but de permettre aux élèves d'accéder par le langage aux manières de résoudre les tâches scolaires, aux catégorisations de situations et à la mise en discipline progressive des savoirs. »[1]

Dans la mise en œuvre pédagogique de chaque texte, JAC propose des consignes et des moments de modélisation et de guidage formulés de manière explicite avec ce picto .

La recherche a remarqué que, quand les enseignant.e.s mettent les élèves en activité de lecture, ils expriment ce qui est attendu de manière plus ou moins explicite. Ainsi, nombre d'élèves doivent deviner ce qu'on attend d'eux. L'enseignement explicite pose clairement les raisons des différents choix d'enseignement.

Le dispositif JAC a lui-même été écrit de manière explicite. Nous avons tenté de décomposer chaque séquence afin de voir les processus qui se cachent derrière toutes les étapes de l'enseignement de la compréhension. Ainsi, tout en le lisant, tout en enseignant, vous vous formerez : vous ne serez pas juste exécutant.e, mais bien partie prenante dans les apprentissages de vos élèves.

La clarté cognitive, un procédé pour enseigner explicitement

Certains élèves ne donnent pas de sens aux situations d'apprentissage. Il faut alors que l'enseignant.e ait recours à des procédés pour les amener à s'interroger sur le sens de leur travail. Quand l'apprentissage veut faire acquérir un principe très précis (comme des stratégies de lecture) l'enseignement explicite va s'appuyer sur la « clarté cognitive ». Clarifier l'apprentissage le rendra plus facile. Mais comment faire ?

En répondant aux questions qui se posent :

- le « pourquoi des apprentissages » en explicitant les tâches ;
- le « comment faire » en clarifiant les procédures.

Ce geste professionnel est un moment où l'enseignant.e énonce les apprentissages visés et les acquis réalisés à chaque étape. **En résumé, la clarté cognitive permet aux élèves de connaitre les enjeux d'apprentissage et les procédures à mobiliser pour réussir**.

1. https://centre-alain-savary.ens-lyon.fr/CAS/education-prioritaire/ressources/theme-1-perspectives-pedagogiques-et-educatives/realiser-un-enseignement-plus-explicite/enseigner-plus-explicitement-un-dossier-ressource

B. MODÈLE 2 : L'APPROCHE INTÉGRATIVE

L'enseignement intégratif de la compréhension s'inscrit dans un enseignement explicite.
Aussi appelée approche multidimensionnelle, l'**approche intégrative** désigne la manière dont vont être enseignées les stratégies de compréhension.
Avec l'approche intégrative, **toutes les stratégies d'accès au sens du texte seront enseignées en même temps** : **c'est le texte qui impose les stratégies auxquelles on a recours**.
Cette approche s'oppose à l'approche modulaire qui se focalise sur une seule stratégie pendant toute la durée de la séquence d'enseignement. Elle vise l'autorégulation de l'activité de lecture compréhension : faire en sorte que les élèves aient à leur disposition tout un panel de **stratégies** pour mobiliser la plus efficiente face à un point de résistance du texte.
Les auteurs de référence de cette approche intégrative sont Roland Goigoux et Sylvie Cèbe :
« Nous faisons l'hypothèse qu'en procédant ainsi, à partir d'un texte dont la lecture fait appel à toutes les habiletés et en restant au plus près de l'activité de lecture authentique, nous augmentons les chances qu'ont les élèves de comprendre en profondeur les textes étudiés et de pouvoir transférer les stratégies enseignées à d'autres textes. Nous pensons, en effet, qu'il est problématique de laisser aux élèves, notamment aux moins performants d'entre eux, la charge de combiner les stratégies apprises de manière isolée et décontextualisée (c'est-à-dire sur des pré-textes plutôt que sur des textes) pour mieux comprendre les récits qui leur sont proposés à l'école. »[2]

C. MODALITÉ DE TRAVAIL 1 : L'ORAL POUR APPRENDRE À COMPRENDRE

La recherche Lire et Écrire[3] a mis en évidence le **rôle central des activités orales** dans les progrès des élèves en compréhension. L'équipe de chercheurs a montré que l'enseignement de la compréhension passait par la mise en œuvre en classe de 9 tâches, dont 7 se font à l'oral :

	TÂCHES DE COMPRÉHENSION
Tâches orales	C1 : Définir ou expliciter une intention de lecture
	C2 : Anticiper, formuler ou vérifier des hypothèses
	C3 : Décrire, commenter une illustration
	C4 : Expliquer ou reformuler le sens ou évoquer une représentation mentale
	C5 : Produire un rappel de récit
	C6 : Rendre explicite une information implicite
	C7 : Proposer, débattre ou négocier une interprétation
Tâches écrites	C8 : Réaliser une tâche écrite impliquant la compréhension
	C9 : Corriger une tâche écrite portant sur la compréhension

En croisant les types d'enseignements présents dans les classes et les performances des élèves, l'équipe de Roland Goigoux a déduit que :
- les 2 tâches les plus pratiquées (C8 et C9) font très peu progresser les élèves ;
- les 2 tâches les moins pratiquées (C6 et C7) font le plus progresser les élèves.

Ce sont les activités menées à l'oral qui permettent aux élèves de progresser en compréhension.

2. *Contribution aux travaux des groupes d'élaboration des projets de programmes C2, C3 et C4*, Roland Goigoux et Sylvie Cèbe, Conseil supérieur des programmes, Novembre 2014.
3. https://centre-alain-savary.ens-lyon.fr/CAS/education-prioritaire/ressources/theme-1-perspectives-pedagogiques-et-educatives/lire-ecrire-parler-pour-apprendre-dans-toutes-les-disciplines/dossier-lire-ecrire/la-rech/comprehension-partager-les-references

Concrètement, l'oral utilisé ici est un oral pour inciter à la réflexion. Cela passe par un questionnement précis à adapter selon ses objectifs[4] :

– Un questionnement utile pour favoriser les échanges dans un groupe ou la classe :
Sur quoi êtes-vous d'accord ? Pas d'accord ? Pouvez-vous redire vos différentes propositions ? Comment allez-vous faire pour prendre une décision ?

– Un questionnement pour justifier :
Pourquoi dis-tu ça ? Qu'est-ce qui te fait dire ça ? Comment le sais-tu ?

– Un questionnement utile pour verbaliser ses démarches ou expliquer son point de vue :
Formule ce que tu as compris. Par quoi as-tu commencé ?... Qu'est-ce qui t'a fait avancer ?
Sur quelles connaissances t'es-tu appuyé pour répondre ?...

– Un questionnement utile pour travailler sur ses erreurs ou montrer qu'il existe d'autres choix :
Qu'est-ce que tu penses avoir bien réussi ? Moins bien réussi ? Aujourd'hui, qu'as-tu compris en plus ? Certains élèves pensent que... Qu'as-tu envie de leur dire ?

C'est fort de cet apport de la recherche que le dispositif JAC accorde un temps important aux activités orales.

D. MODALITÉ DE TRAVAIL 2 : LES ÉCRITS DE TRAVAIL POUR APPRENDRE À COMPRENDRE

Apprendre à comprendre, c'est apprendre à penser. Écrire aide à penser. JAC ambitionne que l'apprentissage de la compréhension passe par la **rédaction d'écrits variés et fréquents**. Ces écrits ont de nombreuses particularités :

- Ce sont des écrits courts, personnels, spontanés, pas forcément rédigés, qui ont lieu avant, pendant ou après la lecture ;
- Ces écrits sont des moyens pour apprendre à comprendre, à mémoriser ; ce sont de puissants transformateurs cognitifs (Vygotski, J. Goody, D. Olson) ;
- Ces écrits ne sont pas une fin en soi, ne visent pas la qualité d'expression, ils ne sont pas normés ; c'est ce qui est dit qui importe et non la qualité de la rédaction.

« La pratique de l'écriture doit être quotidienne, les situations d'écriture variées, en lien avec les lectures, la conduite des projets et les besoins des disciplines. Les élèves prennent l'habitude de recourir à l'écriture à toutes les étapes des apprentissages : pour réagir à une lecture, pour réfléchir et préparer la tâche demandée, pour reformuler ou synthétiser des résultats, pour expliquer ou justifier ce qu'ils ont réalisé. Cette pratique est déjà présente dans les classes (brouillons, prise de représentations, notes...) même si elle « reste un impensé de la culture enseignante. »[5]

4. *Oser l'oral*, Anne-Marie Grappin et Françoise Faye, Formules magiques, © Cahiers pédagogiques n° 400, janvier 2022.
5. *Refonder l'enseignement de l'écriture*, Dominique Bucheton, © Éditions Retz, 2014.
https://eduscol.education.fr/document/16405/download

E. POUR RÉSUMER

Pour apprendre aux élèves à avoir recours aux 6 stratégies, JAC propose un enseignement explicite, suivant une approche intégrative, faisant une grande place à l'oral et aux écrits de travail.

Comment puis-je enseigner ces 6 stratégies ?

À l'aide de 2 modèles :
- l'enseignement explicite ;
- la méthode intégrative.

En prenant appui sur 2 modalités :
- beaucoup d'oral ;
- des écrits de travail.

La mise en application de ces modèles et modalités va se faire par l'utilisation d'**outils**.

4 LES OUTILS POUR ENSEIGNER LA COMPRÉHENSION

JAC propose **6 outils** pour enseigner la compréhension :

- LE TEXTE ANNOTÉ
- LA LECTURE PAS À PAS
- LA TECHNIQUE PARAPHRASE – TEXTE – COMMENTAIRES
- LE GUIDE D'ANTICIPATION
- LES 5 TEMPS
- LE VISIBILÉO

Pour chaque texte, nous choisirons l'outil le plus efficace, chaque outil ayant des affinités plus ou moins prononcées avec certaines stratégies. Ces outils sont une traduction de compétences plus générales (anticiper, clarifier, paraphraser, résumer, questionner...).

Avant la présentation de chaque outil, arrêtons-nous sur une activité que l'enseignant.e doit mener dans le cadre de la préparation d'une séquence d'enseignement de la compréhension. Sans ce travail préalable, difficile d'étayer et d'accompagner chaque élève vers la compréhension du texte. La chercheuse Marie-France Bishop a montré que la réponse à la question « Qu'y a-t-il à comprendre dans ce texte ? » est fondamentale avant d'envisager l'exploitation d'un texte.
Ainsi, vous pourrez dire aux élèves : « Bravo, tu as compris que... » au lieu de juste dire « Tu as compris ». Répondre à cette question peut sembler facile, mais c'est en réalité très difficile.

Pour les textes narratifs, très présents dans l'enseignement de la compréhension, Marie-France Bishop a élaboré une carte didactique à destination des enseignant.e.s pour les soutenir dans leur travail de préparation (ci-contre).

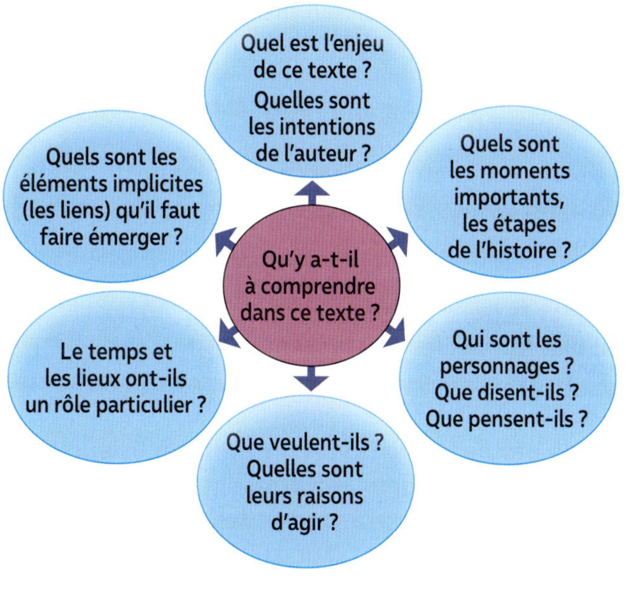

D'après M.-F. Bishop, DSDEN 89.

A. LE TEXTE ANNOTÉ

Le Texte Annoté permet aux élèves de produire des écrits réflexifs, des écrits pour comprendre, directement sur le texte.
Concepteurs-conceptrices : Magistère.
Fonction : Le Texte Annoté sert à mettre en évidence les questions que l'on se pose sur le texte, à écrire les problèmes d'interprétation, à formuler des hypothèses, à relever des incompréhensions et à apporter des justifications.
Modalités : Au fur et à mesure que le texte est lu, les élèves surlignent, soulignent, rapprochent des passages par des flèches et écrivent des notes dans les marges : des questions, des interprétations, des justifications...

Voici un exemple tiré de la fiche Éduscol[1] *Des écrits de travail en lecture :*

Nous vîmes que père passait avec Alexandre beaucoup de temps derrière la paroi d'un rocher qui tombait à pic jusqu'au sol. À plusieurs reprises, l'un ou l'autre revint au sein du feu pour ramasser des braises refroidies. Nous essayâmes bien de voir ce qu'ils manigançaient, mais ils nous chassèrent chaque fois sans cérémonie. Au bout de quelques jours, ils revinrent triomphalement à la caverne.

– Et maintenant, vous tous, venez voir ! nous crièrent-ils. Nous nous précipitâmes. Et là, grandeur nature et magnifique, chaque poil hérissé, un mammouth venait à nous, énorme et noir ! Les tantes hurlèrent de peur et s'enfuirent ; les enfants escaladèrent les arbres dans toutes les directions. Seuls Oswald, Tobie et moi étions venus armés, et sans perdre un instant Oswald lui décocha un dard, qui rebondit sans pénétrer. « Derrière l'oreille, les gars, hurla-t-il, vite, avant qu'il ne charge ! » Mais nos traits rebondirent à leur tour sur le mammouth imperturbable. C'est alors que nous vîmes père plié en deux, et s'esclaffant avec Alexandre.

– Allons, remettez-vous, dit père. Nous venons d'établir un principe psychologique de première importance.

– Mais c'est bien un mammouth ! dit Oswald. Je pourrais jurer...

Passage surligné	Annotation
derrière la paroi d'un rocher	Ils se cachent.
revint au sein du feu pour ramasser des braises refroidies	Ils dessinent un mammouth avec du charbon.
ils nous chassèrent chaque fois sans cérémonie	Ils ne veulent pas qu'on découvre leur plaisanterie.
noir	Noir est la couleur du charbon.
rebondit sans pénétrer	Les flèches ne rentrent pas dans le sol.
père plié en deux, et s'esclaffant avec Alexandre	Ils rient de leur plaisanterie.

Pourquoi j'ai mangé mon père ?, Roy Lewis, © Éditions Actes Sud, 1990.

Les annotations des élèves de la colonne de droite ne sont pas (seulement) des reformulations lexicales ou syntaxiques, mais bien une entrée en compréhension par reformulation, paraphrase, hypothèse, interprétation...

Objectifs pour l'élève :

- Laisser dans les annotations des traces :
  - de questionnement : faire des hypothèses (« je pense que... »), se questionner, chercher le référent d'un substitut... ;
  - de problématisation : confronter plusieurs passages et interroger leur cohérence ;
  - de reformulation : reformuler certaines phrases avec ses propres mots ;
  - d'explicitation : résoudre des problèmes (« il croit que... mais... », « ils disent que... mais... »), identifier le référent d'un substitut, des personnages qui parlent.
- Lever les implicites ;
- Interpréter le texte source ;
- Négocier à l'oral des annotations différentes ;
- Mettre en mots, à l'écrit, des remarques orales.

Objectifs pour l'enseignant.e :

- Accompagner les élèves dans l'élaboration du sens d'un texte ;
- Rendre actifs les élèves au cours de la lecture par des allers-retours entre oral et écrit ;
- Mener des débats ;
- Rendre visibles les processus de compréhension et les expliciter ;
- Évaluer la compréhension de manière formative.

1. https://coutances.circonscription.ac-normandie.fr/IMG/pdf/des_ecrits_de_travail_en_lecture.pdf

B. LA LECTURE PAS À PAS

La Lecture Pas à Pas[2] est un outil où le texte est lu par morceaux. À chaque arrêt, on pose une question ouverte, minutieusement choisie.
Concepteurs-Conceptrices : Marie-France Bishop et l'équipe de la recherche Lire-Écrire, Ifé, Centre Alain Savary.
Fonction : La lecture Pas à Pas permet aux élèves « d'inférer en cours de lecture, d'établir des liens logiques et de causalité, d'anticiper et de s'assurer de la cohérence de la représentation mentale ».
Modalités : Le texte est découpé selon ses nœuds de compréhension. À chaque arrêt, l'enseignant.e pose une seule question pour clarifier, pour anticiper ou pour envisager la rétrospection.

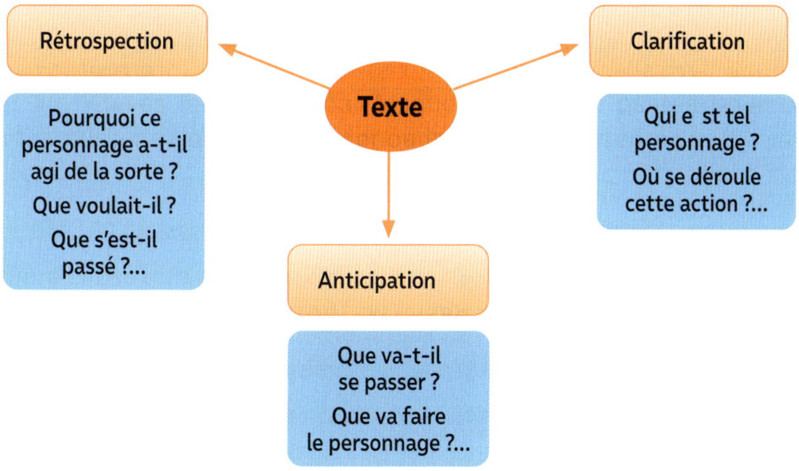

Objectifs pour l'élève :
- Élaborer une représentation mentale cohérente du récit entendu ;
- Réguler sa compréhension ;
- Faire des inférences, mettre en relation les informations ;
- Questionner, clarifier, anticiper et garder en mémoire ;
- Être actif dans la lecture ;
- Élaborer des hypothèses.

Objectifs pour l'enseignant.e :
- Accompagner les élèves dans l'élaboration du sens d'un texte ;
- Rendre actifs les élèves au cours de la lecture ;
- Mener des débats ;
- Rendre visibles les processus de compréhension et les expliciter.

C. PARAPHRASE - TEXTE - COMMENTAIRES (PTC)

PTC est un outil que l'on utilise quand le texte doit être en majeure partie reformulé pour être compris, quand son style, son lexique, sa syntaxe, éloignés de la langue des élèves, demandent une sorte de « traduction » pour devenir accessibles.
Concepteurs-conceptrices : INSPÉ de Bretagne.
Fonction : PTC permet aux élèves de redire, réécrire le texte avec leurs mots, puis de faire des remarques, des commentaires.
Modalités : Le texte est tout d'abord écouté, plusieurs fois, dit dans plusieurs versions. Puis, les blocs de sens sont découverts, un à un, inscrits dans la colonne centrale d'un tableau à 3 colonnes. Les élèves sont invités à paraphraser chaque bloc à l'oral, puis à l'écrit, dans la 1re colonne. Enfin, la confrontation des différentes paraphrases entraine des commentaires, qui sont écrits dans la 3e colonne.

2. https://centre-alain-savary.ens-lyon.fr/CAS/LECTURE-ECRITURE/pp-comprehension/scenarios-de-formation/copy2_of_letude-de-la-langue-au-service-de-la-comprehension-scenario-de-formation
Aider à comprendre, deux canevas d'enseignement de la compréhension au cycle 2, Marie-France Bishop, forumlecture.ch, (2018). Récupéré sur le site de la revue : https://maitrise-de-langue-69.enseigne.ac-lyon.fr/spip/IMG/pdf/2018_3_fr_bishop.pdf

Voici un exemple avec le début de la Fable *Le Loup et l'Agneau* de Jean de La Fontaine :

Paraphrase	Texte de la fable	Commentaires
Il y a un agneau qui boit. Il y a un loup. Il arrive pour l'attraper. Le loup a faim.	Un Agneau se désaltérait Dans le courant d'une onde pure. Un loup survient à jeun qui cherchait aventure. Et que la faim en lieux attirait.	L'agneau est heureux, ça lui fait du bien de boire, ça le rafraichit. Le loup a envie de manger, le loup va-t-il manger l'agneau ?

Objectifs pour l'élève :

- Écouter le texte pour « s'installer immédiatement dans un rapport interprétatif au texte avant toute lecture personnelle de celui-ci » ;
- Redire à l'oral, avec ses propres mots, ce que chaque vers exprime ;
- Respecter les choix énonciatifs de l'auteur ;
- Maintenir la trame narrative ;
- Interpréter le texte source : faire des remarques et s'interroger ;
- Négocier des interprétations différentes ;
- Mettre en mots, à l'écrit, des remarques orales.

Objectifs pour l'enseignant.e :

- Accompagner les élèves dans l'élaboration du sens d'un texte ;
- Rendre actifs les élèves au cours de la lecture par des allers-retours entre oral et écrit ;
- Mener des débats ;
- Rendre visibles les processus de compréhension et les expliciter.

D. LE GUIDE D'ANTICIPATION

Concepteurs-conceptrices : équipe du ROLL dirigée par Alain Bentolila, linguiste, professeur à Paris Descartes.

Fonction : Le guide d'anticipation sert à activer les connaissances des élèves et à réfléchir sur le sujet du texte à lire.

Modalités : Avant la lecture : déterminer le thème du texte. Répondre aux énoncés du guide par « Je suis d'accord », « Je ne suis pas d'accord » ou « Je ne sais pas ».

Pendant la lecture : lire le texte avec le guide rempli sous les yeux.

Après la lecture : revenir sur les avis d'avant la lecture, et justifier les réponses par écrit.

L'arbre : être vivant

Avant la lecture – Donne ton avis sur ces énoncés (entoure ton choix).		Après la lecture – Redonne un avis et justifie-le à l'écrit.	
L'arbre n'est pas un être vivant comme les autres parce qu'il ne possède pas d'organe.	**D'ACCORD** (entouré) Je ne sais pas PAS D'ACCORD	D'ACCORD **PAS D'ACCORD** (entouré)	Je ne suis pas d'accord car l'arbre a des organes, les organes de nutritions et de reproductions.
En respirant, il absorbe du dioxyde de carbone (ou gaz carbonique) et rejette de l'oxygène.	**D'ACCORD** (entouré) Je ne sais pas PAS D'ACCORD	**D'ACCORD** (entouré) PAS D'ACCORD	Non quand il respire il fait l'inverse, là il est en train de photosynthétiser.
La sève est puisée dans le sol par les racines, elle circule uniquement du bas vers le haut.	D'ACCORD **Je ne sais pas** (entouré) PAS D'ACCORD	D'ACCORD **PAS D'ACCORD** (entouré)	Elle circule aussi de haut en bas. La sève brute monte : elle est transformée en sève élaborée qui se diffuse dans tous les sens.
Les arbres peuvent se reproduire de plusieurs façons différentes.	D'ACCORD Je ne sais pas **PAS D'ACCORD** (entouré)	**D'ACCORD** (entouré) PAS D'ACCORD	Il y a deux façons différentes pour un arbre de se reproduire : sexuée et assexuée.
On peut mesurer l'âge d'un arbre grâce au nombre de ses branches.	D'ACCORD Je ne sais pas **PAS D'ACCORD** (entouré)	D'ACCORD **PAS D'ACCORD** (entouré)	On calcule l'âge de l'arbre grâce aux cerne du tronc en les comptant.

Groupe ROLL 24 – GA ARBRE – Fiche élève

Objectifs pour l'élève :
- Lire avec une intention consciente et mémorisée ;
- Avoir recours à des stratégies de lecture efficaces pour comprendre et mémoriser les informations lues ;
- Avoir conscience de ses propres connaissances avant de lire.

Objectifs pour l'enseignant.e :
- Choisir les informations que l'on veut faire sélectionner aux élèves ;
- Identifier les conceptions probables des élèves ;
- Mettre en confrontation les conceptions des élèves et les faits du documentaire ;
- Faire argumenter.

E. LES 5 TEMPS

Concepteurs-conceptrices : Les 5 Temps est un outil imaginé par la conceptrice et le concepteur de JAC, d'après les travaux de Anna Potocki (maitresse de conférences en sciences de l'éducation, université de Grenoble-Alpes) et Jean-François Rouet (directeur de recherche CNRS, université de Poitiers). Ils ont formalisé 5 étapes par lesquelles on doit passer pour lire et comprendre un document composite.

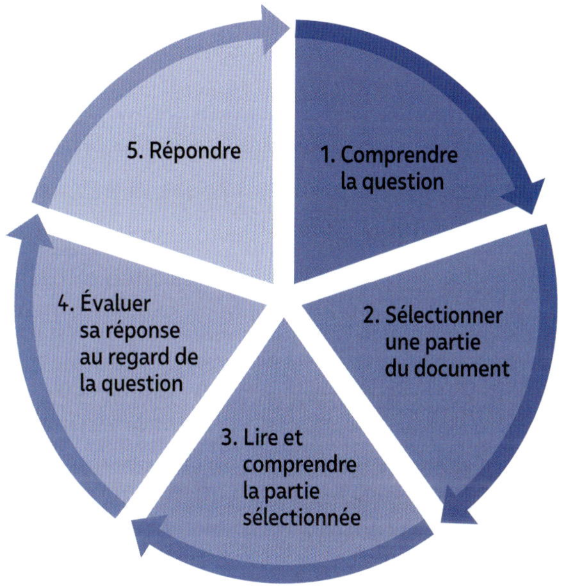

Fonction : Les 5 Temps est un outil qui va permettre aux élèves :
- de se donner un objectif de lecture ;
- de planifier leur parcours de lecture parmi les blocs qui composent le document et parmi les supports de natures différentes ;
- de prélever des informations pertinentes en fonction d'un but ;
- de mettre en lien les informations sélectionnées pour produire une explication cohérente ;
- de répondre aux questions de manière exacte et suffisante.

Modalités :

TEMPS 1 : Comprendre la question

Une page documentaire (scolaire) est, a priori, accompagnée de questions. En cas de lecture personnelle, le lecteur se questionne lui-même. Le 1er temps du travail de compréhension va être de comprendre la/les question(s) pour savoir ce que l'on va devoir rechercher lors de la lecture. Cela passe par un travail sur les synonymes des mots, la paraphrase et la recherche de mots-clés.

Capacité visée : se poser des questions sur la question.

NB : Si le lecteur est sûr de la réponse, il n'a pas besoin de lire le texte et passe directement au Temps 5 : répondre.

TEMPS 2 : Sélectionner une partie du document

Pour répondre efficacement à une question, il ne faut pas lire TOUS les documents composant le texte composite, mais sélectionner la ou les parties susceptibles de répondre à la question. Il faut évaluer où peut se trouver la réponse, ou plusieurs éléments qui formeront la réponse. Cela peut passer par une proposition alternative de titre ou l'exploration visuelle des organisateurs du texte (titre, légende, mot cible).

Capacité visée : localiser, évaluer

TEMPS 3 : Lire et comprendre la partie sélectionnée
Il s'agira ensuite de prendre connaissance de tous les documents sélectionnés (textes, photos, graphiques, cartes...), d'explorer leurs spécificités, de les mettre en réseaux et de les comprendre, d'établir entre eux des liens logiques.
Capacités visées : prélever, inférer, interpréter

TEMPS 4 : Évaluer les informations lues/sa réponse au regard de la question
Avant de répondre, il faudra que les élèves soient en mesure de savoir si ce qui vient d'être lu répond bien à ce qui était cherché.
Capacité visée : apprécier

TEMPS 5 : Répondre
Enfin, une fois que les informations lues semblent être la réponse à la question, viendra le temps de la rédaction de la réponse.
Capacité visée : Rédiger la réponse à une question précise

Objectifs pour l'élève :
- Lire avec une intention consciente et mémorisée ;
- Mobiliser ses connaissances de l'écrit et culturelles ;
- Sélectionner des informations issues de supports variés ;
- Pratiquer plusieurs formes de lectures ;
- Mettre en lien des informations issues du texte ;
- Se questionner pendant toute la lecture : qu'est-ce que je cherche ? Qu'est-ce que je sélectionne ? Qu'est-ce que je déduis ?

Objectifs pour l'enseignant.e :
- Aider les élèves à organiser leur lecture ;
- Permettre aux élèves de réguler leur activité de lecture ;
- Aider au traitement et au tri des informations prélevées.

NB : Cette démarche liée à la lecture fonctionnelle s'appliquera tout aussi bien dans le cadre de la lecture de textes narratifs.

F. LE VISIBILÉO

Le Visibiléo[3] est un outil d'enseignement-apprentissage de la compréhension qui rend visible ce qui est invisible dans un texte, notamment les liens de causalité.
Concepteurs-conceptrices : Marie-France Bishop et l'équipe de la recherche Lire-Écrire, Ifé, Centre Alain Savary.
Fonction : « Le Visibiléo rend visibles l'intégration des informations, y compris implicites, et leur organisation. Il soutient la mémorisation au service de la compréhension, articule les événements et les intentions des personnages. » C'est un excellent support de rappel de récit.
Modalités : « Le Visibiléo est une trace collective élaborée avec les élèves. L'enseignant.e lit l'histoire entièrement ou par épisodes.
Les élèves :
- déterminent les événements importants et les justifient ;
- détaillent les mobiles d'action des personnages ;
- retrouvent les liens de causalité entre les éléments de l'histoire (leur parcours de lecteur).

3. https://centre-alain-savary.ens-lyon.fr/CAS/LECTURE-ECRITURE/pp-comprehension/scenarios-de-formation/letude-de-la-langue-au-service-de-la-comprehension-scenario-de-formation
Aider à comprendre, deux canevas d'enseignement de la compréhension au cycle 2, Marie-France Bishop, forumlecture.ch, (2018). Récupéré sur le site de la revue : https://maitrise-de-langue-69.enseigne.ac-lyon.fr/spip/IMG/pdf/2018_3_fr_bishop.pdf

L'enseignant.e demande :

- ce qui est important et pourquoi ;
- quelles sont les causes des événements, les raisons d'agir des personnages : qu'est-ce qu'ils pensent ? Qu'est-ce qu'ils croient ? Qu'est-ce qu'ils veulent ?

L'enseignant.e matérialise la compréhension de l'histoire qui s'élabore, essaie de bien identifier chaque composante. Les flèches rouges matérialisent le parcours du lecteur (qui ne se confond pas avec la chronologie du récit).

Objectifs pour l'élève :

- ▶ Élaborer une représentation mentale cohérente du récit entendu ;
- ▶ Réguler sa compréhension ;
- ▶ Faire des inférences, mettre en relation les informations ;
- ▶ Questionner, clarifier, anticiper et garder en mémoire ;
- ▶ Être actif dans la lecture ;
- ▶ Élaborer des hypothèses.

Objectifs pour l'enseignant.e :

- ▶ Accompagner les élèves dans l'élaboration du sens du texte ;
- ▶ Rendre actifs les élèves au cours de la lecture ;
- ▶ Mener des débats ;
- ▶ Rendre visibles les processus de compréhension et les expliciter.

G. CARACTÉRISTIQUES ET APPORTS DIFFÉRENTIELS DES OUTILS PROPOSÉS

	LE TEXTE ANNOTÉ	LA LECTURE PAS À PAS	PARAPHRASE TEXTE COMMENTAIRES	LE GUIDE D'ANTICIPATION	LES 5 TEMPS	LE VISIBILÉO
Quelles capacités sont travaillées prioritairement ?	– Lever les implicites – Redire à l'écrit avec ses propres mots – Clarifier une formulation complexe – Interpréter le texte source	– Élaborer une représentation mentale cohérente du récit entendu – Réguler sa compréhension – Faire des inférences, mettre en relation les informations	– Installer un rapport interprétatif au texte – Redire à l'oral, avec ses propres mots – Réécrire avec ses propres mots – Respecter les choix énonciatifs de l'auteur	– Lire avec une intention consciente et mémorisée – Avoir recours à des stratégies de lecture efficaces pour comprendre et mémoriser les informations lues – Avoir conscience de ses propres connaissances avant de lire	– Lire avec une intention consciente et mémorisée – Mobiliser ses connaissances de l'écrit et culturelles – Sélectionner des informations issues de supports variés – Pratiquer plusieurs formes de lectures – Mettre en lien des informations issues du texte	– Élaborer une représentation mentale cohérente du récit entendu – Réguler sa compréhension – Faire des inférences, mettre en relation les informations
Quels textes ?	Texte littéraire résistant	Récit contenant des nœuds ou moments critiques de compréhension	Texte dont la langue n'est pas celle des élèves	Texte informatif non composite	Texte informatif composite papier ou numérique	Récit plutôt long et complexe
Quelles stratégies sont travaillées prioritairement ?						

Certains outils seront plus utilisés que d'autres. C'est le cas de la lecture annotée ; cet outil s'adapte à de nombreux types et genres de textes, sa mise en œuvre est aisée et sa plus-value très forte. Le Visibiléo, bien que pertinent, sera moins utilisé.

H. POUR RÉSUMER

Comment puis-je enseigner ces 6 stratégies ?

À l'aide de 2 modèles :
- l'enseignement explicite ;
- la méthode intégrative.

En prenant appui sur 2 modalités :
- beaucoup d'oral ;
- des écrits de travail.

À l'aide de quoi puis-je enseigner les 6 stratégies ?
Avec 6 outils :

LE TEXTE ANNOTÉ
LA LECTURE PAS À PAS
PARAPHRASE-TEXTE-COMMENTAIRES
LE GUIDE D'ANTICIPATION
LES 5 TEMPS
LE VISIBILÉO

Pour JAC, ces 6 outils sont macro-textuels : ils sont utilisés pour comprendre le texte dans son intégralité. Chaque outil a une affinité forte par rapport à un type de texte. JAC propose donc d'ancrer l'enseignement de la compréhension dans deux dimensions :
- non seulement il permet l'apprentissage de stratégies de compréhension plutôt locales ou régionales et très transférables à différents types de textes ;
- ce dispositif dote aussi les élèves d'outils plus spécifiquement liés à un type de texte.

Les deux dimensions entretiennent des relations et se renforcent, se complètent.

5 ÉVALUER LA COMPRÉHENSION DES ÉLÈVES

Pour définir ce qu'est un bon compreneur, nous pouvons nous appuyer sur les documents en lien avec l'évaluation internationale PIRLS passée par un panel d'élèves de 10 ans (évaluer les compétences des élèves en compréhension de l'écrit). Il est indiqué que comprendre un texte, c'est être capable de réaliser 4 processus : prélever, inférer, interpréter et apprécier.
Ces évaluations ont été réalisées dans 45 pays et ont permis de mieux connaitre les performances en lecture et en compréhension de l'écrit des élèves de 10 ans. En 2023, avec un score global moyen de 514 points, la France se situe au-delà de la moyenne internationale (500 points), mais en deçà de la moyenne européenne (527 points).
Pour la compréhension de textes narratifs, la France obtient un score de 516 et un score de 511 points pour les textes informatifs[1].

Pourquoi les élèves français de 10 ans ne réussissent-ils pas pleinement cette évaluation internationale ?
La réponse est simple, les 4 processus ne sont pas ou sont très peu enseignés en classe.

QUE RECOUVRENT CES 4 PROCESSUS ?

Prélever	Prendre, extraire, localiser une information explicite.	– Localiser une information et la recopier – Repérer une information – Chercher des éléments précis – Chercher la définition de mots ou d'expressions – Repérer le contexte de l'histoire (époque, lieu) – Trouver l'idée principale (si elle est exprimée explicitement) – Donner le type de texte s'il est explicite…
Inférer	Rapprocher des éléments prélevés ou un élément prélevé et une connaissance personnelle pour faire une déduction, comprendre ce qui n'est pas écrit.	– Déduire que tel évènement a entrainé tel autre (lien de causalité, inférence intra-textuelle) – Déduire l'élément principal d'une série d'arguments (liens de causalité) – Déterminer le référent d'un pronom (inférence grammaticale = anaphore) – Repérer les généralisations présentées dans le texte – Décrire la relation entre deux personnages…
Interpréter	Construire du sens au regard de son vécu personnel, porter un regard sur l'intention de l'auteur.	– Déduire le message global ou le thème d'un texte – Envisager une alternative aux actions des personnages – Comparer plusieurs informations du texte – Saisir l'atmosphère ou le ton du récit – Trouver une application concrète aux informations contenues dans le texte – Donner le type du texte s'il n'est pas explicité…

1. https://www.education.gouv.fr/pirls-2021-la-france-stabilise-ses-resultats-contrairement-aux-autres-pays-europeens-majoritairement-378107

Apprécier	Donner une valeur à ce qu'on a lu, donner son avis, prendre du recul, de la distance, lier forme et fond, porter un jugement, généraliser.	– Donner son avis sur le texte – Évaluer la probabilité que les évènements décrits se passent réellement – Juger de la clarté des informations fournies dans le texte – Décrire comment le choix des mots modifie le sens – Repérer et décrire les choix de l'auteur…

En apprenant à comprendre avec JAC, vos élèves apprendront à PRÉLEVER, INFÉRER, INTERPRÉTER et APPRÉCIER. Dans chaque séquence, ces 4 processus seront annoncés explicitement afin que vous sachiez lequel est en jeu lors de chaque étape du questionnement.

Les deux sessions d'évaluations prévues dans la programmation de JAC évalueront ces 4 processus. Les questions posées seront graduées : d'abord des questions de prélèvement, puis des questions d'inférences, puis d'interprétation, enfin d'appréciation. Les absences de réponses seront prises en compte car, au-delà du fait que cela ne rapporte pas de point à l'évaluation, il s'agit d'un indicateur fort pour comprendre pourquoi l'élève a choisi de ne pas répondre et pour l'habituer à essayer de répondre, même quand il n'est pas certain de la justesse de son idée.

6 SYNTHÈSE DE L'ENSEIGNEMENT DE LA COMPRÉHENSION

Le lecteur doit disposer de **5 compétences spécifiques** à la lecture pour comprendre un texte écrit. ↓	Des compétences de décodage Des compétences linguistiques (syntaxe et lexique) Des compétences textuelles (genre, type, énonciation, anaphores, connecteurs…) Des compétences référentielles (culture générale, connaissances littéraires) Des compétences stratégiques (régulation, contrôle et évaluation de leur lecture) Des compétences exécutives
Quand une ou plusieurs de ces compétences ne sont pas mobilisables/ pas acquises, cela crée un **obstacle** à la compréhension. ↓	Obstacle lié au déchiffrage Obstacle lié au vocabulaire et à la syntaxe écrite Obstacle lié aux inférences Obstacle lié à la culture de l'écrit Obstacle lié aux connaissances du monde et littéraires Obstacle lié à l'énonciation Obstacle lié aux états mentaux des personnages Obstacle lié aux supports composites
Le traitement de ces obstacles se fera par le recours à des **stratégies** (usage local et ciblé dans un texte, mais transférables dans tous les écrits). ↓	La stratégie de modulation de la vitesse de lecture : flexibilité et contrôle exécutif La stratégie de traitement des liens de causalité La stratégie de traitement des états mentaux des personnages La stratégie de construction de la représentation mentale La stratégie de traitement lexical La stratégie d'inférences à partir de ses connaissances personnelles
L'enseignement des stratégies suivra **2 modèles** théoriques et **2 modalités** de travail… ↓	Un enseignement explicite Une approche intégrative de la compréhension Beaucoup d'oral pour apprendre à comprendre La rédaction d'écrits de travail
… et fera appel à **6 outils**.	LE TEXTE ANNOTÉ LA LECTURE PAS À PAS PARAPHRASE – TEXTE – COMMENTAIRES LE GUIDE D'ANTICIPATION LES 5 TEMPS LE VISIBILÉO

7 PROGRAMMATIONS

A. PROGRAMMER VOTRE ANNÉE

Semaines	Activités à mener
Septembre, semaine 1	
Septembre, semaine 2	Test pour constituer les groupes d'élèves selon 4 profils
Septembre, semaine 3	Présentation des stratégies de compréhension
Septembre, semaine 4 Octobre, semaines 1, 2 et 3	Choix de ses textes pour 4 semaines
Vacances d'automne	
Novembre, semaines 1 à 4	Choix de ses textes pour 4 semaines
Décembre, semaine 1	Évaluation 1
Décembre, semaines 2 et 3	Choix de ses textes pour 2 semaines
Vacances de Noël	
Janvier et février	Choix de ses textes pour 5 à 7 semaines
Vacances d'hiver	
Février et mars	Choix de ses textes pour 2 à 4 semaines
Fin mars : dernière semaine	Évaluation 2
Avril	Choix de ses textes pour 1 à 3 semaines
Vacances de printemps	
Avril et mai	Choix de ses textes pour 4 à 6 semaines
Début juin	Test de fin d'année
Vacances d'été	

B. PROPOSITION DE PROGRAMMATION ANNUELLE

SEMAINES	ACTIVITÉS À MENER	Nombre de séances		CM1	CM2
1	Rentrée des élèves, pas de JAC				
2	Test pour constituer les groupes d'élèves selon 4 profils		Ressources p. 6-7 Guide p. 46 (corrigés)	×	×
3	Présentation des stratégies de compréhension		Guide p. 52-56 Ressources p. 48-49	×	×
4	(1) Nouvelle à chute *Exercices*, Bernard Friot	2	Guide p. 58-66 Ressources p. 50-55	×	
5 à 7	(2) Conte traditionnel *Le Vaillant Petit Tailleur*, Jacob et Wilhelm Grimm	6	Guide p. 67-86 Ressources p. 56-69	×	×
Vacances d'automne					
1 et 2	(3) Documentaire *P'tit Libé dans la jungle de l'information*, Le P'tit Libé	4	Guide p. 87-96 Ressources p. 70-79	×	×
3 et 4	(4) Bande dessinée *Mafalda*, Quino	4	Guide p. 97-116 Ressources p. 80-88	×	×
5	Évaluations (au choix)		Ressources p. 8-15 Guide p. 47-50 (corrigés)	×	×
6 et 7	(5) Conte d'origine *Le chameau et sa bosse*, Rudyard Kipling	4	Guide p. 117-130 Ressources p. 89-95	×	
Vacances de Noël					
1 à 3	(6) Fable *Le Laboureur et ses enfants*, Jean de La Fontaine	5	Guide p. 131-138 Ressources p. 96-100		×
4 et 5	(7) Documentaire *L'électricité en France*, Monsieur Paul	4	Guide p. 139-147 Ressources p. 101-106	×	
6	(8) Documentaire *Écosystèmes et cycles naturels*	2	Guide p. 148-157 Ressources p. 107-108	×	×
7					
Vacances d'hiver					
1 et 2	(9) Extrait de roman *L'homme à l'oreille coupée*, Jean-Claude Mourlevat	4	Guide p. 158-171 Ressources p. 109-113		×
3	Évaluations (au choix)		Ressources p. 8-15 Guide p. 47-50 (corrigés)	×	×

SEMAINES	ACTIVITÉS À MENER	Nombre de séances		CM1	CM2
4 et 5	(10) Chanson *Lily*, Pierre Perret	4	Guide p. 172-183 Ressources p. 114-119	×	×
6	(11) Interview *Soprano*, Mon Petit Quotidien	2	Guide p. 184-192 Ressources p. 120-124	×	×
7					
Vacances de printemps					
1					
2	(12) Documentaire *Comment Charlemagne a-t-il organisé son Empire ?*, Marcelin Hamon	2	Guide p. 193-201 Ressources p. 125-128	×	×
3	(13) Documentaire *La Lune*, Sophie Hénon	2	Guide p. 202-211 Ressources p. 129-131	×	×
4	(14) Poème *Chanson du vitrier*, Jacques Prévert	2	Guide p. 212-221 Ressources p. 133-137	×	×
5					
6					
7	Test de fin d'année		Ressources p. 6-7 Guide p. 46 (corrigés)	×	×

Textes narratifs

Textes explicatifs, descriptifs et argumentatifs = documentaire

Dialogues

Textes poétiques

8 TEST DE DÉBUT ET DE FIN D'ANNÉE

A. QU'EST-CE QU'UN TEST ?

Un **test** est un procédé d'évaluation qui **mesure** des compétences.
Le test paramétré est un outil pour comprendre sa classe, et chacun de ses élèves.
Plusieurs critères définissent un test paramétré :
- il est normé, il suit un protocole de passation ;
- il est standardisé : il faut suivre le même protocole pour chaque élève, à chaque passation dans l'année ;
- il donne une image de chaque élève à un instant T ;
- il permet le positionnement des élèves entre eux et d'un élève à différents temps de sa scolarité ;
- il sert d'indicateur à l'enseignant.e qui a ainsi le profil de chaque élève avant l'apprentissage ;
- il n'est pas réalisé pour être réussi ou échoué ;
- il est corrigé par l'enseignant.e, mais aucune correction collective n'est à faire en classe avec les élèves.

L'objectif de cette passation est que vous puissiez distinguer le profil de chacun de vos élèves[1] : il s'agira de croiser leurs compétences en compréhension recueillies ici avec leurs compétences en fluence en votre possession.

		Déchiffrage	
		Fragiles	**Forts**
Compréhension en lecture silencieuse autonome	**Fragiles**	Lecteurs en difficulté	Faibles compreneurs
	Forts	Faibles déchiffreurs	Normo-lecteurs

Qu'est-ce qu'une évaluation ?
Une **évaluation vérifie** si un.e élève a réussi ou échoué, c'est un aboutissement. Elle sert à savoir si l'élève a progressé ou non. Elle évalue des connaissances et/ou des capacités (= compétences).

B. QUELLE PROCÉDURE POUR RÉALISER LE TEST DE COMPRÉHENSION ?

Vous allez consacrer une semaine entière, en début **et** en fin de CM1 et en début **et** en fin de CM2, à la passation de ce test de compréhension auprès de chacun de vos élèves.
Le même test sera passé 2 fois sur la même année scolaire, le même texte sera lu 2 fois. Si vous utilisez JAC en double niveau, ce test sera donc passé 4 fois. Le fait de passer le test une nouvelle fois en fin d'année scolaire vous permettra de mesurer de manière objective les progrès de vos élèves.
Il ne sera pas proposé de correction aux élèves.

Le test de compréhension
Le test proposé aux pages 6-7 (Ressources) a été créé par nos soins, à partir d'un texte de littérature de jeunesse. Les questions abordent les 4 processus de compréhension issus des évaluations internationales PIRLS.
Chaque élève lit le texte et répond aux questions de compréhension dans son livret **avec le texte sous les yeux pour s'y référer**.
Une fois le texte distribué, deux modalités de travail sont possibles :
- le texte est lu de manière autonome par les élèves qui en sont capables. Les élèves répondent aux questions en autonomie. Le temps nécessaire leur est laissé ;

1. *Comment enseigner la compréhension en lecture ?*, Maryse Bianco, Laurent Lima, © Éditions Hatier, 2017.

– le texte et les questions sont lus par l'enseignant.e à un groupe d'élèves n'étant pas en mesure de le faire. Les élèves répondent aux questions au fur et à mesure.

Une fois le test réalisé, vous devez attribuer des points à chaque réponse selon le barème proposé. Le score obtenu vous permettra de définir le profil de chaque élève (voir corrigés p. 46).
Attention, la rédaction des réponses (phrase complète) **n'est pas attendue**. Les erreurs orthographiques ne seront pas pénalisées. **Seule la réflexion** des élèves importe ici.
Pour chaque question, l'élève obtiendra :
- 1 point pour une réponse correcte ;
- 0 point pour une réponse erronée ;
- une lettre A en cas d'absence de réponse, en plus du score de 0.

Il est important de comptabiliser le nombre d'absences de réponse afin de travailler ce fait individuellement avec les élèves concernés. En effet, la France est le pays qui, aux évaluations internationales, a le plus grand nombre d'élèves s'abstenant de répondre. Il est donc important de le repérer et d'en parler aux intéressés pour leur permettre de dépasser cette attitude.

Afin de calculer le nombre de points au test de compréhension, il s'agira de réaliser un tableau comme celui-ci :

	Questions																				
	1	2	3	4	Total Prélever	5	6	7	8	Total Inférer	9	10	11	12	Total Interpréter	13	14	15	16	Total Apprécier	TOTAL
Élève A					/4					/4					/4					/4	
Élève B					/4					/4					/4					/4	

Vous pourrez ensuite définir le profil de chaque élève en compréhension :
- entre 0 et 10 points : compreneurs fragiles ;
- entre 11 et 16 points : compreneurs forts. (La différence entre un élève ayant 10 et un élève ayant 11 reste à votre appréciation.)

Une fois les scores en compréhension et en fluence recueillis, vous serez en mesure de catégoriser vos élèves selon ces 4 profils de lecteurs :

Élèves	Déchiffrage		Compréhension		Profils de lecteurs
	fragile	fort	fragile	fort	
A	fragile		fragile		Lecteur en difficulté
B	fort		fragile		Faible compreneur
C	fragile		fort		Faible déchiffreur
D	fort		fort		Normo-lecteur

		Déchiffrage MLCM	
		Fragiles	Forts
Compréhension (C°) en lecture silencieuse autonome	Fragiles	Lecteurs en difficulté MLCM < 75 Et 0 < C° < 10	Faibles compreneurs MLCM > 90 Et 0 < C° < 10
	Forts	Faibles déchiffreurs MLCM < 75 Et 11 < C° < 16	Normo-lecteurs MLCM > 90 Et 11 < C° < 16

* MLCM : mots lus correctement par minute.

C. LES PROFILS DE LECTEURS

Voici les particularités et les besoins de chaque profil de lecteur d'après Maryse Bianco[2] :

Profils	Quelles particularités ? Quels besoins ?
Lecteur en difficulté	**Le lecteur en difficulté** déchiffre mal et comprend tout aussi difficilement. Il aura besoin : – de poursuivre l'apprentissage du code, peut-être en décloisonnement avec une classe de cycle 2. Pour lui proposer de petits textes en lecture autonome, il devra maitriser au moins 2 tiers des graphèmes simples et 2 tiers des graphèmes à 2 lettres ou plus ; – de lire tous les jours une phrase / un court texte pour s'entrainer à oraliser et comprendre en même temps ; – de mémoriser la forme orthographique de mots fréquents réguliers, puis irréguliers ; – de s'entrainer à la lecture oralisée chaque jour en petit atelier pour travailler le décodage, la vitesse, le phrasé et l'expressivité ; – des séances de compréhension avec **JAC** pour acquérir des stratégies de compréhension de textes lus par l'enseignant.e. Si on reprend les travaux de Mireille Brigaudiot[3] sur la maternelle, cet élève est **prioritaire** : l'enseignant.e l'écoutera et l'interrogera plus que les autres, lui donnera plus la parole et interprétera ses productions orales et écrites en termes extrêmement positifs. Le gain pour l'enseignant.e qui se cale sur les enfants prioritaires est immense : les enfants progressent, ses camarades changent de regard sur eux, les parents constatent les progrès, félicitent l'enfant et remercient l'enseignant.e.
Faible compreneur	**Le faible compreneur** est difficile à détecter sans test spécifique en lien avec la compréhension, car il fait illusion : il oralise un texte tel que requis à son âge, il **déchiffre** tous les graphèmes qu'il rencontre, à une **vitesse** attendue au CM (plus de 90 mots par minute) avec un **phrasé** correct (intonation, pauses, respect des groupes syntaxiques, respirations) et une **expressivité** plus ou moins bonne (mélodie, intensité, volume). Il aura besoin : – de lire tous les jours une phrase / un court texte pour s'entrainer à oraliser et comprendre en même temps ; – des séances de compréhension avec **JAC** pour acquérir des stratégies de compréhension de textes lus par l'enseignant.e. Le **risque** (très grand) avec ce profil est que l'élève, n'accédant pas au sens de manière autonome, **désapprenne** à déchiffrer par manque de maillage entre ORALISATION et COMPRÉHENSION. S'il ne devient pas compreneur, il désapprendra à déchiffrer.
Faible déchiffreur	**Le faible déchiffreur** rencontre des difficultés spécifiques au déchiffrage alors qu'il comprend relativement bien ce qu'il arrive à lire et ce qui lui est lu. Cet élève devra continuer à apprendre le code et à s'entrainer à la lecture orale chaque jour. Il aura besoin : – de poursuivre l'apprentissage du code, peut-être en décloisonnement avec une classe de cycle 2. Pour lui proposer de petits textes en lecture autonome, il devra maitriser au moins 2 tiers des graphèmes simples et 2 tiers des graphèmes à 2 lettres ou plus ; – de lire tous les jours une phrase / un court texte pour s'entrainer à ORALISER et COMPRENDRE en même temps ; – de mémoriser la forme orthographique de mots fréquents réguliers puis irréguliers ; – de s'entrainer à la lecture oralisée chaque jour en petit atelier pour travailler le décodage, la vitesse, le phrasé et l'expressivité.

2. *Comment enseigner la compréhension en lecture ?*, Maryse Bianco, Laurent Lima, © Éditions Hatier, 2017.
3. *Apprentissages progressifs de l'écrit à l'école maternelle*, Mireille Brigaudiot, © Hachette Éducation.

Profils	Quelles particularités ? Quels besoins ?
Faible déchiffreur (suite)	Les séances de compréhension avec **JAC** renforceront ses compétences de jeune compreneur : il apprendra à recourir aux 6 stratégies de compréhension. Ce profil est caractéristique des enfants dyslexiques (ne représentant environ que 5 % d'une classe d'âge). Il ne s'agit nullement d'un diagnostic et seul un.e professionnel.le de santé peut le poser.
Normo-lecteur	**Le normo-lecteur** oralise et comprend, conformément à ce que l'on peut attendre de lui à son âge. Les séances de compréhension avec **JAC** renforceront ses compétences de jeune compreneur : il apprendra à recourir aux 6 stratégies de compréhension. L'enseignant.e pourra lui demander d'expliciter ses procédures.

9 PRÉPARER SES SUPPORTS D'ENSEIGNEMENT À LA MANIÈRE DE JAC

A. LES INCONTOURNABLES

Une fois que vous aurez mis en œuvre l'enseignement de la compréhension avec plusieurs textes de JAC, vous allez avoir envie de créer vos propres séquences. Cette partie est là pour vous aider à les préparer.

Voici quelques conseils avant d'entrer dans le détail d'une préparation :
- Essayer de choisir des textes pour leurs apports éducatifs. Il faut toujours partir des besoins des élèves ; « Je veux que mes élèves apprennent à..., je vais utiliser tel texte. »
- Varier les types de textes. Même si les textes narratifs restent au cœur des activités de compréhension, penser aux autres types : poétique, descriptif, explicatif, argumentatif et dialogal.

B. QUELLE DÉMARCHE ADOPTER POUR PRÉPARER UNE SÉQUENCE SOI-MÊME ?

- Choisir un texte.
- Définir l'objectif d'enseignement : que voulez-vous faire acquérir à vos élèves ?
- Lire le texte, et répondre à la question qui figure dans chaque déroulé pédagogique de JAC : Qu'y a-t-il à comprendre dans ce texte ? Quel message l'auteur veut-il nous faire passer ? Quelle est la morale du texte ? (S'il y a une morale.)

Pour les textes documentaires : quel est le thème principal de ce documentaire ?
Ainsi, vous pourrez dire à vos élèves « Bravo, tu as compris que... » sans vous contenter du sempiternel et très vague « C'est bien, tu as compris. ».
- Annoter le texte au regard de tous les obstacles que les élèves pourraient y rencontrer.

Décodage	Vocabulaire et syntaxe	Inférences	Culture de l'écrit
Décodage et oralisation de l'écrit	Lexique Syntaxe écrite	Implicite, non-dits, trous Temporalité et spatialité Relations causales	Types de textes Fonctions des écrits Travail de l'auteur
Connaissances du monde et littéraires	**Énonciation**	**États mentaux des personnages**	**Supports composites**
Culture générale Culture littéraire Stéréotypes/ représentations	Qui parle ? À qui ? Anaphores	Émotions Intentions Pensées	Dessin, schéma, photo, croquis, graphique...

Il s'agit de faire un véritable travail de détective pour aller à la recherche des inférences, des liens de causalité, des parties à clarifier, des anticipations possibles, des rétrospections nécessaires, des pensées, intentions et émotions des personnages, du vocabulaire complexe, des formulations syntaxiques difficiles...

- À l'aide du tableau des 6 outils (page 26), déterminer l'outil qui sera le plus approprié à l'entrée en compréhension du texte choisi.

LE TEXTE ANNOTÉ
LA LECTURE PAS À PAS
PARAPHRASE – TEXTE – COMMENTAIRES
LE GUIDE D'ANTICIPATION
LES 5 TEMPS
LE VISIBILÉO

- Déterminer les étapes essentielles, incontournables de la séquence. Entre autres :
  - Découverte de l'auteur sous forme d'un petit texte ;
  - Découverte du type et genre du texte sous forme d'une liste ;
  - Plongée dans l'univers du texte en lisant le titre ou le début, ou un extrait... ;
  - Résumé de fin de séance.

- Écrire le déroulement de chaque séance. Cela peut paraitre fastidieux, mais c'est pendant ce travail d'écriture que vous allez entrer en posture réflexive par rapport au texte. JAC vous déconseille de vous lancer « sans filet ». À terme, après avoir préparé et mené de nombreuses séquences, vous pourrez peu à peu vous exonérer de ce travail de rédaction systématique.

JAC vous conseille de rédiger avec soin les moments d'enseignement explicite. C'est extrêmement difficile d'improviser ce type d'enseignement. C'est en forgeant qu'on devient forgeron. C'est en s'entrainant à expliciter qu'on enseigne explicitement.

Il est important de rédiger les réponses attendues des élèves, de remplir les tableaux qu'ils devront renseigner. C'est ainsi que vous serez paré.e à faire face à toutes les éventualités qui se présenteront pendant la mise en œuvre.

10 QUELQUES CONSEILS AVANT DE DÉMARRER

A. LES COMPÉTENCES EN MAITRISE DE LA LANGUE FRANÇAISE VISÉES AU CYCLE 3[1]

Elles sont associées, dans la colonne de droite, aux disciplines à enseigner devant figurer dans l'emploi du temps.

Compétences MDL des programmes Compétences MDL des programmes travaillées avec JAC	Disciplines à enseigner
Comprendre et s'exprimer à l'oral	
– Écouter pour comprendre un message oral, un propos, un discours, un texte lu – Parler en prenant en compte son auditoire – Participer à des échanges dans des situations diverses – Adopter une attitude critique par rapport à son propos	L'oral
Lire	
– Lire avec fluidité – Comprendre un texte littéraire et se l'approprier – Comprendre des textes, des documents et des images et les interpréter. Contrôler sa compréhension et devenir un lecteur autonome	Lecture à voix haute La compréhension
Écrire	
– Écrire à la main de manière fluide et efficace – Maitriser les bases de l'écriture au clavier – Recourir à l'écriture pour réfléchir et pour apprendre – Rédiger des écrits variés – Réécrire à partir de nouvelles consignes ou faire évoluer son texte – Prendre en compte les normes de l'écrit pour formuler, transcrire et réviser	Le geste graphique Culture numérique Production d'écrits intermédiaires, réflexifs Production d'écrits
Comprendre le fonctionnement de la langue	
– Maitriser les relations entre l'oral et l'écrit – Identifier les constituants d'une phrase simple, se repérer dans la phrase complexe – Acquérir l'orthographe grammaticale – Enrichir le lexique – Acquérir l'orthographe lexicale	Les correspondances graphèmes-phonèmes Grammaire Orthographe lexique
Volume horaire hebdomadaire	8 heures

1. https://eduscol.education.fr/87/j-enseigne-au-cycle-3

B. EMPLOI DU TEMPS/PROGRAMMATION

- Ne pas hésiter à organiser sa semaine MDL dans un emploi du temps.

« Le français doit s'organiser autour des entrées langagières (Langage oral / Lecture-Écriture) qui représentent la majorité du temps consacré au français. »[2]
La compréhension se verra attribuer plusieurs créneaux dans la semaine. JAC vous conseille de prévoir 2 créneaux de 45 minutes.

Lundi ou Mardi	Jeudi ou Vendredi
JAC 45 minutes	JAC 45 minutes

Il est conseillé de mener deux séances par semaine pour étudier plus de textes et mieux s'approprier les stratégies de compréhension. En effet, espacer 2 séances d'une même séquence de 7 jours est trop long, ceci est vrai dans toutes les disciplines, mieux vaut masser les séances d'une même séquence.

- Pour élaborer sa propre programmation annuelle, se référer à la page 31 de ce guide.
- Mener en parallèle des lectures d'œuvres complètes. Vous pouvez vous référer aux œuvres de la liste officielle[3].

Rappel des programmes :
- CM1 : 5 ouvrages de littérature de jeunesse et 2 œuvres du patrimoine ;
- CM2 : 4 ouvrages de littérature de jeunesse et 3 œuvres du patrimoine ;
- 6e : 3 ouvrages de littérature de jeunesse et 3 œuvres du patrimoine.

- Mener en parallèle des séances d'apprentissage et d'entrainement à la lecture à voix haute, notamment avec les faibles décodeurs.

C. ORGANISATION

- Lire attentivement le déroulé d'une séquence avant de la mener en classe.
- Préparer le matériel et l'avoir à portée de main, sinon les 45 minutes imparties se transformeront vite en 60 minutes, voire plus.
- Préparer également l'organisation spatiale : pendant certaines séances, vous aurez besoin de rassembler un groupe d'élèves autour de vous.
- Avoir le poster avec les 6 stratégies JAC à portée de main, affiché et prêt à être montré et/ou renseigné.

D. DIFFÉRENCIATION, GESTION DU DOUBLE NIVEAU

JAC a été pensé pour être utilisé aussi bien avec un double niveau CM1-CM2 qu'avec un CM1 ou un CM2. Afin de choisir les textes les plus appropriés au profil de la classe, se référer aux pages 32-33 de ce guide. La gestion du double niveau et-ou des différents profils des élèves se fera grâce au test de début d'année, dont les résultats seront croisés avec les compétences en décodage et les compétences en compréhension. Cette connaissance des profils des élèves permettra un choix adapté de l'ordre des textes, ainsi que la mise en place d'une différenciation efficiente.

E. LÉGENDE DES PICTOGRAMMES UTILISÉS DANS LE GUIDE PÉDAGOGIQUE

Texte en italique et en noir : l'enseignant.e s'adresse à ses élèves.
Les questions à poser aux élèves sont écrites en italique et en orange.

Vous allez pratiquer l'enseignement explicite.

≠ Vous allez proposer une activité qui demande de la différenciation.

Régulièrement, des commentaires pour aller plus loin dans sa pratique ou pour mieux comprendre la démarche de JAC sont proposés par votre formateur virtuel.

Lors d'une référence à une stratégie, le pictogramme de la stratégie sera indiqué.

2. https://eduscol.education.fr/document/16465/download
3. https://eduscol.education.fr/114/lectures-l-ecole-des-listes-de-reference

F. LEXIQUE UTILISÉ

<table>
<tr>
<td>Compétences</td>
<td>C'est l'articulation de connaissances (savoirs), de capacités (savoir-faire) et d'attitudes (savoir-être) dans la réalisation d'une tâche.
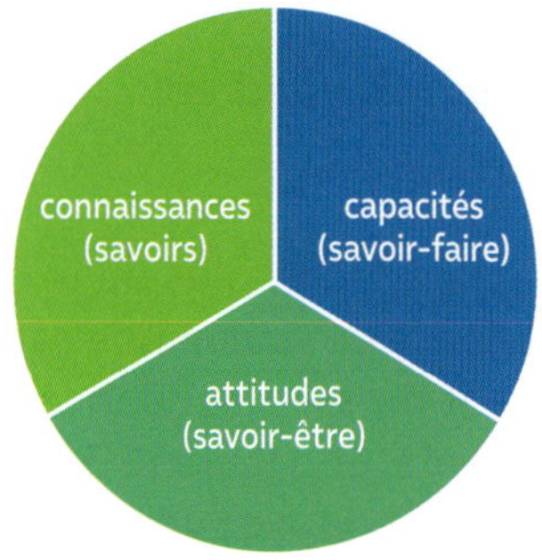
</td>
<td>JAC parle de compétences à de nombreuses reprises : les compétences des élèves pour comprendre un texte (page 5), les compétences exécutives (page 6), les compétences nécessaires pour traiter les obstacles à la compréhension (tableau pages 7-8)… L'idée de compétence met l'accent sur l'élève et sur ce qu'il doit mettre en œuvre pour réussir.</td>
</tr>
<tr>
<td>Stratégies</td>
<td colspan="2">« On entend par stratégies de compréhension un ensemble de procédures que le lecteur peut mobiliser délibérément pour comprendre et notamment pour surmonter un obstacle à la compréhension (par exemple relire, paraphraser, prendre des notes. »[4]</td>
</tr>
<tr>
<td>Processus</td>
<td colspan="2">Un processus est une façon de procéder.
JAC emprunte ce terme à l'étude internationale PIRLS qui évalue 4 façons de procéder, 4 processus pour comprendre un texte : prélever, inférer, interpréter et apprécier.</td>
</tr>
<tr>
<td>Tâche</td>
<td colspan="2">Une tâche est une activité proposée aux élèves. L'emploi du terme « tâche » plutôt qu'« activité » montre que JAC s'attache plus à la façon dont l'élève s'y prend pour répondre qu'au résultat (bon ou faux). Une tâche est donc une mise en activité cognitive des élèves.</td>
</tr>
</table>

4. https://eduscol.education.fr/document/16315/download

PRÉSENTATION DU BIBLIOMANUEL (BBM)

COMMENT ACCÉDER À VOS RESSOURCES

Mes ressources Pratiques et Ressources - Lecture-compréhension CM EN 1 CLIC !

1. Rendez-vous sur le site d'activation : activation.nathan.fr/lecture-comprehension-cm
2. Créez votre compte si nécessaire et répondez aux questions posées pour vous identifier en utilisant ce guide pédagogique. Vous recevrez un mail avec des instructions à suivre pour activer vos ressources gratuites ainsi que votre login et votre mot de passe.
3. Téléchargez l'appli gratuite BiblioManuels en suivant les instructions.
4. Ouvrez BiblioManuels sur votre ordinateur, rentrez vos login et mot de passe.
La ressource apparait dans sa bibliothèque.

Cliquez sur « Téléchargez » sous le visuel de la ressource.

Cliquez sur « Ouvrir » pour accéder à la ressource.

Pour télécharger les ressources sur clé USB personnelle, allez dans le menu et sélectionnez « Copier sur une clé personnelle ».

TEST ET ÉVALUATIONS (Corrigés)

Les test et évaluations se trouvent dans les Ressources, p. 6 à 15.

CORRIGÉ TEST DÉBUT ET FIN D'ANNÉE

		Réponses : juste, erronée, absence	Nb de points
PRÉLEVER	1	2	1
		autre réponse	0
		absence de réponse	0 et A
	2	prof de français	1
		autre réponse	0
		absence de réponse	0 et A
	3	Luc	1
		autre réponse	0
		absence de réponse	0 et A
	4	en sciant du bois – en coupant du bois	1
		autre réponse	0
		absence de réponse	0 et A
INFÉRER	5	d'avoir un papa prof de français	1
		autre réponse	0
		absence de réponse	0 et A
	6	sa coupure – sa blessure	1
		autre réponse	0
		absence de réponse	0 et A
	7	il lisait (dans le salon)	1
		autre réponse	0
		absence de réponse	0 et A
	8	3e proposition : parce que son fils a mis du sang partout.	1
		autre réponse	0
		absence de réponse	0 et A
INTERPRÉTER	9	parce que le fils ne parle pas bien / correctement – parle mal.	1
		autre réponse	0
		absence de réponse	0 et A
	10	3e proposition : seulement quand il parle très bien.	1
		autre réponse	0
		absence de réponse	0 et A
	11	2e proposition : Oh là là, mon fils parle mal !	1
		autre réponse	0
		absence de réponse	0 et A
	12	2e proposition : parce que son fils a sali la moquette avec du sang.	1
		autre réponse	0
		absence de réponse	0 et A
APPRÉCIER	13	Toute réponse argumentée est juste, même si l'élève pense que le père a raison.	1
		autre réponse	0
		absence de réponse	0 et A
	14	Toute réponse logique est juste. *Ex. : Ça prend plus de temps. Le papa fait plus attention à la façon de parler qu'au contenu des paroles…*	1
		autre réponse	0
		absence de réponse	0 et A
	15	3e proposition : personne n'a peur du sang.	1
		autre réponse	0
		absence de réponse	0 et A
	16	Toute réponse logique est juste. *Ex. : Que son père l'écoute tout de suite. Qu'il ne l'oblige pas à bien parler, à reformuler…*	1
		autre réponse	0
		absence de réponse	0 et A

CORRIGÉ ÉVALUATION : LA VOIX

		Réponses : juste, erronée, absence	Nb de points
PRÉLEVER	1	une voix	1
		autre	0
		absence	A
	2	plusieurs réponses possibles : de la guerre, et ou d'espoir, et ou d'été et de printemps	1
		autre	0
		absence de réponse	A
	3	plusieurs réponses possibles : tombeau – bataille – écroulement – tonnerre – peine – tambour – fracas	1
		autre	0
		absence de réponse	A
	4	joie – sourire (allume le sourire aux lèvres) – la peine sera de courte durée – la belle saison est proche	1
		autre	0
		absence de réponse	A
INFÉRER	5	faible	1
		autre	0
		absence de réponse	A
	6	de l'espoir, de l'espérance, de l'optimisme ou tout synonyme	1
		autre réponse	0
		absence de réponse	A
	7	à nous, ses lecteurs	1
		autre réponse	0
		absence de réponse	A
	8	L'espoir	1
		autre réponse	0
		absence de réponse	A
INTERPRÉTER	9	non	1
		autre réponse	0
		absence de réponse	A
	10	2e proposition : Cette guerre sera bientôt terminée.	1
		autre réponse	0
		absence de réponse	A
	11	Non, il l'imagine, il l'entend dans sa tête, c'est l'espoir qui lui fait imaginer une voix.	1
		autre réponse	0
		absence de réponse	A
	12	Toute réponse parlant du front, d'un champ de bataille, dans une tranchée (même si c'est la 2nde Guerre mondiale) ou bien dans un véhicule de combat (char, avion…).	1
		autre réponse	0
		absence de réponse	A
APPRÉCIER	13	Il a raison, ça lui fait du bien.	1
		autre réponse	0
		absence de réponse	A
	14	Ce poème pourrait leur apporter de l'espoir, le poète serait comme un modèle, un porteur, un diffuseur d'espérance. Le poème véhicule un sentiment positif.	1
		autre réponse	0
		absence de réponse	A
	15	2e proposition : Si on garde espoir tous ensemble, on réussira à sortir de cette guerre.	1
		autre réponse	0
		absence de réponse	A
	16	Toute bonne idée : chanter une chanson, fredonner une musique, penser à quelqu'un/quelque chose qu'on aime, toute idée positive.	1
		autre réponse	0
		absence de réponse	A

CORRIGÉ ÉVALUATION : LE LIÈVRE ET LA TORTUE

		Réponses : juste, erronée, absence	Nb de points
PRÉLEVER	1	le lièvre	1
		autre	0
		absence	A
	2	Il se repose (au bord du chemin).	1
		autre	0
		absence de réponse	A
	3	le lièvre	1
		autre	0
		absence de réponse	A
	4	la tortue	1
		autre	0
		absence de réponse	A
INFÉRER	5	de faire une course avec la tortue	1
		autre	0
		absence de réponse	A
	6	parce qu'il est très/plus rapide que la tortue	1
		autre réponse	0
		absence de réponse	A
	7	parce qu'il est sûr qu'il va gagner	1
		autre réponse	0
		absence de réponse	A
	8	Le lièvre se moquait de la tortue (à cause de sa lenteur).	1
		autre réponse (notamment l'évocation de la pitié, qui constitue un contresens)	0
		absence de réponse	A
INTERPRÉTER	9	les 2 animaux	1
		autre réponse	0
		absence de réponse	A
	10	parce qu'il comprend que la tortue l'a doublé, peut / va / a presque gagné, qu'il peut / va perdre, se faire battre	1
		autre réponse	0
		absence de réponse	A
	11	Il aurait dû continuer à courir, ne pas s'arrêter, prendre la course au sérieux…	1
		autre réponse	0
		absence de réponse	A
	12	la tortue	1
		autre réponse	0
		absence de réponse	A
APPRÉCIER	13	Oui, parce qu'elle connait le lièvre, elle savait qu'il ferait n'importe quoi, qu'il se moquerait d'elle en faisant son malin…	1
		autre réponse	0
		absence de réponse	A
	14	Lièvre, pour gagner, il ne suffit pas d'être le meilleur, il faut aussi faire les choses sérieusement. Ou toute réponse développant la pensée de la tortue et/ou donnant un conseil au lièvre.	1
		autre réponse qui n'explique rien	0
		absence de réponse	A
	15	Il ne faut jamais sous-estimer son adversaire.	1
		autre réponse	0
		absence de réponse	A
	16	parce que la tortue est très lente et le lièvre très rapide / ils ont des capacités à l'opposé l'un de l'autre / ces animaux sont des symboles, ils représentent la lenteur et la vitesse.	1
		autre réponse	0
		absence de réponse	A

CORRIGÉ ÉVALUATION : MAFALDA

		Réponses : juste, erronée, absence	Nb de points
PRÉLEVER	1	Mafalda et Susanita	1
		autre	0
		absence	A
	2	Est-ce que ton père a eu mal chez le dentiste ?	1
		autre	0
		absence de réponse	A
	3	Non, il n'a pas souffert.	1
		autre	0
		absence de réponse	A
	4	(la) (une) fraise	1
		autre	0
		absence de réponse	A
INFÉRER	5	aux dents – à une dent	1
		autre	0
		absence de réponse	A
	6	Elle lui tourne le dos, elle s'en va, elle n'écoute pas sa réponse…	1
		autre réponse	0
		absence de réponse	A
	7	parce qu'elle est déçue, parce qu'elle attendait une autre réponse, parce qu'elle voulait que le papa souffre…	1
		autre réponse	0
		absence de réponse	A
	8	2e proposition : parce que Mafalda ne comprend pas pourquoi Susanita lui tourne le dos.	1
		autre réponse	0
		absence de réponse	A
INTERPRÉTER	9	Que le papa avait beaucoup souffert chez le dentiste.	1
		autre réponse	0
		absence de réponse	A
	10	Susanita est déçue.	1
		autre réponse	0
		absence de réponse	A
	11	content	1
		autre réponse	0
		absence de réponse	A
	12	Car cela ressemblerait à une histoire tragique (qui donne des émotions).	1
		autre réponse	0
		absence de réponse	A
APPRÉCIER	13	Elle aurait ri, se serait moquée de lui, l'aurait répété à tout le monde, ou bien aurait demandé des détails, aurait été désolée pour lui, aurait demandé de ses nouvelles…	1
		autre réponse	0
		absence de réponse	A
	14	Elle est cruelle.	1
		autre réponse	0
		absence de réponse	A
	15	Mon papa n'est pas un héros, mais un être humain.	1
		autre réponse	0
		absence de réponse	A

CORRIGÉ ÉVALUATION : TOM SAWYER

		Réponses : juste, erronée, absence	Nb de points
PRÉLEVER	1	de repeindre la palissade	1
		autre	0
		absence	A
	2	trente mètres	1
		autre	0
		absence de réponse	A
	3	Jim	1
		autre	0
		absence de réponse	A
	4	Tom veut lui donner son agate blanche.	1
		autre	0
		absence de réponse	A
INFÉRER	5	Non, il ne veut pas faire ce travail. Je le sais car il essaie de convaincre Jim de le faire à sa place OU/ET reprise de texte cohérente avec l'idée de manque d'envie (mélancolie, soupir, fardeau…)	1
		autre	0
		absence de réponse	A
	6	Tante Polly lui a donné un coup de pantoufle sur les fesses.	1
		autre réponse	0
		absence de réponse	A
	7	de l'agate blanche	1
		autre réponse	0
		absence de réponse	A
	8	Elle a obtenu ce qu'elle voulait : Tom repeint la clôture et Jim va chercher de l'eau.	1
		autre réponse	0
		absence de réponse	A
INTERPRÉTER	9	Malin et fainéant : malin car il essaie de convaincre Jim de faire son travail, fainéant car il ne veut pas faire le travail demandé.	1
		autre réponse	0
		absence de réponse	A
	10	Tom propose un marché à Jim : s'il fait la corvée à sa place, Tom lui donnera son agate et lui montrera son orteil abimé.	1
		autre réponse	0
		absence de réponse	A
	11	Tom vient de comprendre que peindre la palissade serait un travail très long.	1
		autre réponse	0
		absence de réponse	A
	12	comique	1
		autre réponse	0
		absence de réponse	A
APPRÉCIER	13	Tante Polly s'attendait à ce que Tom n'ait pas envie de repeindre la clôture.	1
		autre réponse	0
		absence de réponse	A
	14	Seront acceptées toutes les réponses avec un jugement : c'est bien fait pour eux ou, dommage, ils se sont fait attraper.	1
		autre réponse	0
		absence de réponse	A
	15	Seront acceptées toutes les réponses indiquant que l'auteur souhaite que le lecteur s'imagine la scène, que cela crée une complicité/un jeu entre l'auteur et le lecteur.	1
		autre réponse	0
		absence de réponse	A
	16	Par choix, pour mieux faire comprendre ce qu'il veut exprimer.	1
		autre réponse	0
		absence de réponse	A

SÉQUENCE DE DÉCOUVERTE DES 6 STRATÉGIES

SÉQUENCE DE DÉCOUVERTE DES 6 STRATÉGIES

POURQUOI RÉALISER CES 2 SÉANCES AVANT LE TRAVAIL SUR LES TEXTES ?

Il est indispensable que les élèves découvrent les 6 stratégies enseignées dans JAC avant de les utiliser.

Pour comprendre ce qu'est une stratégie (sa nature) et à quoi elle sert (sa fonction), il faut tout d'abord recueillir les conceptions des élèves : que signifie pour eux « comprendre un texte » ? L'objectif est de dépasser l'idée que déchiffrer un texte suffit à le comprendre. JAC vous propose donc 2 séances préalables au démarrage du travail sur les textes :

- Séance 1 : Que signifie comprendre un texte qu'on lit ? ;
- Séance 2 : Découverte des 6 stratégies pour apprendre à comprendre.

MISE EN ŒUVRE

DÉMARCHE DE LA SÉQUENCE

SÉANCE 1 45 min.	Phase 1	Mise en situation	10 min.
	Phase 2	Analyse	30 min.
	Phase 3	Synthèse	5 min.
SÉANCE 2 45 min.	Phase 1	Rappels	5 min.
	Phase 2	Clarification lexicale	10 min.
	Phase 3	Découverte des stratégies	23 min.
	Phase 4	Appropriation des stratégies	7 min.

MATÉRIEL

- Ressources, p. 48-49

SÉANCE 1

PHASE 1 Mise en situation 10' collectif

Objectif :

▶ S'engager dans la réflexion.

Aujourd'hui, nous allons nous demander ce qui se passe dans notre cerveau lorsqu'on ouvre un livre, qu'on lit les lettres et qu'on comprend ce qui est écrit. Ça semble un peu magique, mais ce n'est pas de la magie. Il se passe des choses dans notre cerveau et nous allons chercher ce qu'il s'y passe.

- *Pour commencer, vous allez lire une phrase et essayer de la comprendre.*
Écrire au tableau : Chez Tom, Nina a préféré jouer au ballon plutôt qu'à la console.
Laisser les élèves lire la phrase.
Vous avez lu la phrase et vous avez compris ce que vous avez lu. Nous allons essayer de chercher tout ce qui s'est passé dans votre cerveau pour faire tout cela.

PHASE 2 Analyse 30' oral collectif

Objectif :

▶ Rechercher ce qu'on fait pour comprendre ce qu'on lit.

- Demander aux élèves les étapes par lesquelles ils sont passés pour comprendre la phrase. Les laisser s'exprimer. Valider ou invalider leurs réponses.
Étapes attendues :
1. *On a lu.*
Faire reformuler, préciser le sens de ce mot.
La première chose que vous avez faite, c'est de déchiffrer, c'est-à-dire de prononcer les mots, à voix basse, en chuchotant ou à voix haute.
Avez-vous réussi à déchiffrer tous les mots de cette phrase ?
Après avoir prononcé les mots, qu'avez-vous fait ?
2. *On a compris.*
Comment savez-vous que vous avez compris ?
Vous avez imaginé la scène, vous avez vu un film dans votre tête…
Comprendre ce qu'on lit, c'est :
1. Lire, déchiffrer, prononcer les mots ;
2. Comprendre, se faire le film dans sa tête, imaginer ce qu'on vient de lire.

- Écrire au tableau : Chez Nina, Tom s'est bâfré de calissons.
Laisser les élèves lire la phrase et recueillir leurs impressions.
« Se bâfrer » et « calissons » ne seront surement pas compris.
Souligner la présence de ces 2 mots.
Avez-vous réussi à déchiffrer, à prononcer tous les mots ?
Oui.
Cela signifie que parfois, nous lisons des mots que nous ne comprenons pas. On rencontre des obstacles à notre compréhension.

Il est important de préciser que comprendre un écrit, ce n'est pas juste comprendre une succession de mots. L'exemple proposé ici est un obstacle lexical. Mais les obstacles à la compréhension sont nombreux.

- Écrire « bonbons » au-dessus de « calissons ».
Que vous apporte le mot « bonbons » ?
Ça aide à comprendre, à mieux imaginer ce qui s'est passé.
Qu'imaginez-vous ?
Que Tom a mangé des bonbons.
« Mangé » n'est pas écrit, qu'avez-vous fait ?
Nous nous sommes servis du mot « bonbons » pour trouver le sens de « s'est bâfré ».
Vous avez résolu un problème, surmonté un obstacle : vous avez résolu le problème de « s'est bâfré » grâce au synonyme du mot « calissons ».

- ***Comment imaginez-vous Tom et Nina ?***
Laisser les élèves s'exprimer et mettre en évidence qu'ils ont tous imaginé un garçon et une fille, mais chacun à leur façon.
Qu'est-ce qui vous a permis d'imaginer un garçon et une fille ?
Mettre en évidence qu'ils savaient que Tom est un prénom de garçon et Nina un prénom de fille. Souligner l'importance de ce que l'on sait déjà pour comprendre.

PHASE 3 Synthèse 5' oral collectif

Objectifs :
- Synthétiser la séance ;
- Garder une trace de ce qui a été découvert.

- *Que faut-il faire pour comprendre une phrase, un texte ?*
Laisser les élèves s'exprimer. Valider ou invalider leurs réponses. Noter les idées sur une affiche. Réaliser une carte mentale des idées recueillies.

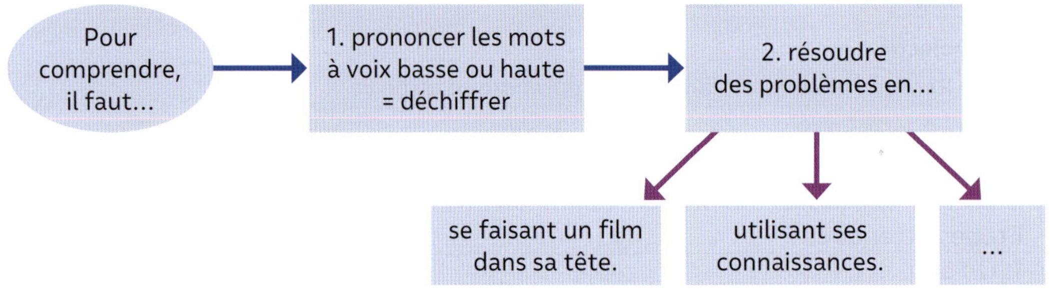

La prochaine fois, vous allez découvrir les animaux qui vont vous aider à surmonter les problèmes de compréhension.

SÉANCE 2

PHASE 1 Rappels 5' oral collectif

Objectif :
- Redire ce qu'on a appris lors de la séance précédente.

- Afficher la carte mentale réalisée à la fin de la séance 1.
Pouvez-vous me parler de cette carte mentale et de la séance précédente ?
Laisser les élèves s'exprimer.
Résumer les propos.
Nous avons appris qu'il fallait d'abord déchiffrer la phrase, le texte, puis utiliser ses connaissances, se faire un film dans sa tête (ou autres) pour la/le comprendre. Aujourd'hui, vous allez découvrir les animaux qui vont vous aider à surmonter les problèmes de compréhension en lecture.

PHASE 2 Clarification lexicale 10' oral collectif

Objectif :
- Définir le mot « stratégie ».

- *Pour surmonter les problèmes de compréhension, il faut utiliser des stratégies.*
À votre avis, qu'est-ce qu'une stratégie ?
Laisser les élèves s'exprimer. Valider ou invalider leurs réponses.
Résumer les propos.
Une méthode, une technique, une tactique, un truc, une astuce, une aide, une ruse, une procédure... Une stratégie, c'est une méthode que l'on utilise pour parvenir à faire quelque chose de difficile, pour atteindre un but. Ici, notre but sera de comprendre le texte.

À votre avis, quand on utilise une stratégie, c'est volontaire ou involontaire ?

C'est volontaire. Quand on rencontre un problème, et qu'on veut le résoudre, on se dit « je vais essayer ça ». Il faut choisir la BONNE stratégie, celle qui correspond le mieux au problème rencontré.

- *Nous allons faire une fleur pour résumer tout ce qu'on a dit sur le mot « stratégie ».*

Elle sert à résoudre un problème de lecture.

méthode, technique, tactique, truc, astuce, aide, ruse, procédure…

Stratégie

On la choisit volontairement.

PHASE 3 Découverte des stratégies 23' collectif et travail en binôme

Objectifs :

- ▶ Découvrir les stratégies ;
- ▶ Associer un intitulé de stratégie à un visuel.

- Projeter le tableau des stratégies (Ressources, p. 48) :

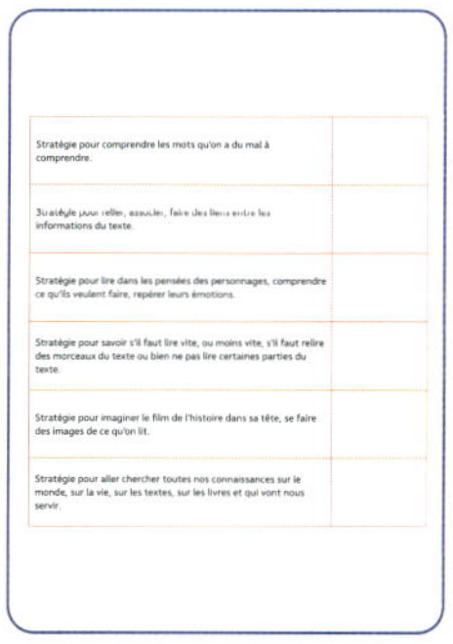

Cette année, 6 stratégies différentes vont vous aider à surmonter les problèmes de compréhension rencontrés lors de vos lectures. Il y a :
– une stratégie pour comprendre les mots qu'on a du mal à comprendre ;
– une stratégie pour relier, associer, faire des liens entre les informations du texte ;
– une stratégie pour lire dans les pensées des personnages, comprendre ce qu'ils veulent faire, repérer leurs émotions ;
– une stratégie pour savoir s'il faut lire vite, ou moins vite, s'il faut relire des morceaux du texte ou bien en sauter ;
– une stratégie pour imaginer le film de l'histoire dans sa tête, se représenter des images de ce qu'on lit ;
– une stratégie pour aller chercher toutes les connaissances qu'on a déjà sur le monde, sur la vie, sur les textes, sur les livres et qui vont nous servir .

Six animaux vont représenter ces stratégies : le perroquet, l'araignée, le chien, le lièvre et la tortue, la licorne, le hibou.

- *Je vous distribue 2 ressources (p. 48-49). Vous allez devoir chercher quel animal symbolise, représente chaque stratégie.*

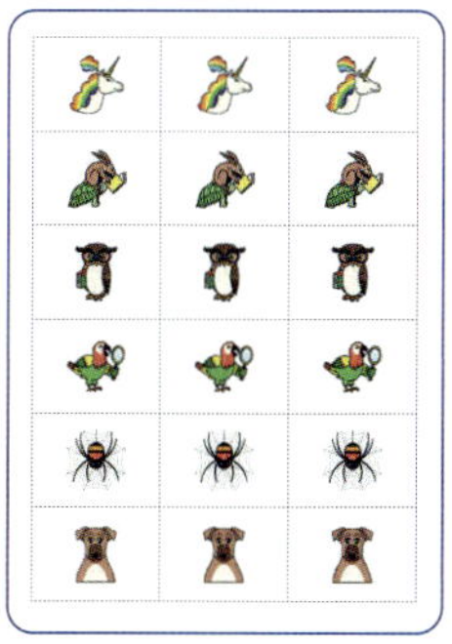

Mettre les élèves par 2, et leur laisser 10 minutes pour réaliser ce travail. Ils devront découper les illustrations de la page 49 (un exemplaire pour 3 élèves) et coller chaque animal à la place qui convient.

PHASE 4 Appropriation des stratégies 7' oral collectif

Objectif :
▶ Associer un intitulé de stratégie à un visuel.

- Mettre en commun. Laisser les élèves s'exprimer. Leur demander de justifier leurs réponses. Valider ou invalider ces réponses. Résumer les propos.

- Terminer la séance en rappelant une dernière fois les stratégies.

La stratégie du ***perroquet*** *va nous aider à comprendre les mots qu'on a du mal à comprendre.*
*La stratégie de l'****araignée*** *va nous aider à relier, associer, faire des liens entre les informations du texte.*
La stratégie du ***chien*** *va nous aider à lire dans les pensées des personnages, comprendre ce qu'ils veulent faire, repérer leurs émotions.*
La stratégie du ***lièvre*** *et de la* ***tortue*** *va nous aider à savoir s'il faut lire vite, ou moins vite, s'il faut relire des morceaux du texte ou bien en sauter.*
La stratégie de la ***licorne*** *va nous aider à imaginer le film de l'histoire dans notre tête, nous représenter des images de ce qu'on lit.*
La stratégie du ***hibou*** *va nous aider à aller chercher toutes les connaissances qu'on a déjà sur le monde, sur la vie, sur les textes, sur les livres et qui vont nous servir.*

- Proposer éventuellement un jeu de devinettes. Par exemple :
  – Si je ne connais pas un mot dans la phrase, quelle stratégie dois-je utiliser ?
  – Je cherche à comprendre ce que ressent le héros, quelle stratégie dois-je utiliser ?

SÉQUENCES D'APPRENTISSAGE

SÉQUENCE 1

EXERCICES

PRÉSENTATION DU TEXTE

- **Titre :** *Exercices*
- **Auteur :** Bernard Friot
- **Origine :** *Histoires pressées*
- **Éditeur :** Éditions Milan
- **Date :** 1988
- **Type de texte :** narratif
- **Genre :** nouvelle à chute

PRÉPARATION

POURQUOI CE TEXTE ?

Nous avons choisi cette nouvelle à chute car :
- elle est narrative ;
- elle est courte ;
- elle est dense ;
- elle a de nombreux liens de causalité.

QU'Y A-T-IL À COMPRENDRE DANS CET ÉCRIT ?

Il s'agit d'une question fondamentale à laquelle l'enseignant.e doit avoir répondu avant de lancer le travail de compréhension. Ainsi, il sera possible de dire aux élèves « Bravo, tu as compris que… », au lieu de seulement dire « Tu as compris ». Répondre à cette question peut sembler facile, mais c'est en réalité très difficile.

Dans la nouvelle à chute *Exercices*, le lecteur doit comprendre le décalage entre ce que fait Charles et ce que sa maman comprend à travers ce qu'il dit ; de ce décalage apparait l'humour visé par l'auteur.

Ce que fait Charles. → Ce que dit Charles. → Ce que sa maman et ses amies imaginent.

Au regard de cette analyse, l'intention de lecture communiquée aux élèves sera de chercher ce qui fait rire dans ce texte, comment Bernard Friot a fait pour rendre son texte humoristique.

QUEL OUTIL UTILISER POUR AMENER LES ÉLÈVES À COMPRENDRE CE TEXTE ?

Dans une nouvelle à chute, ce sont les liens de causalité qu'il faut rendre visibles : il faut faire apparaitre les enchainements logiques entre les évènements. Pour ce faire, nous avons choisi comme outil **LA LECTURE PAS À PAS**. JAC vous conseille de relire le paragraphe dédié à cet outil dans l'introduction (page 21).

MISE EN ŒUVRE

DÉMARCHE DE LA SÉQUENCE

1 SEMAINE			
SÉANCE 1 45 min.	Phase 1	Découverte de l'auteur et du genre	10 min.
	Phase 2	Clarification du titre et du contexte	10 min.
	Phase 3	Lecture pas à pas	15 min.
	Phase 4	Mise en mémoire	10 min.
SÉANCE 2 45 min.	Phase 1	Rappels	3 min.
	Phase 2	Relecture	3 min.
	Phase 3	Restitution de récit	5 min.
	Phase 4	Mise en mémoire des procédures	24 min.
	Phase 5	Bilan	10 min.

MATÉRIEL

- Texte, p. 18 (Ressources)
- Livret de l'élève, p. 50-55 (Ressources)
- Audio du texte
- Support de présentation numérique « Exercices »

SÉANCE 1

PHASE 1 Découverte de l'auteur et du genre (10') oral collectif

Objectifs :

- Découvrir l'auteur ;
- Savoir ce qu'est une nouvelle à chute ;
- Se projeter dans l'histoire avant même d'avoir commencé à lire ;
- Se donner une intention de lecture.

- *Ouvrez vos livrets à la page 50 (activité A).*
  Lisez le paragraphe « Qui est Bernard Friot ? »
  Qui est Bernard Friot ?

  Lisez le paragraphe « Qu'est-ce qu'une nouvelle ? Qu'est-ce qu'une nouvelle à chute ? »
  Qu'est-ce qu'une nouvelle ? Qu'est-ce qu'une nouvelle à chute ?

Nous allons lire une nouvelle à chute imaginée et écrite par Bernard Friot.
Je vais lire le texte à voix haute, pas à pas, c'est-à-dire morceau par morceau : je couperai la lecture en 5 morceaux. À chaque fois que je m'arrêterai, je vous poserai une question qui vous permettra de mieux comprendre le texte.
Nous allons lire et comprendre ce texte pour chercher comment Bernard Friot fait pour nous faire rire, comment il rend son texte humoristique. Ce sera notre intention de lecture.

PHASE 2 Clarification du titre et du contexte 10' oral collectif

Objectif :
▶ Entrer dans l'histoire.

- *Le titre de la nouvelle est* Exercices.
  Que peut vouloir dire « Exercices » ?
  Laisser les élèves s'exprimer, ne pas valider ou invalider leurs réponses.
  Résumer les propos.
  Ce texte peut parler d'exercices comme à l'école, d'exercices de sport ou d'exercices de soldats. Dans tous les cas, les exercices servent à s'entrainer, et il faut en faire et en refaire. Donc, dans cette histoire, quelqu'un va s'entrainer, quelqu'un va faire et refaire quelque chose ; nous ne savons pas quoi, ni pourquoi.
  Avant d'avoir commencé à lire le texte, grâce à nos connaissances et à notre curiosité autour du mot « Exercices », nous avons déjà compris des choses ; nous avons utilisé la ***stratégie du hibou***.

- *Je vais vous lire le début de la nouvelle. Pendant cette lecture, vous allez vous faire le film de l'histoire dans votre tête. Vous devez imaginer qui sont les personnages, où l'histoire se passe, quand cela se passe, ce qui se passe ; il s'agit d'utiliser la* ***stratégie de la licorne***.

> La mère de Charles a invité ses amies pour prendre le thé. Depuis sa chambre, Charles les entend papoter. Il décroche le téléphone et compose un numéro au hasard.

- *Arrêtons-nous une première fois. Nous venons de lire le début de l'histoire et je sais que vous avez déjà compris beaucoup de choses. Avec la* ***stratégie de la licorne***, *vous avez commencé à vous faire le film de l'histoire dans votre tête.*

  Comment imaginez-vous la maison de Charles ? Où sont les personnages et que font-ils ?
  INTERPRÉTER Laisser les élèves s'exprimer en leur demandant de justifier leurs réponses. Valider ou invalider leurs réponses.

  Je résume ce que la ***stratégie de la licorne*** *nous a aidés à comprendre en faisant le film de l'histoire dans nos têtes :*
  – La maman de Charles boit du thé avec ses amies (dans le salon ?).
  – Charles est dans sa chambre, seul. Il doit trouver le temps long parce qu'il téléphone à quelqu'un qu'il ne connait pas.

Cette première pause vise la clarification. À ce stade de la mise en œuvre, je vous propose une pause auto-formation pour découvrir ce que signifie « clarifier ».

- *Nous allons surligner les mots qui nous ont aidés à comprendre ces informations.*
  Projeter le texte au tableau et faire PRÉLEVER les mots les plus importants pour la compréhension de la situation de départ : qui ? où ? quoi ?

> La mère de Charles a invité ses amies pour prendre le thé. Depuis sa chambre, Charles les entend papoter. Il décroche le téléphone et compose un numéro au hasard.

Je vous propose une pause auto-formation pour découvrir le rôle fondamental de l'oral dans la construction de la compréhension de l'écrit.

- Remplir collectivement le poster des stratégies (dictée à l'adulte) :
  Stratégie du hibou : Comprendre des choses grâce à ses connaissances et à sa curiosité avant d'avoir lu le texte.
  Stratégie de la licorne : Se faire le film de l'histoire dans la tête.

PHASE 3 Lecture pas à pas 15' oral collectif

Objectifs :
- Mettre en lien les éléments du texte pour le comprendre ;
- Élaborer une représentation mentale cohérente.

- *Je vous relis le début de l'histoire et je poursuis la lecture.*

La mère de Charles a invité ses amies pour prendre le thé. Depuis sa chambre, Charles les entend papoter.
Il décroche le téléphone et compose un numéro au hasard. D'après la voix à l'autre bout de la ligne, il est tombé chez une vieille dame.
– Bonjour, chère madame, dit Charles très lentement, en articulant chaque mot exagérément, vous êtes une vieille autruche alcoolique complètement déplumée, congelée, déshydratée et lyophilisée.
– Mon petit Charles, demande sa mère depuis le salon, mon petit Charles, tu ne t'ennuies pas ?
– Non, maman, répond Charles, je fais du français, un exercice de vocabulaire.
Et toutes les dames du salon gloussent en chœur :
– Quel enfant sérieux, quel enfant studieux !

- *Nous allons mettre en lien des mots très importants ; il s'agit d'utiliser la **stratégie de l'araignée**.*
  Pouvons-nous dire que Charles ment à sa maman quand il lui dit qu'il a fait un exercice de vocabulaire ?

Cette deuxième pause vise la rétrospection.

- Laisser les élèves s'exprimer en leur demandant de justifier leurs réponses.
  Résumer les propos.
  INTERPRÉTER Le but n'est pas que les élèves répondent oui ou non, mais qu'ils mettent en lien les mots (de vocabulaire) dits à la vieille dame au téléphone et ce que Charles répond à sa mère (qu'il fait un exercice de vocabulaire). Il fait une bêtise en disant des mots peu sympathiques à quelqu'un et en disant qu'il fait du vocabulaire. Sa réponse « épate » les amies de sa mère, car toutes s'imaginent qu'il est gentil, qu'il s'occupe seul dans sa chambre à faire des exercices de VOCABULAIRE, alors qu'il insulte une vieille dame avec des mots de VOCABULAIRE.

- Projeter le tableau suivant et le remplir collectivement.

Ce que fait Charles.	Ce qu'il dit.	Ce que sa maman et ses amies imaginent.
Il téléphone à une dame et lui dit de vilains mots.	Il dit qu'il fait un exercice de vocabulaire.	Elles imaginent qu'il travaille sagement à son bureau, qu'il fait ses devoirs, qu'il fait un exercice de vocabulaire.

- *Je vais vous lire la suite de l'histoire.*

Charles va chercher l'atlas dans le bureau de son père. Sur la carte de l'Islande, il écrase une glace à la vanille. Il laisse couler du ketchup sur la Pologne et du produit à vaisselle sur la Nouvelle-Calédonie. Pour l'Australie, il choisit du yaourt à la framboise et de l'encre de Chine pour la Somalie.
– Mon petit Charles, demande sa mère, tu ne t'ennuies pas ?
– Non, maman, répond Charles, je fais...

- ***À votre avis, Charles va dire à sa maman qu'il fait un exercice de quoi ? Et que vont répondre les amies de sa mère ?***

Je vais projeter le texte que je viens de lire. Nous allons repérer les mots importants, les mettre en lien pour mieux comprendre le texte et comprendre comment Charles va finir sa phrase ; il s'agit d'utiliser la ***stratégie de l'araignée***.

Projeter le texte au tableau et surligner avec les élèves les mots les plus importants.

INFÉRER Amener les élèves à mettre en lien les mots surlignés pour répondre aux questions.

Cette troisième pause et la quatrième à venir visent l'anticipation.

- *Je vais vous lire la suite de l'histoire.*

> – Mon petit Charles, demande sa mère, tu ne t'ennuies pas ?
> – Non, maman, répond Charles, je fais de la géographie, la carte des océans avec les fleuves et les rivières.
> Et toutes les dames du salon gloussent en chœur :
> – Quel enfant sérieux, quel enfant studieux !
> Dans l'entrée, ces dames ont entassé leurs manteaux de fourrure et laissé leurs sacs à main. En fouillant, Charles découvre quelques porte-monnaie. Il les vide soigneusement et cache tout l'argent dans le panier du chat.
> – Mon petit Charles, demande sa mère, tu ne t'ennuies pas ?
> – Non, maman, répond Charles, je fais…

- ***À votre avis, Charles va dire à sa maman qu'il fait un exercice de quoi ? Et que vont répondre les amies de sa mère ?***

Je vais projeter le texte que je viens de lire. Nous allons repérer les mots importants, les mettre en lien pour mieux comprendre le texte et comprendre comment Charles va finir sa phrase ; il s'agit d'utiliser la ***stratégie de l'araignée***.

Projeter le texte au tableau et surligner avec les élèves les mots les plus importants.

INFÉRER Amener les élèves à mettre en lien les mots surlignés pour répondre aux questions.

- *Je vais vous lire la fin de l'histoire.*

> – Non, maman, répond Charles, je fais des mathématiques, des additions et des soustractions.
> Et toutes les dames du salon gloussent en chœur :
> – Quel enfant sérieux, quel enfant studieux !
> – Eh oui, dit fièrement la maman, il est le premier de sa classe.
> Et Charles, pendant ce temps, a pêché le poisson rouge dans son bocal et sorti des ciseaux pointus.
> « Bon, maintenant, se dit-il, je vais faire de la biologie. »

- ***Que va bien pouvoir faire Charles selon vous ?***

INFÉRER Laisser les élèves réfléchir, puis s'exprimer. Ne pas valider ou invalider leurs réponses.

Vous avez cherché à quoi pense Charles quand il prend les ciseaux. Vous vous êtes mis dans la tête de Charles et vous avez essayé d'imaginer ce que vous auriez fait à sa place, à ce moment de l'histoire ; vous avez utilisé la ***stratégie du chien***.

Cette dernière pause vise l'anticipation également.
Un écrit réflexif est demandé aux élèves. C'est un écrit pour penser. Vous pouvez télécharger un tableau récapitulatif de ses natures et de ses fonctions sur le BBM.

- Remplir collectivement le poster des stratégies (dictée à l'adulte) :
  Stratégie du chien : Chercher les pensées des personnages en se mettant à leur place et en imaginant ce que l'on ferait à leur place.
  Stratégie de l'araignée : Mettre en lien des informations pour mieux comprendre le texte.

PHASE 4 Mise en mémoire 10' travail individuel

Objectif :
▶ Réinvestir les stratégies utilisées pour comprendre.

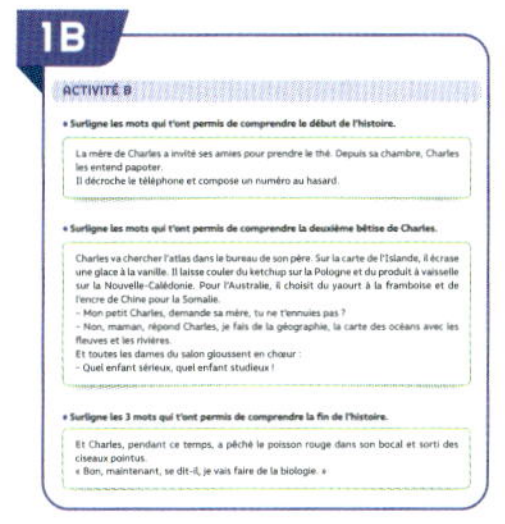

- *Ouvrez vos livrets à la page 51 et réalisez l'activité B. Vous allez surligner ce qui est demandé pour chaque extrait.*
  Veiller à ce que les élèves ne surlignent pas trop de mots.
  Mettre en commun.
- Si vous avez le temps, vous pouvez faire reformuler en quelques mots l'histoire et les différentes stratégies utilisées.

SÉANCE 2

PHASE 1 Rappels 3' oral collectif

Objectif :
▶ Redire ce qu'on a appris et compris.

- *Qu'avons-nous appris et compris ?*
  Laisser les élèves s'exprimer. Ils doivent raconter l'histoire, mais il faut également qu'ils se souviennent des procédures qui ont été utilisées pour accéder au sens.
  Stratégie de la licorne : Nous nous sommes fait le film de la situation initiale : La maman de Charles boit du thé avec ses amies. Charles est dans sa chambre, seul. Il doit trouver le temps long. Il téléphone à quelqu'un qu'il ne connait pas.
  Stratégie de l'araignée : Nous avons relié des informations, ce qui nous a permis de comprendre comment Charles ment à sa maman et pourquoi les amies sont en admiration devant lui.
  Stratégie du chien : Nous avons cherché ce que la maman et ses amies imaginaient et nous avons cherché ce que Charles pensait.

PHASE 2 Relecture 3' individuel

Objectif :
▶ Relire un texte pour s'assurer de sa compréhension.

- *Ouvrez vos livrets à la page 52 et lisez la nouvelle* Exercices *(activité C). Le but sera d'être capable de raconter l'histoire à un camarade.*

≠ Lire la nouvelle ou proposer l'audio aux faibles décodeurs.

PHASE 3 Restitution de récit 5' en binôme

Objectif :
- Redire l'histoire avec ses mots.

- *Vous allez raconter l'histoire de Charles à un camarade. C'est comme si vous racontiez le film de l'histoire que vous avez en tête ; il s'agit d'utiliser la* ***stratégie de la licorne****.*
Circuler et écouter les productions orales. Cela vous permettra de prendre quelques indices (respect de la chronologie, identification des personnages, compréhension du comique de la situation...) et aussi d'affiner votre connaissance de la portée de votre enseignement.

Conclure.
Charles fait 3 bêtises :
– il dit de vilains mots à une dame au téléphone ;
– il abime un livre de géographie ;
– il cache l'argent des amies de sa mère.

PHASE 4 Mise en mémoire des procédures 24' écrit individuel

Objectifs :
- Rendre visible le travail de compréhension ;
- Garder une trace des procédures mises en œuvre pour comprendre.

- *Ouvrez vos livrets à la page 53 et réalisez l'activité D. Vous devez compléter le tableau.*
Lire le tableau avec les élèves.

≠ Les bons compreneurs peuvent traiter les 4 lignes du tableau. Les faibles compreneurs travailleront avec vous : vous remplirez les lignes 2 et 4 ensemble. Le plus important est qu'ils formulent les réponses à l'oral.
Mettre en commun.
Réponses attendues :

	Ce que Charles fait.	Ce que Charles dit.	Ce que sa maman et ses amies imaginent.
Bêtise 1	Il appelle quelqu'un au hasard et dit de vilains mots à une dame.	Il dit qu'il fait un exercice de vocabulaire.	Elles imaginent qu'il est à son bureau et qu'il travaille, qu'il fait des exercices.
Bêtise 2	Il abime un atlas (avec de l'encre, du ketchup, de la glace, du produit vaisselle, du yaourt).	Il dit qu'il fait de la géographie.	Elles imaginent qu'il lit calmement une carte et découvre les océans, les fleuves.
Bêtise 3	Il vide les portemonnaies des amies de sa maman.	Il dit qu'il fait des mathématiques.	Elles imaginent qu'il fait des opérations calmement dans sa chambre.
	Ce que Charles fait.	Ce que Charles dit.	Ce que tu imagines que Charles va faire.
Bêtise 4		Il dit qu'il va faire de la biologie.	Charles va découper le poisson rouge.

- *Réalisez l'activité E, p. 54. Vous devez répondre aux questions. Avant d'écrire, vous pouvez dire à votre voisin ce que vous avez envie d'écrire. Avec la dernière question, il s'agit de trouver une réponse à notre question initiale, qui était aussi notre intention de lecture : comment Bernard Friot s'y prend-il pour rendre son texte humoristique ?*

≠ Les faibles compreneurs ne feront cette activité qu'à l'oral, regroupés avec l'enseignant.e.
Mettre en commun.

Il s'agit là de répondre à des questions ; ce ne sont pas des questions de compréhension au sens propre. Il s'agit d'amener les élèves à faire un retour réflexif sur la façon dont le texte est compris : ils vont réaliser un écrit réflexif.

Réponses attendues :

Que répond toujours Charles aux questions de sa maman ?	Charles répond qu'il fait des exercices.
Que fait Charles en réalité ?	En réalité, il fait des bêtises.
Que laisse croire Charles ?	Il laisse croire qu'il est sage, un enfant modèle, gentil, calme, tranquille...
Pourquoi Charles dit-il à sa mère qu'il fait des exercices alors qu'il fait des bêtises ?	Parce qu'il veut être tranquille ou qu'on pense qu'il est un enfant modèle, gentil, sage...
Que souhaite faire l'auteur avec ce texte ?	L'auteur veut nous faire rire, que son texte soit drôle.
Qu'est-ce qui est drôle ?	Ce qui est drôle, c'est que Charles décrit chaque bêtise comme si c'était un exercice. L'écart entre ce qu'il fait et ce que pensent sa maman et ses amies rend également le texte drôle.

- *Réalisez l'activité F, p. 55. Vous allez essayer de retrouver si ce qu'on a compris était écrit dans le texte ou pas.*

≠ Les faibles compreneurs travailleront avec vous et vous cocherez les cases ensemble, après qu'ils en aient parlé en groupe.
Mettre en commun.

Réponses attendues :

	C'est écrit dans le texte, je l'ai lu.	Ce n'est pas écrit dans le texte, mais je l'ai compris.
Charles s'ennuie.		×
Les amies trouvent que Charles est un enfant adorable.	×	
La maman de Charles a peur que son fils s'ennuie.	×	
Charles va découper le poisson rouge.		×
Charles vide les portemonnaies.	×	

PHASE 5 Bilan 10' écrit individuel

Objectif :
▶ Garder une trace des procédures mises en œuvre pour comprendre.

- Projeter le poster des stratégies avec les informations écrites.
Ouvrez vos livrets à la page 55 et réalisez l'activité G. Vous allez résumer ce que vous avez appris à faire grâce aux différentes stratégies.
Mettre en commun.

Réponses attendues :

Avec la stratégie de l'araignée, j'ai repéré les mots les plus importants et je les ai mis en lien.	Avec la stratégie du chien, j'ai compris les intentions de Charles et ce que pensaient sa maman et ses amies en me mettant à leur place.	Avec la stratégie de la licorne, j'ai imaginé la maison de Charles, sa maman et ses amies dans le salon et lui, seul dans sa chambre à faire des bêtises.	Avec la stratégie du hibou, j'ai compris des choses grâce à mes connaissances et à ma curiosité.

SÉQUENCE 2

LE VAILLANT PETIT TAILLEUR

PRÉSENTATION DU TEXTE

- **Titre :** *Le Vaillant Petit Tailleur*
- **Auteurs :** Jacob et Wilhelm Grimm
- **Origine :** *Contes de l'enfance et du foyer*
- **Date :** 1812 (en allemand)
- **Traduction :** Marthe Robert, 1973
- **Éditeur :** Éditions Gallimard
- **Type de texte :** narratif
- **Genre :** conte traditionnel

PRÉPARATION

POURQUOI CE TEXTE ?

Nous avons choisi ce conte traditionnel car :
- il est narratif ;
- il est long mais... pas trop (moins qu'un roman) ;
- il a une structure connue des élèves (celle du conte) ;
- il fait appel à des connaissances partagées par les élèves, tant sur le plan culturel que par rapport au type de texte.

QU'Y A-T-IL À COMPRENDRE DANS CE CONTE ?

Il s'agit d'une question fondamentale à laquelle l'enseignant.e doit avoir répondu avant de lancer le travail de compréhension. Ainsi, il sera possible de dire aux élèves « Bravo, tu as compris que... », au lieu de seulement dire « Tu as compris ». Répondre à cette question peut sembler facile, mais c'est en réalité très difficile.

Dans le conte *Le Vaillant Petit Tailleur*, le lecteur doit comprendre que, grâce à son courage, à ses pensées positives et à son éternel optimisme, un homme outrepasse des difficultés a priori insurmontables. La morale du conte est « À cœur vaillant, rien d'impossible ». Quand un texte dispose d'une morale, le travail de l'enseignant.e est facilité, car l'auteur nous donne clairement son intention.

Au regard de cette analyse, l'intention de lecture communiquée aux élèves sera de chercher comment un personnage jeune, petit et fragile réussit à surmonter toutes les épreuves et à devenir roi.

QUEL OUTIL UTILISER POUR AMENER LES ÉLÈVES À COMPRENDRE CE TEXTE ?

Dans un conte, il s'agit de rendre visibles l'enchainement des évènements et leurs conséquences : dépasser la chronologie pour mettre à jour la logique. Pour ce faire, nous avons choisi comme outil **LE VISIBILÉO**. JAC vous conseille de relire le paragraphe dédié à cet outil dans l'introduction (page 24).

MISE EN ŒUVRE

DÉMARCHE DE LA SÉQUENCE

SEMAINE 1			
SÉANCE 1 45 min.	Phase 1	Découverte des auteurs et du genre	5 min.
	Phase 2	Clarification du titre	15 min.
	Phase 3	Début de la lecture	15 min.
	Phase 4	Mise en mémoire	10 min.
SÉANCE 2 45 min.	Phase 1	Restitution de récit	5 min.
	Phase 2	Lecture et analyse de l'élément déclencheur du conte	20 min.
	Phase 3	Mise en mémoire et anticipation	20 min.
SEMAINE 2			
SÉANCE 3 45 min.	Phase 1	Restitution de récit	5 min.
	Phase 2	Lecture pour comprendre les ruses	30 min.
	Phase 3	Mise en mémoire et analyse	10 min.
SÉANCE 4 45 min.	Phase 1	Restitution de récit	5 min.
	Phase 2	Lecture	10 min.
	Phase 3	Lecture et jeu de rôle	20 min.
	Phase 4	Mise en mémoire et analyse	10 min.
SEMAINE 3			
SÉANCE 5 45 min.	Phase 1	Restitution de récit	5 min.
	Phase 2	Lecture offerte et analyse des pensées et des intentions des personnages	20 min.
	Phase 3	Lecture offerte	10 min.
	Phase 4	Mise en mémoire	10 min.
SÉANCE 6 55 min.	Phase 1	Restitution de récit	5 min.
	Phase 2	Lecture et paraphrase de la fin du texte	15 min.
	Phase 3	Lecture offerte	15 min.
	Phase 4	Mise en mémoire	10 min.
	Phase 5	Bilan	10 min.

MATÉRIEL

- Texte, p. 19-23 (Ressources)
- Livret de l'élève, p. 56-69 (Ressources)
- Audio du texte
- Support de présentation numérique « Le Vaillant Petit Tailleur »

SÉANCE 1

PHASE 1 Découverte des auteurs et du genre 5' oral collectif

Objectifs :
- Découvrir les auteurs ;
- Savoir ce qu'est un conte traditionnel ;
- Se projeter dans l'histoire avant même d'avoir commencé à lire.

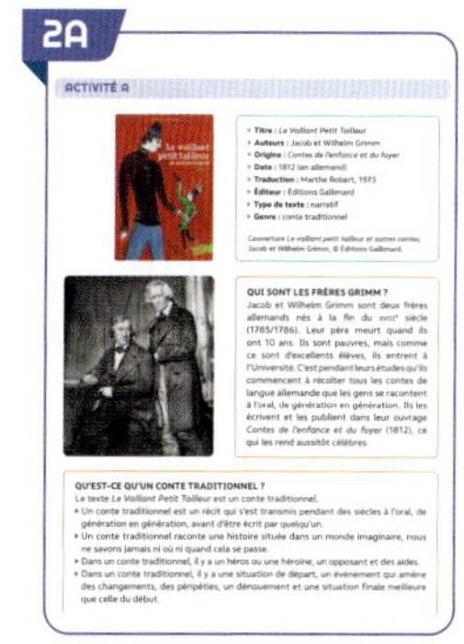

- *Ouvrez vos livrets à la page 56 (activité A).*
  Lisez le paragraphe « Qui sont les frères Grimm ? »
  Qui sont les frères Grimm ?

  Lisez le paragraphe « Qu'est-ce qu'un conte traditionnel ? »
  Qu'est-ce qu'un conte traditionnel ?

Nous allons lire un conte traditionnel. Pendant des siècles, en Europe, il s'est transmis à l'oral de génération en génération. En 1812, les frères Grimm l'ont écrit. Nous allons lire la version écrite par les deux frères et traduite en français par Marthe Robert en 1973. L'histoire se situe dans un monde imaginaire, nous ne savons pas exactement où ni quand cela se passe. Il va y avoir un héros, le vaillant petit tailleur, et certainement un opposant et des aides. Comme c'est un conte, il y aura surement une situation de départ, un évènement qui va déranger le héros, des péripéties, un dénouement et une situation finale meilleure que celle du début.

PHASE 2 Clarification du titre 15' oral collectif

Objectifs :
- Chercher le sens de mots nouveaux ;
- Faire des liens entre ces mots ;
- Entrer dans l'histoire par le titre ;
- Se donner une intention de lecture.

- *Le titre du conte est* Le Vaillant Petit Tailleur.
  Nous devons nous mettre d'accord sur ce que signifient « vaillant » et « tailleur » ; il s'agit d'utiliser la ***stratégie du perroquet***.
  Que veulent dire ces mots ?
  INFÉRER Les élèves ont 5 minutes pour choisir un des deux mots et rechercher ce qu'il signifie dans un dictionnaire, sur Internet… S'ils vous demandent si « tailleur » correspond à un vêtement, ne répondez pas « non », dites « nous verrons tout à l'heure ».
  Mettre en commun. Laisser les élèves s'exprimer.
  Résumer les propos.
  « Vaillant » veut dire « courageux, valeureux, travailleur, brave, héroïque »…
  Lancer la discussion autour des définitions qui ont été trouvées pour le mot « tailleur ».
  Ici, le but de la **stratégie du perroquet** est de faire correspondre une définition décontextualisée (celle du mot « tailleur ») à un énoncé précis. C'est le co-texte* du mot « tailleur » (« vaillant ») qui discrédite l'hypothèse du vêtement. Les élèves vont comprendre que le mot « tailleur », ici, ne signifie pas un vêtement, mais une profession : un couturier, il fabrique des vêtements.
  L'adjectif « petit », que peut-il vouloir dire ?
  Laisser les élèves s'exprimer, puis dire que nous ne pouvons pas le savoir avec certitude pour l'instant : de petite taille ? fragile ? Noter les hypothèses pour les garder en mémoire.

** Co-texte : environnement linguistique immédiat d'un texte ou d'une phrase écrite ou prononcée, ici d'un mot.*

Je résume vos propos : ce conte va raconter l'histoire d'un tailleur, d'un couturier. Selon vous, il est jeune. C'est donc un jeune homme qui fabrique des vêtements. Et le plus important, c'est qu'il est courageux. Il va rencontrer un problème, qu'il va devoir résoudre. À la fin, sa vie sera meilleure qu'au début. Nous le savons parce que c'est un conte traditionnel. Nous utilisons ce que nous savons sur les contes, c'est la ***stratégie du hibou****.*

- *Nous allons lire ce conte pour comprendre comment un personnage jeune, petit et/ou fragile réussit à surmonter des épreuves et à avoir une vie meilleure.*

- Remplir collectivement le poster des stratégies (dictée à l'adulte) :
  Stratégie du perroquet : Chercher des mots dans le dictionnaire.
  S'appuyer sur les mots entourant « tailleur » pour choisir le bon sens du mot.
  Stratégie du hibou : Prendre appui sur nos connaissances des textes (conte) pour prévoir ce qui pourrait se passer.

PHASE 3 Début de la lecture 15' oral collectif

Objectifs :

- Écouter le début du conte ;
- Relier les éléments de l'histoire ;
- Chercher la magie.

- *Je vais vous lire le début du conte, mais pour que vous le compreniez bien, nous devons nous mettre d'accord sur le sens de certains mots qui ne sont plus beaucoup utilisés ; il s'agit d'utiliser la* ***stratégie du perroquet****.*

- Projeter les étiquettes suivantes au tableau :

de la marmelade	une miche	un pourpoint

Faire lire les mots aux élèves et les expliciter :

La marmelade : *C'est de la confiture, mais avec beaucoup de sucre. Les fruits sont cuits avec du sucre. On trouve par exemple de la marmelade de pomme ou encore de la marmelade d'agrume, réalisée avec des zestes (morceaux de peau). Synonyme : confiture.*

Une miche : *C'est un pain de forme ronde, assez gros.*

Un pourpoint : *C'est un vêtement d'homme couvrant le haut du corps, comme une chemise assez épaisse.*

Expliquer également le mot « bénir ».

Bénir : *Cela signifie qu'on approche une main d'un objet pour lui donner de la valeur ou du pouvoir, pour qu'il devienne un peu magique.*

- *Je vais vous lire le début du conte. Pendant cette lecture, vous allez commencer à vous faire le film de l'histoire dans votre tête ; il s'agit d'utiliser la* ***stratégie de la licorne****.*

> Par un matin d'été, un petit tailleur, assis sur sa table, près de la fenêtre, était de bonne humeur et cousait de toutes ses forces. Et voilà qu'une paysanne descendit la rue en criant : « Marmelade, bonne marmelade à vendre ! » Ce fut bien agréable à l'oreille du petit tailleur, il passa sa tête menue par la fenêtre et cria : « Montez, bonne femme, on va vous débarrasser de votre marchandise ! » La femme monta les trois étages avec son lourd →

panier et dut déballer devant lui tous ses pots. Il les examina tous, les leva en l'air, y mit le nez et dit enfin : « La marmelade m'a l'air bonne, pesez-m'en donc quatre onces, ma bonne femme, même si ça fait un quart de livre ça m'est égal. » La femme, qui avait espéré faire une bonne vente, lui donna ce qu'il demandait, mais s'en fut toute fâchée et en bougonnant. « À présent, Dieu bénisse ma confiture, s'écria le petit tailleur, et qu'elle me donne force et vigueur ! » Il alla prendre le pain de la miche et y tartina la marmelade. « Ça ne va pas être mauvais, dit-il, mais avant d'y mettre la dent, je vais finir mon pourpoint. »

Pour chaque question, laisser les élèves s'exprimer. Valider ou invalider leurs réponses. Résumer leurs propos.

Quelles images avez-vous vues dans votre tête ?

INTERPRÉTER *Le petit tailleur coud. Une femme qui vend de la confiture monte chez lui car il veut lui en acheter. Il en achète un peu, il la tartine sur son pain, mais il ne mange pas tout de suite sa tartine. Il continue à coudre.*

Quel aliment est très présent dans ce début de conte ?

PRÉLEVER *De la marmelade.*

Que demande le petit tailleur à sa marmelade ?

PRÉLEVER *Qu'elle lui donne force et vigueur.*

La marmelade peut-elle avoir des pouvoirs magiques ?

INTERPRÉTER *Non, mais comme il s'agit d'un conte, il va y avoir de la magie.*

- Remplir collectivement le poster des stratégies (dictée à l'adulte) :
Stratégie du perroquet : Définir des mots pour mieux comprendre l'histoire.
Stratégie de la licorne : Se faire le film de l'histoire dans sa tête.

PHASE 4 Mise en mémoire 10' écrit individuel et oral collectif

Objectifs :
- Commencer à organiser les éléments du conte ;
- Faire parler le personnage principal : que demande-t-il ? ;
- Mémoriser le début du conte.

- *Nous allons commencer notre Visibiléo. Grâce à lui, nous pourrons garder en mémoire les éléments que nous avons compris et qui sont importants. Nous allons coller des images et y inscrire nos idées.*

Prendre une grande feuille blanche, coller la première image disponible dans les ressources (p. 66), puis dessiner une bulle de parole.

Nous allons essayer de rendre visible ce que vous avez imaginé dans votre tête grâce à la ***stratégie de la licorne***.

- *Ouvrez vos livrets à la page 57 et réalisez l'activité B. Vous allez écrire ce que dit le petit tailleur en regardant sa marmelade.*
Mettre en commun. Laisser les élèves s'exprimer. Valider ou invalider les réponses. Résumer leurs propos.
Réponses attendues : *Que cette confiture me rende fort ! Je veux devenir fort ! Je veux avoir de la force et de la vigueur !*

Il s'agit d'un écrit réflexif. C'est un écrit pour penser.

- Remplir la bulle de l'affiche collective.

SÉANCE 2

PHASE 1 Restitution de récit 5' oral collectif

Objectif :
- Redire ce qu'on a appris et compris.

- Afficher le Visibiléo.
De quoi vous souvenez-vous à propos du conte ?
- Remplir collectivement le poster des stratégies (dictée à l'adulte) :
Stratégie de la licorne : Raconter l'histoire avec le Visibiléo.

PHASE 2 Lecture et analyse de l'élément déclencheur du conte 20' travail individuel et oral collectif

Objectifs :
- Découvrir l'élément déclencheur du conte ;
- Mettre en lien le déclencheur, le personnage principal et les marqueurs du conte.

- *Ouvrez vos livrets à la page 57 et lisez la suite de l'histoire (activité C). Pendant votre lecture, vous allez surligner les paroles que prononce le petit tailleur.*

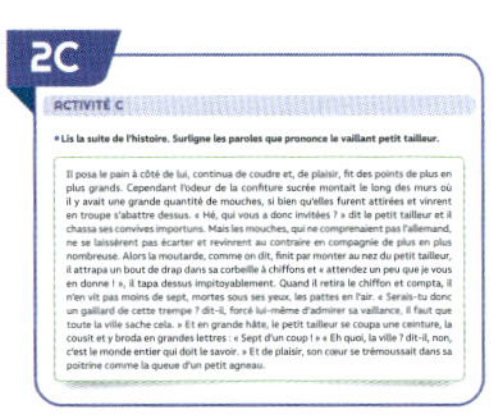

≠

Profils de lecteurs	Modalités de lecture et de travail
Lecteur en difficulté	Lecture et surlignage avec l'enseignant.e.
Faible compreneur	Lecture et surlignage autonomes.
Faible déchiffreur	Lecture et surlignage avec l'enseignant.e.
Normo-lecteur	Lecture et surlignage autonomes.

- Relire les paroles prononcées par le petit tailleur en classe entière.
- Pour chaque passage, laisser les élèves s'exprimer en leur demandant de justifier leurs réponses. Valider ou invalider ces réponses.

Résumer leurs réponses.
Que pense le petit tailleur de lui-même après l'épisode des mouches ?
PRÉLEVER *Il se trouve extrêmement courageux.*
Que souhaite-t-il faire de cet exploit ?
PRÉLEVER *Il veut que la ville, que le monde entier connaisse son exploit et sache qu'il est vaillant et courageux.*
Relire la phrase soulignée.
Comment va-t-il faire connaitre son courage à tout le monde ?
PRÉLEVER *Il brode « Sept d'un coup ! » sur sa ceinture.*
Que veut dire « broder » ?
INFÉRER *Dessiner ou écrire sur du tissu avec du fil.*
Que lui apporte cette ceinture brodée ?
INFÉRER *Du courage, de la confiance en lui.*
Pour lui, de quoi sa force vient-elle ?
INFÉRER *De la marmelade qu'il a bénie.*
Que vont comprendre les personnes qui ne le connaissent pas en lisant « Sept d'un coup ! » sur sa ceinture ?
INTERPRÉTER Accepter toutes les idées. Les noter sur une affiche pour les comparer.

- *Ouvrez vos livrets à la page 58 et réalisez l'activité D. Vous allez compléter le dessin en inscrivant ce qui manque sur la ceinture, puis imaginer les paroles du petit tailleur et les écrire dans la bulle.*
Mettre en commun.
Réponses attendues dans la bulle : *J'ai béni la marmelade…*
La marmelade a un pouvoir magique.
Elle est magique.
Elle m'a donné des pouvoirs, de la force.
Maintenant je suis fort, le plus fort, invincible.

- Je vais vous lire le paragraphe suivant.

> Le tailleur se noua la ceinture autour du corps et décida d'aller courir le vaste monde, parce qu'il pensait que son atelier était trop petit pour sa bravoure. Avant de partir, il chercha s'il n'y avait pas dans sa maison quelque chose à emporter, mais il ne trouva rien d'autre qu'un vieux bout de fromage qu'il fourra dans sa poche. Devant la porte, il aperçut un oiseau qui s'était pris dans un buisson, l'oiseau dut aller retrouver le fromage dans sa poche. Puis il se mit bravement à arpenter la route, et comme il était léger et preste, il ne ressentait pas de fatigue.

- *Ouvrez vos livrets à la page 58 et réalisez l'activité E. Dans les 2 cases à côté du petit tailleur, vous allez dessiner ce qu'il met dans sa poche avant d'aller parcourir le monde.*
Indiquer aux élèves qui en ont besoin les éléments à dessiner : un vieux bout de fromage et un oiseau.
Mettre en commun.

PHASE 3 Mise en mémoire et anticipation 20' oral collectif

Objectifs :
- Organiser les éléments de l'histoire ;
- Mémoriser l'enchainement des évènements ;
- Prédire la suite du conte.

- Sur l'affiche collective, coller les 2 nouvelles illustrations.
Nous allons essayer de rendre visible ce que vous avez imaginé dans votre tête grâce à la ***stratégie de la licorne****. Nous allons compléter l'affiche ensemble.*

Le petit tailleur a demandé que la marmelade le rende fort et vigoureux.
Puis il a mangé de la marmelade.
Ensuite, il a tué 7 mouches d'un coup.

Que peut en conclure le petit tailleur ?

INFÉRER Laisser les élèves s'exprimer. Les amener à mettre la mort des 7 mouches en lien avec le vœu formulé par le petit tailleur lorsqu'il a béni la marmelade : « Qu'elle me donne force et vigueur ! » Il a fait un souhait et il pense qu'il a été exaucé. Il n'imagine surement pas que cette force est naturelle ; il pense que c'est surnaturel, qu'il a reçu un don et qu'il est invincible.
Compléter l'affiche.

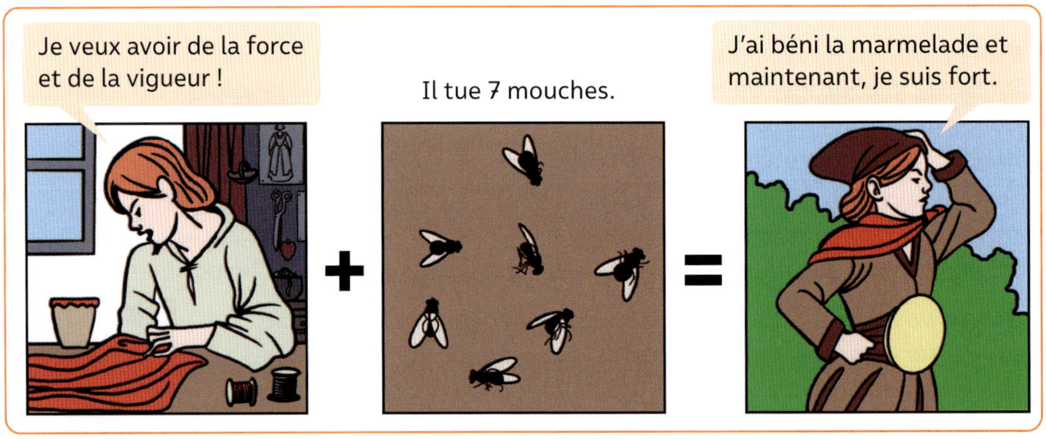

(Cette organisation du Visibiléo n'est qu'une proposition. Suivez les idées des élèves pour réaliser le vôtre.)

- ***Que va-t-il se passer selon vous ?***

  INFÉRER Amener les élèves à prédire la suite de l'histoire à partir de cette déduction, de cette mise en lien : il fait un vœu, il tue 7 mouches, il croit que son vœu est exaucé, il se sent invincible et il part le dire au monde entier ; il s'agit d'utiliser la **stratégie de l'araignée**.
  Faire dialoguer les élèves entre eux. Demander des justifications prenant appui sur des éléments faisant consensus. Arriver à :

  Il va lui arriver des aventures, et il va devoir être vraiment très fort, très courageux. Soit il va accomplir des choses surnaturelles, alors qu'il n'a pas de pouvoirs magiques, soit il va échouer et se rendre compte qu'il n'a pas de don particulier, pas de pouvoir surnaturel, qu'il n'est qu'un petit tailleur.
  Comme c'est un conte, sa vie sera meilleure à la fin.

- Remplir collectivement le poster des stratégies (dictée à l'adulte) :
  Stratégie de l'araignée : Mettre en lien des informations.

SÉANCE 3

PHASE 1 Restitution de récit 5' oral collectif

Objectif :
▸ Redire ce qu'on a appris et compris.

- Afficher le Visibiléo pour visualiser le début du conte. Rebrasser les échanges des séances précédentes en faisant faire un rappel de récit à un ou plusieurs élèves à l'aide de l'affiche.

Je vous propose une pause auto-formation pour découvrir ce qu'est un rappel de récit ; vous le trouverez dans la partie « après la séance ».

PHASE 2 Lecture pour comprendre les ruses 30' travail individuel et oral collectif

Objectifs :

- ▶ Clarifier le sens d'un mot ;
- ▶ Découvrir le premier épisode de l'aventure du héros ;
- ▶ Mettre en évidence les ruses.

- *Vous allez lire la suite du conte. Mais avant, nous devons nous mettre d'accord sur le sens des mots « ruse », « être rusé », « ruser » ; il s'agit d'utiliser la* ***stratégie du perroquet*** .

Qu'est-ce qu'une ruse, qu'est-ce qu'être rusé, qu'est-ce que ruser ?
Laisser les élèves s'exprimer. Valider ou invalider leurs réponses.
Résumer leurs propos.
Voici des synonymes pour étayer vos échanges avec les élèves :

ruse	être rusé	ruser
Le petit tailleur va utiliser un/une...	Le petit tailleur est...	On ruse pour...
astuce, duperie, feinte, fraude, habileté, invention, malice, manœuvre, piège, roublardise, simulation, stratagème, stratégie, subterfuge, tactique, tour, tromperie, truc	astucieux, débrouillard, dégourdi, espiègle, futé, habile, malicieux, malin	feinter, tromper

- *Ouvrez vos livrets à la page 59 et lisez la suite du texte (réalisez l'activité F). Pendant votre lecture, vous devez trouver quelles ruses le petit tailleur utilise.*

Demander les ruses utilisées permet de faire le lien avec le travail précédent. Les élèves vont utiliser la **stratégie du lièvre et de la tortue** ; ils doivent sélectionner des informations précises lors de leur lecture. Avec cette intention, ils sauront quoi prélever et ils pourront inférer plus facilement.

≠

Profils de lecteurs	Modalités de lecture
Lecteur en difficulté	Lecture avec l'enseignant.e.
Faible compreneur	Lecture autonome.
Faible déchiffreur	Lecture avec l'enseignant.e.
Normo-lecteur	Lecture autonome.

- *Le petit tailleur rencontre un premier personnage ; qui est-ce ?*

PRÉLEVER *Un géant*
Par quelles ruses lui fait-il croire qu'il est plus fort que lui ?
PRÉLEVER
– Il presse son fromage pour faire comme le géant qui peut presser une pierre ;
– Il lance son oiseau pour faire comme le géant qui lance une pierre si loin qu'on ne la voit plus.

- Dire : *Le géant se méfie et lance un troisième défi au petit tailleur. Vous allez lire la suite du texte (activité G, p. 60).*

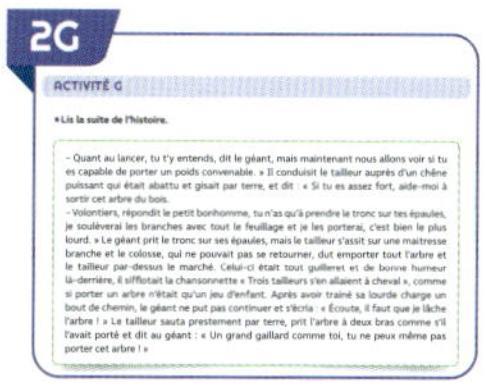

≠

Constituer des binômes (ou trinômes si besoin)
1 lecteur en difficulté avec 1 normo-lecteur
1 faible compreneur avec 1 faible déchiffreur

- *Réalisez l'activité H, p. 60. Vous allez dessiner avec votre binôme ce que vous avez imaginé concernant la façon dont les 2 personnages portent le chêne ; il s'agit d'utiliser la **stratégie de la licorne**.*

  Réponse attendue : Le géant porte le tronc et le vaillant petit tailleur est assis sur les branches. Il ne porte rien.
  Retour sur le travail des élèves : susciter une discussion avec retour au texte selon les différentes interprétations graphiques ; l'objectif est de comprendre la situation et d'arriver à un consensus.

- Remplir collectivement le poster des stratégies (dictée à l'adulte) :
  Stratégie de la licorne : Dessiner ce qu'on a imaginé dans sa tête.
  Stratégie du lièvre et de la tortue : Faire des arrêts à des moments précis et relire des passages, des phrases et des mots très importants pour bien comprendre et pour pouvoir répondre à notre intention de lecture.
  Stratégie du perroquet : Chercher des synonymes différents pour les mots de la famille de « ruse ».

PHASE 3 Mise en mémoire et analyse (10') oral collectif

Objectifs :
- Organiser les éléments de l'histoire ;
- Mettre en lien la situation initiale et le premier évènement ;
- Mémoriser la succession des aventures.

- Sur l'affiche collective, coller la nouvelle illustration.
  *Nous allons essayer de rendre visible ce que vous avez imaginé dans votre tête grâce à la **stratégie de la licorne**. Nous allons compléter l'affiche ensemble.*
  Provoquer une discussion collective en posant clairement la question du lien. Il s'agit ensuite de modéliser les liens de causalité : c'est un moment relativement magistral durant lequel vous citez des faits et proposez de tracer des liens sous forme de flèches, en expliquant pourquoi vous le faites.
  Compléter l'affiche au fur et à mesure.

- Remplir collectivement le poster des stratégies (dictée à l'adulte) :
  Stratégie de l'araignée : Relier des évènements (il se sent invincible, donc il ose tromper un géant) avec des flèches.

SÉANCE 4

PHASE 1 Restitution de récit (5') oral collectif

Objectif :
▶ Redire ce qu'on a appris et compris.

- Afficher le Visibiléo. Rebrasser les échanges des séances précédentes en faisant faire un rappel de récit à un ou plusieurs élèves à l'aide de l'affiche.

PHASE 2 Lecture (10') travail individuel et oral collectif

Objectif :
▶ Imaginer la scène.

- *Ouvrez vos livrets à la page 61 et lisez la suite de l'histoire (activité I). Vous allez comprendre que le petit tailleur ruse, trompe le géant 2 fois encore : une fois autour d'un cerisier, et une deuxième fois en ne se couchant pas là où il le devait. Pendant votre lecture, vous allez vous faire le film de l'histoire dans votre tête ; il s'agit d'utiliser la* ***stratégie de la licorne****.*

2I

ACTIVITÉ I

• Lis la suite de l'histoire et repère les deux nouvelles ruses du vaillant petit tailleur.

Ils continuèrent de cheminer ensemble, et comme ils passaient près d'un cerisier, le géant saisit la cime de l'arbre, là où il y avait les fruits les plus mûrs, la courba, la mit dans la main du petit tailleur et lui dit d'en manger. Mais le petit tailleur était bien trop chétif pour tenir l'arbre et quand le géant le lâcha, il se redressa et le tailleur fut projeté en l'air. Quand il fut retombé sans mal, le géant dit : « Qu'est-ce que ça veut dire ? Tu n'as pas la force de tenir cette misérable badine ?
– Ce n'est pas la force qui me manque, répondit le petit tailleur, penses-tu que ce soit une affaire pour quelqu'un qui en a occis sept d'un coup ? J'ai bondi par-dessus l'arbre parce que les chasseurs là, en bas, sont en train de tirer dans le fourré, saute derrière moi si tu peux. » Le géant essaya, mais, il ne put passer par-dessus l'arbre et resta accroché dans les branches, si bien que le petit tailleur garda encore l'avantage.
Le géant dit : « Puisque tu es un gars si courageux, viens avec moi dans notre caverne et passe la nuit avec nous. » Le petit tailleur se montra disposé à le suivre. Quand ils arrivèrent dans la caverne, ils trouvèrent d'autres géants assis près de l'âtre, et chacun d'eux avait en main un mouton rôti où il mordait à belles dents. Le petit tailleur inspecta les lieux et pensa : « C'est vraiment beaucoup plus spacieux que mon atelier. » Le géant lui désigna un lit, en lui disant de s'y coucher et de dormir tout son soûl. Mais le lit était beaucoup trop vaste pour le petit tailleur, il ne se mit pas dedans et alla se blottir dans un coin. Quand il fut minuit et que le géant crut le petit tailleur profondément endormi, il se leva, prit une grosse barre de fer, en donna un coup sur toute la largeur du lit, et crut avoir achevé le marmouset. Dès l'aube les géants partirent pour la forêt, et ils avaient complètement oublié le petit tailleur quand, tout à coup, ils le virent venir d'un air tout joyeux et téméraire. Ils prirent peur, craignirent d'être tous assommés et s'enfuirent à toutes jambes.

≠

Profils de lecteurs	Modalités de lecture
Lecteur en difficulté	Lecture avec l'enseignant.e.
Faible compreneur	Lecture autonome.
Faible déchiffreur	Lecture avec l'enseignant.e.
Normo-lecteur	Lecture autonome.

- *Qui peut nous raconter la première ruse, celle du cerisier ?*
INFÉRER Laisser un ou plusieurs élèves paraphraser la ruse.
Il dit avoir sauté par-dessus l'arbre parce qu'il a vu des chasseurs, or il n'a rien vu.
Qui peut nous raconter la deuxième ruse, celle du lit ?
INFÉRER Laisser un ou plusieurs élèves paraphraser la ruse.
Il échappe aux coups de barre de fer sur son lit car il est couché ailleurs.

PHASE 3 Lecture et jeu de rôle (20') travail en binôme

Objectif :
▶ Se mettre à la place des personnages pour mieux comprendre leurs intentions et la situation.

- *Vous allez lire la suite du texte en binôme (activité J, p. 62). Pendant votre lecture, vous allez vous faire le film de l'histoire dans votre tête ; il s'agit d'utiliser la* ***stratégie de la licorne****. Après la lecture, vous ferez un jeu de rôle : un élève sera le petit tailleur, d'autres élèves seront des gens et un dernier sera le roi.*

≠

Constituer des binômes (ou trinômes si besoin)
1 lecteur en difficulté avec 1 normo-lecteur
1 faible compreneur avec 1 faible déchiffreur

2J

ACTIVITÉ J

• Lis la suite de l'histoire.

Le petit tailleur continua son chemin, toujours le nez en l'air. Après avoir cheminé longtemps, il se trouva dans la cour d'un palais royal et comme il se sentait las, il se coucha dans l'herbe et s'endormit. Pendant qu'il dormait, des gens arrivèrent, le regardèrent sur toutes les faces et lurent sur sa ceinture : « Sept d'un coup ! » « Ah, dirent-ils, que vient faire ici ce grand guerrier, en pleine paix ? Ce doit être un puissant seigneur. » Ils allèrent rapporter la chose au roi et lui dirent qu'au cas où la guerre éclaterait, ce serait là un personnage important et utile qu'il ne fallait laisser partir à aucun prix. Le conseil plut au roi, et il envoya au petit tailleur l'un de ces courtisans qui, à son réveil, devait lui offrir de prendre du service dans l'armée. L'ambassadeur resta auprès du dormeur, attendant qu'il s'étirât et ouvrît les yeux, puis il lui fit sa proposition. « C'est justement pour cela que je suis venu, répondit-il, je suis prêt à me mettre au service du roi. » On le reçut donc avec tous les honneurs et on lui assigna une demeure particulière.

- Jeu de rôle : 1 petit tailleur, 2 ou 3 personnes du royaume, 1 roi. Dire aux élèves de jouer la scène avec leurs mots (paraphrase) ; il s'agit d'utiliser la **stratégie de la licorne** .

> Le petit tailleur dort. Les gens le voient, lisent sa ceinture.
> Les gens : Sept d'un coup ! Ce doit être un grand guerrier ! Allons prévenir le roi !
> Mon roi (Seigneur), un grand guerrier qui a tué sept ennemis d'un coup dort sur vos terres. Il pourrait nous être utile, il ne faut surtout pas le laisser partir !
> Le roi : Que l'un de vous aille lui offrir une place dans mon armée.
> Le courtisan : Monsieur, le roi vous offre une place dans son armée.
> Le petit tailleur : C'est justement pour cela que je suis venu ; je suis prêt à me mettre au service de votre roi.

- Remplir collectivement le poster des stratégies (dictée à l'adulte) :
  Stratégie de la licorne : Se faire le film de l'histoire dans sa tête et jouer la scène.

PHASE 4 Mise en mémoire et analyse 10' oral collectif

Objectifs :
- Organiser les éléments de l'histoire ;
- Faire apparaitre le lien de causalité entre le sentiment d'invincibilité du petit tailleur et son accès au statut de garde du roi ;
- Mettre en mémoire les derniers évènements de l'histoire.

- Sur l'affiche collective, coller les 2 nouvelles illustrations.
  Nous allons essayer de rendre visible ce que vous avez imaginé dans votre tête grâce à la ***stratégie de la licorne*** *. Nous allons compléter l'affiche ensemble.*
  Provoquer une discussion collective en posant clairement la question des liens et en mettant en avant la ceinture.
  Compléter l'affiche au fur et à mesure.

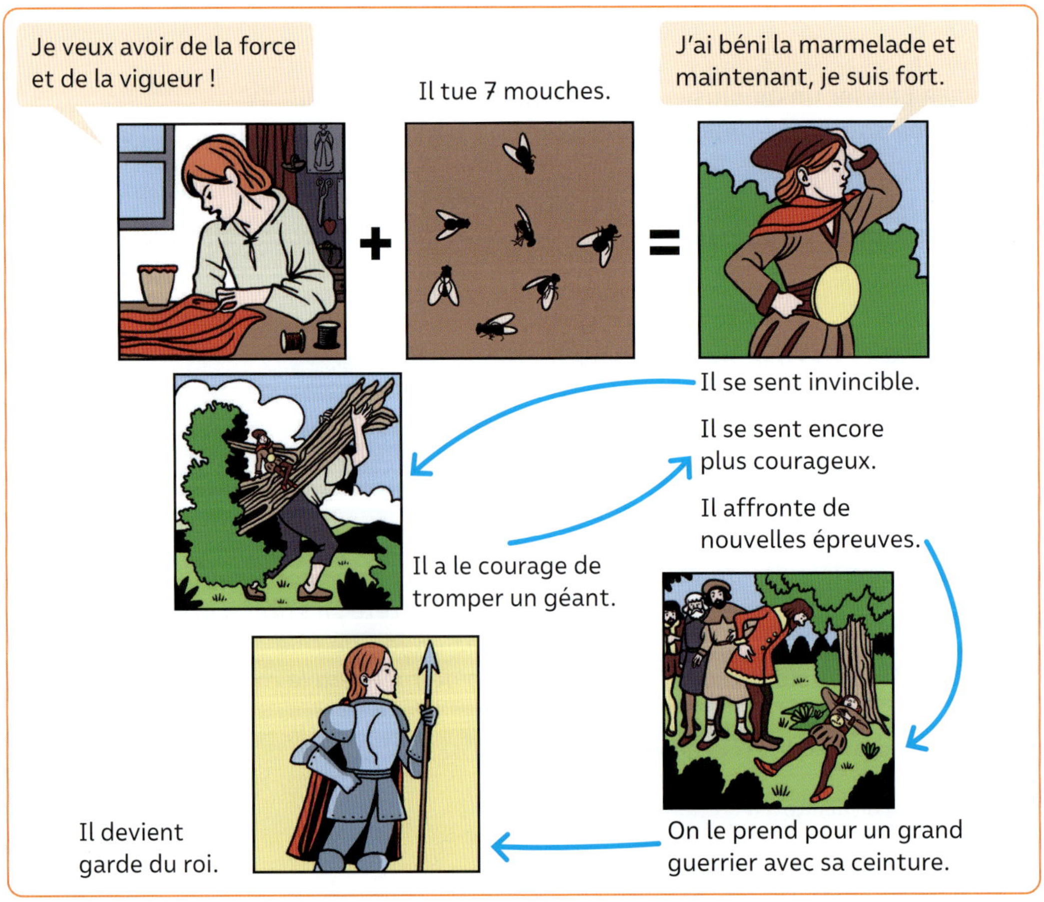

SÉANCE 5

PHASE 1 Restitution de récit (5') oral collectif

Objectif :
- Redire ce qu'on a appris et compris.

- Afficher le Visibiléo. Rebrasser les échanges des séances précédentes en faisant faire un rappel de récit à un ou plusieurs élèves à l'aide de l'affiche.

PHASE 2 Lecture offerte et analyse des pensées et des intentions des personnages (20') oral collectif et écrit individuel

Objectif :
- Inférer les pensées, émotions et intentions des personnages.

Je vais vous lire la suite du conte. Vous allez comprendre que le petit tailleur, devenu garde du roi, fait peur à tout le monde autour de lui. Le roi veut donc se débarrasser de lui. Pour cela, il lui soumet une épreuve qu'il pense impossible.

> Mais les militaires étaient montés contre le petit tailleur et le souhaitaient à mille lieues de distance. « Que va-t-il sortir de là ? se disaient-ils dans leurs conciliabules, si nous lui cherchons noise et qu'il cogne, il en tombera sept à chaque coup. Dans ces conditions, nous ne pourrons pas lui tenir tête. » Ils prirent donc une résolution, allèrent tous ensemble trouver le roi et lui demandèrent leur congé. « Nous ne sommes pas faits, dirent-ils, pour vivre à côté d'un homme qui vous en assomme sept d'un coup. » Le roi fut attristé de perdre tous ses fidèles serviteurs à cause d'un seul, il souhaita que ses yeux ne l'eussent jamais vu et se serait volontiers débarrassé de lui. Mais il n'osait pas lui signifier son congé, parce qu'il avait peur que le tailleur ne le tuât, lui et les siens, et ne montât sur le trône. Il retourna le problème en tous sens et finit par trouver un expédient. Il envoya quelqu'un au petit tailleur, et lui fit dire que, puisqu'il était un si grand guerrier, il allait lui faire une proposition. Dans une forêt de son royaume habitaient deux géants qui causaient de grands dégâts en volant, tuant, grillant et incendiant, personne ne pouvait approcher d'eux sans se mettre en danger de mort. S'il triomphait de ces deux géants et les tuait, il lui donnerait sa fille unique en mariage, et la moitié de son royaume en dot ; de plus, cent cavaliers l'accompagneraient et lui prêteraient main forte. « Ce ne serait pas mal pour un homme comme toi, se dit le petit tailleur, on ne vous offre pas tous les jours une jolie princesse et la moitié d'un royaume.
> – Oh, oui, je me charge de mater les géants, et je n'ai pas besoin pour cela de cent reîtres. Qui en abat sept d'un coup n'a pas de raison d'en craindre deux. »

- *Que pouvez-vous dire de ce passage ?*

INTERPRÉTER Laisser les élèves s'exprimer.
Résumer leurs propos.

- *Ouvrez vos livrets à la page 62 et réalisez l'activité K. Vous allez imaginer les pensées du personnage ; il s'agit d'utiliser la* ***stratégie du chien****. Vous allez écrire ce que pense le roi et ce qu'il dit au petit tailleur.*

Mettre en commun.
Réponses attendues :
Le roi pense : il me dérange, il me fait peur, il est tellement fort, il a tué 7 personnes d'un coup. Je dois me débarrasser de lui. Je vais lui lancer un défi impossible à réussir et je vais lui mentir en lui promettant ma fille et la moitié de mon royaume s'il y parvient.
Le roi dit : Si tu tues les géants, tu épouses ma fille et tu as la moitié de mon royaume.

- Remplir collectivement le poster des stratégies (dictée à l'adulte) :
Stratégie du chien : Verbaliser les pensées du roi et essayer de comprendre ses intentions.

PHASE 3 Lecture offerte 10' oral collectif

Objectif :

- Découvrir une nouvelle péripétie à mettre en lien avec les précédentes.

Je vais vous lire la suite du texte. Vous allez comprendre que le roi lance de plus en plus de défis au petit tailleur, car il veut toujours se débarrasser de lui.

Le petit tailleur se mit en route, suivi des cent cavaliers. Arrivé à l'orée du bois, il dit à ses compagnons : « Faites donc halte ici, je viendrai bien à bout des géants tout seul. » Il entra d'un bond dans la forêt et regarda de droite et de gauche. Au bout d'un petit moment, il aperçut les géants couchés sous un arbre, ils dormaient et ronflaient si fort qu'ils faisaient monter et descendre les branches. Vivement, le petit tailleur remplit ses deux poches de pierres et grimpa dans l'arbre. Quand il fut au milieu, il se laissa glisser le long d'une branche pour arriver juste au-dessus des dormeurs, et fit tomber ses pierres l'une après l'autre sur la poitrine de l'un d'eux. Pendant longtemps le géant ne sentit rien, mais finalement il se réveilla, donna une bourrade à son compagnon et dit : « Pourquoi me bats-tu ?
– Tu rêves, dit l'autre, je ne te bats pas. » Ils s'allongèrent de nouveau pour dormir, mais alors le tailleur jeta une pierre sur le second. « Qu'est-ce que ça veut dire ? s'écria l'autre, pourquoi me lances-tu des pierres ?
– Je ne te lance pas de pierres », répondit le premier en bougonnant. Ils se chamaillèrent un moment, mais comme ils étaient fatigués, ils en restèrent là et leurs yeux se refermèrent. Le petit tailleur recommença son manège, il choisit la pierre la plus grosse et la jeta de toutes ses forces sur la poitrine du premier géant. « C'est trop fort ! » s'écria-t-il, il se leva comme un fou, et poussa violemment son compagnon contre l'arbre, qui en trembla. L'autre lui rendit la monnaie de sa pièce et ils entrèrent dans une telle fureur qu'ils arrachèrent les arbres et cognèrent l'un sur l'autre, tant et si bien qu'ils tombèrent morts en même temps. Alors le petit tailleur sauta par terre. « Une chance, dit-il, qu'ils n'aient pas arraché l'arbre où j'étais perché, sans quoi j'aurais dû sauter sur un autre à la manière d'un écureuil, mais nous sommes lestes, nous autres ! » Il tira son épée et en assena quelques bons coups dans la poitrine de chacun, puis il sortit du bois pour retrouver ses cavaliers et dit : « L'ouvrage est fait, je leur ai donné à tous deux le coup de grâce. Mais l'affaire a été rude, dans le péril ils ont déraciné des arbres, pourtant tout cela ne sert de rien quand il en vient un comme moi qui en abats sept d'un coup.
– Vous n'êtes donc pas blessé ? demandèrent les cavaliers.
– Pas de danger, ils n'ont pas touché à un cheveu de ma tête. »
Les cavaliers ne voulurent pas le croire, et entrèrent dans la forêt ; ils y trouvèrent les géants baignant dans leur sang, au milieu des arbres arrachés.
Le petit tailleur demanda au roi la récompense promise, mais celui-ci, qui regrettait sa promesse, chercha un nouveau moyen de se débarrasser du héros : « Avant d'obtenir ma fille et la moitié de mon royaume, dit-il, il te faut accomplir un nouvel exploit. Dans la forêt, il y a une licorne qui fait de grands dégâts, il faut d'abord me l'attraper.
– Je crains encore moins une licorne que deux géants ; sept d'un coup, voilà mon affaire. »
Il emporta une corde et une hache, alla à la forêt et dit encore une fois à ceux qu'il avait sous ses ordres de l'attendre dehors. Il n'eut pas à chercher longtemps, la licorne ne tarda pas à se montrer et bondit tout droit sur le tailleur, comme si elle voulait sans plus de façons l'embrocher. « Doucement, doucement, dit-il, ça ne se fait pas si vite que ça », il s'arrêta et attendit que la bête arrivât tout près de lui, puis il bondit prestement derrière un arbre. La licorne donna de toute sa force contre l'arbre et enfonça sa corne si profondément dans le tronc qu'elle n'eut pas assez de force pour la retirer et se trouva prise. « Je tiens l'oiseau », dit le tailleur, il sortit de derrière son arbre, passa d'abord sa corde au cou de la licorne, puis, à coups de hache il dégagea la corne du tronc, et quand tout fut réglé, il emmena la bête et la conduisit au roi.

- ***Que se passe-t-il dans ce passage ? Quelle est la nouvelle péripétie ?***
  PRÉLEVER et INFÉRER Laisser les élèves s'exprimer.
  Résumer leurs propos.

PHASE 4 Mise en mémoire 10' oral collectif

Objectifs :
- Organiser les éléments de l'histoire ;
- Relier les évènements du nouvel épisode dans le Visibiléo ;
- Mettre en mémoire la suite du conte.

- Sur l'affiche collective, coller les nouvelles illustrations.
  *Nous allons essayer de rendre visible ce que vous avez imaginé dans votre tête grâce à la **stratégie de la licorne**. Nous allons compléter l'affiche ensemble.*
  Provoquer une discussion collective en posant clairement la question du lien entre la discussion des 2 personnages et les 2 nouveaux épisodes (les 2 géants et la licorne). Compléter l'affiche et fur et à mesure.

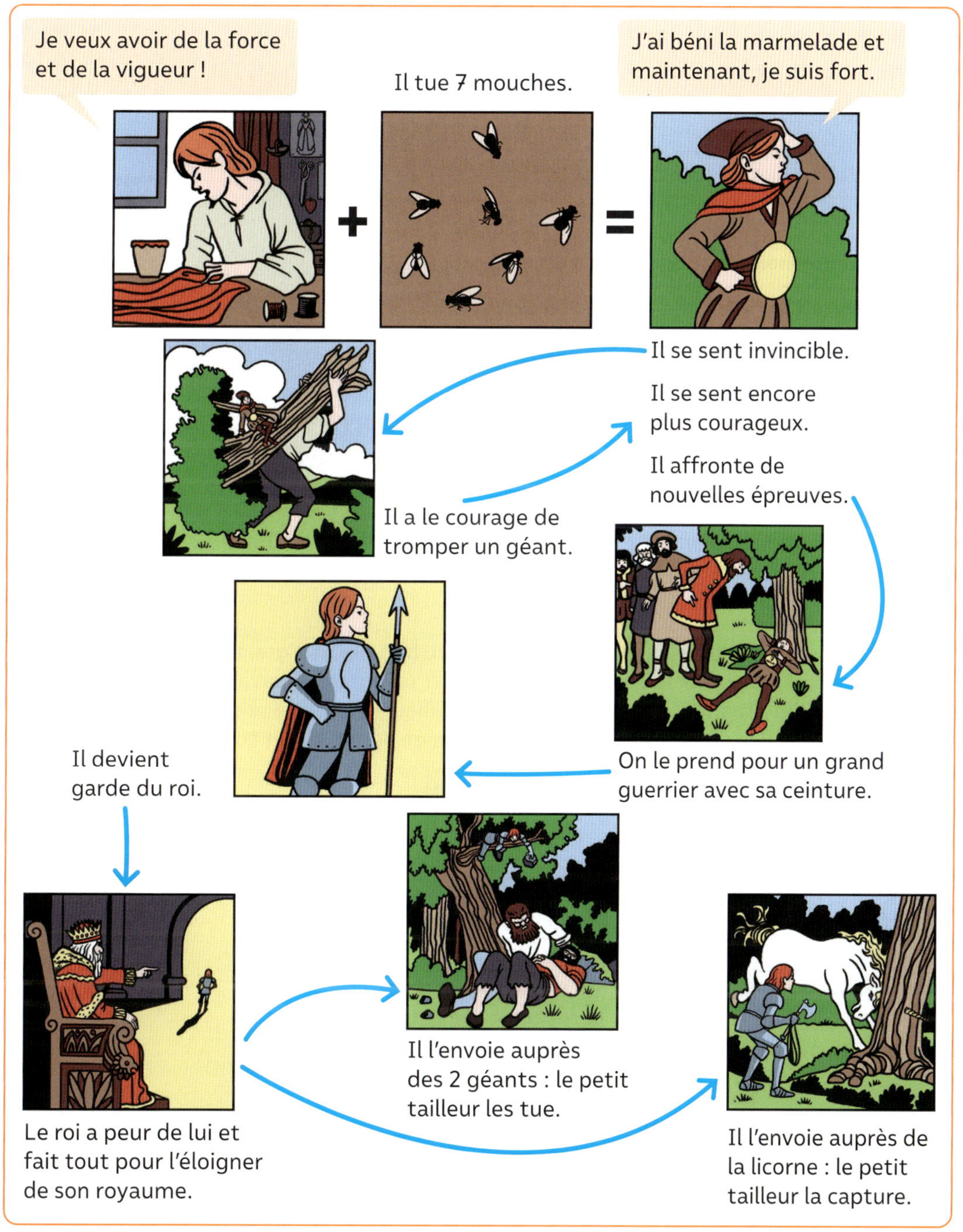

SÉANCE 6

PHASE 1 Restitution de récit 5' oral collectif

Objectif :
- Redire ce qu'on a appris et compris.

- Afficher le Visibiléo. Rebrasser les échanges des séances précédentes en faisant faire un rappel de récit à un ou plusieurs élèves à l'aide de l'affiche.

PHASE 2 Lecture et paraphrase de la fin du texte

15' individuel, puis oral collectif

Objectif :
- Paraphraser la fin du conte pour se l'approprier.

- *Ouvrez vos livrets à la page 63 et lisez la suite de l'histoire (activité L). Vous allez découvrir la troisième tentative du roi pour éloigner le petit tailleur qui effraie tout le royaume.*

≠

Profils de lecteurs	Modalités de lecture
Lecteur en difficulté	Lecture avec l'enseignant.e.
Faible compreneur	Lecture autonome.
Faible déchiffreur	Lecture avec l'enseignant.e.
Normo-lecteur	Lecture autonome.

- ***Comment le roi fait-il pour essayer de se débarrasser à nouveau du petit tailleur ?***
INFÉRER *Il lui demande d'attraper un sanglier qui cause beaucoup de dégâts et que les chasseurs ne parviennent pas à tuer.*

- *Je voudrais revenir sur les phrases suivantes placées à la fin de ce paragraphe. Je vous les relis.*

> Le héros, quant à lui, s'en alla trouver le roi qui, bon gré mal gré, dut alors tenir sa promesse et lui donna sa fille et la moitié de son royaume. S'il avait su qu'il n'avait pas devant lui un grand guerrier, mais un petit tailleur, il eût été encore plus affecté. Les noces furent donc célébrées en grande pompe et petite joie et l'on fit un roi d'un petit tailleur.

*Je vais vous lire ces phrases une par une, et nous allons essayer de les dire avec nos mots à nous. Nous devons tout d'abord nous mettre d'accord sur le sens de certains mots ; il s'agit d'utiliser la **stratégie du perroquet**.*
Pour chaque mot ou morceau de phrase, laisser les élèves proposer des idées et amener la réponse si c'est nécessaire. Les faire reformuler ensuite la phrase entière.

> *Je vous propose une pause auto-formation sur la paraphrase (BBM).*

> Le héros, quant à lui, s'en alla trouver le Roi qui, bon gré mal gré, dut alors tenir sa promesse et lui donna sa fille et la moitié de son Royaume.

Que peut vouloir dire « bon gré mal gré » ?
D'accord ou non, en dépit de sa volonté, il est obligé de le faire, sans avoir le choix…
Que peut vouloir dire « il dut alors tenir sa promesse » ?
Faire ce qu'il s'est engagé à faire, il a promis, il doit le faire.
Laisser les élèves paraphraser la phrase entière. Valider ou invalider leurs réponses.
Résumer leurs propos.
On doit donc comprendre que le petit tailleur va trouver le roi qui est obligé de faire ce qu'il avait promis : lui donner sa fille et la moitié de son royaume.
Le plus important à relever n'est pas qu'il donne sa fille et la moitié de son royaume, mais dans quel état d'esprit il le fait. Faire expliciter ce que ressent le roi à ce moment-là : il est déçu, démoralisé de ne pas avoir réussi à se débarrasser de ce tailleur qui lui fait peur, et il doit tenir sa promesse.

S'il avait su qu'il n'avait pas devant lui un grand guerrier mais un petit tailleur, il eût été encore plus affecté.

Que peut vouloir dire « être affecté » ?
Être déçu, touché, ému, peiné, vexé.
On doit donc comprendre que si le roi avait su qu'il n'avait pas devant lui un grand guerrier mais un petit tailleur, il aurait été encore plus vexé, encore plus en colère.

Les noces furent donc célébrées en grande pompe et petite joie.

Que peut vouloir dire « en grande pompe » ?
Avec grandeur, éclat, abondance, luxe.
On doit donc comprendre que le mariage a couté très cher, mais que tout le monde était un peu triste.

On fit un roi d'un petit tailleur.

Que peut vouloir dire « faire de » ?
Transformer, devenir grâce à quelqu'un.
On doit donc comprendre que le petit tailleur est devenu roi grâce au roi !

- Remplir collectivement le poster des stratégies (dictée à l'adulte) :
  Stratégie du perroquet : Paraphraser des expressions pour mieux les comprendre.
- Si vous avez le temps, faire écrire les reformulations dans le livret élève, page 64, activité M.

La phrase du texte	Notre reformulation
Le roi dut tenir sa promesse.	Le roi n'a pas eu le choix, il a été obligé de faire ce qu'il avait promis.
Il eut été encore plus affecté.	Il aurait été encore plus peiné, vexé.
Les noces furent donc célébrées en grande pompe et petite joie.	C'était un grand mariage un peu triste.
On fit un roi d'un petit tailleur.	Le petit tailleur est devenu roi grâce au roi.

PHASE 3 Lecture offerte 15' oral collectif

Objectifs :
- Comprendre l'avancée de l'histoire ;
- Identifier une nouvelle aventure.

Je vais vous lire la fin du conte. Vous allez devoir repérer que la princesse va découvrir quelque chose et que cela va entrainer une nouvelle péripétie pour le petit tailleur.

Quelque temps après, la jeune reine entendit son époux parler en rêve, la nuit : « Fais-moi ce pourpoint, garçon, et ravaude-moi cette culotte, ou bien je te casse mon aune sur les oreilles. » Elle comprit alors dans quelle ruelle le jeune seigneur était né, le lendemain elle confia son chagrin à son père et le pria de l'aider à se débarrasser d'un mari qui n'était rien de plus qu'un tailleur. Le roi la consola et lui dit : « La nuit prochaine, laisse la porte de ta chambre ouverte, mes serviteurs se tiendront dehors et quand il sera endormi, ils entreront, le ligoteront et le porteront sur un navire qui l'emmènera dans le vaste monde. » La femme se montra satisfaite, mais l'écuyer du roi, qui avait tout entendu, était attaché à son jeune maître et lui dénonça tout le complot. « Je mettrai obstacle à la chose », dit le tailleur. Le soir, il alla se coucher avec sa femme à l'heure habituelle. Quand elle le crut endormi, elle se leva, ouvrit la porte et se recoucha. Le petit tailleur, qui feignait seulement de dormir, se mit à crier d'une voix claire : « Fais-moi ce pourpoint, garçon, et ravaude-moi cette culotte, ou bien je te casse mon aune sur les oreilles ! J'en ai occis sept d'un coup, j'ai tué deux géants, capturé une licorne, pris un sanglier, et j'aurais peur de ceux qui sont en ce moment dehors, devant ma chambre ? » Quand ceux-ci entendirent le tailleur parler ainsi, ils furent pris d'une grande frayeur, ils détalèrent comme s'ils avaient la chasse infernale à leurs trousses, et pas un ne voulut plus se risquer à l'attaquer. C'est ainsi que le petit tailleur devenu roi le resta toute sa vie.

- ***Que découvre la princesse ?***

  PRÉLEVER *Elle découvre que le garçon était tailleur.*

  Comment découvre-t-elle que son mari était tailleur ?

  INFÉRER *Il rêve et il parle comme un tailleur dans son rêve.*

  Quel effet cela lui fait-il ?

  INFÉRER *Elle est en colère, vexée…*

  Quelle est la ruse du roi ? Comment le petit tailleur s'en sort-il ? Le roi réussit-il à se débarrasser du petit tailleur ?

  INFÉRER *Le roi veut l'enlever, le kidnapper. Le vaillant petit tailleur fait semblant de rêver pour faire peur aux serviteurs.*

  Grâce à quelles qualités le petit tailleur s'est-il sorti de toutes ces épreuves ?

  INTERPRÉTER *Grâce à son courage, sa malice, son intelligence, sa vivacité. Il ne s'en est pas sorti grâce à une force surnaturelle comme il le pense.*

PHASE 4 Mise en mémoire 10' oral collectif

Objectifs :
- Organiser les éléments de l'histoire ;
- Relier les évènements du dernier épisode dans le Visibiléo ;
- Mettre en mémoire la fin du conte.

- Sur l'affiche collective, coller les nouvelles illustrations.

  Nous allons essayer de rendre visible ce que vous avez imaginé dans votre tête grâce à la ***stratégie de la licorne****. Nous allons compléter l'affiche ensemble et finir notre Visibiléo.*

  Provoquer une discussion collective en posant clairement la question des liens de causalité. Matérialiser ces liens par des flèches.

Compléter l'affiche et fur et à mesure.

Je veux avoir de la force et de la vigueur !

Il tue 7 mouches.

J'ai béni la marmelade et maintenant, je suis fort.

Il se sent invincible.

Il a le courage de tromper un géant.

Il se sent encore plus courageux.

Il affronte de nouvelles épreuves.

On le prend pour un grand guerrier avec sa ceinture.

Il devient garde du roi.

Le roi a peur de lui et fait tout pour l'éloigner de son royaume.

Il l'envoie auprès des 2 géants : le petit tailleur les tue.

Il l'envoie auprès de la licorne : le petit tailleur la capture.

Il l'envoie auprès du sanglier : le petit tailleur le piège.

Le roi est obligé d'accepter le mariage et de donner la moitié de son royaume.

La princesse comprend qu'il était tailleur, il fait preuve de malice et reste roi.

Nous allons répondre à notre question de départ : comment un personnage jeune, petit et fragile réussit-il à surmonter toutes les épreuves et à devenir roi ? Nous allons y répondre en remplissant le tableau des stratégies.

PHASE 5 Bilan 10' écrit individuel

Objectifs :
- Garder une trace des procédures mises en œuvre pour comprendre ;
- Répondre à notre intention de lecture.

- Projeter le poster des stratégies avec les informations écrites.
  Ouvrez vos livrets à la page 65 et réalisez l'activité N. Vous allez résumer ce que vous avez appris à faire grâce aux différentes stratégies.
  Mettre en commun.
  Réponses attendues :

Avec la stratégie du lièvre et de la tortue, j'ai fait des arrêts à des moments précis et j'ai relu des passages, des phrases et des mots très importants pour bien comprendre.	Avec la stratégie de l'araignée, j'ai fait des flèches pour relier des moments importants de l'histoire (montrer le Visibiléo), j'ai relié des évènements pour prédire la suite de l'histoire.

Avec la stratégie du chien, j'ai analysé les pensées des personnages, j'ai essayé de comprendre leurs intentions. Parfois, le personnage ment pour tromper un autre personnage.	Avec la stratégie de la licorne, je me suis fait le film de ce conte dans ma tête, j'ai dessiné, j'ai raconté l'histoire avec le Visibiléo.

Avec la stratégie du perroquet, j'ai cherché le sens de mots dans le dictionnaire, j'ai paraphrasé des expressions avec mes mots, j'ai entendu plein de synonymes pour les mots de la famille de « ruse ».	Avec la stratégie du hibou, j'ai compris des choses grâce aux connaissances que j'avais avant de commencer à lire le conte.

- ***Qu'avez-vous compris ? Qu'avez-vous appris dans ce conte ?***
  Laisser les élèves s'exprimer.
  Notre intention de lecture était de chercher comment un personnage jeune, petit et fragile réussit à surmonter toutes les épreuves et à devenir roi.
  Résumer les propos.
  Grâce aux différentes stratégies, vous avez compris que c'est grâce à son courage, sa ruse et son optimisme qu'un simple couturier, plein de malice et d'astuce, finit par devenir roi. Ce conte nous apprend qu'on n'a pas besoin d'être le plus fort pour atteindre nos objectifs.

SÉQUENCE

3 P'TIT LIBÉ DANS LA JUNGLE DE L'INFORMATION

PRÉSENTATION DU TEXTE

- **Titre :** *P'tit Libé dans la jungle de l'information*
- **Autrices :** Cécile Bourgneuf, Elsa Maudet et Émilie Coquard
- **Origine :** https://www.liberation.fr/apps/2017/03/le-ptit-libe-semaine-de-la-presse/
- **Journal :** Le P'tit Libé
- **Type de texte :** informatif
- **Genre :** documentaire

PRÉPARATION

POURQUOI CE TEXTE ?

Nous avons choisi ce document numérique et papier car :
- il est informatif ;
- il est composite (texte linéaire accompagné de photographies et d'un graphique) ;
- il offre, si vous utilisez la version en ligne, la possibilité de travailler les spécificités de la documentation numérique ;
- il aborde les questions de la fiabilité des sources ; ce thème est au programme du cycle 3 (Éducation aux Média et à l'Information) ;
- les élèves ont déjà des connaissances sur le thème de ce document.

QU'Y A-T-IL À COMPRENDRE DANS CET ÉCRIT ?

Il s'agit d'une question fondamentale à laquelle l'enseignant.e doit avoir répondu avant de lancer le travail de compréhension. Ainsi, il sera possible de dire aux élèves « Bravo, tu as compris que... », au lieu de seulement dire « Tu as compris ». Répondre à cette question peut sembler facile, mais c'est en réalité très difficile.

Les élèves doivent comprendre qu'il est important de connaitre la source d'un document ; cela permet en effet d'exercer son esprit critique, en évaluant la qualité et la pertinence d'une information (valeur d'une source, sa fiabilité, la crédibilité de son auteur...).

Au regard de cette analyse, l'intention de lecture communiquée aux élèves sera de mesurer l'évolution de nos connaissances (avant et après le travail réalisé).

QUEL OUTIL UTILISER POUR AMENER LES ÉLÈVES À COMPRENDRE CE TEXTE ?

Les élèves sont sensibles au sujet du réchauffement climatique et ses conséquences ; cependant, il s'agit ici de se concentrer sur la problématique de la jungle de l'information. Les élèves peuvent y être sensibilisés par le biais de leurs recherches d'informations sur internet. Pour le travail sur ce document, l'outil le plus adapté semble être le **GUIDE D'ANTICIPATION**. JAC vous conseille de relire le paragraphe dédié à cet outil dans l'introduction (page 22).

MISE EN ŒUVRE

DÉMARCHE DE LA SÉQUENCE

SEMAINE 1			
SÉANCE 1 45 min.	Phase 1	Découverte des autrices et du genre	10 min.
	Phase 2	Clarification du titre	10 min.
	Phase 3	Mise en avant de ses connaissances	25 min.
SÉANCE 2 45 min.	Phase 1	Rappels	5 min.
	Phase 2	Analyse des documents et identification des informations disponibles	35 min.
	Phase 3	Bilan	5 min.
SEMAINE 2			
SÉANCE 3 45 min.	Phase 1	Rappels	5 min.
	Phase 2	Clarification	35 min.
	Phase 3	Bilan	5 min.
SÉANCE 4 45 min.	Phase 1	Rappels	5 min.
	Phase 2	Clarification	25 min.
	Phase 3	Bilan	15 min.

MATÉRIEL

– Documents, p. 24-27 (Ressources)
– Livret de l'élève, p. 70-79 (Ressources)
– Support de présentation numérique « P'tit Libé dans la jungle de l'information »

SÉANCE 1

PHASE 1 Découverte des autrices et du genre (10') oral collectif

Objectifs :
- Découvrir les autrices ;
- Découvrir ce qu'est un documentaire en ligne ;
- Se projeter dans le document avant même d'avoir commencé à lire.

- *Ouvrez vos livrets à la page 70 (activité A).*
Lisez le paragraphe « Qui sont les autrices de ce document ? »
Qui sont les autrices de ce document ?
Lisez le paragraphe « Qu'est-ce qu'un documentaire en ligne ? »
Qu'est-ce qu'un documentaire en ligne ?

Nous allons lire des textes documentaires issus d'un site Internet. Les autrices ont pour but de fournir des informations aux enfants de votre âge sur « la jungle de l'information », c'est-à-dire sur les pièges que l'on peut rencontrer en surfant sur

Internet. Le but de ce site est de faire réfléchir à la qualité des informations que l'on trouve sur Internet : peut-on croire tout ce qui est écrit ?
Ce site propose de se mettre à la place d'un enfant (P'tit Libé) qui doit rédiger un exposé sur les changements climatiques. Il doit se plonger dans la jungle de l'information. Dans celle-ci, vivent des animaux qui veulent aider le garçon en lui proposant des informations sur diverses interrogations liées à son sujet. Toutefois, elles ne sont pas toutes fiables ; c'est-à-dire qu'on ne peut pas avoir confiance dans certaines d'entre elles. P'tit Libé (c'est le nom de l'enfant) devra donc les analyser : cette information est-elle fiable ? Est-elle à jour ? Qui est son auteur ? Peut-on lui faire confiance ?

PHASE 2 Clarification du titre 10' oral collectif

Objectif :
- Entrer dans le document par le titre.

- *Le titre de ce document est* P'tit Libé dans la jungle de l'information.
  Quelles informations ce document va-t-il pouvoir nous donner ?
  Laisser quelques minutes aux élèves pour réfléchir. Faire émettre des hypothèses. Proposer aux élèves de réagir aux propositions des autres. Demander par exemple :
  Pensez-vous que cela a un rapport avec le titre ?
  Résumer les propos. Les réponses attendues sont en lien avec les idées de dangers et de pièges à éviter.

PHASE 3 Mise en avant de ses connaissances 25' travail individuel

Objectifs :
- Faire un état de ses connaissances ou des attitudes que l'on a face à des informations ;
- Se donner une intention de lecture.

- *Nous allons travailler sur la fiabilité des informations. Nous devons nous mettre d'accord sur ce que signifie « fiabilité » ; il s'agit d'utiliser la* ***stratégie du perroquet***.
  Que veut dire « fiabilité » ?
  Laisser les élèves s'exprimer. Valider ou invalider leurs réponses.
  Résumer leurs propos :
  On parle de fiabilité quand quelque chose ou quelqu'un est fiable, sûr. Une information fiable, c'est une information sûre, en laquelle on peut avoir confiance : on sait d'où elle vient et on est sûr qu'elle est vraie.
  Le but du travail d'aujourd'hui va être de s'interroger sur la fiabilité des informations.

- Projeter le tableau disponible dans les ressources, p. 71.
  Vous savez déjà des choses sur la réflexion qu'on doit avoir face à un document trouvé sur Internet. Le but de cette phase est de rendre disponibles et explicites les connaissances et attitudes que vous avez déjà ; il s'agit d'utiliser la ***stratégie du hibou***.
  Dans votre livret, vous avez ce tableau ; les mêmes phrases y sont écrites. Pour chaque phrase, vous pouvez être d'accord, pas d'accord, ou ne pas savoir ; vous devez mettre une croix dans la case correspondant à votre réponse, dans la partie orange. Vous n'aurez pas tous les mêmes réponses car vous ne savez pas tous les mêmes choses.

- *Ouvrez vos livrets à la page 71 et réalisez l'activité B. Vous devez prendre connaissance des affirmations sur la fiabilité des informations et compléter le tableau (colonne orange).*
≠ Si des élèves sont dans l'incapacité de lire seuls les affirmations, l'enseignant.e peut les oraliser pour eux.

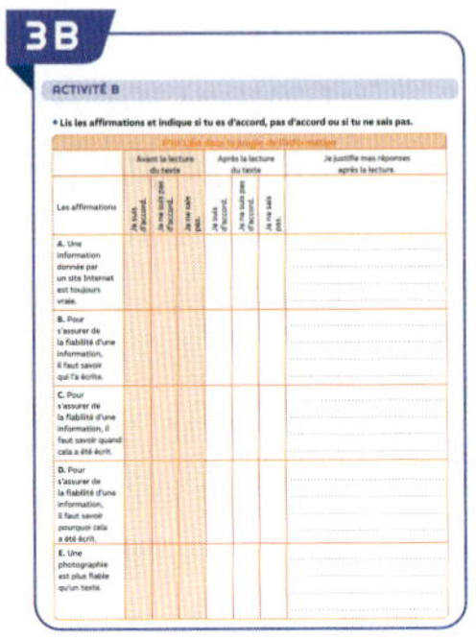

Quand nous lisons un documentaire, nous devons avoir des intentions ou objectifs de lecture. Ici, notre objectif est de voir si ce que nous pensions au début est confirmé ou non après notre lecture.
Dire que le tableau sera repris en fin de séquence afin de constater l'évolution de sa pensée, de ses savoirs.

- Remplir collectivement le poster des stratégies (dictée à l'adulte) :
**Stratégie du hibou : ** Faire appel à ses connaissances.
**Stratégie du perroquet : ** Chercher le sens du mot « fiabilité ».

SÉANCE 2

PHASE 1 Rappels 5' oral collectif

Objectifs :
- ▶ Tisser des liens avec la séance précédente ;
- ▶ Rappeler l'intention de lecture.

- Dans cette séance, ce sont les processus PRÉLEVER et APPRÉCIER qui seront essentiellement travaillés.
- *Vous souvenez-vous de ce qu'on a fait, de ce qu'on a dit la dernière fois ?*
- Rappeler l'intention de lecture et le sens de « fiabilité ».

PHASE 2 Analyse des documents et identification des informations disponibles 35' travail par groupe

Objectifs :
- ▶ Analyser la structure du document pour mettre en avant son fonctionnement ;
- ▶ Identifier les informations essentielles.

Aujourd'hui, nous allons étudier comment un des documents à analyser est construit, nous allons chercher son plan, c'est-à-dire repérer les différentes parties qui le composent. Nous allons aussi chercher les informations fournies par chaque partie.

- Projeter la page du site ou le document disponible dans les ressources, p. 72. Laisser un temps d'observation.
- Former 6 groupes de travail.

- *Mettez-vous avec les élèves de votre groupe et ouvrez vos livrets à la page 72. Réalisez l'activité C. Vous allez repérer les parties, leur donner un titre et lister ce qu'elles contiennent.*

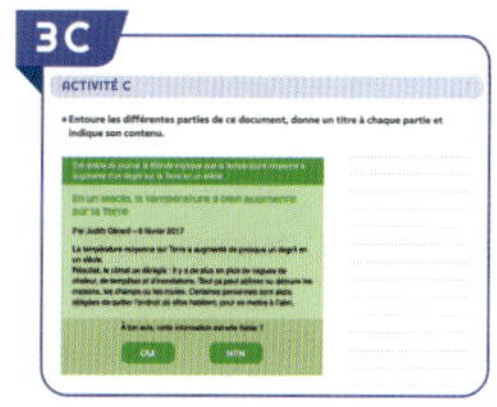

Mettre en commun.

Combien de parties contient ce document ?

3. Le document se compose d'une partie haute avec du texte (la montrer), une grosse partie au milieu (la montrer) et une partie en bas avec OUI et NON (la montrer).

Quelles informations peut-on s'attendre à avoir dans chaque partie ?

Tableau donné à titre indicatif.

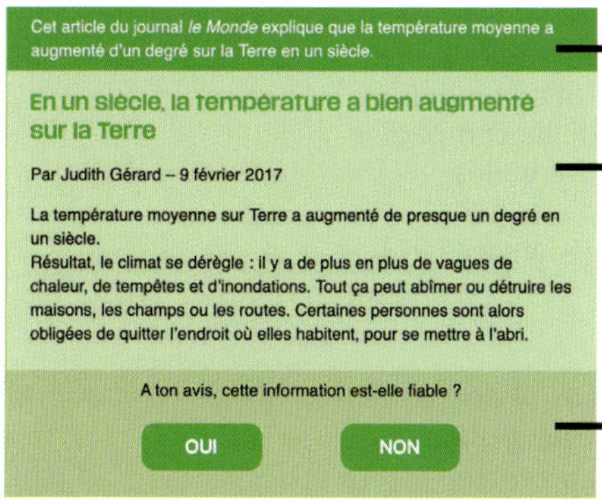

Cet article du journal *le Monde* explique que la température moyenne a augmenté d'un degré sur la Terre en un siècle.

En un siècle, la température a bien augmenté sur la Terre

Par Judith Gérard – 9 février 2017

La température moyenne sur Terre a augmenté de presque un degré en un siècle.
Résultat, le climat se dérègle : il y a de plus en plus de vagues de chaleur, de tempêtes et d'inondations. Tout ça peut abîmer ou détruire les maisons, les champs ou les routes. Certaines personnes sont alors obligées de quitter l'endroit où elles habitent, pour se mettre à l'abri.

A ton avis, cette information est-elle fiable ?

OUI NON

Titre : Présentation de l'article
Contenu : information principale, origine du document.

Titre : L'information
Contenu : l'article de presse avec son titre, son auteur et sa date.

Titre : La question
Contenu : Question concernant la fiabilité de l'information.

Préciser : *Il y a plusieurs documents. Chaque document se présentera de la même façon. Le repérage sera facilité par le code couleur.*
Chaque document étant construit de la même façon, on retrouvera le même genre d'information au même endroit à chaque fois.

- *Vous travaillerez toujours en groupe. Vous allez compléter le tableau de votre groupe (activité D, p. 73 à 78). Ne remplissez pas la 4e ligne de votre tableau.*

Indiquer à chaque groupe la page informative sur laquelle il va travailler.
Circuler afin d'apporter de l'aide aux élèves en ayant besoin.
Mettre en commun. On peut choisir de projeter successivement le tableau de chaque groupe afin d'échanger et de justifier les propositions, en recherchant dans le texte ce qui a permis de prendre les décisions. Ici, il s'agit de PRÉLEVER des informations.
Réponses attendues :

	Que recherche P'tit Libé ?	**Quelles informations donne le document ?**	**Quel document est donné pour répondre ?**	**Cette information est-elle fiable ?**
Page informative n° 1, p. 73	P'tit Libé veut savoir si le climat s'est réchauffé sur une longue période.	La température moyenne a augmenté d'un degré sur la Terre en un siècle.	Un article du journal *Le Monde*, par Judith Gérard, 9 février 2017.	
Page informative n° 2, p. 74	P'tit Libé aimerait comprendre pourquoi il fait toujours très froid l'hiver alors que les températures augmentent.	Dans cet article, un scientifique, James Wilfried, explique que le réchauffement climatique est une invention.	Un article, par Juan Xavier, 5 janvier 2017.	
Page informative n° 3, p. 75	P'tit Libé veut savoir comment les températures ont évolué ces dix dernières années.	Un graphique montre que la Terre se réchauffe beaucoup trop.	Un graphique montrant l'évolution de la température entre 1991 et 2001, par Célia Aguiar, 18 octobre 2001.	

	Que recherche P'tit Libé ?	Quelles informations donne le document ?	Quel document est donné pour répondre ?	Cette information est-elle fiable ?
Page informative n° 4, p. 76	P'tit Libé souhaite expliquer ce que sont les gaz à effet de serre et quelles sont les conséquences de leur existence.	Les gaz à effet de serre sont naturels.	Un article trouvé sur le site du ministère de l'Environnement, 12 février 2017.	
Page informative n° 5, p. 77	P'tit Libé cherche si on peut arranger les choses.	Les Français ont envie d'arrêter de polluer, et ils ont une bonne idée pour ça : utiliser de l'huile d'olive dans le moteur de leur voiture !	Un communiqué de La compagnie des huiles parfumées, 14 janvier 2017.	
Page informative n° 6, p. 78	P'tit Libé cherche une image montrant les effets du réchauffement climatique sur les animaux.	Sur un réseau social très connu, il y a une photo d'un ours blanc. La personne qui a écrit ce message explique qu'à cause du réchauffement climatique, les ours polaires vivent sur des iles où il fait chaud.	Tweet d'Aurélie Laforette, mars 2017.	

- Remplir collectivement le poster des stratégies (dictée à l'adulte) :
Stratégie du lièvre et de la tortue : Chercher uniquement les réponses aux questions en prélevant des indices.

PHASE 3 Bilan 5' oral collectif

Objectif :
- Résumer ce qui a été fait.

- *Qu'avons-nous fait aujourd'hui ? Quelles stratégies avons-nous mises en œuvre ?*
Laisser les élèves s'exprimer.
Résumer les propos.
Nous avons rappelé ce que voulait dire « fiabilité ».
Nous avons cherché le plan de chaque document :
– présentation de l'article ;
– informations principales de l'article.
Nous avons cherché, prélevé les informations que nous souhaitions.

SÉANCE 3

PHASE 1 Rappels 5' oral collectif

Objectifs :

- Tisser des liens avec la séance précédente ;
- Rappeler l'intention de lecture.

- Dans cette séance, ce sont les processus PRÉLEVER et APPRÉCIER qui seront essentiellement travaillés.
- *Vous souvenez-vous de ce qu'on a fait, de ce qu'on a dit la dernière fois ?*
- Rappeler l'intention de lecture, la notion de fiabilité et la structure du document.

PHASE 2 Clarification 35' oral collectif et travail en groupe

Objectif :

- Identifier et analyser les éléments du paratexte.

P'tit Libé cherche des informations pour son exposé sur le réchauffement climatique. Il veut utiliser le document P'tit Libé dans la jungle de l'information. *Cependant, avant de l'utiliser, il doit s'interroger sur la fiabilité des informations : peut-on croire/se fier à ce qui est écrit ? Comment savoir si les informations données sont fiables ? Nous devons nous poser les mêmes questions et y répondre. Pour cela, nous allons utiliser deux stratégies.*

- Projeter le document suivant :

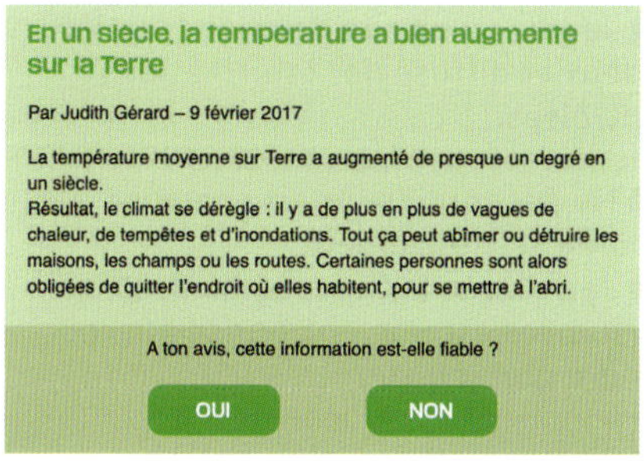
En un siècle, la température a bien augmenté sur la Terre

Par Judith Gérard – 9 février 2017

La température moyenne sur Terre a augmenté de presque un degré en un siècle.
Résultat, le climat se dérègle : il y a de plus en plus de vagues de chaleur, de tempêtes et d'inondations. Tout ça peut abîmer ou détruire les maisons, les champs ou les routes. Certaines personnes sont alors obligées de quitter l'endroit où elles habitent, pour se mettre à l'abri.

A ton avis, cette information est-elle fiable ?

OUI NON

Ici, P'tit Libé veut savoir si le climat s'est réchauffé sur une longue période. La réponse proposée est que la température moyenne a augmenté d'un degré sur Terre en un siècle. Pour savoir si l'information est fiable, il n'est pas nécessaire ici de lire l'article. J'utilise la **stratégie du lièvre et de la tortue** *: je cherche tout ce qui me renseigne sur l'origine de l'article, je trouve qu'il s'agit d'un article du* Monde. *J'utilise ensuite la* **stratégie du hibou** *: grâce à mes connaissances, je sais qu'il s'agit d'un journal sérieux et que je peux lui faire confiance. L'information donnée est donc fiable.*

- *Ouvrez vos livrets (activité D, p. 73 à 78). Vous allez devoir remplir la 4e ligne du tableau de votre groupe.*
Mettre en commun.
Le temps de bilan de cette activité est important afin de verbaliser les stratégies mises en œuvre et de mettre en avant les réflexions. La question de la fiabilité relève parfois de l'appréciation. Il s'agit d'un processus particulièrement complexe qui peut nécessiter une phase de présentation par l'enseignant.e, à savoir la prise en main du processus de réflexion, pour le partager avec les élèves. Par exemple, pour la vignette indiquant que le réchauffement climatique n'existe pas, dire :

Cela m'étonne car on dit souvent le contraire. Le réchauffement climatique est un vrai problème actuellement. L'article de Juan Xavier parle d'un scientifique, James Wilfried. Si un scientifique le dit, cela doit être sérieux. Si je cherche un peu plus, je m'aperçois que James Wilfried travaille pour la compagnie pétrolière Pitrus. Je sais qu'une compagnie pétrolière produit beaucoup de gaz à effet de serre. Alors, je me demande si James Wilfried, en disant que le réchauffement climatique n'existe pas, n'aurait pas l'intention de défendre son employeur. L'information donnée n'est donc pas fiable, car la parole du scientifique est remise en cause par son appartenance à la compagnie pétrolière.

Réponses attendues :

	Cette information est-elle fiable ?	Stratégies et propositions pour étayer les prises de parole
Page informative n° 1, p. 73	Oui, le journal *Le Monde* est sérieux.	Ne pas tout lire, mais chercher d'où vient le document. Je sais que *Le Monde* est un journal sérieux.
Page informative n° 2, p. 74	Non, car James Wilfried travaille pour une compagnie pétrolière qui produit beaucoup de gaz à effet de serre. Il veut surement défendre son employeur.	Ne pas tout lire, mais chercher d'où vient le document. Je sais que les compagnies pétrolières produisent beaucoup de gaz à effet de serre. Je peux penser que James Wilfried veut défendre son employeur.
Page informative n° 3, p. 75	Non, car par rapport à la question posée, ce graphique est trop vieux.	Je fais des liens entre les dates des informations fournies et l'année actuelle. Nous sommes en 2024 et le document ne donne plus d'informations après 2001.
Page informative n° 4, p. 76	Oui, un site ministériel est sérieux.	Ne pas tout lire, mais chercher d'où vient le document. Je sais qu'un site de ministère est sérieux et diffuse des informations contrôlées.
Page informative n° 5, p. 77	Non, c'est la compagnie des huiles parfumées qui communique pour vendre plus d'huile.	Ne pas tout lire, mais chercher d'où vient le document. Je sais que la Compagnie des huiles parfumées est une entreprise qui veut vendre plus d'huile.
Page informative n° 6, p. 78	Non, ce doit être une photo modifiée.	Ne pas tout lire, mais chercher d'où vient le document. Je sais que tout le monde peut écrire des tweets et que les photos sont modifiables. Les palmiers dans un paysage de neige, c'est étrange.

- Remplir collectivement le poster des stratégies (dictée à l'adulte) :
  Stratégie du lièvre et de la tortue : Ne pas tout lire, mais chercher d'où vient le document.
  Stratégie du hibou : S'appuyer sur ses connaissances sur les compagnies pétrolières, les réseaux sociaux…
  Stratégie du chien : Comprendre les intentions de la personne citée.
  Stratégie de l'araignée : Mettre en lien des informations.

PHASE 3 Bilan 5' oral collectif

Objectif :
▶ Faire le bilan de la séance.

- *Qu'avons-nous fait et appris aujourd'hui ? Quelles stratégies avons-nous utilisées ?*
Laisser les élèves s'exprimer.
Résumer les propos :
Nous avons réfléchi à la fiabilité des informations en recherchant l'auteur du document, sa date...

SÉANCE 4

PHASE 1 Rappels 5' oral collectif

Objectifs :
▶ Tisser des liens avec la séance précédente ;
▶ Rappeler l'intention de lecture.

- Dans cette séance, ce sont les processus Prélever, Interpréter et Apprécier qui seront essentiellement travaillés.

- *Vous souvenez-vous de ce qu'on a fait, de ce qu'on a dit la dernière fois ?*

- Rappeler l'intention de lecture et le travail sur les critères de fiabilité.

PHASE 2 Clarification 25' écrit individuel

Objectif :
▶ Reprise de l'intention de lecture : comparer ce qui a été recueilli en séance 1 et ce que nous avons appris.

Nous nous sommes intéressés à la fiabilité des informations, plus qu'au contenu donné sur le réchauffement climatique. Nous savons désormais reconnaitre une information fiable.
Notre intention de lecture était de comparer ce que l'on pensait avant d'avoir étudié ce document avec ce que l'on sait maintenant, de mesurer l'évolution de nos connaissances.

- *Ouvrez vos livrets à la page 71 (activité B). Vous devez compléter à nouveau le tableau, mais cette fois dans les colonnes blanches, en indiquant si vous êtes d'accord, pas d'accord ou si vous ne savez pas. Vous devez justifier votre réponse d'aujourd'hui dans la case de droite. Vous verrez que vos avis auront peut-être changé par rapport à la première fois que vous aviez rempli le tableau.*

≠

Profils de lecteurs	Modalités de lecture et de travail
Lecteur en difficulté	Lecture et réponses avec l'enseignant.e.
Faible compreneur	Constitution d'un groupe reprenant ces deux catégories d'élèves : lecture et réponses en commun.
Faible déchiffreur	
Normo-lecteur	Lecture et réponses autonomes.

- Mettre en commun. Discussion collective : pointer l'évolution des réponses et chercher la raison avec retour systématique aux documents. Identifier concrètement ce qui permet de changer la première réponse (grâce aux documents et au travail de compréhension mené). Pour chaque énoncé, faire écrire une phrase qui sera un texte collectif de référence.

PHASE 3 Bilan 15' écrit individuel

Objectif :

▶ Garder une trace des procédures mises en œuvre pour comprendre.

- Projeter le poster des stratégies.
Ouvrez vos livrets à la page 79 et réalisez l'activité E. Vous allez résumer ce que vous avez appris à faire grâce aux différentes stratégies.
Mettre en commun.
Réponses attendues :

Avec la stratégie du lièvre et de la tortue, j'ai lu les informations qui pouvaient être utiles, notamment pour vérifier la fiabilité des informations.	Avec la stratégie de l'araignée, j'ai relié différentes données pour remettre en cause la fiabilité d'une information (date actuelle et date du document).	Avec la stratégie du perroquet, avec l'enseignant.e, nous avons défini le mot « fiabilité ».	Avec la stratégie du chien, j'ai compris qu'un employé pouvait mentir dans le but de défendre son entreprise.	Avec la stratégie du hibou, j'ai fait appel à mes connaissances concernant les réactions à avoir face à un document trouvé sur Internet, je me suis appuyé sur ce que je savais sur les compagnies pétrolières, les réseaux sociaux...

SÉQUENCE 4

MAFALDA

PRÉSENTATION DU TEXTE

- **Titre :** *Mafalda*
- **Auteur :** Quino
- **Origines :** *Mafalda (tome 1)*
  Le club de Mafalda (tome 10)
- **Éditeur :** Glénat
- **Type de texte :** narratif
- **Genre :** bande dessinée

PRÉPARATION

POURQUOI CE TEXTE ?

Nous avons choisi cette bande dessinée car :
- elle est narrative ;
- c'est un récit de vie ;
- elle est dessinée ;
- elle se présente sous forme de bandes et non de planches ;
- l'héroïne est une enfant ;
- elle est d'actualité, malgré la date à laquelle elle a été écrite ;
- chaque histoire repose sur une chronologie dans laquelle les personnages sont bien identifiés et interagissent.

QU'Y A-T-IL À COMPRENDRE DANS CETTE BANDE DESSINÉE ?

Il s'agit d'une question fondamentale à laquelle l'enseignant.e doit avoir répondu avant de lancer le travail de compréhension. Ainsi, il sera possible de dire aux élèves « Bravo, tu as compris que... », au lieu de simplement dire « Tu as compris ». Répondre à cette question peut sembler facile, mais c'est en réalité très difficile.

Avec *Mafalda*, le lecteur doit comprendre que l'auteur-dessinateur Quino critique le monde, la société : il fait dire à une enfant, Mafalda, ce que les adultes pensent et disent tout bas. Mafalda est une toute petite fille, elle a 5 ou 6 ans, mais elle s'exprime et pense comme une adulte. Elle se pose beaucoup de questions, elle essaie de comprendre les adultes, ses amis... Quino veut nous faire rire et réfléchir en même temps.

Au regard de cette analyse, l'intention de lecture communiquée aux élèves sera de chercher ce que nous comprenons grâce aux illustrations et ce que nous comprenons grâce au texte, puis de comparer les deux.

QUEL OUTIL UTILISER POUR AMENER LES ÉLÈVES À COMPRENDRE CE TEXTE ?

Dans cette BD, il s'agira de faire apparaitre, de rendre lisible :
- les 2 degrés du message : la situation et le propos de l'auteur ;
- le rapport texte-image.

LA LECTURE ANNOTÉE semble être un outil adapté pour accéder au sens de cette bande dessinée. JAC vous conseille de relire le paragraphe dédié à cet outil dans l'introduction (page 19).

MISE EN ŒUVRE

DÉMARCHE DE LA SÉQUENCE

SEMAINE 1			
SÉANCE 1 45 min.	Phase 1	Grand déballage	12 min.
	Phase 2	Catégorisation	18 min.
	Phase 3	Découverte de l'auteur, de l'héroïne et du genre	15 min.
SÉANCE 2 45 min.	Phase 1	Découverte	5 min.
	Phase 2	Annotation de la vignette 1	12 min.
	Phase 3	Annotation de la vignette 2	12 min.
	Phase 4	Annotation de la vignette 3	12 min.
	Phase 5	Clôture	4 min.
SEMAINE 2			
SÉANCE 3 45 min.	Phase 1	Rappels	5 min.
	Phase 2	Annotation de la vignette 4	12 min.
	Phase 3	Annotation de la vignette 5	12 min.
	Phase 4	Annotation de la vignette 6	12 min.
	Phase 5	Clôture	4 min.
SÉANCE 4 45 min.	Phase 1	Découverte	3 min.
	Phase 2	Annotation de la vignette 1	7 min.
	Phase 3	Annotation de la vignette 2	7 min.
	Phase 4	Annotation de la vignette 3	7 min.
	Phase 5	Annotation de la vignette 4	5 min.
	Phase 6	Clôture	6 min.
	Phase 7	Bilan	10 min.

MATÉRIEL

- Planches de BD, p. 28 (Ressources)
- Livret de l'élève, p. 80-88 (Ressources)
- Support de présentation numérique « Mafalda »

SÉANCE 1

PHASE 1 Grand déballage 12' oral collectif

Objectif :
▶ Recueillir les connaissances des élèves sur la bande dessinée.

Nous allons découvrir un nouveau genre. Nous allons étudier des textes qui racontent des histoires ; des textes narratifs, mais sous une forme particulière. Nous allons lire et apprendre à comprendre des bandes dessinées.

Cette activité fait référence aux travaux de Jacqueline Picoche et s'appelle « le grand déballage ». Il ne s'agit pas de s'arrêter aux mots « bande dessinée », mais d'accueillir les idées des élèves concernant l'objet BD, le thème de la BD.

- *Je vais vous donner un mot et vous devez me dire tout ce à quoi il vous fait penser ; il s'agit d'utiliser la* ***stratégie du perroquet****.*
  Si je dis « bande dessinée », à quoi pensez-vous ?
  Laisser les élèves s'exprimer. Écrire au tableau toutes leurs propositions sous forme de liste non organisée. Leur demander d'expliquer pourquoi ils proposent tel mot : *Tu dis* Tintin, *peux-tu nous expliquer ce que c'est ou de qui il s'agit ?*
  Voici une proposition de liste de mots à collecter :

BD	dessin	texte	Astérix	drôle	bulle	Tintin	mangas
album	Avengers	amusant	Obélix	Titeuf	image	bulle de pensée	auteur

  Voici une liste de questions pour recueillir ces mots :
  Qu'est-ce qu'une BD ?
  Connaissez-vous des personnages de BD ?
  Qui fabrique des BD ?
  Connaissez-vous des auteurs de BD ?
  Quelles émotions provoque la BD ?

- Remplir collectivement le poster des stratégies (dictée à l'adulte) :
  Stratégie du perroquet : Collecter des mots en lien avec « bande dessinée » pour mieux comprendre ce qu'est une BD.
  Stratégie du hibou : Se servir de ses connaissances sur la bande dessinée.

PHASE 2 Catégorisation 18' oral collectif

Objectif :
▶ Catégoriser les mots recueillis.

Cette activité fait référence aux travaux de Micheline Cellier sur les fleurs lexicales. Elle permet d'organiser les idées des élèves. Il ne s'agit pas d'obtenir la fleur lexicale de la page suivante. Les élèves, avec votre aide, doivent créer leur propre fleur lexicale.

- Projeter la fleur lexicale disponible dans les ressources, p. 80.

- *Ouvrez vos livrets à la page 80. Il y a la même fleur qu'au tableau. Nous allons réaliser ensemble l'activité A. Nous allons écrire, dans chaque pétale, les mots collectés qui vont ensemble.*
  Laisser les élèves s'exprimer. Ne pas valider ou invalider leurs réponses. Noter, dans chaque pétale, les mots indiqués. Un mot peut se retrouver dans plusieurs pétales.

4A

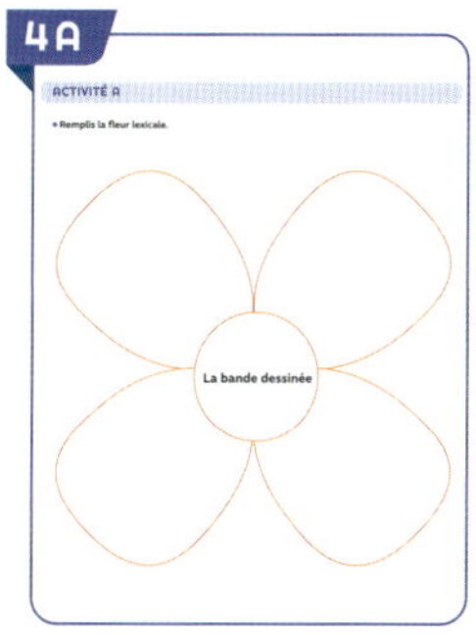

Illustrer et/ou expliciter chaque mot difficile (*vignette*, *bulle*...). Les élèves écrivent dans leur livret en même temps.

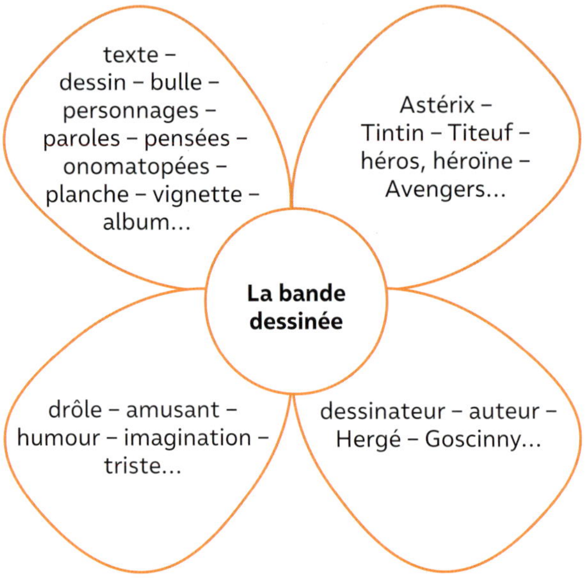

Nous allons maintenant devoir trouver le thème de chaque pétale, un nom pour chaque catégorie.
Pointer une catégorie.
Quel nom pouvons-nous donner à cette catégorie ? Pour quelles raisons les mots y sont-ils rassemblés ?
Laisser les élèves s'exprimer en leur demandant de justifier leurs réponses. Valider ou invalider leurs réponses.
Résumer leurs propos et écrire le nom choisi pour la catégorie.
Les élèves écrivent dans leur livret en même temps.
Recommencer pour chaque catégorie.
Aider les élèves en disant par exemple : *Tintin et Titeuf sont ensemble parce que ce sont des personnages de bande dessinée.*

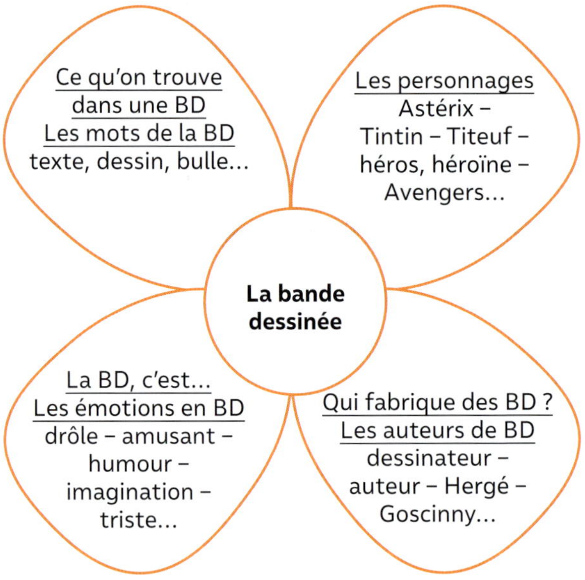

Nous avons revu ou appris des mots en lien avec la bande dessinée, nous les avons catégorisés. Ces mots seront utilisés quand nous parlerons de la bande dessinée Mafalda.

PHASE 3 Découverte de l'auteur, de l'héroïne et du genre 15' oral collectif

Objectifs :

- Découvrir l'auteur et l'héroïne ;
- Découvrir ce qu'est une bande dessinée ;
- Se projeter dans l'histoire avant même d'avoir commencé à lire ;
- Se donner une intention de lecture.

- *Ouvrez vos livrets à la page 81 (activité B).*
Lisez le paragraphe « Qui était Quino ? Qui est Mafalda ? »
Qui était Quino ? Qui est Mafalda ?

Lisez le prargraphe « Qu'est-ce qu'une bande dessinée ? »
Qu'est-ce qu'une bande dessinée ?

Nous allons lire deux planches de la bande dessinée Mafalda. *Mafalda est une petite fille qui s'exprime et pense comme une adulte. Elle se pose beaucoup de questions, essaie de comprendre les adultes, ses amis... Ce personnage permet à Quino de critiquer le monde, la société ; il fait dire à son héroïne ce que les adultes pensent et disent tout bas. En lisant les histoires de Mafalda, nous allons rire et réfléchir en même temps. Notre intention de lecture sera de lire ces deux bandes dessinées et de chercher ce qu'on comprend grâce aux illustrations, ce qu'on comprend grâce au texte, puis nous comparerons les deux.*

SÉANCE 2

PHASE 1 Découverte 5' travail individuel

Objectif :
▶ Comprendre le contexte de l'histoire.

Qu'y a-t-il à comprendre dans cette histoire ?
Dans cette histoire, le lecteur doit comprendre le décalage entre ce que la maman veut dire (elle a trouvé la recette dans un journal) et ce que Mafalda comprend (la recette a été préparée avec l'encre du journal).

Pour commencer, vous allez lire la bande dessinée projetée et comprendre 3 choses :
– qui apparait dans l'histoire ;
– où se passe cette histoire ;
– ce qui se passe dans cette histoire.

- Projeter la bande dessinée.

Laisser les élèves lire la bande dessinée.

Profils de lecteurs	Modalités de lecture
Lecteur en difficulté	Lecture avec l'enseignant.e.
Faible compreneur	Lecture autonome.
Faible déchiffreur	Lecture autonome.
Normo-lecteur	Lecture autonome.

- *Ouvrez vos livrets à la page 82 et réalisez l'activité C. Vous allez remplir le tableau en répondant aux questions posées.*
  Mettre en commun.

Qui ?	Où ?	Que se passe-t-il ?
Mafalda	Dans la cuisine.	Mafalda n'aime pas le repas préparé par sa maman.
Sa maman		

PHASE 2 Annotation de la vignette 1 12' oral collectif

Objectif :
▸ Comprendre la vignette 1 par annotation.

- Projeter la bande dessinée.
  Combien y a-t-il de vignettes dans cette bande dessinée ?
  PRÉLEVER 6

Nous allons maintenant chercher à comprendre chacune des 6 vignettes de cette bande dessinée, une par une.

- Projeter le tableau suivant :

<table>
<tr><th>Ce que nous dit le texte</th><th rowspan="2"></th><th>Ce que nous apprend le dessin</th></tr>
<tr><td></td><td></td></tr>
<tr><td colspan="3"></td></tr>
</table>

- Lire le titre des 2 colonnes.
  Que va-t-il falloir écrire dans le tableau ?
  Ce que nous apprenons grâce au texte d'un côté et ce que nous apprenons avec les dessins de l'autre côté.
  Dire aux élèves que la ligne du bas servira à écrire un bilan.

- *Lisez la bulle.*
  De quel type de bulle s'agit-il ? À quoi sert-elle ?
  C'est une bulle de pensée. Grâce à elle, le lecteur sait ce que pense Mafalda. Sa maman, qui n'est pas loin, n'entend pas ceci.
  Qu'apprenons-nous avec le texte ?
  PRÉLEVER INFÉRER *Mafalda a envie de gouter ce qu'elle a dans son assiette. L'onomatopée « MMMMHHH » veut dire « Hum » : ce qu'elle a dans son assiette lui fait envie, elle a faim, elle a envie de manger.*
  Que pouvons-nous écrire dans la 1re colonne du tableau ?
  Laisser les élèves s'exprimer. Écrire leurs propositions si elles sont validées par le groupe classe.

– Mafalda a envie de gouter ce qu'elle a dans son assiette.
– Ce que Mafalda a dans son assiette lui fait envie.
– Mafalda a faim, elle a envie de manger ce qu'elle voit dans son assiette.

- ***Que voyons-nous sur le dessin ? Qu'apprenons-nous grâce à lui ?***
  PRÉLEVER INFÉRER *Mafalda se lèche les babines. Elle salive (saliver : avoir envie de manger). Elle a envie de manger ce qu'elle voit dans son assiette (couvert levé). Nous ne savons pas ce que c'est : entrée ? plat ? dessert ? gouter ?*
  Si les élèves utilisent des expressions telles que « avoir l'eau à la bouche », « se lécher les babines » ou des mots peu courants « saliver », « appétissant », se mettre d'accord sur le sens de ces mots et expressions ; il s'agit d'utiliser la **stratégie du perroquet**.
  Que pouvons-nous écrire dans la 3e colonne du tableau ?
  Laisser les élèves s'exprimer. Écrire leurs propositions si elles sont validées par le groupe classe.
  – Mafalda salive en voyant son assiette.
  – Mafalda a l'eau à la bouche en voyant son assiette.
  – Mafalda se lèche les babines en voyant son assiette.
  – Ce qui est dans l'assiette de Mafalda est appétissant.

- ***Si on compare ce que nous apprend le texte (montrer la colonne de gauche) et ce que nous apprend le dessin (montrer la colonne de droite), que pouvons-nous dire ?***
  INTERPRÉTER *Nous pouvons dire que le texte et le dessin nous apprennent ici les mêmes choses : Mafalda a envie de manger ce qu'elle voit dans son assiette.*
  Que comprenons-nous grâce au texte et au dessin ?
  Laisser les élèves s'exprimer. Écrire leurs propositions dans la dernière ligne du tableau si elles sont validées par le groupe classe.
  Le texte et le dessin nous apprennent la même chose : Mafalda a envie de manger ce qu'elle voit dans son assiette.

Nous commençons à répondre à notre intention de lecture.

- Remplir collectivement le poster des stratégies (dictée à l'adulte) :
  Stratégie du perroquet : Utiliser des expressions comme « avoir l'eau à la bouche », « se lécher les babines » ou des mots rares comme « saliver = produire de la salive = avoir envie de manger ce que l'on voit ».

PHASE 3 Annotation de la vignette 2 12' oral collectif

Objectif :
▶ Comprendre la vignette 2 par annotation.

- Projeter le tableau suivant :

Ce que nous dit le texte		Ce que nous apprend le dessin

- *Regardez la vignette 2.*

  Que remarquez-vous ?

  Il n'y a pas de texte, il n'y a qu'un dessin.

  Que pouvons-nous faire dans la colonne de gauche comme il n'y a pas de texte ?

  Ne rien écrire ou faire une croix.

  Faire une croix au tableau sur la projection.

- ***Que voyons-nous sur le dessin ? Qu'apprenons-nous grâce à lui ?***

  INFÉRER PRÉLEVER ***Ce que le dessin nous apprend sur ce que pense Mafalda :***

  – Mafalda a l'air surprise, triste, déçue…

  – Elle a aussi l'air embarrassée : le gout de ce qu'elle a dans la bouche ne semble pas lui plaire.

  – Mafalda nous regarde ; le dessinateur a choisi de plonger ses yeux dans ceux du lecteur (ce n'était pas le cas dans la vignette 1). C'est comme si elle nous parlait avec ses yeux, comme si elle voulait nous dire ce qu'elle pense.

  Ce que le dessin nous apprend sur le plat :

  – Le plat n'a pas l'air bon, il ne semble pas être au gout de Mafalda.

  – Il avait l'air appétissant et finalement, il est mauvais.

  Que pouvons-nous écrire dans la 3e colonne du tableau ?

  Laisser les élèves s'exprimer. Écrire leurs propositions si elles sont validées par le groupe classe.

  – Le plat n'est pas bon.

  – Mafalda n'aime pas le gout de ce qu'elle a dans la bouche.

  – Elle est surprise car elle s'attendait à ce que ce soit bon.

  – Elle est surprise et même un peu embarrassée…

- Dessiner une bulle de pensée dans la 1re colonne.

  Que pouvons-nous imaginer comme bulle de pensée pour cette vignette ? Il s'agit d'utiliser la stratégie du chien.

  Laisser les élèves proposer leurs idées. Valider ou invalider leurs réponses.

  Résumer les propos.

  – Oups, qu'est-ce que c'est que ce gout ?

  – Oh, c'est pas bon !

  – Glurp, c'est dégoutant.

  – Qu'est-ce que c'est que ce truc ?

  – Ah mince, je ne vais pas pouvoir avaler ça…

- *Ouvrez vos livrets à la page 82 et réalisez l'activité D. Vous allez écrire ce que pense Mafalda selon vous.*

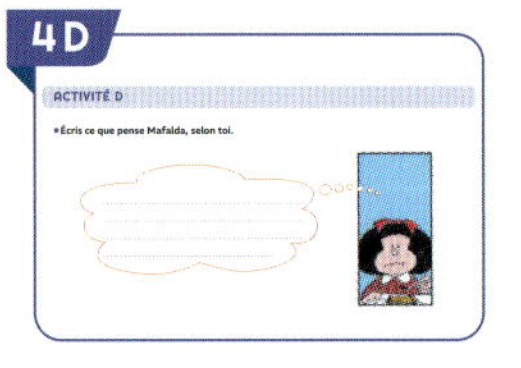

- Remplir collectivement le poster des stratégies (dictée à l'adulte) :

Stratégie du chien : Imaginer la pensée de Mafalda en prenant appui sur ce que l'on sait de l'histoire, la grimace de Mafalda et le dessin.

PHASE 4 Annotation de la vignette 3 (12') écrit individuel

Objectif :
- Comprendre la vignette 3 par annotation.

- Projeter le tableau suivant :

Ce que pense Mafalda		Ce que nous apprend le dessin
		....

- *Regardez la vignette 3.*
- *Ouvrez vos livrets à la page 83 et réalisez l'activité E. Vous allez refaire individuellement le même travail que précédemment : indiquer ce que le dessin vous apprend, puis imaginer ce que pourrait penser Mafalda.*
Vous pouvez proposer une différenciation des modalités de travail.
Mettre en commun.

Ce que pense Mafalda		Ce que nous apprend le dessin
Beurk, ce plat est dégoutant, infect, immangeable.		Le plat est immangeable. Le plat est vraiment raté, dégoutant. Mafalda trouve que ce que sa maman a cuisiné est raté. Mafalda est dégoutée. Mafalda a l'air très déçue.

PHASE 5 Clôture (4') oral collectif

Objectif :
- Faire le bilan de cette première phase de compréhension.

- Projeter les 3 vignettes étudiées.
Qu'avons-nous appris et compris dans le début de cette histoire ?
APPRÉCIER
– La maman de Mafalda a cuisiné un plat qui a l'air appétissant.
– Mafalda a très envie de le gouter.
– Mais quand elle le mange, elle ne le trouve vraiment pas bon.
Qui sait que le plat est raté ?
PRÉLEVER *Mafalda*
Quel problème cela pose-t-il que le plat ait l'air appétissant quand on le regarde et que finalement il soit raté ?
APPRÉCIER
– Il va falloir le dire à la maman.
– La maman va être déçue.
– La maman ne s'attend pas à ça.

SÉANCE 3

PHASE 1 Rappels 5' oral collectif

Objectif :
▶ Redire ce qu'on a compris et retenu de l'histoire.

- Projeter les 3 vignettes étudiées.
Qu'avons-nous appris et compris dans le début de cette histoire ?
Se référer à la dernière phase de la séance précédente.

PHASE 2 Annotation de la vignette 4 12' oral collectif et écrit individuel

Objectif :
▶ Comprendre la vignette 4 par annotation.

- *Ouvrez vos livrets à la page 83 (activité F), vous en aurez besoin.*
- Projeter le tableau suivant :

Ce que nous dit le texte		Ce que nous apprend le dessin

- *Lisez les bulles de la vignette 4.*

Profils de lecteurs	Modalités de lecture
Lecteur en difficulté	Lecture avec l'enseignant.e.
Faible compreneur	Lecture autonome.
Faible déchiffreur	Lecture autonome.
Normo-lecteur	Lecture autonome.

Les mots à récolter sont en vert : quand les élèves les diront, les noter au tableau, ils les aideront à formuler leurs idées par écrit dans l'activité.

- *De quel type de bulles s'agit-il ?*
Ce sont 2 bulles de paroles. Dans la première bulle, c'est la maman qui parle, elle pose une question, et dans la deuxième bulle, c'est Mafalda qui répond. Nous ne voyons pas la maman, mais l'appendice (la queue de la bulle) est placée vers l'extérieur de la vignette.

Comment enseigner explicitement le vocabulaire ? Si les élèves utilisent des mots ou expressions peu connus, se mettre d'accord sur le sens de ces mots et expressions, utiliser des synonymes ; il s'agira d'utiliser la ***stratégie du perroquet****. Nous vous conseillons d'anticiper le vocabulaire qui pourrait être utilisé, vous pourrez ainsi répondre au mieux et favoriser la compréhension des élèves.*

PRÉLEVER Que nous apprend ce dialogue entre Mafalda et sa maman ?
– Nous apprenons que le plat est un feuilleté aux pommes.
– La maman veut connaitre l'avis de sa fille. Elle lui pose une question embarrassante : elle lui demande ce qu'elle en pense.
– Mafalda hésite. Elle commence par dire « Hum », puis il y a un silence « … ». Elle ajoute ensuite « Bien », puis après un nouveau silence, elle ajoute « Pas mal ». Puis elle finit par poser une question « D'où tu sors cette recette ? » Faire remarquer aux élèves que Mafalda emploie le mot « sors ».
– Elle répond à sa maman par une question ; elle lui redonne la parole pour ne pas répondre à la question « Est-ce que c'est bon ? »
*Avec la **stratégie du chien**, nous comprenons que Mafalda est gênée car elle ne veut pas vexer sa mère.*

Que veut dire Mafalda en demandant « D'où tu sors cette recette ? » ?
INTERPRÉTER *Mafalda demande à sa maman où elle a trouvé cette recette (sors = trouvé).*

- *Remplissez la première colonne du tableau dans votre livret (activité F, p. 83).*
  Mettre en commun.
  La maman de Mafalda veut savoir ce que sa fille pense de son feuilleté aux pommes. Mafalda répond en hésitant et en posant une question à sa maman.

- Que voyons-nous sur le dessin ? Qu'apprenons-nous grâce à lui ?
  PRÉLEVER INFÉRER *Nous voyons une petite fille qui touche sa lèvre inférieure car elle hésite. Ses yeux grand ouverts montrent aussi qu'elle est gênée, mal à l'aise, un peu timide, confuse, embarrassée. Elle semble même un peu triste et stressée.*

- *Remplissez la troisième colonne du tableau dans votre livret.*
  Mettre en commun.
  Mafalda hésite à donner son avis. Elle est gênée.

- Si on compare ce que nous apprend le texte et ce que nous apprend le dessin, que pouvons-nous dire ?
  *Nous pouvons faire des liens entre ce que veut savoir la maman (Est-ce que le feuilleté est bon ?), ce que répond Mafalda (elle demande d'où vient cette recette) et le dessin ; il s'agit d'utiliser la **stratégie de l'araignée**.*
  Nous pouvons dire que le texte et le dessin nous apprennent les mêmes choses : Mafalda hésite à dire ce qu'elle pense : le feuilleté aux pommes est raté. Elle est gênée par la question de sa maman.

- *Remplissez la dernière ligne du tableau dans votre livret.*
  Mettre en commun.
  Le texte et le dessin nous apprennent la même chose : Mafalda est gênée par la question de sa maman, elle ne veut pas lui dire que son feuilleté aux pommes est raté.
  Nous venons de répondre en partie à notre intention de lecture.

- Remplir collectivement le poster des stratégies (dictée à l'adulte) :
  Stratégie du perroquet : Utiliser des synonymes : *gênée = mal à l'aise, timide, intimidée, confuse…*
  Stratégie de l'araignée : Relier le dessin de Mafalda (son air confus) et ce qu'elle dit.
  Stratégie du chien : Comprendre les pensées de Mafalda et le fait qu'elle ne veut pas vexer sa maman.

PHASE 3 Annotation de la vignette 5 12' oral collectif et écrit individuel

Objectif :

- Comprendre la vignette 5 par annotation.

- *Allez à la page 84 de votre livret (activité G), vous en aurez besoin.*
- Projeter le tableau suivant :

Ce que nous dit le texte		Ce que nous apprend le dessin

- *Lisez la bulle de la vignette 5.*

  De quel type de bulle s'agit-il ?

  C'est une bulle de parole.

  Qu'apprenons-nous avec le texte ?

  PRÉLEVER *La maman répond à la question de Mafalda. Mafalda lui a demandé d'où sortait la recette, la maman répond « Du journal ».*

  Que veut dire la maman en disant « Du journal » ?

  INTERPRÉTER *La maman veut dire « Je sors ma recette du journal ».*

  Pour comprendre ce qui est dit, il faut que les élèves formulent à l'oral la réponse complète de la maman en reprenant les mots de la question de Mafalda.

  Que veut dire la maman en disant « Je sors ma recette du journal » ?

  INTERPRÉTER *La maman veut dire « J'ai lu cette recette dans le journal », « J'ai trouvé la recette dans le journal ».*

- *Remplissez la première colonne du tableau dans votre livret (activité G, p. 84).*

  Mettre en commun.

  « Je sors ma recette du journal. »

  Nous apprenons que la maman a trouvé cette recette dans le journal.

  Nous apprenons que la maman a lu cette recette dans le journal.

- ***Que voyons-nous sur le dessin ? Qu'apprenons-nous, que comprenons-nous grâce à lui ?***

  PRÉLEVER INFÉRER *Nous voyons que la maman sourit en répondant à sa fille. Elle se retourne pour la regarder et lui répondre. Nous pouvons imaginer qu'elle est contente ; contente que sa fille se demande d'où vient cette recette. La maman pense que Mafalda aime le feuilleté aux pommes. Nous avons utilisé la* ***stratégie du chien*** *en imaginant ce que la maman pense.*

- *Remplissez la troisième colonne du tableau dans votre livret.*

  Mettre en commun.

  La maman sourit, elle est contente.

  La maman pense que Mafalda aime son feuilleté aux pommes.

- ***Si on compare ce que nous apprend le texte et ce que nous apprend le dessin, que pouvons-nous dire ?***

INTERPRÉTER *Mafalda n'ose pas avouer à sa maman que son feuilleté aux pommes n'est pas bon. Comme Mafalda semble s'intéresser à la recette, la maman comprend que sa fille se régale. Elle est contente.*

- *Remplissez la dernière ligne du tableau dans votre livret.*
  Mettre en commun.
  La maman est contente. Pourquoi ? Parce que Mafalda s'intéresse à sa recette.

Nous venons de répondre en partie à notre intention de lecture.

- Remplir collectivement le poster des stratégies (dictée à l'adulte) :
  Stratégie du chien : Imaginer ce que pense la maman en se basant sur une expression du visage.

PHASE 4 Annotation de la vignette 6 (12') oral collectif et écrit individuel

Objectif :
- Comprendre la vignette 6 par annotation.

- *Gardez vos livrets ouverts à la page 84 (activité H), vous en aurez besoin.*
- Projeter le tableau suivant :

Ce que nous dit le texte		Ce que nous apprend le dessin

- *Lisez la bulle de la vignette 6.*

De quel type de bulle s'agit-il ?
C'est une bulle de pensée. Mafalda pense, elle se parle à elle-même.

Que se dit Mafalda ?
PRÉLEVER *Qu'il y a un arrière-gout.*

Que signifie « arrière-gout » ?
Nous devons nous mettre d'accord sur le sens de ce mot ; il s'agit d'utiliser la ***stratégie du perroquet****.*
C'est un gout désagréable, un gout qui reste longtemps dans la bouche après qu'on a mangé.

Mafalda se dit que le feuilleté avait un arrière-gout de quoi ?
PRÉLEVER *D'encre.*

Qu'est-ce que l'encre ?
C'est le liquide qui sert à écrire avec un stylo ou à imprimer avec une imprimante.

Qu'a compris Mafalda quand sa maman lui a dit que sa recette sortait du journal ?
INTERPRÉTER *Mafalda a compris que sa maman avait utilisé l'encre du journal pour cuisiner. Elle pense que sa maman vient de lui dire qu'elle a préparé un feuilleté aux pommes à l'encre de journal.*

Quels mots nous montrent ce qu'elle a compris ?
INFÉRER *Les mots « C'était donc ça ! » nous apprennent que Mafalda a déduit que l'arrière-gout du feuilleté venait de l'encre que sa maman avait mise dedans. « C'était donc ça ! » signifie « Ah, je comprends ! » ; il s'agit d'utiliser la* ***stratégie du perroquet****.*

- *Remplissez la première colonne du tableau dans votre livret (activité H, p. 84).*
  Mettre en commun.
  Mafalda croit que sa maman a mis de l'encre dans sa recette, ce qui explique le mauvais gout.

- ***Que voyons-nous sur le dessin ? Qu'apprenons-nous grâce à lui ?***
  Mafalda regarde son assiette, elle tire un petit bout de langue, elle semble comprendre quelque chose.
  Que semble-t-elle se dire ?
  INFÉRER
  « J'ai compris pourquoi ce n'est pas bon, c'est l'encre. »
  « Quelle idée d'avoir mis de l'encre dans une recette. »
  « C'est vraiment pas bon un feuilleté à l'encre. »
  « De l'encre ?!? »

- *Remplissez la troisième colonne du tableau dans votre livret.*
  Mettre en commun.
  Mafalda regarde son assiette ; elle semble comprendre pourquoi ce n'est pas bon.

- ***Si on compare ce que nous apprend le texte et ce que nous apprend le dessin, que pouvons-nous dire ?***
  Nous pouvons dire que le texte et le dessin nous apprennent les mêmes choses : Mafalda comprend pourquoi elle n'aime pas ce feuilleté : c'est parce qu'il contient de l'encre.

- *Remplissez la dernière ligne du tableau dans votre livret.*
  Mettre en commun.
  Le texte et le dessin disent la même chose.

Nous venons de répondre en partie à notre intention de lecture.

- Remplir collectivement le poster des stratégies (dictée à l'adulte) :
  Stratégie du perroquet : Chercher le sens du mot « arrière-gout ». Dire une expression avec nos mots : « C'était donc ça = Ah, je comprends ! »

PHASE 5 Clôture 4' travail individuel, puis oral collectif

Objectif :
- Faire le bilan de cette histoire.

Nous allons parler de l'humour dans cette histoire.

- *Ouvrez vos livrets à la page 85 et réalisez l'activité I. Vous allez chercher pourquoi cette histoire est drôle en cochant les cases de l'activité I.*
  Mettre en commun.
  L'exercice sur le livret arrivant avant le débat, il provoquera une mise en activité de l'élève sur des possibles. La discussion collective sera une phase d'explicitation des raisonnements, de confrontation des stratégies et donc d'enseignement.

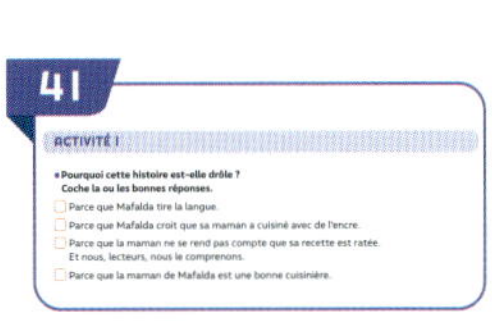
41
ACTIVITÉ I
- **Pourquoi cette histoire est-elle drôle ?**
  Coche la ou les bonnes réponses.
- [ ] Parce que Mafalda tire la langue.
- [ ] Parce que Mafalda croit que sa maman a cuisiné avec de l'encre.
- [ ] Parce que la maman ne se rend pas compte que sa recette est ratée. Et nous, lecteurs, nous le comprenons.
- [ ] Parce que la maman de Mafalda est une bonne cuisinière.

  Est-ce que cette histoire est drôle ?
  APPRÉCIER *Oui.*
  Pourquoi cette histoire est-elle drôle ? Qu'est-ce qui vous a fait rire ?
  Laisser les élèves s'exprimer et étayer leurs propos en vous aidant de ces éléments :
  – Mafalda croit que sa maman a vraiment cuisiné avec de l'encre, ce qui est impossible.
  – Mafalda pense que sa maman a cuisiné avec de l'encre sur un malentendu, à cause d'un jeu de mot : Mafalda demande d'où sort la recette. La maman répond « du journal ». Mafalda comprend que sa maman a sorti l'encre du journal pour cuisiner.

– *L'attitude de Mafalda est attendrissante, elle doit se dire : « Pauvre maman, elle ne doit pas savoir que l'encre, dans une recette, ce n'est pas bon. Elle a voulu bien faire en suivant la recette. »*
– *L'humour vient aussi du fait que nous, lecteurs, sommes les seuls à comprendre que la recette est vraiment ratée. La maman n'a pas réussi la recette qu'elle a lue dans le journal. La maman a mal cuisiné, mais elle ne le sait pas.*

SÉANCE 4

PHASE 1 Découverte 3' travail individuel

Objectif :
▶ Comprendre le contexte de l'histoire.

Qu'y a-t-il à comprendre dans cette histoire ?
Dans cette histoire, le lecteur doit comprendre que la différence, même infime, attise la curiosité des autres. Ce qui est drôle dans cette histoire, c'est que la différence de Mafalda est minime, mais que l'intérêt que les autres portent à cette différence est énorme.

Pour commencer, vous allez lire la bande dessinée projetée et comprendre 2 choses :
– qui apparait dans l'histoire ;
– où se passe l'histoire.

- Projeter la bande dessinée.

Laisser les élèves lire la bande dessinée.

Profils de lecteurs	Modalités de lecture
Lecteur en difficulté	Lecture avec l'enseignant.e.
Faible compreneur	Lecture autonome.
Faible déchiffreur	Lecture autonome.
Normo-lecteur	Lecture autonome.

- *Ouvrez vos livrets à la page 85 et réalisez l'activité J. Vous allez remplir le tableau en répondant aux questions posées.*
Mettre en commun.

Qui ?	Où ?
Mafalda	Dans la cour d'école.
Une autre petite fille	
D'autres élèves	

PHASE 2 Annotation de la vignette 1 7' oral collectif et écrit individuel

Objectif :
- Comprendre la vignette 1 par annotation.

- Projeter la bande dessinée.
  Combien y a-t-il de vignettes dans cette bande dessinée ?
  PRÉLEVER 4

Nous allons maintenant chercher à comprendre chacune des 4 vignettes de cette bande dessinée, une par une. Nous allons le faire ensemble. La petite fille qui parle avec Mafalda s'appelle Susanita. C'est son amie.

- *Ouvrez vos livrets à la page 86 (activité K), vous en aurez besoin.*

- Projeter le tableau suivant :

Ce que nous dit le texte		Ce que nous apprend le dessin

- *Lisez les bulles de la vignette 1.*
  De quel type de bulles s'agit-il ?
  Ce sont deux bulles de paroles.
  Qu'apprenons-nous avec le texte ?
  PRÉLEVER *Susanita dit à Mafalda qu'elle ne peut pas la croire. Mafalda répond que pourtant, c'est vrai. Nous ne savons pas de quoi elles parlent.*

- *Remplissez la première colonne du tableau dans votre livret (activité K, p. 86).*
  Mettre en commun.

- *Que voyons-nous sur le dessin ? Qu'apprenons-nous grâce à lui ?*
  PRÉLEVER *Les fillettes sont à l'école. Elles parlent.*

- *Remplissez la troisième colonne du tableau dans votre livret.*
  Mettre en commun.

- *Si on compare ce que nous apprend le texte et ce que nous apprend le dessin, que pouvons-nous dire ?*
  Le texte indique que Susanita a du mal à croire ce que Mafalda lui dit. Le dessin montre que cela se passe dans une cour de récréation.

- *Remplissez la dernière ligne du tableau dans votre livret.*
  Mettre en commun.
  Nous commençons à répondre à notre intention de lecture.

PHASE 3 Annotation de la vignette 2 7' oral collectif et écrit individuel

Objectif :
- Comprendre la vignette 2 par annotation.

- *Gardez vos livrets ouverts à la page 86 (activité L), vous en aurez besoin.*

- Projeter le tableau suivant :

<table>
<tr><th>Ce que nous dit le texte</th><th rowspan="2">
</th><th>Ce que nous apprend le dessin</th></tr>
<tr><td></td><td></td></tr>
<tr><td colspan="3"></td></tr>
</table>

- *Lisez les bulles de la vignette 2.*
  De quel type de bulles s'agit-il ?
  Ce sont deux bulles de paroles.
  Qu'apprenons-nous avec le texte ?
  INTERPRÉTER *Nous ne savons toujours pas de quoi elles parlent. Susanita insiste. Mafalda ne comprend pas pourquoi elle ne la croit pas. Les deux fillettes savent de quoi elles parlent, mais nous, lecteurs, nous l'ignorons. L'auteur nous laisse l'imaginer, c'est volontaire de sa part.*

- *Remplissez la première colonne du tableau dans votre livret (activité L, p. 86).*
  Mettre en commun.

- ***Que voyons-nous sur le dessin ? Qu'apprenons-nous grâce à lui ?***
  INTERPRÉTER *Nous voyons que Susanita a l'air surprise. Mafalda se rapproche de Susanita et son visage montre qu'elle est agacée, énervée (mais pas encore en colère).*

- *Remplissez la troisième colonne du tableau dans votre livret.*
  Mettre en commun.

- ***Si on compare ce que nous apprend le texte et ce que nous apprend le dessin, que pouvons-nous dire ?***
  Le texte montre que Susanita ne croit toujours pas Mafalda, ce qui agace Mafalda. Le dessin montre l'énervement de Mafalda, elle a une expression énervée (visage).

- *Remplissez la dernière ligne du tableau dans votre livret.*
  Mettre en commun.
  Nous répondons en partie à notre intention de lecture.

PHASE 4 Annotation de la vignette 3 (7') oral collectif et écrit individuel

Objectif :
▸ Comprendre la vignette 3 par annotation.

- *Allez à la page 87 de votre livret (activité M), vous en aurez besoin.*

- Projeter le tableau suivant :

<table>
<tr><th>Ce que nous dit le texte</th><th rowspan="2">
</th><th>Ce que nous apprend le dessin</th></tr>
<tr><td></td><td></td></tr>
<tr><td colspan="3"></td></tr>
</table>

- *Lisez la bulle de la vignette 3.*
  De quel type de bulle s'agit-il ?
  C'est une bulle de parole.

  Qu'apprenons-nous avec le texte ?
  PRÉLEVER *Nous apprenons le sujet de leur conversation : Mafalda n'a pas la télévision chez elle. Mafalda demande à Susanita si elle est une bête curieuse, elle ne comprend pas pourquoi ne pas avoir la télévision est un sujet de curiosité.*
  Nous devons nous mettre d'accord sur le sens de l'expression « bête curieuse » ; il s'agit d'utiliser la ***stratégie du perroquet****. Une bête curieuse, c'est quelqu'un qui a ou qui fait quelque chose qui rend les autres curieux. C'est une expression de sens figuré. Ici, Susanita est curieuse de savoir si c'est vrai que son amie n'a pas la télévision chez elle : cela lui semble impossible.*
- *Remplissez la première colonne du tableau dans votre livret (activité M, p. 87).*
  Mettre en commun.

- ***Que voyons-nous sur le dessin ? Qu'apprenons-nous grâce à lui ?***
  PRÉLEVER *Mafalda crie sur Susanita. Elle crie si fort que les cheveux de son amie s'envolent. Mafalda est vraiment très énervée. Susanita est surprise.*
  Que peut bien penser Mafalda ?
  Il s'agit d'utiliser la ***stratégie du chien****.*
  INFÉRER *Mafalda ne comprend pas pourquoi le sujet intéresse autant Susanita. Elle est énervée car, pour elle, ça n'a aucune importance de ne pas avoir la télévision.*

- *Remplissez la troisième colonne du tableau dans votre livret.*
  Mettre en commun.

- ***Si on compare ce que nous apprend le texte et ce que nous apprend le dessin, que pouvons-nous dire ?***
  Le texte nous apprend que Mafalda ne comprend pas pourquoi ne pas avoir de télévision la rend étrange. Le dessin nous montre l'énervement de Mafalda.

- *Remplissez la dernière ligne du tableau dans votre livret.*
  Mettre en commun.
  Ici, nous répondons en partie à notre intention de lecture.

- Remplir collectivement le poster des stratégies (dictée à l'adulte) :
  Stratégie du perroquet **:** Rechercher le sens de l'expression « être une bête curieuse ».
  Stratégie du chien **:** Se mettre à la place de Mafalda pour comprendre son énervement.

PHASE 5 Annotation de la vignette 4 (5') oral collectif et écrit individuel

Objectif :
▸ Comprendre la vignette 4 par annotation.

- *Gardez vos livrets ouverts à la page 87 (activité N), vous en aurez besoin.*
- Projeter le tableau suivant :

Ce que nous dit le texte		Ce que nous apprend le dessin

- *Regardez la vignette 4.*

Il n'y a pas de texte dans cette vignette. Nous pouvons donc mettre une croix dans la 1re colonne.

- **Que voyons-nous sur le dessin ? Qu'apprenons-nous grâce à cette vignette sans texte ?**
PRÉLEVER et INFÉRER *Tous les élèves de l'école regardent Mafalda. Nous comprenons que le fait que Mafalda n'ait pas la télévision chez elle surprend et intéresse tous les élèves de l'école. Ils sont curieux de voir celle qui n'a pas la télévision chez elle.*
Que peut ressentir Mafalda à ce moment-là ?
APPRÉCIER et INFÉRER *Nous allons essayer de comprendre les émotions des personnages ; il s'agit d'utiliser la* ***stratégie du chien***. *Tous les regards sont centrés sur Mafalda, elle doit ressentir des choses. Elle doit se sentir mal à l'aise, observée, comme une bête curieuse* (employer cette expression). *Elle doit aussi se sentir seule. Le dessinateur arrive à l'isoler au milieu d'une foule d'élèves.*

- *Remplissez la troisième colonne du tableau dans votre livret (activité N, p. 87).*
Mettre en commun.

- Remplir collectivement le poster des stratégies (dictée à l'adulte) :
Stratégie du chien : Comprendre les émotions des personnages ; ce que ressent Mafalda en se mettant à sa place.

PHASE 6 Clôture 6' oral collectif

Objectif :
▶ Faire le bilan de cette histoire.

- Projeter la bande dessinée.
Nous avons cherché ce que nous comprenions grâce aux illustrations et ce que nous comprenions grâce au texte, puis nous avons comparé les 2. C'était notre intention de lecture.
Qu'avons-nous appris et compris dans cette histoire ?
– Mafalda n'a pas la télévision chez elle.
– Son amie Susanita l'apprend. Elle n'arrive pas à y croire, elle n'en revient pas.
– Mafalda ne comprend pas pourquoi ça intéresse autant Susanita.
– Et finalement, ça intéresse tous les élèves de l'école qui n'en reviennent pas que Mafalda n'ait pas la télévision chez elle.
Qu'est-ce que Quino, l'auteur-dessinateur, veut nous dire à travers cette histoire ?
APPRÉCIER *Quino nous parle de la différence.*
Il nous dit que la différence rend les autres curieux.
Mafalda a une différence : elle n'a pas la télévision chez elle. Et cela fait d'elle une bête curieuse. Tout le monde veut voir celle qui n'est pas comme les autres.
Qu'est-ce qui est drôle dans cette histoire ?
APPRÉCIER *Ce qui est drôle dans cette histoire, c'est que la différence de Mafalda est minuscule, mais que l'intérêt que les élèves portent à cette différence est énorme.*
Vous êtes-vous déjà sentis différents des autres ?
APPRÉCIER Ouvrir le débat.

PHASE 7 Bilan 10' oral collectif et écrit individuel

Objectifs :
- Synthétiser les apprentissages sur la bande dessinée ;
- Garder une trace des procédures mises en œuvre pour comprendre.

- *Qu'avons-nous appris sur la manière de comprendre une bande dessinée ?*
– Pour comprendre une BD, il faut comprendre le texte ET les images.
– Il faut utiliser ***la stratégie de l'araignée*** *pour faire des liens entre le texte et les images.*
– Il faut souvent imaginer ce que pensent ou ressentent les personnages avec la ***stratégie du chien****. Le dessin nous aide à voir leurs émotions.*

- Projeter le poster des stratégies.
Ouvrez vos livrets à la page 88 et réalisez l'activité O. Vous allez résumer ce que vous avez appris à faire grâce aux différentes stratégies.
Mettre en commun.
Réponses possibles :

Je n'ai pas utilisé la stratégie de la licorne ; je n'ai pas eu besoin de me faire le film de l'histoire dans la tête, car il y a des illustrations.	Avec la stratégie de l'araignée, j'ai fait des liens entre les bulles et les dessins.	Avec la stratégie du chien, j'ai essayé de comprendre les pensées, les intentions et les émotions des personnages.	Avec la stratégie du perroquet, j'ai collecté des mots en lien avec la « bande dessinée », j'ai cherché et appris le sens de mots et expressions, j'ai utilisé des synonymes.	Avec la stratégie du hibou, je me suis servi de mes connaissances sur la bande dessinée.

SÉQUENCE 5

LE CHAMEAU ET SA BOSSE

PRÉSENTATION DU TEXTE

- **Titre :** *Le Chameau et sa bosse*
- **Auteur :** Rudyard Kipling
- **Origine :** *Histoires comme ça*
- **Date :** 1902 (en anglais)
- **Traduction :** Pierre Gripari
- **Éditeur :** Éditions Gallimard
- **Type de texte :** narratif
- **Genre :** conte étiologique ou conte d'origine

PRÉPARATION

POURQUOI CE TEXTE ?

Nous avons choisi ce conte car :

- c'est un conte étiologique. Les contes étiologiques, appelés aussi « contes du pourquoi », expliquent des phénomènes naturels, comme la particularité d'un animal, de manière imaginaire, fantaisiste ou irréelle. Les actants sont généralement des animaux ;
- c'est un récit court à structure répétitive ;
- il répond à la curiosité des enfants qui s'interrogent souvent sur le pourquoi des choses.

QU'Y A-T-IL À COMPRENDRE DANS CE CONTE ?

Il s'agit d'une question fondamentale à laquelle l'enseignant.e doit avoir répondu avant de lancer le travail de compréhension. Ainsi, il sera possible de dire aux élèves « Bravo, tu as compris que… », au lieu de seulement dire « Tu as compris ». Répondre à cette question peut sembler facile, mais c'est en réalité très difficile.

Dans le conte *Le Chameau et sa bosse*, le lecteur doit comprendre que le chameau (en réalité un dromadaire, puisqu'il n'a qu'une seule bosse) acquiert une particularité à cause d'un défaut. Cependant, deux conclusions sont acceptables :

- s'opposer apporte des ennuis : la bosse est perçue comme un fardeau à porter à vie, un peu comme Atlas doit porter la voûte céleste éternellement ;
- s'opposer rend plus fort : la bosse est un avantage que le chameau a sur les autres animaux, elle lui assure sa survie dans le désert.

L'opposition, la résistance, la contestation, tout cela peut être risqué ou salutaire. L'auteur ne tranche ni d'un côté, ni de l'autre ; c'est au lecteur de faire sienne l'une ou l'autre de ces voies de compréhension.

Au regard de cette analyse, l'intention de lecture communiquée aux élèves sera de choisir la morale de cette histoire.

QUEL OUTIL UTILISER POUR AMENER LES ÉLÈVES À COMPRENDRE CE TEXTE ?

Dans ce conte, le lexique joue un rôle central pour l'accès à la compréhension. Le lecteur est amené très régulièrement à clarifier le sens de lettres (des majuscules inhabituelles), de mots, d'expressions, d'anaphores… Ainsi, **LA LECTURE ANNOTÉE** semble être un outil adapté pour accéder au sens de ce conte. JAC vous conseille de relire le paragraphe dédié à cet outil dans l'introduction (page 19).

MISE EN ŒUVRE

DÉMARCHE DE LA SÉQUENCE

SEMAINE 1			
SÉANCE 1 45 min.	Phase 1	Découverte de l'auteur et du genre	5 min.
	Phase 2	Clarification	10 min.
	Phase 3	Entrée dans l'histoire (1)	20 min.
	Phase 4	Entrée dans l'histoire (2)	10 min.
SÉANCE 2 45 min.	Phase 1	Rappels	5 min.
	Phase 2	Construction d'une représentation mentale de la trame narrative	30 min.
	Phase 3	Écriture réflexive	10 min.
SEMAINE 2			
SÉANCE 3 45 min.	Phase 1	Rappels	5 min.
	Phase 2	Construction d'une représentation mentale de la trame narrative	20 min.
	Phase 3	Bilan	20 min.
SÉANCE 4 45 min.	Phase 1	Clarification	15 min.
	Phase 2	Interprétation et appréciation	25 min.
	Phase 3	Bilan	5 min.

MATÉRIEL

- Texte, p. 29-30 (Ressources)
- Livret de l'élève, p. 89-95 (Ressources)
- Audio du texte
- Support de présentation numérique « Le Chameau et sa bosse »

SÉANCE 1

PHASE 1 Découverte de l'auteur et du genre 5' oral collectif

Objectifs :
- Découvrir l'auteur ;
- Savoir ce qu'est un conte d'origine ;
- Se projeter dans l'histoire avant même d'avoir commencé à lire ;
- Se donner une intention de lecture.

- *Ouvrez vos livrets à la page 89 (activité A).*
  Lisez le paragraphe « Qui était Rudyard Kipling ? »
  Qui était Rudyard Kipling ?

  Lisez le paragraphe « Qu'est-ce qu'un conte d'origine ? »
  Qu'est-ce qu'un conte d'origine ?

Nous allons lire un conte d'origine ou conte étiologique. Il a été inventé et écrit en anglais par Rudyard Kipling en 1902. Il a été traduit en français 70 ans plus tard. Nous allons lire une version traduite par Pierre Gripari en 1979.
Comme c'est un conte d'origine, l'histoire se situe dans un monde imaginaire, nous ne savons ni où ni quand exactement. Le héros du conte est un chameau. Ce conte va raconter comment le chameau a obtenu sa bosse. L'auteur a inventé une réponse imaginaire. Au-delà de l'histoire, comme dans les fables, c'est la morale qui va nous intéresser. Notre intention de lecture sera de la choisir.

> *L'enseignant.e explicite aux élèves les apprentissages visés (pourquoi), les tâches, les procédures, les stratégies (comment) et les apprentissages réalisés (institutionnalisation) selon une scénarisation didactique et pédagogique anticipée, ajustable au fil du déroulement des activités et des réactions des élèves. On parle alors de clarté cognitive.*

PHASE 2 Clarification 10' oral collectif

Objectif :
- Entrer dans l'histoire.

- *Selon vous, à quoi les bosses du chameau lui servent-elles ?*
  Laisser les élèves s'exprimer. Ne pas valider ou invalider leurs réponses.

- Projeter le document suivant et dire :
  J'ai trouvé des informations sur Internet et j'ai découvert la vérité sur les bosses du chameau. Je les ai résumées dans ce petit texte et j'ai trouvé une photo d'un véritable chameau.
  Lire le texte.

> Les bosses du chameau ne contiennent pas de liquide, elles sont faites de graisse. Il s'agit de leur réserve d'énergie et d'eau : en été, le chameau peut tenir jusqu'à 10 jours sans boire, et en hiver jusqu'à 50 jours.

Avant de lire le conte, il est important de savoir qu'en vérité, les bosses du chameau sont faites de graisse, elles lui servent à tenir longtemps sans boire et sans manger.

PHASE 3 Entrée dans l'histoire (1) 20' travail individuel et oral collectif

Objectifs :
- Lire le début du conte ;
- Clarifier les mots et formulations difficiles.

- Dans cette phase, c'est le processus PRÉLEVER qui sera essentiellement travaillé.

- *Ouvrez vos livrets à la page 90 et lisez le début du conte (activité B) : le chameau n'a pas encore de bosse.*
Pendant votre lecture, vous allez voir qu'il y a des mots difficiles. Lisez lentement ; il s'agit d'utiliser la ***stratégie du lièvre et de la tortue****. Vous allez également vous faire le film de l'histoire dans votre tête ; il s'agit d'utiliser la* ***stratégie de la licorne****.*
Nous relirons ensuite le texte ensemble et je vous donnerai une technique pour vous aider à reformuler les passages compliqués.

Profils de lecteurs	Modalités de lecture
Lecteur en difficulté	Lecture avec l'enseignant.e.
Faible compreneur	Lecture autonome.
Faible déchiffreur	Lecture avec l'enseignant.e.
Normo-lecteur	Lecture autonome.

- Projeter le texte au tableau.
Y a-t-il des mots ou des morceaux de phrases qui ont été difficiles à comprendre ?
Laisser les élèves énumérer 3 ou 4 mots ou morceaux de phrases : *tamarisques, euphorbes, oisiveté…*

- *Nous allons surligner ensemble les mots, les phrases difficiles dans le texte.*

Lire en vous arrêtant pour demander si des passages posent problème. Surligner ce que les élèves ne comprennent pas.
Au commencement des temps,
quand le monde était tout neuf et tout ce qui s'ensuit,
et que les Animaux commençaient tout juste à travailler pour l'Homme,
il y avait un Chameau qui vivait au beau milieu d'un Désert Hurlant parce qu'il ne voulait pas travailler ; d'ailleurs, c'était un Hurleur lui-même.
Alors, il se nourrissait de bouts de bois, d'épines, de tamarisques, d'euphorbes et d'un tas de choses piquantes,
tout ça dans l'oisiveté la plus mortelle.
Et quand on lui adressait la parole, il disait : « Bof ! » Exactement « Bof ! », et rien de plus.

- *Nous devons nous mettre d'accord sur le sens de ces mots, ces phrases ; il s'agit d'utiliser la* ***stratégie du perroquet****.*
Nous allons nous servir d'une technique qui s'appelle « annoter » ou « l'annotation » ; elle permet de mettre en évidence vos reformulations, les questions que vous posez, d'écrire ce que vous ne comprenez pas, de formuler des hypothèses…

- ***et tout ce qui s'ensuit***
À chaque fois que l'auteur parle du monde nouveau, du monde tout neuf, du monde du début, il l'appelle « Le monde tout neuf et tout ce qui s'ensuit ».
Qu'est-ce que ça peut vouloir dire ?
INTERPRÉTER Laisser les élèves proposer des idées et, si besoin, leur dire que c'est comme si l'auteur disait « et ainsi de suite » ou « etcetera ». Leur dire que ce n'est pas très important pour comprendre le conte et que nous n'avons pas besoin d'écrire quoi que ce soit.

- Pour chaque mot ou morceau de phrase, laisser les élèves proposer des idées sur le sens et amener la réponse si c'est nécessaire. Une fois que les élèves ont reformulé, leur faire écrire cette reformulation sur le côté du texte (activité B). Il s'agit d'écrire ce que l'on comprend, pas seulement un synonyme (qui ne servirait pas autant). Faire de même au tableau.

– ***Désert Hurlant :*** *sec, chaud, caniculaire, insupportable… Le désert était insupportable.*
– ***Hurleur :*** *il n'était pas bien, il allait mal. Le Chameau ne va pas bien, il va mal.*
– ***Tamarisques, euphorbes :*** *Il va falloir aller chercher des indices dans les mots qui entourent ces 2 mots pour trouver leur sens : « Il se nourrissait de bouts de bois, d'épines, de tamarisques, d'euphorbes et d'un tas de choses piquantes. »*

Il y a un mot qui indique que tout ça est lié ; lequel ?

INFÉRER *Oui, c'est le mot « tas ». On comprend que les bouts de bois, les épines, les tamarisques, les euphorbes, c'est un tas de choses piquantes. Alors, même si on ne sait pas exactement ce que c'est, ce n'est pas grave, on sait que ça pique et ça suffit. On imagine que ce sont des végétaux. Le Chameau ne mange que des végétaux qui piquent. Nous avons compris deux mots en lisant ce qui les entourait ; nous avons utilisé la **stratégie du perroquet**.*

– ***Oisiveté :*** *Ce mot est très difficile à comprendre et il n'y a pas d'indice pour nous aider dans la phrase. Du coup, nous devons le chercher dans le dictionnaire ou sur Internet, nous n'avons pas le choix. C'est un mot très important du texte, il est écrit de nombreuses fois.*

Demander aux élèves de faire une recherche et arriver à : *paresse, inactivité.*

*Nous avons compris un mot en cherchant sa définition ; nous avons utilisé la **stratégie du perroquet**.*

– ***Mortelle :*** *Attention, ça ne veut pas dire qu'il meurt. Le Chameau vit dans une paresse totale.*

Le désert est insupportable. → Le chameau va mal. → Le Chameau vit dans la paresse la plus totale. →	Voici maintenant l'histoire suivante qui raconte comment le Chameau a eu sa bosse. Au commencement des temps, quand le monde était tout neuf et tout ce qui s'ensuit, et que les Animaux commençaient tout juste à travailler pour l'Homme, il y avait un Chameau qui vivait au beau milieu d'un Désert Hurlant parce qu'il ne voulait pas travailler ; d'ailleurs, c'était un Hurleur lui-même. Alors, il se nourrissait de bouts de bois, d'épines, de tamarisques, d'euphorbes et d'un tas de choses piquantes, tout ça dans l'oisiveté la plus mortelle. Et quand on lui adressait la parole, il disait : « Bof ! » Exactement « Bof ! », et rien de plus.	← et ainsi de suite ← Il ne mange que des végétaux qui piquent.

- Demander aux élèves de raconter ce début de conte avec leurs mots, leurs reformulations écrites de chaque côté du texte.

- Aborder, si vous le souhaitez, les majuscules mises à des mots qui normalement n'en ont pas.

À votre avis, pourquoi les noms communs (Homme, Chameau, Désert…) ont-ils des majuscules alors que normalement ils n'en ont pas ?

APPRÉCIER Laisser les élèves s'exprimer en leur demandant de justifier leurs réponses. Valider ou invalider leurs réponses.

Résumer les propos.

Comme ce texte est un conte, cet Homme, c'est un peu tous les hommes, le Chameau c'est un peu tous les chameaux, et le Désert, c'est un peu tous les déserts. Vous verrez que l'auteur a mis des majuscules aux noms communs désignant les autres animaux.

- ***Qu'a-t-on compris sur l'Homme ?***

PRÉLEVER *Il fait travailler les animaux.*

Qu'a-t-on compris sur le Chameau ?
PRÉLEVER *Il vit dans une paresse totale et il répond « Bof » à tout ce qu'on lui dit.*

Que peut-on déduire de ces 2 informations ?
Il s'agit d'utiliser la stratégie de l'araignée.
PRÉLEVER *Comme le chameau est paresseux et qu'il dit toujours « Bof », on comprend qu'il ne va pas beaucoup travailler ou qu'il ne va pas vouloir travailler du tout.*

- Remplir collectivement le poster des stratégies (dictée à l'adulte) :
Stratégie du lièvre et de la tortue : Lire lentement.
Stratégie de la licorne : Se faire le film de l'histoire dans la tête.
Stratégie du perroquet :
Reformuler avec nos mots ce que nous avons du mal à comprendre.
Chercher une définition dans le dictionnaire ou sur internet.
Chercher ce qui accompagne les mots que je ne connais pas pour mieux les comprendre.
Stratégie de l'araignée : Relier des informations pour faire des déductions sur les personnages.

PHASE 4 Entrée dans l'histoire (2)

10' travail individuel et oral collectif

Objectif :
- Caractériser les autres personnages.

- *Nous avons lu que « les Animaux commençaient à travailler pour l'Homme ». Ouvrez vos livrets à la page 91 et lisez la suite du conte (activité C). Vous allez vous faire le film de l'histoire dans la tête ; il s'agit d'utiliser la* ***stratégie de la licorne****.*

Vous allez comprendre quels animaux travaillent pour l'Homme et quelle est leur attitude face au travail.

Pourquoi donner une consigne de lecture précise ?
Les consignes de lecture permettent de créer une attente et, par là-même, une lecture active qui deviendra, nous l'espérons, autonome.
« Enseigner la compréhension consiste à doter les élèves des stratégies du lecteur expert, à savoir assigner un but à son activité avant de commencer la lecture en s'interrogeant sur la ou les raisons qui amènent à lire un texte particulier. »

≠

Profils de lecteurs	Modalités de lecture
Lecteur en difficulté	Lecture avec l'enseignant.e.
Faible compreneur	Lecture autonome.
Faible déchiffreur	Lecture avec l'enseignant.e.
Normo-lecteur	Lecture autonome.

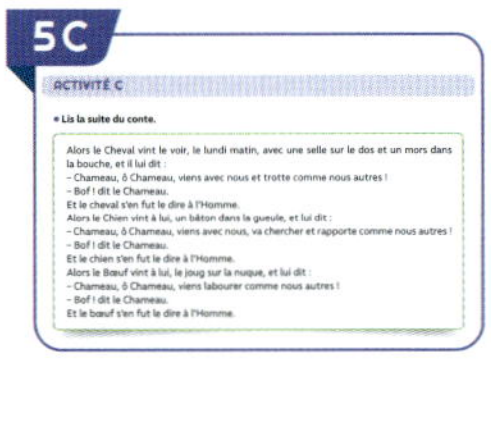
5C
ACTIVITÉ C
- Lis la suite du conte.

Alors le Cheval vint le voir, le lundi matin, avec une selle sur le dos et un mors dans la bouche, et il lui dit :
– Chameau, ô Chameau, viens avec nous et trotte comme nous autres !
– Bof ! dit le Chameau.
Et le cheval s'en fut le dire à l'Homme.
Alors le Chien vint à lui, un bâton dans la gueule, et lui dit :
– Chameau, ô Chameau, viens avec nous, va chercher et rapporte comme nous autres !
– Bof ! dit le Chameau.
Et le chien s'en fut le dire à l'Homme.
Alors le Bœuf vint à lui, le joug sur la nuque, et lui dit :
– Chameau, ô Chameau, viens labourer comme nous autres !
– Bof ! dit le Chameau.
Et le bœuf s'en fut le dire à l'Homme.

- Vous pouvez faire le bilan de cette lecture à l'oral ou grâce au tableau de l'activité D (p. 91).

	Le Chameau	Le Cheval, le Chien, le Bœuf	L'Homme
Ce qu'on a lu.	Il vit dans la paresse la plus totale et répond toujours « Bof ».	Ils travaillent pour l'Homme et ils veulent que le Chameau travaille aussi.	Les Animaux travaillent pour lui. Il sait que le Chameau a répondu « Bof » quand on lui a demandé de venir travailler aussi.
Ce qu'on a compris.	Il est paresseux.	Ils ne sont pas contents.	Il va vouloir forcer le Chameau à travailler.

- Organisez un temps de production d'écrit sur un autre temps de la journée : il faudra finir de remplir le tableau. Il s'agira de réaliser un écrit réflexif : un écrit pour apprendre à comprendre.

Bilan oral	Production d'écrit (optionnel)
Nous allons faire un bilan sur les personnages.	*Ouvrez vos livrets à la page 91. Nous allons remplir le tableau ensemble (activité D).* *Qu'a-t-on lu ?* Poser la question pour chaque personnage.
Qu'avons-nous compris sur le Chameau ? *Nous pouvons dire qu'il est paresseux, fainéant…*	*Qu'avons-nous compris sur le Chameau ?* Faire parler les élèves, puis les laisser remplir le tableau : *il est paresseux, fainéant…*
Qu'avons-nous compris sur les 3 Animaux ? *Ils ne semblent pas contents que le Chameau réponde « Bof » et ne veuille pas travailler. Ils vont le dire à l'Homme.*	*Qu'avons-nous compris sur les 3 Animaux ?* Faire parler les élèves, puis les laisser remplir le tableau : *ils ne semblent pas contents que le Chameau réponde « Bof » et ne veuille pas travailler. Ils vont le dire à l'Homme.*
Qu'avons-nous compris sur l'Homme ? *Il va vouloir forcer le Chameau à travailler.*	*Qu'avons-nous compris sur l'Homme ?* Faire parler les élèves, puis les laisser remplir le tableau : *il va vouloir forcer le Chameau à travailler.*

SÉANCE 2

PHASE 1 Rappels 5' oral collectif

Objectif :

▶ Redire ce qu'on a appris et compris.

- *Qu'avons-nous appris et compris après avoir lu le début du conte ?*
Se servir du tableau ci-dessus pour guider les échanges.
- *N'oublions pas notre intention de lecture qui est de chercher une morale à cette histoire.*

PHASE 2 Construction d'une représentation mentale de la trame narrative 30' travail individuel et oral collectif

Objectif :

▶ Lire la suite du conte en clarifiant les mots et formulations difficiles par annotation.

- Dans cette phase, ce sont les processus PRÉLEVER et INFÉRER qui seront essentiellement travaillés.

- *Ouvrez vos livrets à la page 92 et lisez la suite de l'histoire (activité E). Pendant votre lecture, vous allez surligner les mots, morceaux de phrases qui vous posent problème ; il s'agit d'utiliser la* ***stratégie du lièvre et de la tortue****. Après la lecture, nous écrirons ce que l'on doit comprendre.*

≠

Profils de lecteurs	Modalités de lecture
Lecteur en difficulté	Lecture avec l'enseignant.e.
Faible compreneur	Lecture autonome.
Faible déchiffreur	Lecture avec l'enseignant.e.
Normo-lecteur	Lecture autonome.

- Projeter le texte au tableau.
Mettre en commun les mots ou morceaux de phrases surlignés.
Reprendre ensuite la même démarche que précédemment.

	À la fin de la journée, l'Homme appela le Cheval, et le Chien, et le Bœuf, et leur dit : – Vous Trois, ô Vous Trois, je suis bien désolé pour vous, avec ce monde tout neuf et tout ce qui s'ensuit : mais cette Chose-qui-dit-Bof, dans le Désert, est incapable de travailler, sans cela elle serait déjà ici. Je vais donc la laisser tranquille, et vous, vous travaillerez deux fois plus, pour compenser.	→ le Chameau paresseux
Les 3 Animaux ont parlé très longtemps. →	Cela fit que les Trois ne furent pas contents du tout, avec ce monde tout neuf et tout ce qui s'ensuit. Ils tinrent conseil à la limite du Désert, discutèrent, palabrèrent, blablatèrent... Le Chameau arriva en mâchant ses herbes, et plus que jamais dans une oisiveté mortelle. Il rit en les regardant, puis il dit : « Bof ! » et repartit. Mais voilà que passa le Génie qui s'occupe de Tous les Déserts. Il passait en roulant dans un nuage de poussière, car c'est ainsi que voyagent les Génies, parce que c'est magique. Et il s'arrêta pour discuter et blablater avec les Trois.	
Un animal →	– Génie de Tous les Déserts, dit le Cheval, est-il juste qu'une créature soit paresseuse dans ce monde tout neuf et tout ce qui s'ensuit ? – Certainement non, dit le Génie.	
	– Eh bien ! dit le Cheval, il y a quelqu'un, au beau milieu de ton Désert Hurlant (et c'est un Hurleur lui-même), quelqu'un avec un long cou et de longues jambes, qui n'en a pas fichu une rame depuis lundi matin. Il ne veut pas trotter.	← Le Chameau n'a rien fait du tout en 3 jours.
Le Génie n'en revient pas. →	– Hou ! dit le Génie en sifflant. Mais c'est mon Chameau, par tout l'or de l'Arabie ! Et que dit-il quand on lui parle de ça ? – Il dit « Bof ! » dit le Chien. Et il ne veut pas aller chercher ni rapporter. – Et... dit-il autre chose ? – Seulement « Bof ! » dit le Bœuf. Et il ne veut pas labourer. – Très bien, dit le Génie. Je vais le « boffer » comme il faut, si seulement vous voulez bien attendre une minute ! Le Génie s'enveloppa dans son manteau de poussière, survola le Désert et trouva le Chameau, toujours dans l'oisiveté la plus mortelle, qui regardait son propre reflet dans une flaque d'eau.	

- *Je relis ce que nous venons d'écrire : Le chameau est paresseux et incapable de travailler. Les 3 Animaux ont parlé très longtemps. Ils expliquent au Génie que le Chameau n'a rien fait du tout en 3 jours. Le Génie n'en revient pas.*
Si nous relions toutes ces informations, qu'imaginez-vous pour la suite ? Il s'agit d'utiliser la ***stratégie de l'araignée****.*
Laisser les élèves prédire, anticiper, émettre des hypothèses. Ne pas valider ou invalider leurs réponses.

- Remplir collectivement le poster des stratégies (dictée à l'adulte) :
Stratégie de l'araignée : Relier des informations pour prédire la suite de l'histoire.

PHASE 3 Écriture réflexive 10' oral collectif, puis écrit individuel

Objectifs :
- Définir un mot inventé par l'auteur ;
- Anticiper, prédire l'action du Génie.

- *Je vais vous relire l'avant-dernière phrase du passage.*

> – Très bien, dit le Génie. Je vais le « boffer » comme il faut, si seulement vous voulez bien attendre une minute !

Vous avez vu que l'auteur utilise un mot qui n'existe pas : « boffer » ; il est entre guillemets.
Pourquoi le Génie dit-il qu'il va « boffer » le Chameau ?
INFÉRER Laisser les élèves s'exprimer en leur demandant de justifier leurs réponses. Valider ou invalider.
Le Génie utilise ce mot parce que le Chameau ne dit que Bof. C'est un terme qui permet d'indiquer qu'il va faire quelque chose au Chameau.

- *Ouvrez vos livrets à la page 93 et réalisez l'activité F. Vous allez essayer de dire la même phrase que le Génie, mais en expliquant clairement ce que vous imaginez qu'il va faire.*
Mettre en commun. Quelques productions peuvent être affichées et être collectivement discutées afin d'identifier ce qui est valide ou non.
Réponses attendues : *le disputer, le gronder, le secouer, le sermonner, lui sonner les cloches, le mater.*

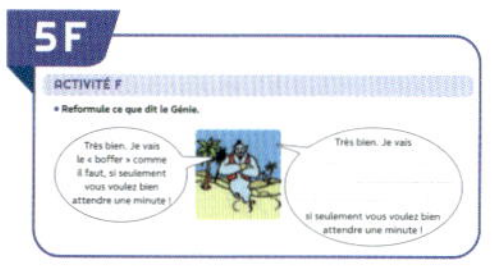

SÉANCE 3

PHASE 1 Rappels 5' oral collectif

Objectif :
- Redire ce qu'on a appris et compris.

- ***Qu'avons-nous appris et compris ?***
Les élèves pourront se servir de leurs textes annotés.

- ***Où en est-on de l'histoire ?***
Laisser les élèves s'exprimer.
Résumer leurs propos en reprenant les annotations et les dernières paroles du Génie : ce dernier va faire quelque chose au Chameau.

- *N'oublions pas notre intention de lecture, qui est de chercher la morale de cette histoire.*

PHASE 2 Construction d'une représentation mentale de la trame narrative 20' en binôme

Objectif :
- Sélectionner les informations essentielles.

- Dans cette phase, ce sont les processus PRÉLEVER et INFÉRER qui seront essentiellement travaillés.

- *Ouvrez vos livrets à la page 93 et lisez la suite de l'histoire (activité G). Mettez-vous par 2.*

≠ Constituer des binômes ou des trinômes
1 lecteur en difficulté avec 1 normo-lecteur
1 faible compreneur avec 1 faible déchiffreur

- *En binôme, vous allez maintenant surligner les phrases ou morceaux de phrases les plus importants : ce qui nous apporte le plus de renseignements, ce qui est indispensable à notre compréhension, ce qui résume ce que dit chaque personnage ; il s'agit d'utiliser la* ***stratégie de la licorne****. Prenez du bleu pour les paroles les plus importantes du Génie et du gris pour les paroles les plus importantes du Chameau. Surlignez le moins de mots possible.*

- *Nous allons faire la première phrase, prononcée par le Génie, ensemble.*
  Projeter la phrase.

> – Mon cher faiseur de bulles, dit le Génie, qu'est-ce que j'entends dire à ton sujet ? Il parait que tu ne travailles pas, dans ce monde tout neuf et tout ce qui s'ensuit ?

Que surligne-t-on pour ne garder que l'essentiel, le plus important, pour résumer ce que dit le Génie ?

INTERPRÉTER Laisser les élèves s'exprimer en leur demandant de justifier leurs réponses. Valider ou invalider. Surligner « Il parait que tu ne travailles pas ».

- Laisser les élèves faire la suite de l'activité à 2.
  Mettre en commun.

> – Mon cher faiseur de bulles, dit le Génie, qu'est-ce que j'entends dire à ton sujet ? Il parait que tu ne travailles pas, dans ce monde tout neuf et tout ce qui s'ensuit ?
> – Bof ! dit le Chameau.
> Le Génie s'assit par terre, le menton dans la main et commença à méditer une grande Magie, pendant que le Chameau continuait à se regarder dans la flaque d'eau.
> – Depuis lundi matin, dit le Génie, tu donnes du travail supplémentaire aux Trois Animaux, à cause de ton oisiveté mortelle !
> Et il continua à méditer des Magies, son menton dans la main.
> – Bof ! dit le Chameau.
> – Si j'étais toi, je ne répéterais pas ça, dit le Génie : tu pourrais le dire une fois de trop ! Faiseur de bulles, je veux que tu travailles !
> Alors le Chameau dit encore une fois :
> – Bof !
> Mais à peine l'avait-il dit qu'il vit son dos, dont il était si fier, s'enfler, s'enfler et devenir une grosse bosse ballante.
> – Tu vois ça ? dit le Génie. C'est ton propre « Bof ! » que tu t'es mis sur le dos en refusant de travailler. Nous sommes aujourd'hui jeudi, tu n'as rien fait depuis lundi, quand le travail a commencé… À présent, tu vas te mettre à l'ouvrage.
> – Mais comment le pourrais-je, dit le Chameau, avec ce « Bof » sur le dos ?
> – C'est fait exprès, dit le Génie, parce que tu as manqué ces trois premiers jours. Dorénavant, tu seras capable de travailler trois jours pleins sans manger, parce que tu vivras sur ton « Bof ! » Tu ne diras pas que je n'ai rien fait pour toi ! Maintenant, sors du Désert, va rejoindre les Trois et tâche d'apprendre à te conduire. En route !

- Remplir collectivement le poster des stratégies (dictée à l'adulte) :
  Stratégie de la licorne : Se faire le film de l'histoire en surlignant le plus important dans les paroles du Chameau et du Génie.

PHASE 3 Bilan 20' oral collectif

Objectif :
▶ Résumer le conte en utilisant une trame généralisable.

- Dans cette phase, ce sont les processus PRÉLEVER, INFÉRER et INTERPRÉTER qui seront essentiellement travaillés.
- *Nous allons nous souvenir du conte, le résumer en le découpant en 5 parties. La plupart des contes peuvent en effet se découper en 5 parties.*
  La colonne « Rôle » est pour l'enseignant.e (culture professionnelle).

Étapes	Rôle		Questions à poser aux élèves	Résumés à faire formuler aux élèves
La situation initiale	Elle décrit une situation qui dure depuis un moment.	Elle répond aux questions : qui ? où ? quand ? quoi ?	Décrivez la situation du début.	Les Animaux travaillent pour l'Homme : le Cheval le transporte, le Chien surveille, le Bœuf laboure.
L'élément déclencheur ou perturbateur	Un problème se pose pour le maintien ou la survie de la communauté.	Il répond à la question : qu'arrive-t-il ?	Quelque chose vient perturber cette situation : qu'est-ce que c'est ?	Le Chameau est paresseux et ne veut pas travailler, ce qui donne plus de travail aux autres animaux.
Le déroulement	Les personnages tentent de trouver un nouvel équilibre, il se passe des évènements.	Il répond à la question : que se passe-t-il ?	Que se passe-t-il ? Il va falloir trouver une solution ; qui s'en charge ?	Les Animaux sont mécontents d'avoir plus de travail, ils vont voir le Génie ; il va forcer le Chameau à travailler.
Le dénouement	Un nouvel équilibre est trouvé.	Il répond aux questions : quoi ? comment ?	Qui résout le problème ? Qu'est-ce qui résout le problème ?	Le Génie fait apparaitre une bosse sur le dos du Chameau.
La situation finale	On découvre une nouvelle situation qui va durer.	Elle répond à la question : que sont devenus les personnages ?	Décrivez la situation finale.	Le Chameau peut travailler avec sa bosse qui lui permet de rester 3 jours sans boire ni manger.

- *Ouvrez vos livrets à la page 94 et réalisez l'activité H. Vous allez associer chaque étape de l'histoire à son résumé.*
  Installez-vous avec les lecteurs en difficulté.
  Mettre en commun.

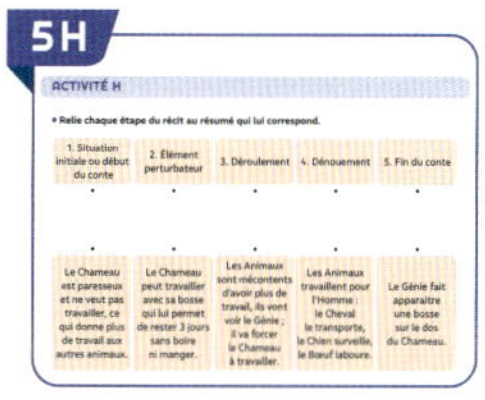

SÉANCE 4

PHASE 1 Clarification 15' oral collectif

Objectif :
- Clarifier la fin du conte.

- Dans cette phase, ce sont les processus INFÉRER et INTERPRÉTER qui seront essentiellement travaillés.
- *Notre intention de lecture est de chercher la morale de cette histoire. Nous sommes à la fin de notre travail de compréhension, nous allons donc pouvoir apporter une réponse.*
- *Une phrase du conte est très importante. C'est la dernière. Je vais vous la lire.*
  Projeter la phrase au tableau.

> Depuis ce jour-là, il porte toujours un « Bof » sur le dos (nous disons une « bosse », aujourd'hui, pour ne pas le vexer), mais il n'a jamais rattrapé les trois jours de travail qu'il a manqués au commencement du monde, et il n'a jamais pu apprendre à se conduire.

Que nous apprend cette phrase ?
Laisser les élèves s'exprimer. Ne pas valider ou invalider leurs réponses.

- *Nous allons surligner les mots, morceaux de phrases difficiles à comprendre et nous annoterons le texte.*

Que comprenez-vous dans « et il n'a jamais pu apprendre à se conduire » ?
« Se conduire », qu'est-ce que ça veut dire ?
Ce n'est pas conduire, c'est SE conduire ; il s'agit d'utiliser la ***stratégie du perroquet***.
Laisser les élèves formuler des hypothèses et leur faire remarquer que leurs hypothèses sur le sens du mot s'appuient sur ce qu'ils ont compris du texte : ils se servent du contexte pour déduire un sens probable du mot. Bien expliciter leurs processus de recherche. Arriver à :
Il n'a pas changé, il a toujours le même comportement, il est toujours aussi paresseux.
Nous sommes donc d'accord pour dire que malgré sa bosse, le Chameau a toujours le même comportement, il est toujours aussi paresseux.

Depuis, tous les chameaux ont une bosse (en fait 2). →	Depuis ce jour-là, il porte toujours un « Bof » sur le dos (nous disons une « bosse », aujourd'hui, pour ne pas le vexer), mais il n'a jamais rattrapé les trois jours de travail qu'il a manqués au commencement du monde, et il n'a jamais pu apprendre à se conduire.	← Il n'a pas changé, il a toujours le même comportement, il est toujours aussi paresseux.

- Remplir collectivement le poster des stratégies (dictée à l'adulte) :
  Stratégie du perroquet : S'aider du contexte pour trouver le sens de « se conduire ».

PHASE 2 Interprétation et appréciation 25' en groupe et écrit individuel

Objectifs :
- Aller plus loin que ce que l'auteur a écrit ;
- Prendre position en répondant à notre intention de lecture.

- Dans cette phase, ce sont les processus INTERPRÉTER et APPRÉCIER qui seront essentiellement travaillés.

- Quelle différence y a-t-il entre comprendre et interpréter ?
Dans la dernière phrase « ... et il n'a jamais pu apprendre à se conduire », l'auteur ne dit pas tout.
On comprend que le Chameau ne sait pas se conduire, se comporter correctement. On imagine et on fait des hypothèses cohérentes sur la future vie du Chameau, des Animaux, de la communauté... Chaque lecteur peut donc interpréter cette phrase selon ce qu'il est, ce qu'il a vécu (son expérience de vie ou de lecture), ses valeurs... Il n'y a pas de bonne réponse, il n'y a que de bonnes idées !

- *Le Chameau n'a pas changé malgré la punition infligée par le Génie. Vous allez décider dans votre tête s'il a raison ou s'il a tort de ne pas avoir changé de comportement.*
Laisser quelques instants aux élèves pour se décider : je suis d'accord avec le Chameau / je ne suis pas d'accord avec le Chameau.
Former 2 groupes (d'accord/pas d'accord).
Dans chaque groupe, vous allez chercher ce que vous pourriez dire au Chameau : vous, vous devez lui montrer qu'il a raison de ne pas avoir changé ; vous, vous devez lui montrer qu'il aurait mieux fait de changer.
Les laisser échanger 5 minutes à l'oral au sein de chaque groupe.

Parler avant d'écrire. Pour exprimer ses idées à l'écrit, il faut auparavant avoir pu les exprimer à l'oral, surtout à 10 ou 11 ans, et surtout pour les élèves les plus éloignés du langage écrit. Il est très important qu'avant de passer à l'écrit, les élèves aient pu formuler, échanger leurs idées à l'oral. Parler sert à penser avant d'écrire. Les élèves qui se seront positionnés pour ou contre le Chameau, sans raison objective, sans argument, vont pouvoir se nourrir des échanges du groupe.

- *Ouvrez vos livrets à la page 94 et réalisez l'activité I.*
Vous allez vous adresser au Chameau et lui dire pourquoi vous êtes d'accord ou pas d'accord avec son comportement.
Mettre en commun.
Voici quelques arguments possibles :

Je suis d'accord avec le Chameau.	**Je ne suis pas d'accord avec le Chameau.**
Il n'a pas à être exploité par l'Homme. Il se révolte, car si on accepte tout, rien ne changera. Rester à ne rien faire n'est pas forcément être paresseux. Il a raison de défendre ses idées, sa conception de la vie, même s'il est minoritaire.	Il ajoute du travail aux autres animaux. Ce n'est pas juste pour les autres qui n'ont pas à subir ses choix. Il pourrait amener les autres à désobéir aussi et ce serait la révolution. Quand on vit avec les autres, il ne faut pas être égoïste.

- Afin de travailler l'argumentation, si vous en avez le temps et l'envie, organiser une sorte de Tribunal : vous êtes le Chameau, et les élèves vous donnent, s'ils le souhaitent, l'argument qu'ils ont écrit, un pour, un contre.

- La réponse à l'intention de lecture doit être discutée au regard de ce qui a été vu en classe.
Les élèves ne trouveront pas nécessairement tous la même morale. Leur interprétation dépendra de leur vécu, de leurs valeurs…
Il y a deux acceptions à ce texte, deux morales possibles :
– *la paresse est un vilain défaut ; ta paresse te punira à vie ;*
– *ne travaille pas trop pour être heureux ; fais ce que tu as envie de faire pour être heureux ; ne laisse personne te dire ce que tu dois faire pour être heureux.*

PHASE 3 Bilan 5' écrit individuel

Objectif :
▶ Garder une trace des procédures mises en œuvre pour comprendre.

- Projeter le poster des stratégies.
Ouvrez vos livrets à la page 95 et réalisez l'activité J. Vous allez résumer ce que vous avez appris à faire grâce aux différentes stratégies.
Mettre en commun.
Réponses possibles :

	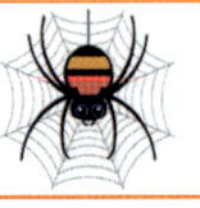		
Avec la stratégie du lièvre et de la tortue, j'ai lu lentement certains passages difficiles pour repérer des mots inconnus.	Avec la stratégie de l'araignée, j'ai relié les informations pour faire des déductions sur les personnages, prédire la suite de l'histoire.	Avec la stratégie du perroquet, j'ai trouvé le sens de « se conduire » grâce au contexte. J'ai réécrit les mots difficiles sous forme de phrases. J'ai cherché une définition dans le dictionnaire/sur Internet. Je me suis appuyé sur les mots autour pour comprendre « tamarisques » et « euphorbes ».	Avec la stratégie de la licorne, j'ai surligné le plus important dans les paroles du Chameau et du Génie. Je me suis fait le film de l'histoire dans ma tête.

SÉQUENCE 6

LE LABOUREUR ET SES ENFANTS

PRÉSENTATION DU TEXTE

- **Titre :** *Le Laboureur et ses enfants*
- **Auteur :** Jean de La Fontaine
- **Origine :** *Fables de La Fontaine, livre 5*
- **Date :** 1668
- **Type de texte :** narratif
- **Genre :** fable

PRÉPARATION

POURQUOI CE TEXTE ?

Nous avons choisi cette fable car :
- elle est narrative ;
- elle est (très) courte ;
- elle a une morale explicite ;
- les personnages ont des intentions transparentes ;
- sa langue du XVIIe siècle est accessible aux CM du XXIe siècle.

QU'Y A-T-IL À COMPRENDRE DANS CET ÉCRIT ?

Il s'agit d'une question fondamentale à laquelle l'enseignant.e doit avoir répondu avant de lancer le travail de compréhension. Ainsi, il sera possible de dire aux élèves « Bravo, tu as compris que... », au lieu de simplement dire « Tu as compris ». Répondre à cette question peut sembler facile, mais c'est en réalité très difficile.

Dans la fable *Le Laboureur et ses enfants*, le lecteur doit comprendre que le travail est un trésor. Il s'agit de la morale du texte. Quand un texte dispose d'une morale, le travail de l'enseignant.e est facilité, car l'auteur nous donne clairement son intention.
Cependant, nous pouvons aller plus loin en nous demandant ce que cherche l'auteur en imaginant un père mettant ses enfants ainsi à l'épreuve. Il veut probablement montrer que recevoir une leçon de vie est plus efficace que recevoir un conseil.

Au regard de cette analyse, l'intention de lecture communiquée aux élèves sera de chercher le secret que le laboureur veut communiquer à ses enfants.

QUEL OUTIL UTILISER POUR AMENER LES ÉLÈVES À COMPRENDRE CE TEXTE ?

Dans une fable, ce sont le style et la syntaxe qu'il faut dépasser pour accéder au sens : qu'est-ce qui se cache explicitement derrière ces vers, ces mots, cette syntaxe, ces figures de style... ? La reformulation sera au cœur de l'accès au sens. L'outil le plus approprié pour y parvenir est **PARAPHRASE-TEXTE-COMMENTAIRE (PTC)**. JAC vous conseille de relire le paragraphe dédié à cet outil dans l'introduction (page 21).

MISE EN ŒUVRE

Attention, vous ne pouvez mener cette séquence que si les 6 stratégies ont été vues au préalable.

DÉMARCHE DE LA SÉQUENCE

SEMAINE 1			
SÉANCE 1 45 min.	Phase 1	Découverte de l'auteur et du genre	5 min.
	Phase 2	Clarification du titre	10 min.
	Phase 3	Écoute	5 min.
	Phase 4	Paraphrase et commentaires	20 min.
	Phase 5	Anticipation du travail de la séance 2	5 min.
SÉANCE 2 45 min.	Phase 1	Rappels	5 min.
	Phase 2	Paraphrase et commentaires	40 min.
SEMAINE 2			
SÉANCE 3 45 min.	Phase 1	Rappels	5 min.
	Phase 2	Paraphrase et commentaires	40 min.
SÉANCE 4 45 min.	Phase 1	Rappels	5 min.
	Phase 2	Paraphrase et commentaires	40 min.
SEMAINE 3			
SÉANCE 5 45 min.	Phase 1	Rappels	5 min.
	Phase 2	Clarification	20 min.
	Phase 3	Bilan	20 min.

MATÉRIEL

- Texte, p. 31 (Ressources)
- Livret de l'élève, p. 96-100 (Ressources)
- Audio du texte
- Support de présentation numérique « Le Laboureur et ses enfants »

SÉANCE 1

PHASE 1 Découverte de l'auteur et du genre 5' oral collectif

Objectifs :

- Découvrir l'auteur ;
- Savoir ce qu'est une fable ;
- Se projeter dans l'histoire avant même d'avoir commencé à la lire.

- *Ouvrez vos livrets à la page 96 (activité A).*
  Lisez le paragraphe « Qui était Jean de La Fontaine ? »
  Qui était Jean de La Fontaine ?
  Lisez le paragraphe « Qu'est-ce qu'une fable ? »
  Qu'est-ce qu'une fable ?

Nous allons lire une fable qui a été écrite par Jean de La Fontaine il y a plus de 300 ans, à l'époque du roi Louis XIV.
Ce sera un peu comme un poème, il y aura des vers et des rimes. Cette fable racontera l'histoire de plusieurs personnes, et surtout, elle nous donnera une leçon à retenir.

PHASE 2 Clarification du titre (10') oral collectif

Objectif :
▶ Entrer dans l'histoire par le titre.

- *Le titre de la fable est* Le laboureur et ses enfants.
Nous devons nous mettre d'accord sur ce qu'est un « laboureur » ; il s'agit d'utiliser la ***stratégie du perroquet***.
Que peut vouloir dire « laboureur » ?
INFÉRER Laisser les élèves émettre des hypothèses.
Résumer les propos.
C'est surement « quelqu'un » parce qu'il a des enfants. Un homme car ce mot est précédé de l'article défini masculin « le ». Laboureur, c'est peut-être son métier. S'il est laboureur, son métier serait de labourer...

Laisser aux élèves quelques minutes pour rechercher sur Internet ou dans un dictionnaire le mot « laboureur » et comprendre ce qu'il signifie.
Mettre en commun. Laisser les élèves s'exprimer et mettre en lien leurs définitions. Ils vont comprendre que ce mot désigne bien un métier, c'est celui qui laboure un champ, qui retourne la terre. Donner des synonymes de labourer : *bécher, creuser, piocher, préparer, retourner* (attention au sens de *retourner*), *cultiver, remuer, travailler*. C'est dans la pluralité des synonymes que va s'affiner la représentation des élèves de l'activité de labour.

Résumer les propos.
Le laboureur désigne un métier. C'est celui qui laboure un champ, celui qui cultive la terre.
Comment appelle-t-on ce métier aujourd'hui ?
Fermier, paysan, agriculteur, cultivateur...

Cette fable va donc raconter l'histoire d'un agriculteur qui a des enfants. Leur histoire va nous servir de leçon. Nous allons lire et comprendre ce texte pour rechercher le secret que le laboureur donne à ses enfants. Ce sera notre intention de lecture.

- Remplir collectivement le poster des stratégies (dictée à l'adulte) :
Stratégie du perroquet : Chercher une définition dans le dictionnaire, sur Internet. Utiliser des synonymes.

PHASE 3 Écoute (5') collectif

Objectif :
▶ Écouter la fable.

- Faire écouter la fable ou la lire.

PHASE 4 Paraphrase et commentaires 20' oral collectif

Objectif :
▶ Comprendre l'accroche.

- *Je vais relire les 2 premiers vers de la fable.*

C'est le début de la fable, ça s'appelle « l'accroche ».
À quoi peut servir une accroche ?
Laisser les élèves s'exprimer et valider rapidement.
Une accroche sert à accrocher, à retenir l'attention du lecteur.

- Écrire ou projeter l'accroche au tableau, puis la lire.

> Travaillez, prenez de la peine :
> C'est le fonds qui manque le moins.

Que dit l'accroche ?
PRÉLEVER Laisser les élèves s'exprimer en leur demandant de justifier leur réponse. Valider ou invalider leurs réponses.
Elle nous dit de travailler. Elle s'adresse à nous, elle nous donne un conseil, un ordre. C'est l'auteur qui nous donne un ordre.

- Projeter le tableau suivant.

	TEXTE	
	Travaillez, prenez de la peine : C'est le fonds qui manque le moins.	

Phase de reformulation : Les élèves vont inévitablement faire des commentaires durant la phase de reformulation. Nous vous conseillons de les noter dans un coin du tableau.

- *Dans la colonne de gauche, nous allons réécrire chaque vers avec nos mots. C'est la colonne « Paraphrase ».*
Écrire « Paraphrase » dans la colonne de gauche.

- *« Travaillez », c'est clair, on le recopie.*
Mais que veut dire « prenez de la peine » ?
Se donner du mal, faire des efforts, se décarcasser…
Écrire la reformulation.

PARAPHRASE	TEXTE	
Travaillez, faites des efforts.	Travaillez, prenez de la peine : C'est le fonds qui manque le moins.	

- *Le deuxième vers est difficile à reformuler, je vais le faire pour vous.*
Le « fonds », ici, fait référence au travail du premier vers ; « qui manque le moins », ici, veut dire « qu'on a le plus à sa disposition ». Je reformule donc le deuxième vers ainsi : Le travail, il y en a, vous n'en manquerez pas.
Écrire cette reformulation devant les élèves.

PARAPHRASE	TEXTE	
Travaillez, faites des efforts. Le travail, il y en a, vous n'en manquerez pas.	Travaillez, prenez de la peine : C'est le fonds qui manque le moins.	

- *Le tableau a une 3ᵉ colonne ; elle s'appelle « Commentaires ». Je vais y écrire vos remarques, hypothèses, questions...*
  Écrire « Commentaires » dans la colonne de droite.

- *Quel est le message de l'auteur selon vous ? Que veut-il nous dire ?*
  APPRÉCIER Le tableau ci-dessous est donné à titre indicatif et vous aidera à étayer les échanges.

PARAPHRASE	TEXTE	COMMENTAIRES
Travaillez, faites un effort. Le travail est une valeur qui fait qu'on n'échoue jamais.	Travaillez, prenez de la peine : C'est le fonds qui manque le moins.	L'auteur de la fable, La Fontaine, donne un conseil au lecteur dès le départ. Il emploie un verbe à l'impératif pour nous dire de travailler ! Peut-être qu'il n'aime pas les fainéants. Et ensuite, il nous dit que le travail sert toujours à quelque chose, qu'on ne se trompe jamais à trop travailler.

PHASE 5 Anticipation du travail de la séance 2 5' collectif

Objectif :
▸ Anticiper le travail des prochaines séances.

Dans les prochaines séances, en petits groupes, vous allez reformuler la fable partie par partie avec vos mots dans la colonne « paraphrase ». Nous mettrons ensuite vos idées en commun, puis nous remplirons la colonne « commentaires » tous ensemble. Vous allez ainsi construire progressivement le sens de la fable. Vous devrez utiliser les stratégies lorsque vous travaillerez en groupes.
Annoncer la composition des groupes.

≠ Groupe hétérogène de 4 élèves
1 lecteur en difficulté
1 normo-lecteur
2 autres élèves

SÉANCES 2, 3 ET 4

PHASE 1 Rappels 5' oral collectif

Objectif :
▸ Se souvenir de ce qui a été évoqué précédemment.

- Projeter le(s) tableau(x) PTC (paraphrase-texte-commentaires) rempli(s) précédemment.
  Vous souvenez-vous de ce que nous avons fait et de ce que nous avons dit la dernière fois ?

PHASE 2 Paraphrase et commentaires 40' en groupe et oral collectif

Objectif :
▶ Paraphraser des vers et les commenter.

- *Mettez-vous par 4 et ouvrez vos livrets à la page 97 (activité B). Vous allez reformuler les vers de la fable avec vos mots. Il faut que vous soyez tous d'accord avant d'écrire. Vous devrez utiliser les 6 stratégies.*

  Nous vous laissons organiser la durée que vous allez accorder à ce travail de paraphrase et de commentaires. Nous vous conseillons de passer 40 minutes par passage : 20 minutes pour paraphraser en groupes (1 support par groupe), 20 minutes pour mettre en commun et commenter en collectif. Lors de la phase de mise en commun, les élèves pourront chacun recopier dans leur livret les résultats collectifs.

- Nous vous proposons des éléments d'analyse de chaque partie pour vous aider à étayer les échanges en groupe et en classe entière. Il sera important de mettre en évidence les stratégies auxquelles les élèves se réfèrent.

Activité B (séance 2)

Ce passage se passe certainement dans la ferme. Le vieil homme va bientôt mourir, il parle à ses enfants, il leur lance un défi : une chasse au trésor. Il les motive à rechercher le trésor. Il leur dit ça en cachette, « sans témoins ». Nous ne savons pas de quoi est composé l'héritage : une maison ? une ferme ? des meubles ? des bâtiments ? des champs ? De quel trésor peut-il s'agir ? De l'argent ? de l'or ? des pièces ? des bijoux ?

Activité C, p. 98 (séance 3)

Ce passage relate la conversation entre le laboureur et ses enfants. Il continue à leur donner des conseils, des ordres. Il parle et les enfants écoutent.
Il est un peu plus précis : il leur demande de creuser, de fouiller et de bêcher dans le champ. Le trésor est donc dans le champ. Nous comprenons que cela ne va pas être facile, qu'ils vont avoir du travail (beaucoup de mots du champ lexical du travail).

Activité D, p. 99 (séance 4)

À peine le père mort, les enfants se mettent à la recherche du trésor. Ils sont persévérants car cela dure un an, et à la fin, ils sont récompensés.

Que font-ils pendant un an ?
PRÉLEVER *Ils retournent la terre du champ, comme leur père le leur a demandé.*
Qu'est-ce qui indique que les enfants sont pressés de trouver le trésor ?
APPRÉCIER *Il y a :*
– des vers courts, en peu de mots ;
– des mots courts ;
– des ellipses (l'auteur n'écrit pas tous les mots) ;
– du passé simple : actions brèves dans le passé ;
– beaucoup de verbes d'action.
Quel est le résultat de cette recherche ?
INFÉRER *Le résultat de cette recherche est que le champ a rapporté encore plus d'argent que les années précédentes : « il en rapporta davantage » ; il a produit encore plus de légumes, de céréales… La fouille a eu de bons effets sur la qualité de la terre du champ. Les enfants ont donc gagné plus d'argent que prévu. Le trésor n'était donc pas caché dans le champ. Le trésor n'était pas quelque chose de réel, de matériel. C'est le dur labeur des enfants, leur énorme travail, qui les a menés à la richesse.*

SÉANCE 5

PHASE 1 Rappels 5' oral collectif

Objectif :
- Se souvenir de ce qui a été dit lors des séances précédentes.

- Projeter les tableaux PTC.
  Vous souvenez-vous de ce que nous avons fait et de ce que nous avons dit la dernière fois ?

PHASE 2 Clarification 20' oral collectif

Objectifs :
- Déterminer l'intention des personnages ;
- Répondre à l'intention de lecture.

*Vous allez essayer de vous mettre à la place du laboureur, chercher à quoi il a pu penser avant sa mort pour lancer un tel défi à ses enfants ; il s'agit d'utiliser la **stratégie du chien**.*

- Projeter la fable au tableau. S'y référer le plus possible.
  À chaque fois, laisser les élèves s'exprimer en leur demandant de justifier leurs réponses. Les valider ou les invalider.

Résumer les propos.

Selon vous, de quoi le laboureur avait-il peur après sa mort concernant sa ferme ?
INFÉRER *Il avait peur que ses enfants vendent la ferme. « Gardez-vous, leur dit-il, de vendre l'héritage »* : montrer ces vers.
S'ils avaient vendu la ferme, les enfants auraient gagné de l'argent rapidement.

Pourquoi le laboureur ne voulait-il pas que sa ferme soit vendue ?
INTERPRÉTER *Il voulait que la ferme reste dans la famille.*

Comment le laboureur a-t-il eu sa ferme ?
INFÉRER *Elle était à ses parents. « Gardez-vous, leur dit-il, de vendre l'héritage / Que nous ont laissé nos parents »* : montrer ces vers.

Que souhaite le laboureur ?
INTERPRÉTER *Il ne veut pas avoir travaillé pour rien. À ses enfants, il lègue comme trésor le fruit de sa vie de travail, et le fruit de la vie de travail de leurs ancêtres. Il veut également assurer l'avenir de sa descendance, et donc que ses enfants continuent à travailler la terre comme il l'a fait, pour que la ferme produise beaucoup de céréales, de légumes, et qu'elle rapporte encore plus d'argent. On peut dire que le laboureur est sage, c'est-à-dire : avisé, clairvoyant, éclairé, honnête, intelligent, judicieux, juste, logique, prévoyant, prudent, raisonné, réfléchi, sensé, sérieux.*

À votre avis, pourquoi ne leur a-t-il pas tout simplement dit : « J'ai hérité cette ferme de mes parents, qui l'avaient héritée de leurs parents. Je ne veux pas que vous la vendiez. Je veux que vous travailliez le plus sérieusement possible afin que vous produisiez le plus de légumes et de céréales possible et qu'elle vous rapporte le plus d'argent possible » ?
APPRÉCIER Accueillir les idées des élèves.

Qu'aurait-il fait en leur parlant comme ça ?
INTERPRÉTER *Il aurait donné un ordre à ses enfants.*

Qu'a-t-il fait en les laissant chercher un faux trésor ? Qu'ont-ils pu comprendre ?
INTERPRÉTER *Il leur a fait vivre quelque chose de vrai, une expérience ; ils ont ainsi compris que c'est en travaillant qu'on obtient de l'argent, que l'on est récompensé.*

Quelle différence cela fait-il de leur avoir lancé un défi ?
INTERPRÉTER *Le laboureur a mis ses enfants à l'épreuve. Il a préféré les mettre au travail pour leur donner une leçon de vie plutôt que de leur donner un conseil, un ordre qui n'aurait pas eu le même impact sur eux. L'auteur pense que les actions marquent plus que les paroles.*

- Remplir collectivement le poster des stratégies (dictée à l'adulte) :
  Stratégie du chien : Se mettre à la place du laboureur pour comprendre ses pensées, ses intentions.

- *Notre intention de lecture était de chercher le secret que le laboureur voulait communiquer à ses enfants.*
  L'avez-vous trouvé ?
  Le secret, c'est que le travail est un trésor, que travailler est nécessaire pour gagner de l'argent.
  Le laboureur met ses enfants à l'épreuve. Il veut probablement leur donner une leçon de vie, ce qui est plus efficace que de recevoir un conseil.

PHASE 3 Bilan 20' écrit individuel

Objectif :
▶ Garder une trace des procédures mises en œuvre pour comprendre.

- Projeter le poster des stratégies.
  Ouvrez vos livrets à la page 100 et réalisez l'activité E. Vous allez résumer ce que vous avez appris à faire grâce aux différentes stratégies.
  Mettre en commun.
  Réponses attendues :

Avec la stratégie du lièvre et de la tortue, j'ai découpé la fable en 4 parties, j'ai lu les vers un par un en groupe.	Avec la stratégie du perroquet, j'ai reformulé les mots et les expressions difficiles avec mes mots. J'ai cherché une définition dans le dictionnaire, sur Internet. J'ai cherché des synonymes.	Avec la stratégie du chien, j'ai cherché ce que pensait, ce que voulait le laboureur.

SÉQUENCE 7

L'ÉLECTRICITÉ EN FRANCE

PRÉSENTATION DU TEXTE

- **Titre :** *L'électricité en France*
- **Auteur :** Maxime Paul, Monsieur Paul (blogueur)
- **Origine :** https://chezmonsieurpaul.org/
- **Type de texte :** informatif
- **Genre :** documentaire

PRÉPARATION

POURQUOI CE TEXTE ?

Nous avons choisi ce document car :
- il est informatif ;
- il est composite (texte linéaire accompagné de photographies, tableau double entrée et diagramme circulaire) ;
- le thème « les ressources en énergie » est au programme du cycle 3 (Sciences et Technologie) ;
- les élèves ont certainement déjà des connaissances sur le thème du document.

QU'Y A-T-IL À COMPRENDRE DANS CET ÉCRIT ?

Il s'agit d'une question fondamentale à laquelle l'enseignant.e doit avoir répondu avant de lancer le travail de compréhension. Ainsi, il sera possible de dire aux élèves « Bravo, tu as compris que... », au lieu de simplement dire « Tu as compris ». Répondre à cette question peut sembler facile, mais c'est en réalité très difficile.

Grâce à ce document sur l'électricité, le lecteur doit comprendre qu'il existe des sources d'énergie variées, certaines sont renouvelables et d'autres non, ce qui constitue un inconvénient.

Les élèves utilisent l'électricité au quotidien. Leurs bribes de connaissances sont d'origine scolaire ou familiale. L'objectif que nous pouvons fixer à l'issue de la lecture du documentaire est la structuration de leurs connaissances éparses.

QUELS OUTILS UTILISER POUR AMENER LES ÉLÈVES À COMPRENDRE CE TEXTE ?

Pour comprendre un texte explicatif, il faut être capable de sélectionner les informations utiles et de relier des documents de natures différentes. L'outil le plus approprié pour y parvenir nous semble être le **GUIDE D'ANTICIPATION** qui sera le support de l'intention de lecture : chercher si notre avis change après la lecture du document. La démarche d'enseignement sera **LES 5 TEMPS**. JAC vous conseille de relire les paragraphes dédiés à ces outils dans l'introduction (pages 22-23).

MISE EN ŒUVRE

DÉMARCHE DE LA SÉQUENCE

SEMAINE 1			
SÉANCE 1 30 min.	Phase 1	Découverte de l'auteur et du genre	5 min.
	Phase 2	Clarification du titre	5 min.
	Phase 3	Mise en avant des connaissances personnelles	20 min.
SÉANCE 2 45 min.	Phase 1	Rappels	5 min.
	Phase 2	Analyse de la structure du document et identification d'informations	40 min.
SEMAINE 2			
SÉANCE 3 45 min.	Phase 1	Rappels	5 min.
	Phase 2	Clarification des éléments non textuels	20 min.
	Phase 3	Clarification du parcours de lecture	20 min.
SÉANCE 4 45 min.	Phase 1	Rappels	5 min.
	Phase 2	Retour sur les connaissances personnelles	25 min.
	Phase 3	Bilan	15 min.

MATÉRIEL

- Texte, p. 32-33 (Ressources)
- Livret de l'élève, p. 101-106 (Ressources)
- Support de présentation numérique « L'électricité en France »

SÉANCE 1

PHASE 1 Découverte de l'auteur et du genre 5' oral collectif

Objectifs :
- Découvrir l'auteur ;
- Découvrir ce qu'est un texte documentaire ;
- Se projeter dans le document avant même d'avoir commencé à le lire.

- *Ouvrez vos livrets à la page 101 (activité A).*
  Lisez le paragraphe « Que sait-on de l'auteur de ce texte ? »
  Que sait-on de l'auteur de ce texte ?

  Lisez le paragraphe « Qu'est-ce qu'un texte documentaire ? »
  Qu'est-ce qu'un texte documentaire ?

Nous allons lire un texte documentaire dont l'auteur, un enseignant, a pour but de fournir des informations aux enfants de votre âge.

PHASE 2 Clarification du titre 5' oral collectif

Objectif :
▶ Entrer dans le document par le titre.

- *Le titre de ce document est* L'électricité en France. *Vous devez indiquer ce que ce titre vous évoque ; il s'agit d'utiliser la* ***stratégie de l'araignée*** *et la* ***stratégie du hibou***.
Quelles informations ce document va-t-il nous donner selon vous ?
INTERPRÉTER Laisser quelques minutes aux élèves pour réfléchir et émettre des hypothèses. Proposer aux élèves de réagir aux propositions des autres. Demander par exemple : *Pensez-vous que cela va avec le titre ?*
Résumer les propos.

- Remplir collectivement le poster des stratégies (dictée à l'adulte) :
Stratégie de l'araignée : Faire des liens entre le titre et ce que cela évoque pour nous.
Stratégie du hibou : Rechercher ce que l'on sait déjà.

PHASE 3 Mise en avant des connaissances personnelles 20' écrit individuel

Objectifs :
▶ Se donner une intention de lecture ;
▶ Faire état des connaissances personnelles que l'on a sur la production de l'électricité.

Chaque lecture suppose une intention de lecture. Ici, ce sera de comparer ce que l'on répond à des affirmations sur l'électricité avant et après avoir lu le documentaire.

- *Nous allons utiliser l'outil* ***Les 5 Temps*** *pour comprendre ce texte documentaire.*

Temps 1 : Comprendre les affirmations avant de lire le texte

- Projeter le tableau disponible dans les ressources, p. 102.
Vous savez déjà des choses sur l'électricité en France. Le but de cette phase est de rendre explicites et disponibles les connaissances que vous avez déjà ; il s'agit d'utiliser la ***stratégie du hibou***. *Dans votre livret, vous avez ce tableau ; les mêmes phrases y sont écrites. Vous pouvez être d'accord, pas d'accord, ou ne pas savoir ; vous devez placer votre croix dans la partie orange. Vous n'aurez pas tous les mêmes réponses car vous ne savez pas tous les mêmes choses.*

- *Dans un premier temps, nous devons bien comprendre les affirmations ; des mots reviennent souvent comme « centrales » ou « sources d'énergie ».*
Nous devons nous mettre d'accord sur le sens du mot « centrale » ; il s'agit d'utiliser la ***stratégie du perroquet***.
Pouvez-vous me donner des exemples de phrases avec ce mot ?
Relever les phrases de quelques élèves.
Le sens de « centrale » étant très spécifique, l'enseignant.e peut le définir ainsi : « Une centrale est une usine qui produit de l'électricité. »

Nous devons nous mettre d'accord sur le sens du mot « source » ; il s'agit d'utiliser la ***stratégie du perroquet***.
Connaissez-vous des phrases ou expressions avec le mot « source » ?
Si les élèves ne proposent rien, dire :
La source de la Seine se trouve en Bourgogne.
Cette blessure est la source de mes douleurs.
La source d'inspiration de ce peintre est la nature.
La source signifie l'origine, d'où cela vient, ce qui crée, ce qui provoque, ce qui produit.

Dans le tableau, nous pourrons remplacer « centrale » par « usine » et « source » par « ce qui produit ».

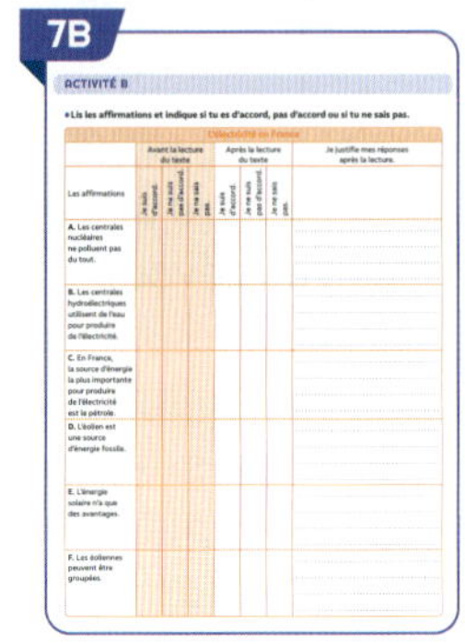

- *Ouvrez vos livrets à la page 102 et réalisez l'activité B. Vous devez prendre connaissance des affirmations sur l'électricité en France et compléter le tableau (colonnes orange).*

≠ Si des élèves sont dans l'incapacité de lire seuls les affirmations, l'enseignant.e peut les oraliser pour eux.

- Remplir collectivement le poster des stratégies (dictée à l'adulte) :
  Stratégie du hibou **:** Chercher ce que je sais déjà sur les sources d'énergies produisant de l'électricité.
  Stratégie du perroquet **:** Demander la définition d'un mot à quelqu'un qui sait (l'enseignant.e) ; chercher des phrases contenant le mot que je ne connais pas.

SÉANCE 2

PHASE 1 Rappels 5' oral collectif

Objectifs :

- Tisser des liens avec la séance précédente ;
- Rappeler l'intention de lecture.

- *Vous souvenez-vous de ce que nous avons fait, de ce que nous avons dit la dernière fois ?*
- *Pourquoi allons-nous lire ce document ?*
- *Qu'allons-nous apprendre avec ce document ?*

PHASE 2 Analyse de la structure du document et identification d'informations 40' oral collectif et travail en groupe

Objectifs :

- Analyser la structure du document pour mettre en avant la dispersion des informations.
- Identifier quelques informations.

Temps 2 : Analyser la structure du document pour mieux sélectionner les informations PRÉLEVER

Aujourd'hui, nous allons étudier comment le document est construit, nous allons chercher son plan, c'est-à-dire repérer les différentes parties qui le composent.

- *Mettez-vous par 4 et ouvrez vos livrets aux pages 103-104. Réalisez l'activité C : encadrez le titre, entourez les 3 sous-titres.*

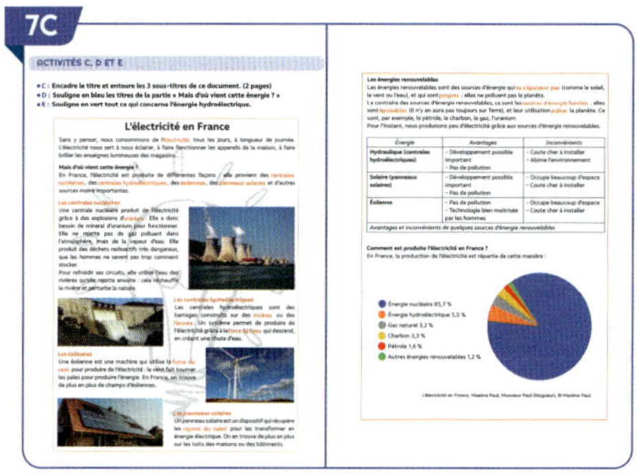

- Projeter le document au tableau.

Mettre en commun. Repérer que le titre est en gras et de taille plus importante. Les sous-titres sont en gras, mais plus petits.

L'électricité en France

Mais d'où vient cette énergie ?

Les énergies renouvelables.

Comment est produite l'électricité en France ?

Que peut-on s'attendre à avoir comme informations dans chaque partie ?

INFÉRER

Mais d'où vient cette énergie ?

→ *Quelle est l'origine des différentes sources d'énergie ?*

Les énergies renouvelables

→ *La liste des énergies renouvelables*

Comment est produite l'électricité en France ?

→ *Les sources d'énergies produisant de l'électricité en France*

- *Dans la partie « Mais d'où vient cette énergie ? », il y a des sous-parties. Soulignez en bleu les titres de ces sous-parties (activité D).*

Mettre en commun.

Les centrales nucléaires

Les centrales hydroélectriques

Les éoliennes

Les panneaux solaires

Dans le texte, comment sait-on que ce sont des sous-parties ?

APPRÉCIER *Les lettres sont en orange, en gras et en italique.*

D'autres mots sont en orange ; pourquoi ?

APPRÉCIER *Ils sont en orange car ce sont des mots importants.*

Quels sont les différents éléments qui composent ce document ? Cherchons les différentes formes que prennent les informations.

Laisser les élèves s'exprimer.

Résumer les propos.

Il y a des phrases, mais aussi des images (à pointer au tableau), un tableau à double entrée, un graphique circulaire ou camembert (donner le terme s'il n'est pas connu).

- *Plusieurs sources d'énergie sont traitées dans ce document. Nous allons chercher toutes les informations sur la source d'énergie hydroélectrique.*

Dans quelles parties allons-nous trouver des informations sur la source d'énergie hydroélectrique ?

Laisser un temps de réflexion aux élèves, puis les laisser s'exprimer rapidement.

Pour ce type de travail, il ne faut pas tout lire, mais seulement les parties qui concernent l'hydroélectrique ; il s'agit d'utiliser la ***stratégie du lièvre et de la tortue****. Dans chaque partie, je me demande si je peux trouver des informations sur l'énergie hydroélectrique.*

Partie « Mais d'où vient cette énergie ? »

Les centrales nucléaires → *Non, car ce n'est pas le sujet de cette sous-partie.*

Les centrales hydroélectriques → *Oui, c'est dans cette sous-partie.*

Les éoliennes → *Non, car ce n'est pas le sujet de cette sous-partie.*

Les panneaux solaires → *Non, car ce n'est pas le sujet de cette sous-partie.*

Partie « Les énergies renouvelables » → *Oui, si je pense que l'hydroélectricité est une énergie renouvelable.*

Partie « Comment est produite l'électricité en France ? » → *Oui, car je pense que l'hydroélectricité est un moyen de produire de l'électricité en France.*

- *Vous allez souligner en vert tout ce qui concerne l'énergie hydroélectrique (activité E).*
  Vous pouvez circuler afin d'apporter une aide aux élèves en ayant besoin.
  Ici, le choix peut être fait d'afficher une feuille d'élève afin de mettre en discussion et de justifier les propositions en recherchant dans le texte ce qui a permis de prendre la décision de souligner.

- Remplir collectivement le poster des stratégies (dictée à l'adulte) :
  Stratégie du lièvre et de la tortue : Lire uniquement les paragraphes ou passages qui, selon leur titre, peuvent contenir les informations que je cherche. Ne pas lire le texte dans l'ordre.

SÉANCE 3

PHASE 1 Rappels 5' oral collectif

Objectifs :
- Tisser des liens avec les séances précédentes ;
- Rappeler l'intention de lecture.

- *Vous souvenez-vous de ce que nous avons fait, de ce que nous avons dit la dernière fois ?*
- *Pourquoi allons-nous lire ce document ?*

PHASE 2 Clarification des éléments non textuels 20' oral collectif

Objectif :
- Identifier et analyser l'apport des éléments non textuels du document.

Temps 2 : Analyser la structure du document pour mieux sélectionner les informations PRÉLEVER

- Projeter le document au tableau.

- *Dans le document* L'électricité en France, *il y a du texte, mais aussi d'autres éléments ; lesquels ?*
  4 photos
  Un dessin d'ampoule en filigrane
  Un tableau à double entrée
  Un graphique circulaire

Aujourd'hui, nous allons comprendre que chaque élément du document a un rôle particulier et peut apporter des informations.

Compte tenu de la complexité de ce travail, être le plus explicite possible et mettre en œuvre un guidage fort. Pour chaque élément commenté, verbaliser la procédure. Projeter le tableau disponible dans les ressources, p. 105. Laisser les élèves s'exprimer. Valider ou invalider les réponses. Remplir le tableau au fur et à mesure des réponses. Votre tableau ne sera pas exactement comme celui que nous donnons en exemple ci-dessous ; il faut bien prendre en compte les formulations des élèves. En même temps que vous ou à un autre moment de la journée, les élèves pourront recopier dans le tableau de leur livret les éléments écrits collectivement (activité F, p. 105).

<table>
<tr><th>Éléments</th><th>Comment ça s'appelle ?</th><th>À quoi ça sert ?</th><th>Guidage enseignant.e</th></tr>
<tr><td></td><td>Photos</td><td>À illustrer.
À donner des indications de localisation (sur un toit, dans la nature, proche d'un fleuve).
À montrer pour de vrai comment l'électricité est produite.</td><td>Attirer l'attention sur l'endroit où se trouvent les panneaux solaires et pourquoi ils sont là, la chute d'eau sortant d'une centrale hydroélectrique, l'image de la centrale nucléaire, les éoliennes groupées…</td></tr>
<tr><td>
</td><td>Dessin en filigrane derrière les photos et le texte</td><td>À décorer.</td><td>L'ampoule rend le document plus joli, mais ne sert pas à mieux comprendre les informations.</td></tr>
<tr><td><table>
<tr><th>Énergie</th><th>Avantages</th><th>Inconvénients</th></tr>
<tr><td>Hydraulique (centrales hydroélectriques)</td><td>– Développement possible important
– Pas de pollution</td><td>– Coute cher à installer
– Abime l'environnement</td></tr>
<tr><td>Solaire (panneaux solaires)</td><td>– Développement possible important
– Pas de pollution</td><td>– Occupe beaucoup d'espace
– Coute cher à installer</td></tr>
<tr><td>Éolienne</td><td>– Pas de pollution
– Technologie bien maitrisée par les hommes</td><td>– Occupe beaucoup d'espace
– Coute cher à installer</td></tr>
<tr><td colspan="3">Avantages et inconvénients de quelques sources d'énergie renouvelables</td></tr>
</table></td><td>Tableau à double entrée</td><td>À donner les avantages et les inconvénients de l'énergie hydraulique, solaire et éolienne (par exemple, l'énergie éolienne ne pollue pas, mais les éoliennes sont chères à installer).
À comparer.</td><td>Ce tableau permet de rapprocher sur une même ligne ou colonne des informations pour voir des ressemblances ou des différences.</td></tr>
<tr><td>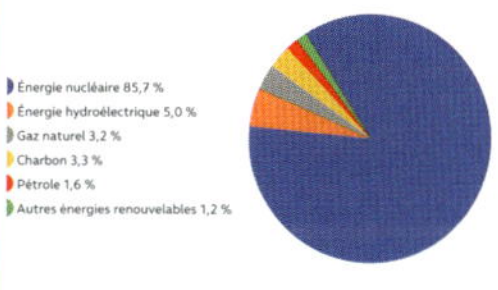

L'électricité en France, Maxime Paul, Monsieur Paul (blogueur), © Maxime Paul.</td><td>Graphique circulaire ou camembert</td><td>À donner la répartition de chaque énergie dans la production d'électricité.
À observer et comparer chaque part.</td><td>Cette partie comporte deux morceaux (à projeter et montrer) : le cercle découpé en quartiers de couleur et la légende. L'énergie nucléaire est en bleu, comme l'indique la légende, et cela correspond à la plus grande partie du cercle. Cela va se lire : 85,7 % de l'électricité produite en France vient de l'énergie nucléaire.</td></tr>
</table>

PHASE 3 Clarification du parcours de lecture 20' travail individuel

Objectif :

▶ Lecture stratégique du document.

Temps 3, 4 et 5 : prélever, inférer, interpréter, apprécier

Nous avons désormais toutes les informations pour comprendre un texte documentaire : différentes parties peuvent parler d'un même sujet ; il n'est pas nécessaire de tout lire selon les informations que l'on cherche ; les images, tableaux ou graphiques donnent aussi des informations ; les titres que nous avons précédemment identifiés permettent de se repérer rapidement dans le document.

- *Ouvrez vos livrets à la page 102 (activité B). Vous devez lire le texte et compléter à nouveau le tableau, colonne « après la lecture », en indiquant si vous êtes d'accord, pas d'accord ou si vous ne savez pas.*

Vous devez utiliser la ***stratégie du lièvre et de la tortue****, c'est-à-dire lire très rapidement ou pas du tout les blocs qui ne sont pas utiles, et de façon plus précise donc plus lente les blocs qui vous seront utiles pour répondre. Vous devez également utiliser la* ***stratégie de l'araignée*** *pour dire si vous êtes d'accord ou pas avec une affirmation après la lecture : vous devez faire des liens entre l'affirmation et les informations trouvées dans le documentaire. Vous allez changer ou non vos premières réponses. Vous devez justifier votre seconde réponse dans la case.*
Ne pas faire de mise en commun, qui sera l'objet de la séance 4.

≠

Profils de lecteurs	Modalités de lecture et de travail
Lecteur en difficulté	Lecture et réponses avec l'enseignant.e.
Faible compreneur	Constitution d'un groupe reprenant ces deux catégories d'élèves : lecture et réponses en commun.
Faible déchiffreur	
Normo-lecteur	Lecture et réponses autonomes.

- Remplir collectivement le poster des stratégies (dictée à l'adulte) :
  Stratégie du lièvre et de la tortue : Lire lentement ou rapidement un passage en fonction des informations recherchées.
  Stratégie de l'araignée : Faire des liens entre une affirmation et les informations trouvées dans le documentaire pour dire si je suis d'accord ou non avec cette affirmation après la lecture.

SÉANCE 4

PHASE 1 Rappels 5' oral collectif

Objectifs :

▶ Tisser des liens avec les séances précédentes ;

▶ Rappeler l'intention de lecture.

- *Vous souvenez-vous de ce que nous avons fait, de ce que nous avons dit la dernière fois ?*
- *Pourquoi allons-nous lire ce document ?*

PHASE 2 Retour sur les connaissances personnelles 25' oral collectif

Objectif :

▶ Vérifier les réponses données, en cherchant les justifications.

- Projeter le tableau disponible dans les ressources, p. 102 (activité B).
  Ouvrez vos livrets à la page 102.
  Passer à la partie vérifications et corrections. Discussion collective : pointer l'évolution des réponses entre la première lecture et la fin de la lecture, et chercher la raison avec retour systématique au texte. Le texte fait foi, car ce qui y est écrit est indiscutable, non négociable. Si quelque chose n'est pas écrit ou non visible (photo…), c'est de l'interprétation et il peut alors y avoir plusieurs réponses acceptables. Noter les réponses sur le tableau. Pour chaque énoncé vérifié, justifié, écrire une phrase, qui pourrait être un texte de référence collectif.

PHASE 3 Bilan 15' écrit individuel

Objectif :

▶ Garder une trace des procédures mises en œuvre pour comprendre.

- Projeter le poster des stratégies.
  Ouvrez vos livrets à la page 106 et réalisez l'activité G. Vous allez résumer ce que vous avez appris à faire grâce aux différentes stratégies.
  Mettre en commun.
  Réponses attendues :

	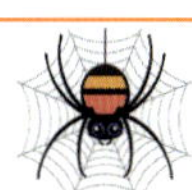		
Avec la stratégie du lièvre et de la tortue, j'ai lu les paragraphes ou passages qui, selon leur titre, pouvaient contenir les informations que je cherchais, je n'ai pas lu le texte dans l'ordre, j'ai lu plus ou moins vite.	Avec la stratégie de l'araignée, j'ai indiqué ce que le titre du document m'évoquait, j'ai fait des liens entre une affirmation et les informations trouvées dans le documentaire pour dire si j'étais d'accord ou non avec cette affirmation après la lecture.	Avec la stratégie du perroquet, j'ai été attentif à certains mots, j'ai demandé à mon enseignant.e le sens précis de certains mots dans le contexte, j'ai mis les mots dans des phrases pour mieux les comprendre.	Avec la stratégie du hibou, j'ai cherché ce que je connaissais déjà, avant la lecture, sur les sources d'énergie produisant de l'électricité.

SÉQUENCE 8

ÉCOSYSTÈMES ET CYCLES NATURELS

PRÉSENTATION DU TEXTE

- **Titre :** *Écosystèmes et cycles naturels*
- **Auteurs :** Sean Callery, Clive Gifford, Mike Goldsmith, Nicolas Blot
- **Origine :** *La Grande Encyclopédie*
- **Éditeur :** Éditions Nathan
- **Collection :** Rouge et Or
- **Date :** 2019
- **Type de texte :** explicatif
- **Genre :** documentaire

PRÉPARATION

POURQUOI CE TEXTE ?

Nous avons choisi ce documentaire car :
- il est explicatif ;
- il est composite : il contient des textes, des titres, des sous-titres, des schémas, une photo, des dessins… ;
- il a une organisation non linéaire ;
- la thématique « les écosystèmes » est au programme du cycle 3 ;
- il est d'actualité ;
- il contient des éléments « parasites » (par rapport à notre intention de lecture). Certains documents servent davantage à décorer qu'à amender le message.

QU'Y A-T-IL À COMPRENDRE DANS CE DOCUMENTAIRE ?

Il s'agit d'une question fondamentale à laquelle il faut que l'enseignant.e doit avoir répondu avant de lancer le travail de compréhension. Ainsi, il sera possible de dire aux élèves « Bravo, tu as compris que… », au lieu de seulement dire « Tu as compris ». Répondre à cette question peut sembler facile, mais c'est en réalité très difficile.

Avec *Écosystèmes et cycles naturels*, le lecteur doit comprendre qu'une espèce animale, sans végétaux, sans gaz et sans autres animaux, ne peut pas survivre. La vie sur Terre est possible grâce à l'interdépendance de nombreux êtres vivants (animaux et végétaux) et d'éléments variés (notamment des gaz). Un écosystème est une illustration de cette interdépendance. Le lecteur doit comprendre ce qu'est un écosystème ; il devra donner une définition rédigée ou sous forme de schéma du mot « écosystème ».

Voici quelques définitions du terme « écosystème » :
– Unité écologique de base formée par le milieu (biotope) et les organismes qui y vivent (biocénose). (Le Robert, sens 1)
– Milieu organisé. (Le Robert, sens 2)
– Système formé par un environnement (biotope) et par l'ensemble des espèces (biocénose) qui y vivent, s'y nourrissent et s'y reproduisent. (Larousse)
– Le terme « écosystème » désigne un groupe d'êtres vivants – parfois désigné sous le nom

de biocénose (animaux, végétaux et micro-organismes) – et de composantes physiques et chimiques – parfois regroupées sous le terme de biotope. Il correspond à une vision intégrative de la nature, centrée sur le concept d'interaction : toute composante de l'écosystème, vivante ou non, agit sur toutes les autres et est influencée par elles. L'écosystème est avant tout une grille d'analyse du vivant dans son milieu, même s'il correspond fréquemment à des ensembles concrets, comme une mare ou une forêt. La Terre elle-même peut être considérée comme un écosystème. (Universalis).

Écosystème

Biocénose	**Biotope (ou milieu, environnement)**
Animaux Végétaux Micro-organismes	Éléments chimiques et physiques une mare une forêt la Terre...

Au regard de cette analyse, l'intention de lecture communiquée aux élèves sera, une fois le texte lu et compris, d'écrire une définition du mot « Écosystème ».

QUEL OUTIL UTILISER POUR AMENER LES ÉLÈVES À COMPRENDRE CE TEXTE ?

Pour comprendre ce documentaire, il s'agira de :
- s'appuyer sur les connaissances des élèves ;
- faire apparaitre les différents éléments qui le composent ;
- sélectionner efficacement les documents qui permettront de répondre à 4 questions ;
- répondre aux questions.

Pour le travail sur ce document, l'outil le plus adapté semble être **LES 5 TEMPS**. JAC vous conseille de relire les paragraphes dédiés à cet outil dans l'introduction (page 23).

Les 4 questions posées ne figurent pas dans l'encyclopédie dont est tiré le document. Elles ont été écrites par les auteurs de JAC. Elles relèvent chacune d'un processus issu de PIRLS (voir p. 28) :
question 1 : Prélever
question 2 : Inférer
question 3 : Interpréter
question 4 : Apprécier

MISE EN ŒUVRE

DÉMARCHE DE LA SÉQUENCE

SEMAINE 1			
SÉANCE 1 45 min.	Phase 1	Mise en route	5 min.
	Phase 2	Découverte de la technique	10 min.
	Phase 3	Recherche (question A)	10 min.
	Phase 4	Recherche (question B)	15 min.
	Phase 5	Bilan	5 min.
SÉANCE 2 50 min.	Phase 1	Rappels	5 min.
	Phase 2	Recherche (question C)	15 min.
	Phase 3	Recherche (question D)	15 min.
	Phase 4	Écriture	10 min.
	Phase 5	Bilan	5 min.

MATÉRIEL

– Documents, p. 34-35 (Ressources)
– Livret de l'élève, p. 107-108 (Ressources)
– Support de présentation numérique « Écosystèmes et cycles naturels »

SÉANCE 1

PHASE 1 Mise en route 5' collectif

Objectifs :
▶ Se projeter dans le document avant même d'avoir commencé à le lire ;
▶ Se donner une intention de lecture.

Nous allons étudier un nouveau texte. C'est un texte qui sert à acquérir des connaissances. Il explique des choses sous une forme particulière : plusieurs documents différents sont répartis sur une double page. En recherchant les réponses à 4 questions, vous apprendrez à bien lire un texte documentaire. Lecture fonctionnelle (voir p. 5) : *Le texte documentaire parle des relations entre les êtres vivants. Répondre aux 4 questions vous aidera à écrire une définition du mot « écosystème ». Il va donc falloir comprendre tous les documents pour écrire une définition précise de ce mot, ce sera notre intention de lecture.*

PHASE 2 Découverte de la technique 10' oral collectif

Objectif :
- Lire et comprendre Les 5 Temps.

Vous aurez bien compris le texte quand vous aurez répondu aux 4 questions. Vous allez devoir comprendre les questions et aller à la recherche des réponses ; comme un détective, il faudra prendre des indices partout dans le texte. Aujourd'hui, nous allons chercher à répondre aux questions A et B. En même temps, nous allons apprendre une recette pour lire efficacement un texte documentaire : cette recette s'appelle « Les 5 Temps ».

- Projeter le visuel suivant.

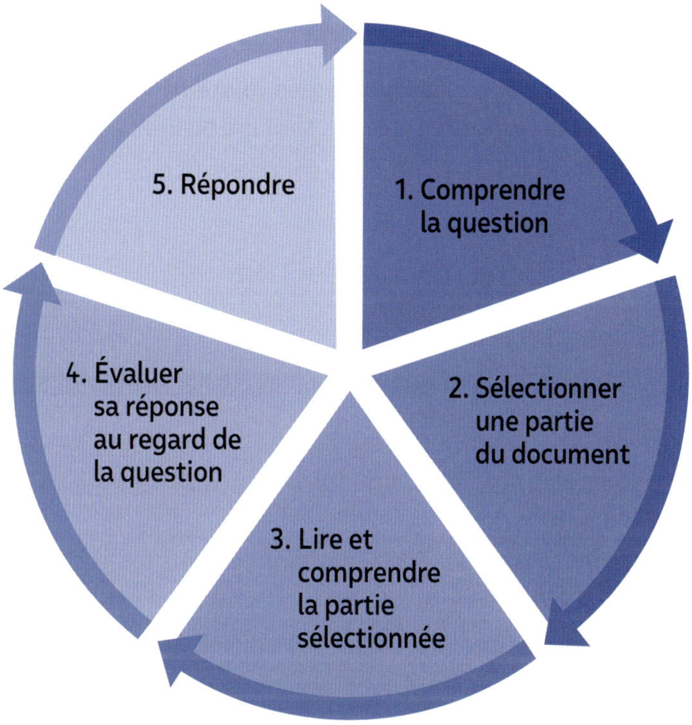

- *Que devons-nous faire pendant le Temps 1 ?*
  Comprendre la question. Nous allons nous demander « Qu'est-ce que je dois chercher pour répondre à la question ? un lieu ? un nombre ? un animal ?... »
  Si l'on connait déjà la réponse, devons-nous quand même la chercher dans le texte ?
  Laisser les élèves réagir et dire : *Si vous êtes sûr de la réponse, ce n'est pas la peine de chercher dans le texte quelque chose que vous savez déjà (**stratégie du hibou**). Cependant, si vous ne pouvez pas répondre ou si vous n'êtes pas sûr de votre réponse, alors vous devez lire les documents pour y trouver la réponse.*

- *Que devons-nous faire pendant le Temps 2 ?*
  Sélectionner une partie du document.
  Qu'est-ce que cela veut dire ?
  Laisser les élèves reformuler. Valider ou invalider leurs réponses.
  Dire : *Cela veut dire qu'il ne faut pas tout lire, comme pour un roman.*
  Mimer un élève qui lirait tout le texte documentaire en suivant avec son doigt les lignes, comme pour un récit.
  Comment faites-vous pour savoir ce qu'il est utile de lire ?
  Laisser les élèves s'exprimer. Valider ou invalider leurs réponses. Amener les élèves à parler de lecture sélective et de balayage visuel. Dire : *Il faut s'aider des titres, des dessins, des schémas... pour savoir ce qu'il faut lire ; il s'agit d'utiliser la **stratégie du lièvre et de la tortue**.*

- ***Que devons-nous faire pendant le Temps 3 ?***
  Lire et comprendre la partie sélectionnée.

- ***Que devons-nous faire pendant le Temps 4 ?***
  Évaluer sa réponse.
  Qu'est-ce que ça veut dire ?
  Laisser les élèves reformuler. Valider ou invalider leurs réponses.
  Dire : *Il s'agit de se demander si la réponse trouvée répond bien à la question.*

- ***Que fait-on si on croit avoir la réponse ?***
  On écrit la réponse à la question.
  Je vais ajouter quelque chose d'important : il faut vous assurer que la réponse est EXACTE et SUFFISANTE : a-t-on trouvé toutes les informations qui répondent à la question ? Quelquefois, il faut trouver plusieurs informations pour répondre à une seule question.

- Remplir collectivement le poster des stratégies (dictée à l'adulte) :
  Stratégie du lièvre et de la tortue : Ne pas tout lire ou lire des documents lentement.
  Stratégie du hibou : Utiliser ses propres connaissances.

PHASE 3 Recherche (question A) 10' oral collectif, travail en binôme

Objectif :
▸ Chercher la réponse juste et suffisante à la question A.

- Distribuer le document à chaque élève (disponible dans les ressources, p. 34-35) et leur laisser un temps d'observation. Ne pas hésiter à projeter le schéma des 5 Temps aux élèves.

- *Ouvrez vos livrets à la page 107 et réalisez l'activité A. Vous allez répondre à la première question. Vous travaillerez par deux.*
  ≠ Faire des binômes hétérogènes. Prenez avec vous 5-6 lecteurs en difficulté.

- Faire la première étape des 5 Temps avec le groupe classe. Puis laisser les élèves travailler en binôme.
  Nous allons commencer notre travail de compréhension du texte ; nous allons répondre à la première question en nous servant des 5 Temps.
  Faire lire la première question : **Comment s'appelle la relation profitable, bénéfique, entre 2 espèces ?**
  Selon Les 5 Temps, que faut-il faire en premier ?
  Comprendre la question, savoir ce que l'on cherche.
  Que cherchons-nous ?
  Le nom d'une relation profitable, bénéfique.

  Nous devons nous mettre d'accord sur ce que signifient « profitable » et « bénéfique » ; il s'agit d'utiliser la ***stratégie du perroquet****.*
  Que comprenez-vous ? Que signifie « une relation profitable » ? « Une relation bénéfique » ?
  Laisser les élèves trouver des formulations de sens proche. Valider ou invalider leurs réponses. Résumer les propos.
  Vous avez raison, nous cherchons le nom d'une relation utile entre 2 espèces, une relation qui rend service à 2 espèces qui vivent à proximité l'une de l'autre.

> *Dans le cadre du travail de préparation de la séquence, il est conseillé d'anticiper les questions en lien avec le vocabulaire ; lister les synonymes les plus clairs, les plus transparents, pour des élèves de CM, des mots « profitable » et « bénéfique » : utile, avantageux, pratique.*

- Laisser les binômes poursuivre et continuer avec le groupe des lecteurs en difficulté. *Le plus important, c'est que vous meniez une véritable enquête ; si vous ne trouvez pas exactement la réponse, ce n'est pas grave, nous sommes en train d'apprendre ! Vous avez 5 minutes pour répondre à la première question ; vous devez vous aider des 4 temps restants.*

  Au bout de 5 minutes, et quand vous avez fini avec votre groupe, faire une mise en commun, notamment en ce qui concerne les procédures.
  1. Comment s'appelle la relation profitable, bénéfique entre 2 espèces ? La symbiose.
  Cette question fait appel au processus PRÉLEVER : il s'agit pour les élèves de localiser la bonne réponse et de la recopier. L'indice le plus important pour localiser la réponse est le mot « profitable » ; s'ils localisent ce mot (en haut à droite), ils trouveront la réponse.
  N'exigez pas une réponse rédigée du type « La relation profitable entre 2 espèces s'appelle la symbiose », ce n'est pas l'objectif. Nous souhaitons que les élèves trouvent une réponse JUSTE et SUFFISANTE.

- Remplir collectivement le poster des stratégies (dictée à l'adulte) :
  Stratégie du perroquet **:** Chercher des synonymes.

PHASE 4 Recherche (question B) 15' oral collectif, travail en binôme

Objectif :
▶ Chercher la réponse juste et suffisante à la question B.

- *Vous allez répondre à la deuxième question (activité B, p. 107). Vous travaillerez toujours par deux.*

- Faire la première étape des 5 Temps avec le groupe classe. Puis laisser les élèves travailler en binôme. Suivre uniquement le groupe de besoin.

Nous allons continuer notre travail de compréhension du texte ; nous allons répondre à la deuxième question en nous servant des 5 Temps.
Faire lire la deuxième question : **Trouve le nom de 2 gaz qui sont indispensables aux êtres vivants.**
Selon Les 5 Temps, que faut-il faire en premier ?
Comprendre la question, savoir ce que l'on cherche.
Attention, la réponse à la question B est plus difficile à trouver que celle de la question A, si vous avez plus de mal, c'est normal.
Que cherchons-nous ?
Des gaz.
Vous avez raison, nous devons trouver le nom de 2 gaz.
Il est important que vous reformuliez, que vous clarifiiez la nature de la réponse recherchée, ici le nom de 2 gaz. Vous pouvez même écrire au tableau « nom de 2 gaz ».
Que savez-vous sur les gaz ? Qu'est-ce qu'un gaz ?
Vous allez devoir faire appel à vos connaissances ; il s'agit d'utiliser la ***stratégie du hibou***.
Les élèves doivent dire ce qu'ils savent sur le(s) gaz. *C'est invisible, c'est dans l'air...*
Ils peuvent citer un/des gaz ou ce qu'ils croient en être. Le plus important est qu'ils formulent que c'est invisible, que c'est « comme l'air ». *Évidemment, l'air n'est pas un gaz, mais il est composé de gaz. Quand on respire, on respire des gaz. C'est exactement ça que nous cherchons : les noms des gaz qui sont dans l'air.*
Valider ou invalider les réponses. Résumer les propos.

- *Continuez avec votre binôme. Vous avez 10 minutes pour répondre à la deuxième question ; vous devez vous aider des 4 temps (étapes) restants.*

  Au bout de 10 minutes, et quand vous avez fini avec votre groupe, faire une mise en commun, notamment en ce qui concerne les procédures.

  2. Trouve le nom de 2 gaz qui sont indispensables aux êtres vivants. L'azote et le carbone.

  Cette question fait appel au processus INFÉRER : c'est un processus plus difficile que celui de la question A, car le mot « gaz » n'est pas écrit. Il s'agit de mettre en lien 2 mots : « atmosphère » et « en respirant », ainsi que les schémas des 2 cycles pour trouver les réponses. Il s'agira de bien montrer aux élèves que la réponse n'est pas écrite, qu'il faut aller chercher des indices dans deux endroits du texte.

  Mettre en valeur les procédures/stratégies mises en œuvre : *comment avez-vous su, déduit que le carbone et l'azote étaient des gaz ? Il fallait s'aider des mots « atmosphère », « en respirant », ainsi que des schémas des cycles de ces gaz qui sous-entendent qu'ils sont présents dans « l'air ». Nous avons dû faire des liens entre ces mots et les schémas ; nous avons utilisé la **stratégie de l'araignée***.

- Remplir collectivement le poster des stratégies (dictée à l'adulte) :

  Stratégie du hibou : S'appuyer sur ses connaissances sur les gaz.

  Stratégie de l'araignée : Mettre en lien des informations présentes dans un schéma et un texte.

PHASE 5 Bilan 5' oral collectif

Objectif :

- Synthétiser les procédures mises en œuvre et les stratégies mobilisées pour répondre aux questions.

- *Comment avez-vous fait pour chercher et trouver les réponses aux 2 questions ?*

  Laisser les élèves s'exprimer. Projeter le schéma suivant pour qu'ils s'y réfèrent et qu'ils visualisent bien les 5 Temps. Les encourager à formuler les stratégies utilisées.

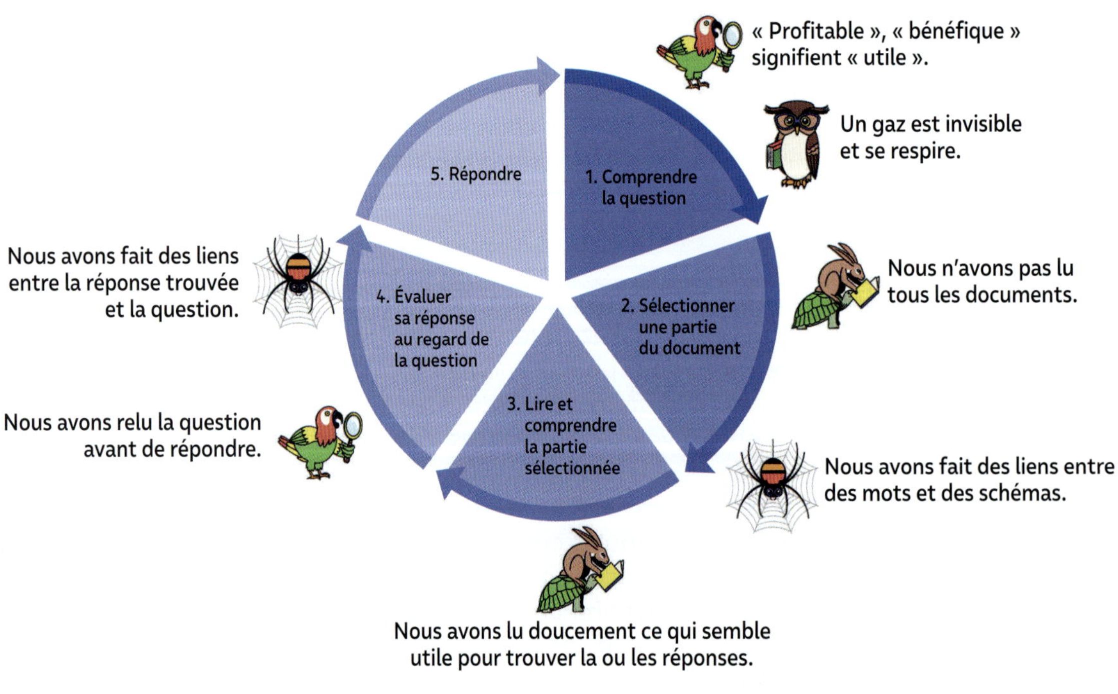

SÉANCE 2

PHASE 1 Rappels 5' oral collectif

Objectif :
- Synthétiser les procédures mises en œuvre et les stratégies mobilisées pour répondre aux questions.

- *Vous souvenez-vous de ce qu'on a fait, de ce qu'on a dit la dernière fois ?*

PHASE 2 Recherche (question C) 15' oral collectif, travail en binôme

Objectif :
- Chercher la réponse juste et suffisante à la question C.

- *Ouvrez vos livrets à la page 107 et réalisez l'activité C. Vous allez répondre à la troisième question. Vous travaillerez à nouveau par deux.*

≠ Faire des binômes hétérogènes. Prenez avec vous 5-6 lecteurs en difficulté.

- Faire la première étape des 5 Temps avec le groupe classe. Puis laisser les élèves travailler en binôme. Suivre uniquement le groupe de besoin.

Nous allons reprendre notre travail de compréhension du texte ; nous allons répondre à la troisième question en nous servant des 5 Temps.

Faire lire la troisième question : **L'auteur de ce documentaire veut nous faire passer un message. À ton avis, lequel ?**

Selon Les 5 Temps, que faut-il faire en premier ?

Comprendre la question, savoir ce que l'on cherche.

Que cherchons-nous ?

Le message que l'auteur de ce texte documentaire veut nous faire passer.

Nous devons nous mettre d'accord sur ce que signifient « message » et « auteur » ; il s'agit d'utiliser la ***stratégie du perroquet****.*

« L'auteur » vous savez ce que c'est, mais ici, nous ne savons pas qui c'est.

Qu'en pensez-vous ?

Laisser les élèves s'exprimer. Valider ou invalider leurs réponses. Résumer les propos.

L'auteur de ce texte doit être un scientifique, quelqu'un qui connait la nature.

Que signifie « chercher le message que l'auteur veut nous faire passer » ?

Laisser les élèves s'exprimer et les conduire vers :

Quand quelqu'un écrit un texte, il a une intention, il veut faire passer un message. Il faut donc trouver ce que veut dire l'auteur, ce qu'il veut que l'on comprenne.

- *Continuez avec votre binôme. Vous avez 15 minutes pour répondre à la troisième question ; vous devez vous aider des 4 temps restants.*

Au bout de 15 minutes, et quand vous avez fini avec votre groupe, faire une mise en commun, notamment sur les procédures.

3. L'auteur de ce texte documentaire veut nous faire passer un message. À ton avis, lequel ?

La vie sur Terre est possible grâce à l'interdépendance, une assistance mutuelle, de nombreux êtres vivants (animaux et végétaux) et d'éléments variés (notamment des gaz). Tous ont une importance sur Terre : les gaz, les végétaux, les animaux, même les plus petits. Tous servent à quelque chose.

Cette question fait appel au processus INTERPRÉTER : il s'agit pour les élèves de relier ce qu'ils lisent à ce qu'ils savent déjà, à leur expérience de vie (**stratégie du hibou**).

- Remplir collectivement le poster des stratégies (dictée à l'adulte) :
Stratégie du perroquet : Chercher ce que signifie « le message de l'auteur ».
Stratégie du hibou : Chercher qui peut être l'auteur de ce texte.
Relier ce qu'on a lu à ce que l'on sait déjà.

PHASE 3 Recherche (question D) 15' oral collectif, travail en binôme

Objectif :
▶ Chercher la réponse juste et suffisante à la question D.

- *Vous allez répondre à la quatrième question (activité D, p. 107). Vous travaillerez toujours par deux.*

- Faire la première étape des 5 Temps avec le groupe classe. Puis laisser les élèves travailler en binôme. Suivre uniquement le groupe de besoin.
Nous allons recommencer notre travail de compréhension du texte ; nous allons répondre à la quatrième question en nous servant des 5 Temps.
Faire lire la quatrième question : **Selon toi, y a-t-il des parties qui ne servent à rien dans ce texte documentaire ? Lesquels ? Pourquoi ?**
Selon Les 5 Temps, que faut-il faire en premier ?
Comprendre la question, savoir ce que l'on cherche.
Que cherchons-nous ?
Nous cherchons si des parties ne servent à rien.
*Vous avez raison, nous cherchons si des parties ne servent à rien. Nous devons faire des liens entre le message de l'auteur (Tous les êtres vivants dépendent les uns des autres) et chaque document. Il va donc falloir se demander si chaque document montre bien que tous les êtres vivants dépendent les uns des autres ; il s'agit d'utiliser la **stratégie de l'araignée**.*
Vous allez relire chaque document et vous demandez s'il est utile ou pas.

- *Continuez avec votre binôme. Vous avez 15 minutes pour répondre à la quatrième question ; vous devez vous aider des 4 temps restants, des 4 étapes restantes.*
Au bout de 15 minutes, et quand vous avez fini avec votre groupe, faire une mise en commun, notamment une mise en commun des procédures.
4. Selon toi, y a-t-il des parties qui ne servent à rien dans ce texte documentaire ? Lesquelles ? Pourquoi ?
Il n'y a pas vraiment de réponse attendue à une question d'appréciation, puisque, par définition, il est attendu que les élèves donnent leur avis. C'est donc la justification qui va compter. Cependant, d'un coup d'œil, on voit bien que l'illustration de plante qui part de la droite et qui va jusqu'à la page de gauche est essentiellement décorative. La partie sur les champignons, en bas à droite, est elle aussi à questionner : elle illustre beaucoup moins un écosystème que les autres documents, cette partie semble davantage décrochée.
Cette question fait appel au processus APPRÉCIER : c'est le plus difficile. Cela demande aux élèves de porter un avis, d'argumenter sur les différents documents du texte, sur les choix de l'auteur, sur la présentation.

- Remplir collectivement le poster des stratégies (dictée à l'adulte) :
Stratégie de l'araignée : Mettre en lien chaque document avec la question et le message de l'auteur.

Il vaut mieux répondre à 4 questions bien choisies et progressives qu'à 10.

PHASE 4 Écriture 10' écrit individuel ou en binôme

Objectifs :
- Écrire une définition du mot « écosystème » ;
- Répondre à notre intention de lecture.

- *Ouvrez vos livrets à la page 108 et réalisez l'activité E. Vous allez devoir écrire un texte qui répondra à notre consigne de départ :* écrire une définition du mot « Écosystème ». *Vous pouvez vous aider de tout ce qu'on a fait précédemment. Vous pouvez vous mettre par 2.*

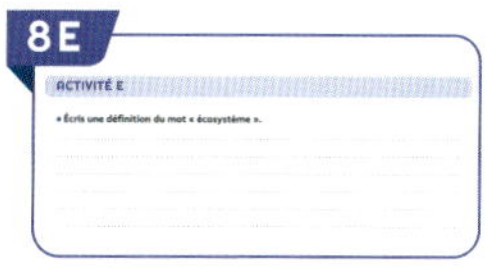

≠ Former des groupes d'élèves. Une différenciation peut être mise en place : un groupe fragile sur la rédaction peut être accompagné par l'enseignant.e qui aidera à la formulation ou prendra en charge l'écrit matériel.
Exemple de réponse attendue :
Un écosystème, ce sont tous les animaux, les végétaux, les micro-organismes, les gaz, la terre et/ou l'eau qu'il y a dans un endroit.

Écosystème

Biocénose
Animaux
Végétaux
Micro-organismes

Biotope
(milieu ou environnement)
Éléments chimiques et physiques
une mare
une forêt
la Terre...

PHASE 5 Bilan 5' oral collectif, puis écrit individuel

Objectifs :
- Synthétiser les procédures mises en œuvre et les stratégies mobilisées pour répondre aux questions ;
- Garder une trace des procédures mises en œuvre pour comprendre.

- *Comment avez-vous fait pour chercher et trouver les réponses aux questions 3 et 4 ?*
Laisser les élèves s'exprimer. Projeter le schéma de la page 154 pour que les élèves s'y réfèrent et qu'ils visualisent bien les 5 Temps. Les encourager à formuler les stratégies utilisées.

- *Les 5 Temps vous ont-il aidés ? Pourquoi ?*

- Projeter le poster des stratégies.
Ouvrez vos livrets à la page 108 et réalisez l'activité F. Vous allez résumer ce que vous avez appris à faire grâce aux différentes stratégies.
Mettre en commun.
Réponses attendues :

Avec la stratégie du lièvre et de la tortue, je n'ai pas lu certains documents et j'en ai lu certains plus lentement pour trouver la réponse.	Avec la stratégie de l'araignée, j'ai mis en lien des informations, notamment la réponse aux questions C (le message de l'auteur) et D (chercher des documents inutiles).	Avec la stratégie du perroquet, j'ai cherché des synonymes et ce que voulait dire « le message de l'auteur ».	Avec la stratégie du hibou, j'ai cherché qui pouvait bien être l'auteur de ce texte, quelle pouvait être sa profession. Je me suis appuyé sur mes connaissances.

SÉQUENCE 9

L'HOMME À L'OREILLE COUPÉE

PRÉSENTATION DU TEXTE

- **Titre :** *L'homme à l'oreille coupée*
- **Auteur :** Jean-Claude Mourlevat
- **Éditeur :** Éditions Thierry Magnier
- **Collection :** Petite Poche
- **Date :** 2015
- **Type de texte :** narratif
- **Genre :** extrait de roman

PRÉPARATION

POURQUOI CE TEXTE ?

Nous avons choisi ce roman car :
- il est narratif ;
- il n'est pas trop long ;
- il a une structure particulière, celle du récit enchâssé : un récit se trouve à l'intérieur du récit principal ;
- il contient de nombreux points de résistance, notamment le vocabulaire, la syntaxe, les connaissances du monde, les inférences, les reprises anaphoriques, l'espace-temps, ainsi que les intentions et émotions du personnage principal ;
- il figure sur la liste de référence des œuvres de littérature jeunesse pour le cycle 3 de l'Éducation nationale.

Le travail sur le roman est indispensable au cycle 3, car ce type de texte (narratif) va être celui que les élèves vont le plus côtoyer pendant leur scolarité.

QU'Y A-T-IL À COMPRENDRE DANS CET ÉCRIT ?

Il s'agit d'une question fondamentale à laquelle l'enseignant.e doit avoir répondu avant de lancer le travail de compréhension. Ainsi, il sera possible de dire aux élèves « Bravo, tu as compris que… », au lieu de seulement dire « Tu as compris ». Répondre à cette question peut sembler facile, mais c'est en réalité très difficile.

L'essentiel du travail sera focalisé sur les 2 premiers chapitres de *L'homme à l'oreille coupée*. Dans ces chapitres, le lecteur doit comprendre que le vieil homme, à qui il manque une oreille, raconte un souvenir d'enfance. S'étant faufilé dans un cirque, il se serait malencontreusement retrouvé sur scène lors d'un numéro d'adresse au fouet. L'artiste, voulant couper des cigarettes en papier placées dans ses oreilles, lui en aurait tranché une. Dans les chapitres suivants, le lecteur doit comprendre que le vieil homme ment, qu'il affabule (il présente comme réels des faits imaginés). Chaque soir, il raconte une histoire différente.

Au regard de cette analyse, l'intention de lecture communiquée aux élèves sera de chercher le passetemps préféré du vieil homme.

Nous vous conseillons de poursuivre la lecture de ce court roman avec vos élèves une fois la séquence terminée. Différentes modalités sont possibles :

- lecture offerte intégrale à la classe entière ;
- mise à disposition du livre pour que les élèves le lisent seul.e.s ;
- mise à disposition de la version audio du roman.

QUEL OUTIL UTILISER POUR AMENER LES ÉLÈVES À COMPRENDRE CE TEXTE ?

Dans ce roman, ce sont les liens entre tous les indices qu'il va falloir établir pour arriver à comprendre le passetemps préféré du vieil homme. Pour ce faire, nous avons choisi comme outil **LA LECTURE PAS À PAS**. JAC vous conseille de relire le paragraphe dédié à cet outil dans l'introduction (page 21).

MISE EN ŒUVRE

DÉMARCHE DE LA SÉQUENCE

SEMAINE 1			
SÉANCE 1 45 min.	Phase 1	Découverte de l'auteur et du genre	10 min.
	Phase 2	Clarification du titre	5 min.
	Phase 3	Clarification du début de l'histoire	20 min.
	Phase 4	Analyse des choix de vocabulaire de l'auteur	10 min.
SÉANCE 2 45 min.	Phase 1	Rappels	5 min.
	Phase 2	Anticipation	20 min.
	Phase 3	Lecture individuelle et rétrospection	20 min.
SEMAINE 2			
SÉANCE 3 45 min.	Phase 1	Rappels	10 min.
	Phase 2	Lecture individuelle et rétrospection	20 min.
	Phase 3	Bilan	15 min.
SÉANCE 4 45 min.	Phase 1	Rappels	10 min.
	Phase 2	Clarification	20 min.
	Phase 3	Synthèse de l'extrait étudié	15 min.

MATÉRIEL

- Texte, p. 36-37 (Ressources)
- Livret de l'élève, p. 109-113 (Ressources)
- Audio du texte
- Support de présentation numérique « L'homme à l'oreille coupée »

SÉANCE 1

PHASE 1 Découverte de l'auteur et du genre (10') oral collectif

Objectifs :
- Découvrir l'auteur ;
- Découvrir ce qu'est un roman ;
- Se projeter dans l'histoire avant même d'avoir commencé à la lire.

9A

ACTIVITÉ A

- **Titre :** *L'homme à l'oreille coupée*
- **Auteur :** Jean-Claude Mourlevat
- **Éditeur :** Éditions Thierry Magnier
- **Collection :** Petite Poche
- **Date :** 2003
- **Type de texte :** narratif
- **Genre :** extrait de roman

Couverture de *L'homme à l'oreille coupée*, Jean-Claude Mourlevat, © Éditions Thierry Magnier

QUI EST JEAN-CLAUDE MOURLEVAT ?

« Je m'appelle Jean-Claude Mourlevat et je suis né le 22 mars 1952 à Ambert, en Auvergne. […] Une fois le baccalauréat acquis, je suis parti faire des études, successivement à Strasbourg, Toulouse, Stuttgart, Bonn et Paris… En 1976, je suis devenu professeur d'allemand. […] Je crois que j'ai été un professeur heureux. J'ai aimé enseigner. Mon premier texte publié a été un album, il s'appelle *Histoire de l'enfant et de l'œuf*. C'était en 1997. Je ne savais pas alors que ce serait le premier d'une longue liste, et qu'écrire allait devenir mon unique et merveilleuse occupation. »
https://jcmourlevat.com/

QU'EST-CE QU'UN ROMAN ?

Le texte *L'homme à l'oreille coupée* est un roman court.
- Un roman raconte une histoire imaginée par un auteur.
- Un roman est situé dans le temps et dans l'espace.
- Un roman présente la vie d'un ou plusieurs personnages.
- Un roman a pour objectif de divertir le lecteur et de le faire réfléchir.
- Un roman court est plus court qu'un roman et plus long qu'une nouvelle.

- *Ouvrez vos livrets à la page 109 (activité A).*
  Lisez le paragraphe « Qui est Jean-Claude Mourlevat ? ».
  C'est l'auteur lui-même qui se présente, qui parle.
  Qui est Jean-Claude Mourlevat ?

  Lisez le paragraphe « Qu'est-ce qu'un roman ? ».
  Qu'est-ce qu'un roman ?

Nous allons lire un extrait de roman récent. L'histoire a été imaginée et écrite par l'auteur Jean-Claude Mourlevat.
Nous allons lire et comprendre ce texte pour découvrir le passetemps préféré du vieil homme. Ce sera notre intention de lecture.

PHASE 2 Clarification du titre (5') oral collectif

Objectif :
- Entrer dans l'histoire par le titre.

- *Le titre du roman est* L'homme à l'oreille coupée.
  Que peut vouloir dire ce titre ?
  INFÉRER Laisser les élèves émettre des hypothèses : se donner un temps d'écoute, recevoir quelques hypothèses, les noter sur une grande feuille, demander systématiquement une justification.
  Résumer les propos.
  Vous pensez donc que le roman va parler d'un homme ayant une oreille coupée. Nous allons surement beaucoup nous demander comment son oreille a été coupée.
  Est-ce plutôt rare ou fréquent de croiser un homme à qui il manque une oreille ?
  C'est plutôt rare.

PHASE 3 Clarification du début de l'histoire (20') oral collectif et travail individuel

Objectif :
- Se représenter la situation initiale.

- *Je vais vous lire le début du chapitre 1. Pendant cette lecture, vous allez vous faire le film de l'histoire dans votre tête ; il s'agit d'utiliser la **stratégie de la licorne**.*

> Il y avait dans un port de la Norvège un très vieil homme à qui manquait une oreille.
> – Comment l'as-tu perdue ? lui demandait-on dans l'auberge où il venait s'enivrer chaque soir, et il répondait volontiers :

- *Arrêtons-nous une première fois. Nous venons de lire le début de l'histoire et je suis sûr que vous avez déjà compris beaucoup de choses. Avec la* ***stratégie de la licorne****, vous avez commencé à vous faire le film de l'histoire dans la tête.*
Que venons-nous d'apprendre ? Quelles images avez-vous vues ?
Laisser les élèves s'exprimer en prenant des notes au tableau, ne pas valider ou invalider leurs réponses.
Résumer les idées.
Vous imaginez un vieux monsieur, un vieil homme, qui n'a qu'une seule oreille.
Vous voyez ce vieil homme avec une oreille coupée dans une auberge, un café, un bar.
À côté de ce vieil homme, vous imaginez des clients qui boivent, ils peuvent boire du café, de la bière, autre chose.
Ces clients parlent au vieux monsieur qui a une oreille en moins ; ils lui demandent quelque chose : comment il a perdu son oreille.

Cette première pause vise la clarification. À ce stade de la mise en œuvre, nous vous proposons une pause auto-formation pour découvrir ce que signifie « clarifier ».

- *Je vais maintenant vous lire la suite du chapitre 1. Vous allez vous faire le film de l'histoire dans la tête avec la* ***stratégie de la licorne****. Vous vous servirez de vos connaissances sur le cirque pour mieux comprendre l'histoire ; il s'agit d'utiliser la* ***stratégie du hibou****.*

> « Oh, ça remonte à loin ! disait-il, j'étais encore un petit garçon… J'avais neuf ans à peine, alors voyez ! Un cirque ambulant est passé dans notre village. Ça ne coutait pas très cher, mais nous étions pauvres et mes parents ne pouvaient pas me payer l'entrée. Alors, le soir de la représentation, j'y suis allé en cachette.
> Je me suis faufilé sous la toile du chapiteau, ni vu ni connu, et j'ai pris place dans les gradins. C'était plein à craquer. La musique assourdissante, l'odeur forte des animaux, tout ça : j'étais comme ivre. Il y a eu les chevaux qui tournaient, puis les acrobates-voltigeurs, puis les petits caniches dressés. J'en restais la bouche ouverte. Quelle émotion pour moi qui n'avais jamais rien vu ! »

- *Quelle histoire raconte le vieil homme quand on lui demande comment il a perdu son oreille ?*
PRÉLEVER Laisser les élèves s'exprimer et valider leurs réponses.
Résumer leurs propos en employant le moins de pronoms possible, en explicitant bien chaque personnage, chaque lieu…
Le vieil homme raconte une histoire qui s'est passée quand il était petit garçon.
Quand le vieil homme était petit, il est entré dans un cirque sans payer, en se glissant sous la toile.
Le petit garçon qu'il était alors a assisté à un spectacle…
Il était émerveillé.
Il était comme ivre (comme s'il avait trop bu).
Il avait la bouche ouverte.
Il devait être très excité.

Ce souvenir ne semble pas avoir de rapport avec le fait qu'il a perdu une oreille. Nous comprendrons la prochaine fois pourquoi il raconte cette histoire de cirque qui s'est passée quand il était petit. Nous verrons alors quel rapport cette histoire a avec son oreille coupée.

Cette deuxième pause vise la rétrospection.

- Remplir collectivement le poster des stratégies (dictée à l'adulte) :
Stratégie de la licorne : Se faire le film du début de l'histoire dans la tête : dans le bar et au cirque.
Stratégie du hibou : Se servir de ses connaissances sur le cirque.
Stratégie du chien : Chercher les émotions du petit garçon en se mettant à sa place.

PHASE 4 Analyse des choix de vocabulaire de l'auteur 10' travail individuel

Objectif :

▸ S'appuyer sur les stratégies pour extraire les informations demandées.

- *Ouvrez vos livrets à la page 110 et réalisez l'activité B. Vous allez repérer les mots choisis par l'auteur pour construire son texte et nous faire comprendre l'histoire qu'il a imaginée.*
  Mettre en commun.
  Réponses attendues :

> Il y avait dans un port de la Norvège un très vieil homme à qui manquait une oreille.
> – Comment l'as-tu perdue ? lui demandait-on dans l'auberge où il venait s'enivrer chaque soir, et il répondait volontiers :
> « Oh, ça remonte à loin ! disait-il, j'étais encore un petit garçon... J'avais neuf ans à peine, alors voyez ! Un cirque ambulant est passé dans notre village. Ça ne coutait pas très cher, mais nous étions pauvres et mes parents ne pouvaient pas me payer l'entrée. Alors, le soir de la représentation, j'y suis allé en cachette.
> Je me suis faufilé sous la toile du chapiteau, ni vu ni connu, et j'ai pris place dans les gradins. C'était plein à craquer. La musique assourdissante, l'odeur forte des animaux, tout ça : j'étais comme ivre. Il y a eu les chevaux qui tournaient, puis les acrobates-voltigeurs, puis les caniches dressés. J'en restais la bouche ouverte. Quelle émotion pour moi qui n'avais jamais rien vu ! »

Ces mots surlignés montrent bien les thèmes principaux du texte : le personnage principal, les émotions, le cirque. La compréhension d'un texte n'est pas le fruit du hasard, elle se base sur ce qui est écrit, sur les choix de l'auteur.

SÉANCE 2

PHASE 1 Rappels 5' oral collectif

Objectif :

▸ Redire ce qu'on a appris et compris.

- *Vous allez vous refaire le film de l'histoire dans la tête avec la* ***stratégie de la licorne****.*
  Que savons-nous sur l'histoire de l'homme à l'oreille coupée ?
  Le début : le personnage principal est âgé.
  – Le personnage principal est un vieux monsieur, un vieil homme ; il n'a qu'une seule oreille.
  – Ce vieil homme avec une oreille coupée est en Norvège, dans une auberge, un café, un bar.
  – À côté de ce vieil homme, il y a des clients.
  – Ces clients parlent au vieux monsieur qui a une oreille en moins ; ils lui demandent quelque chose : comment il a perdu son oreille.

L'épisode du cirque : le personnage principal était alors un enfant.

– Le vieil homme raconte une histoire qui s'est passée quand il était petit garçon.
– Quand il était petit, sa famille était pauvre.
– Un jour, il est entré dans un cirque sans payer, en se glissant sous la toile.
– Le petit garçon a assisté à un spectacle avec des chevaux, des acrobates-voltigeurs, de la musique…
– Le petit garçon était émerveillé, il était comme ivre, il avait la bouche ouverte. Nous pensons qu'il était très excité.

PHASE 2 Anticipation 20' oral collectif, puis écrit individuel

Objectif :

▶ Combiner des informations pour inférer la suite.

- *Je vais vous lire la suite de l'histoire. Mais avant, nous devons nous mettre d'accord sur ce qu'est un « fouet » ; il s'agit d'utiliser la* ***stratégie du perroquet****.*

Qu'est-ce qu'un fouet ?

Laisser les élèves s'exprimer. Ils connaitront le fouet de cuisine et peut-être la cravache, mais moins ce type de fouet. Valider ou invalider leurs réponses.

Résumer les propos.

Un fouet est un outil fait d'un manche, auquel est attachée une corde plus ou moins longue.

Pourquoi utiliser un fouet dans un spectacle de cirque ?

Au cirque, la longue corde du fouet permet de toucher ou de couper un objet éloigné.

- *Je vais vous lire la fin du chapitre 1 et le début du chapitre 2. Je vous demanderai ensuite d'imaginer la suite de l'histoire.*

JAC attire votre attention sur l'importance de prévoir et d'écrire dans votre préparation la définition des mots sur lesquels vous allez interroger les élèves. Ainsi, vous n'aurez pas à trouver une définition à chaud. Un objet comme un fouet n'est pas facile à définir sans l'avoir anticipé.

« Quelle émotion pour moi qui n'avais jamais rien vu ! Enfin le directeur du cirque a annoncé un numéro de fouet. J'ai oublié le nom de l'artiste, Pacito, Pancho, un nom comme ça. Il s'est avancé, dans sa tenue de cow-boy, accompagné de son assistante en maillot de bain. Et clac ! Clac ! ça a commencé.
D'abord l'assistante a mis une longue cigarette de papier dans sa bouche. Clac ! Au premier coup de fouet, la cigarette a perdu un centimètre. Clac ! À chaque coup elle en perdait un de plus, jusqu'à ce qu'il n'en reste qu'un minuscule mégot. Alors elle a avancé ses lèvres maquillées de rouge, comme pour donner un baiser, puis elle a légèrement basculé la tête en arrière, pour ne pas se faire couper le bout du nez je suppose. Il y a eu un roulement de tambour, et clac ! le mégot a volé ! »

Chapitre 2

« Ensuite ils ont demandé un volontaire. C'est juste à ce moment-là que j'ai vu un camarade d'école en face de moi, de l'autre côté de la piste. Il me faisait de grands signes. J'ai levé le bras pour lui répondre et ils ont cru que je voulais venir ! »

- *Que va-t-il se passer selon vous ?*
INFÉRER L'objectif est que les élèves mettent en lien plusieurs éléments de l'histoire pour déduire, inférer la suite : le petit garçon va se retrouver sur scène, volontaire, pour participer au numéro de fouet. Laisser les élèves co-construire le sens de cette partie à partir de la question.

Cette troisième pause vise l'anticipation.

- Expliciter ensuite leurs procédures à l'aide de la projection de l'extrait du texte et du tableau en 5 colonnes. Il s'agit de leur faire repérer sur le texte les informations qu'ils mettent en lien et de leur faire expliciter leur stratégie ; **celle de l'araignée**.

- *Je vais projeter le texte que je viens de lire. Vous allez me dire ce qu'il faut surligner : il s'agit de surligner les informations essentielles, les informations les plus importantes, celles qui nous permettent de comprendre ce qui va se passer après.*
Projeter cet extrait et surligner avec les élèves les informations essentielles : surligner le moins de mots possible, utiliser 3 couleurs, car il y a 3 informations (le fouet, un volontaire et le bras levé). Commenter le surlignage au fur et à mesure.
La première information importante, c'est le numéro de fouet ; il y a des onomatopées qui vont avec cette information : « Clac ! » 5 fois. « Le mégot a volé » peut également être surligné.
La deuxième information importante, c'est la recherche d'un volontaire ; quelqu'un du public va venir et prendre la place de l'assistante sur la piste dans ce numéro de fouet.
La troisième information importante, c'est que le petit garçon, qui est dans le public, voit un copain et lui fait signe, il lève donc le bras.

- *Nous allons écrire les informations dans un tableau.*
Projeter ce tableau et le remplir avec ce que les élèves vous dictent. Si un seul niveau d'inférence émerge, ne pas chercher à aller au-delà. C'est par un aller-retour idées-validation que les déductions apparaissent.
Réponses possibles :

Ce que l'on sait	information n° 1		information n° 2		information n° 3		Inférences, déductions
Le vieil homme a une oreille coupée.	numéro de fouet ; « Clac ! »	+	Recherche d'un volontaire dans le public	+	Le jeune garçon lève le bras pour faire signe à un camarade qu'il vient de voir dans le public.	=	Niveau 1 : Le garçon va se retrouver sur scène.
							Niveau 2 : Le garçon (le vieil homme) a perdu son oreille car il s'est retrouvé sur scène dans le cirque et l'artiste a raté son coup de fouet.

- *Ouvrez vos livrets à la page 110 et réalisez l'activité C. Vous allez remplir le même tableau dans votre livret en écrivant le moins de mots possible.*
Pour que les élèves réfléchissent, ne laisser en projection que le texte surligné.
Mettre en commun.
Réponses attendues :

Ce que l'on sait	information n° 1		information n° 2		information n° 3		
Oreille coupée	Fouet	+	Volontaire	+	Bras levé / Signe	=	Le garçon va se retrouver sur scène.

- Remplir collectivement le poster des stratégies (dictée à l'adulte) :
Stratégie du perroquet : Chercher le sens du mot « fouet ».
Stratégie de l'araignée : Mettre en lien des informations pour comprendre ce qui n'est pas écrit dans le texte.

PHASE 3 Lecture individuelle et rétrospection 20' travail individuel et oral collectif

Objectif :

▸ Lire seul.e et expliciter ce qui a été compris.

- *Vous allez lire la suite du chapitre 2. Mais avant, nous devons nous mettre d'accord sur le sens du mot « s'évanouir » ; il s'agit d'utiliser la **stratégie du perroquet**.*
Que signifie « s'évanouir » ?
Laisser les élèves s'exprimer, valider ou invalider leurs réponses.
Résumer les propos.
S'évanouir, c'est perdre connaissance, faire un malaise.

- *Ouvrez vos livrets à la page 111 et lisez la suite du chapitre 2 (activité D).*
*Pendant votre lecture, vous allez vous faire le film de l'histoire dans votre tête ; il s'agit d'utiliser la **stratégie de la licorne**. Vous serez ensuite capable de raconter ce qui s'est passé sur la piste du cirque.*

9D

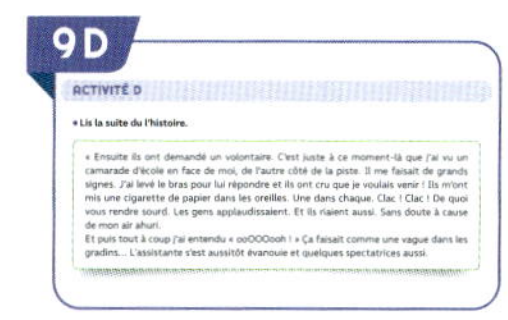

≠

Profils de lecteurs	Modalités de lecture
Lecteur en difficulté	Lecture avec l'enseignant.e.
Faible compreneur	Lecture autonome.
Faible déchiffreur	Lecture avec l'enseignant.e.
Normo-lecteur	Lecture autonome.

Cette quatrième pause vise la clarification.

- *Vous allez vous refaire le film de l'histoire que vous venez de lire dans vos têtes avec la **stratégie de la licorne**. Vous allez également repérer les informations principales et les mettre en lien pour mieux comprendre le texte ; il s'agit d'utiliser la **stratégie de l'araignée**.*
Que s'est-il passé sur la piste du cirque ? Qu'a fait l'artiste au petit garçon ?
PRÉLEVER INFÉRER Laisser les élèves s'exprimer. Valider ou invalider leurs réponses.
Résumer les propos.
Le garçon a pris place sur scène pour le numéro de fouet. On lui a mis une cigarette en papier dans chaque oreille. Il y a eu un accident. L'assistante s'est évanouie et des spectateurs aussi. On suppose que l'artiste qui donnait les coups de fouet pour couper les cigarettes a raté son coup, et qu'il lui a coupé l'oreille.

- Projeter l'extrait lu.
Nous allons mettre une croix rouge dans le texte pour indiquer le moment où l'accident a lieu. Comme ce n'est pas écrit dans le texte, il est important de chercher à quel moment du récit l'accident s'est produit.
À votre avis, à quel moment s'est produit l'accident ? Où pourrait-on placer notre croix rouge dans le texte ?
INFÉRER Faire indiquer aux élèves par une croix rouge le moment où l'accident s'est produit : au moment où il est écrit « Et puis tout à coup ».

> « Ensuite ils ont demandé un volontaire. C'est juste à ce moment-là que j'ai vu un camarade d'école en face de moi, de l'autre côté de la piste. Il me faisait de grands signes. J'ai levé le bras pour lui répondre et ils ont cru que je voulais venir ! Ils m'ont mis une cigarette de papier dans les oreilles. Une dans chaque. Clac ! Clac ! De quoi vous rendre sourd. Les gens applaudissaient. Et ils riaient aussi. Sans doute à cause de mon air ahuri.
> ×Et puis tout à coup j'ai entendu "ooOOOooh !" Ça faisait comme une vague dans les gradins… L'assistante s'est aussitôt évanouie et quelques spectatrices aussi. »

Il n'est pas écrit dans le texte qu'il y a eu un accident et que le garçon a perdu une oreille. Nous l'avons déduit. Nous avons utilisé la ***stratégie de l'araignée***.

- Expliciter leurs procédures à l'aide de la projection de l'extrait du texte et du tableau en 5 colonnes. Il s'agit de faire repérer aux élèves sur le texte les informations qu'ils mettent en lien et de leur faire expliciter leur stratégie ; **celle de l'araignée**.

- *Je vais projeter le texte que je viens de lire. Vous allez me dire quelles informations essentielles je dois surligner, les informations les plus importantes, celles qui nous permettent de comprendre ce qui n'est pas écrit.*

  Projeter cet extrait et surligner avec les élèves les informations essentielles : surligner le moins de mots possible, utiliser 3 couleurs car il y a 3 informations (cigarette dans l'oreille, coups de fouet et évanouissements). Commenter le surlignage au fur et à mesure.

  La première information importante, c'est « Ils m'ont mis une cigarette de papier dans les oreilles ».
  La deuxième information importante, c'est « Clac ! Clac ! ».
  La troisième information importante, c'est « L'assistante s'est aussitôt évanouie et quelques spectatrices aussi ».

- *Ouvrez vos livrets à la page 111 et réalisez l'activité E. Vous allez remplir le tableau dans votre livret en écrivant le moins de mots possible.*

  Laisser en projection le texte surligné.
  Mettre en commun.
  Réponses attendues :

Ce que l'on sait	information n° 1		information n° 2		information n° 3		
Oreille coupée	Le garçon a une cigarette en papier dans chaque oreille.	+	L'artiste donne 2 coups de fouet.	+	L'assistante et des spectatrices s'évanouissent.	=	L'artiste a coupé l'oreille du garçon avec son fouet.

Nous terminons cette deuxième séance en ayant déduit que le garçon s'est retrouvé, sans l'avoir voulu, sur la piste du cirque. Nous pensons que l'artiste a raté son coup de fouet, et qu'au lieu de couper la cigarette placée dans l'oreille de l'enfant, il lui a coupé l'oreille.

- Remplir collectivement le poster des stratégies (dictée à l'adulte) :

  Stratégie du perroquet : Chercher le sens du mot « s'évanouir ».

  Stratégie de l'araignée : Faire des liens entre des informations pour inférer (déduire).

SÉANCE 3

PHASE 1 Rappels 10' oral collectif

Objectif :
- Redire ce qu'on a appris et compris.

- *Vous allez vous refaire le film de l'histoire dans votre tête avec la* ***stratégie de la licorne***.

  Qui peut raconter l'histoire de l'homme à l'oreille coupée ?

  Un élève raconte, les autres écoutent et ajoutent les oublis éventuels. L'objectif est de s'en tenir aux faits importants.

Dans un bar, un vieil homme raconte comment il a perdu une de ses oreilles.
Ça s'est passé quand il était enfant.
C'était dans un cirque.
Le petit garçon assistait à un numéro de fouet.
En saluant un camarade dans les gradins, on a cru que le garçon était volontaire pour prendre la place de l'assistante sur la piste.
L'artiste lui a mis une cigarette en papier dans chaque oreille.
Nous pensons que l'artiste a raté son coup de fouet et lui a coupé l'oreille.
C'est comme ça que le vieil homme aurait perdu son oreille quand il était petit.

Nous n'avons pas lu que l'artiste lui a coupé l'oreille avec son fouet parce que ce n'est pas écrit ; nous l'avons déduit, nous l'avons compris. Du coup, dans la suite du texte, nous allons découvrir la véritable explication. Soit nous avions raison, soit nous nous sommes trompés et il l'a perdue autrement.

PHASE 2 Lecture individuelle et rétrospection

20' **travail individuel et oral collectif**

Objectif :
▸ Se représenter la fin du chapitre.

- *Vous allez lire la fin du chapitre 2. Mais avant, nous devons nous mettre d'accord sur le sens du mot « sciure » ; il s'agit d'utiliser la* ***stratégie du perroquet****.*
Que signifie le mot « sciure » ?
Accepter les explications des élèves et bien expliciter à votre tour. Si personne ne connait la réponse, apporter la définition. Montrer également une image.
De la sciure, c'est de la poussière de bois. Le bois qu'on a scié donne une sorte de poussière, ça s'appelle de la sciure. Sur la piste d'un cirque, on met de la sciure pour les numéros avec des animaux, pour ne pas qu'ils glissent. « Une scie », « scier » et « de la sciure » sont des mots de la même famille. Les écrire.

- *Ouvrez vos livrets à la page 112 et lisez la fin du chapitre 2 (activité F).*
Pendant votre lecture, vous allez vous faire le film de l'histoire dans votre tête ; il s'agit d'utiliser la ***stratégie de la licorne****.*

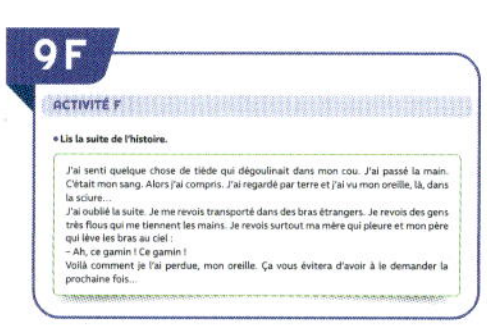

≠

Profils de lecteurs	Modalités de lecture
Lecteur en difficulté	Lecture avec l'enseignant.e.
Faible compreneur	Lecture autonome.
Faible déchiffreur	Lecture avec l'enseignant.e.
Normo-lecteur	Lecture autonome.

- *Vous allez vous refaire le film de l'histoire dans votre tête avec la* ***stratégie de la licorne****.*
Comment le vieil homme a-t-il perdu son oreille ?
PRÉLEVER Les élèves mettent en lien leurs hypothèses et la fin du chapitre.
Résumer les propos.
Oui, c'est bien ça, l'artiste lui a bien coupé l'oreille avec son fouet.
Nous apprenons de nouvelles informations, l'auteur donne des précisions.

Cette dernière pause vise la rétrospection.

Demander aux élèves d'énumérer ces précisions :
– *Du sang tiède coulait dans son cou.*
– *Il voit son oreille par terre dans la sciure.*
– *Il a été transporté.*
– *Sa mère pleurait.*
– *Son père était en colère.*

- Remplir collectivement le poster des stratégies (dictée à l'adulte) :
Stratégie du perroquet : Chercher le sens du mot « sciure ».
Stratégie de la licorne : Imaginer la scène dans sa tête.

PHASE 3 Bilan 15' écrit individuel

Objectif :
▶ Garder une trace des procédures mises en œuvre pour comprendre.

- Projeter le poster des stratégies.
Ouvrez vos livrets à la page 112 et réalisez l'activité G. Vous allez résumer ce que vous avez appris à faire grâce aux différentes stratégies.
Mettre en commun.
Réponses attendues :

Avec la stratégie de la licorne, je me suis fait le film de l'histoire dans ma tête.	Avec la stratégie de l'araignée, j'ai mis en lien plusieurs informations pour comprendre ce qui n'était pas écrit dans le texte.	Avec la stratégie du chien, j'ai recherché les émotions du petit garçon dans le cirque.

Avec la stratégie du perroquet, nous nous sommes mis d'accord sur la définition de mots avant de lire.	Avec la stratégie du hibou, j'ai fait appel à mes connaissances sur le cirque.

SÉANCE 4

PHASE 1 Rappels 10' oral collectif

Objectif :
▶ Redire ce qu'on a appris et compris.

- *Vous allez vous refaire le film de l'histoire dans votre tête avec la **stratégie de la licorne**.*
Qui peut raconter l'histoire de l'homme à l'oreille coupée ?
Un élève raconte, les autres écoutent et ajoutent les oublis éventuels. L'objectif est de s'en tenir aux faits importants.

Dans un bar, un vieil homme raconte comment il a perdu une de ses oreilles.
Ça s'est passé quand il était enfant.
C'était dans un cirque.
Le petit garçon assistait à un numéro de fouet.
En saluant un camarade dans les gradins, on a cru que le garçon était volontaire pour prendre la place de l'assistante sur la piste.
L'artiste lui a mis une cigarette en papier dans chaque oreille.
Nous savons que l'artiste a raté son coup de fouet et lui a coupé l'oreille.

PHASE 2 Clarification 20' oral collectif

Objectif :
▶ Réviser sa représentation.

- ***Qui nous apprend que le vieil homme a perdu son oreille lors de ce numéro de fouet au cirque il y a très longtemps ?***
INFÉRER
C'est lui-même, le vieil homme : il le dit à des personnes qui sont au bar avec lui.

- *Je vais vous lire le chapitre 3. Vous allez vous faire le film de l'histoire dans votre tête avec la* ***stratégie de la licorne***.

> Le lendemain il disait :
> « Mon oreille ? Oh, j'avais vingt-sept ans et j'allais me marier. / Ma petite amie était bien amoureuse, oui, bien amoureuse ! Et moi je la trouvais assez gentille, ma foi. D'après tout le monde, on allait drôlement bien ensemble, et je crois que c'était vrai. / Et puis elle est arrivée, l'autre là, avec ses taches de rousseur sur le nez... J'ai su tout de suite que j'étais fichu. À la première seconde, elle m'a électrocuté, cette fille.
> Je vous le jure, elle avait été fabriquée sur mesure pour moi, depuis ses orteils mignons jusqu'à ses mèches blondes. Elle était toute jeunette.
> Pourquoi elle s'est jetée sur moi comme ça ? Et pas sur un autre ? Je n'en sais rien. Je n'étais même pas beau ! Elle m'a fait tourner chèvre ! J'essayais de l'éviter, mais c'était impossible. Elle me cherchait. "Je t'aime, qu'elle disait, je t'attendrai aussi longtemps qu'il faudra, je n'en voudrai jamais d'autre que toi", et ainsi de suite. Et je pleurais aussi, parce que j'en étais tombé amoureux. Elle m'a rendu fou, quoi... »

- ***Que raconte ce chapitre 3 ?***
Laisser les élèves s'exprimer rapidement sur ces nouvelles informations qui vont les bousculer.
Que comprenons-nous dans ce chapitre ?
Les élèves vont devoir réviser leur compréhension. Ce qu'il y a à comprendre, c'est que le vieil homme ment, il affabule : il invente chaque soir une nouvelle histoire. Il présente comme réels des faits imaginés. L'épisode du cirque était probablement une invention.
Relire le texte en faisant des pauses ; s'arrêter à chaque « / ». Laisser les élèves s'exprimer. Leur faire reformuler, paraphraser le texte. Faire résumer les différentes parties.
Réponses attendues :
– *Il est encore au bar, le lendemain.*
– *Il dit comment il a perdu son oreille à un autre groupe de clients.*
– *Il raconte une autre histoire. Il dit qu'il avait une fiancée avec qui tout allait bien.*
– *Une autre femme est tombée amoureuse de lui et a gâché le bonheur qu'il vivait avec sa fiancée.*

PHASE 3 Synthèse de l'extrait étudié 15' travail individuel et oral collectif

Objectifs :

- Répondre à l'intention de lecture ;
- Donner envie de lire le roman.

- *Vous allez lire le chapitre 4 : le vieil homme explique comment une jeune femme lui aurait coupé son oreille.*

- *Ouvrez vos livrets à la page 113 et lisez le chapitre 4 (activité H). Pendant votre lecture, vous allez vous faire le film de l'histoire dans votre tête ; il s'agit d'utiliser la* ***stratégie de la licorne****.*

≠

Profils de lecteurs	Modalités de lecture
Lecteur en difficulté	Lecture avec l'enseignant.e.
Faible compreneur	Lecture autonome.
Faible déchiffreur	Lecture avec l'enseignant.e.
Normo-lecteur	Lecture autonome.

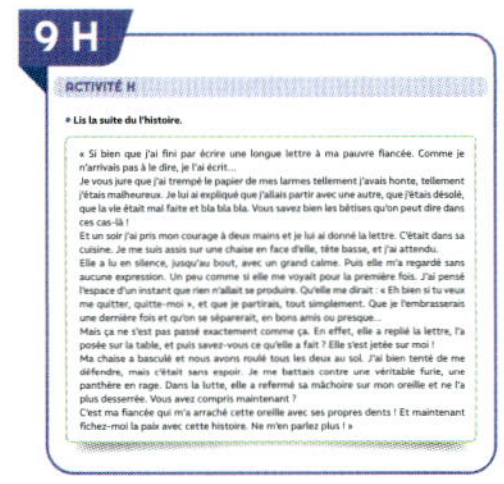

- *Que nous apprend ce nouvel épisode ?*

Laisser les élèves s'exprimer.

Résumer les propos.

L'homme a fini par quitter sa fiancée.
Il a annoncé à sa fiancée qu'il voulait la quitter en lui écrivant une lettre.
Une fois que sa fiancée a lu la lettre, elle s'est jetée sur lui et lui a mordu l'oreille jusqu'à la lui arracher avec les dents.

- *Je vais vous lire le début du chapitre 5.*

> Le lendemain, il levait les bras au ciel :
> « Vous me fatiguez avec cette oreille ! Je vous l'ai dit cent fois. C'était un soir où j'avais trop bu. Je me suis endormi contre un poêle et ça me l'a brulée. Voilà ! »

- *Le vieil homme invente chaque soir une nouvelle histoire. À votre avis, pourquoi ?*

INTERPRÉTER Laisser les élèves exprimer leurs idées et réagir aux propositions des autres. Animer le débat.

Résumer les propos.

- *Il se sent seul.*
- *Il veut attirer l'attention sur lui.*
- *Il aime qu'on l'écoute.*
- *Il aime inventer des histoires.*
- *Il a une vie triste et monotone, ça lui fait plaisir qu'on l'écoute.*
- *Il veut aussi faire plaisir aux clients qui ont l'air d'adorer ses histoires.*
- *Il ne voit personne, c'est sa seule distraction…*

Est-ce que raconter une histoire différente chaque soir, c'est mentir ?

APPRÉCIER

Mentir, c'est dire quelque chose de faux, dire un mensonge pour cacher des choses, en ayant une mauvaise intention.

Le vieil homme a-t-il une mauvaise intention ici lorsqu'il ment ?
– Il ne veut pas de mal aux gens qui l'écoutent.
– Il gagne leur admiration.
– Les clients ne le voient plus comme il est, mais comme il veut qu'on le voie.
– Il exerce son pouvoir sur les autres.
– C'est surement sa façon d'exister. Le vieil homme attend ces soirées où il invente sa vie avec impatience.

Nous allons pouvoir répondre à notre question : quel est le passetemps préféré du vieil homme ?
Son passetemps préféré n'est pas de mentir, puisqu'il le fait sans mauvaise intention. Le vieil homme aime se réinventer, devenir quelqu'un d'autre. Cela lui permet de ne pas avoir un quotidien trop monotone.

SÉQUENCE

10 LILY

PRÉSENTATION DU TEXTE

- **Titre :** *Lily*
- **Auteur :** Pierre Perret
- **Origine :** Album *Lily*
- **Date :** 1977
- **Type de texte :** poétique
- **Genre :** chanson

PRÉPARATION

POURQUOI CE TEXTE ?

Nous avons choisi cette chanson car :

- elle est poétique ;
- elle est symbolique ;
- elle est explicite (elle ne contient pas trop de figures de style) ;
- elle a une structure lisible ;
- elle est d'actualité malgré son « âge » (45 ans) ;
- elle permet de croiser les apprentissages : Éducation musicale, Enseignement Moral et Civique et Histoire.

QU'Y A-T-IL À COMPRENDRE DANS CETTE CHANSON ?

Il s'agit d'une question fondamentale à laquelle l'enseignant.e doit avoir répondu avant de lancer le travail de compréhension. Ainsi, il sera possible de dire aux élèves « Bravo, tu as compris que... », au lieu de seulement dire « Tu as compris ». Répondre à cette question peut sembler facile, mais c'est en réalité très difficile.

Dans la chanson *Lily*, le lecteur doit comprendre que Lily, jeune émigrée somalienne, arrive en France pleine d'espérance et de convictions. Elle est rapidement confrontée à la réalité du racisme ordinaire, elle subit le rejet, ce qui l'amène à s'engager. Tout espoir n'est donc pas perdu pour elle. Malheureusement, des centaines de jeunes comme Lily arrivent en Occident chaque jour, risquant de vivre à leur tour ce qu'elle a vécu. Dans cette chanson, Lily est donc un personnage, mais aussi un emblème, un symbole, une allégorie. Ainsi, au-delà de la vie de Lily, l'auteur dénonce la condition très difficile des émigrés en Occident, avec des mots simples et sur une mélodie douce et répétitive. Il s'agit donc d'une chanson engagée, qui dénonce une idéologie et des comportements ordinaires, presque banals. L'auteur défend son point de vue, il fait valoir une position critique en imaginant un personnage symbolisant tous les émigrés. Avec le temps, cette chanson est devenue un hymne antiraciste.

Au regard de cette analyse, l'intention de lecture communiquée aux élèves sera de chercher si Pierre Perret est optimiste ou pessimiste face au racisme.

QUEL OUTIL UTILISER POUR AMENER LES ÉLÈVES À COMPRENDRE CE TEXTE ?

Dans cette chanson, il s'agira de repérer :
- la portée symbolique du message que veut nous faire passer l'auteur ;
- la progressivité : espérance-convictions → réalité → nouvel espoir → engagement → espoir ;
- les protagonistes ordinaires ;
- l'emploi de mots simples.

LA LECTURE ANNOTÉE semble être un outil adapté pour accéder au sens de cette chanson. JAC vous conseille de relire le paragraphe dédié à cet outil dans l'introduction (page 19).

MISE EN ŒUVRE

CROISEMENT DES ENSEIGNEMENTS

JAC vous conseille de faire écouter et apprendre cette chanson dans le cadre de séances d'Éducation musicale, après le travail sur la compréhension.

Avant cette séquence, il sera intéressant d'évoquer avec vos élèves les sujets suivants :
- l'émigration : que fait quelqu'un qui émigre ? ;
- l'immigration : que fait quelqu'un qui immigre ? ;
- les Droits de l'Homme ;
- la ségrégation aux États-Unis.

DÉMARCHE DE LA SÉQUENCE

SEMAINE 1			
SÉANCE 1 45 min.	Phase 1	Découverte de l'auteur et du genre	5 min.
	Phase 2	Entrée dans l'histoire	20 min.
	Phase 3	Début de la lecture annotée	20 min.
SÉANCE 2 45 min.	Phase 1	Rappels	10 min.
	Phase 2	Annotation collective	5 min.
	Phase 3	Recherche	20 min.
	Phase 4	Mise en commun	10 min.
SEMAINE 2			
SÉANCE 3 45 min.	Phase 1	Rappels	5 min.
	Phase 2	Recherche	30 min.
	Phase 3	Mise en commun	10 min.
SÉANCE 4 45 min.	Phase 1	Rappels	5 min.
	Phase 2	Annotation collective	13 min.
	Phase 3	Analyse	12 min.
	Phase 4	Réponse à l'intention de lecture	10 min.
	Phase 5	Bilan	5 min.

MATÉRIEL

- Texte, p. 38-39 (Ressources)
- Livret de l'élève, p. 114-119 (Ressources)
- Support de présentation numérique « Lily »

SÉANCE 1

PHASE 1 Découverte de l'auteur et du genre 5' oral collectif

Objectifs :
- Découvrir l'auteur ;
- Savoir ce qu'est une chanson engagée ;
- Se projeter dans le texte avant même d'avoir commencé à l'écouter.

- *Ouvrez vos livrets à la page 114 (activité A).*
  Lisez le paragraphe « Qui est Pierre Perret ? »
  Qui est Pierre Perret ?

  Lisez le paragraphe « Qu'est-ce qu'une chanson engagée ? »
  Qu'est-ce qu'une chanson engagée ?

Nous allons lire une chanson très connue ; une chanson engagée, une chanson qui montre une réalité. Son auteur, Pierre Perret, veut nous expliquer quelque chose qui ne lui plait pas. Il va essayer de nous faire ressentir des émotions, de nous faire passer un message avec ses mots et sa musique.

PHASE 2 Entrée dans l'histoire 20' oral collectif

Objectifs :
- Clarifier le titre ;
- Écouter la chanson ;
- Entrer dans l'histoire.

- *Le titre de la chanson est* Lily. *Nous allons étudier ce titre, le décortiquer ; il s'agit d'utiliser la* ***stratégie du hibou***.
  Que peut vouloir dire ce titre ?
  INTERPRÉTER Les élèves doivent relever que c'est un prénom féminin et mettre ceci en relation avec les indices précédents : c'est une chanson qui va parler d'une fille ? d'une femme ? qui s'appelle Lily ?

- *Nous allons maintenant écouter une fois la chanson.*
  Faire écouter la chanson (sur une plateforme numérique, par exemple).
  Qu'avez-vous à dire après cette première écoute ?
  PRÉLEVER et INFÉRER, voire INTERPRÉTER, en fonction du niveau de compréhension des élèves.
  Laisser les élèves s'exprimer. Les élèves vont dire « J'ai entendu… » ou « Ça parle de… ». Accueillir toutes les propositions : les élèves auront retenu des choses très variables. Vous pouvez noter au tableau les mots importants : « Paris, liberté… ».

Nous allons lire et comprendre ce texte pour chercher si Pierre Perret est optimiste ou pessimiste face au racisme. Ce sera notre intention de lecture.

- *Nous allons réécouter la chanson. Cette fois, je vais marquer des arrêts pour vous laisser le temps d'écrire les mots que vous aurez entendus sur votre cahier de brouillon.*
  Faire réécouter la chanson. Couper à chaque fin de couplet. Laisser une minute et relancer.

Il s'agit d'un écrit réflexif, un écrit pour apprendre, un écrit pour penser et mémoriser. L'orthographe des mots ou groupes de mots ne sera pas corrigée.

Qu'avez-vous à dire après cette deuxième écoute ?
PRÉLEVER et INFÉRER, voire INTERPRÉTER, en fonction du niveau de compréhension des élèves.
Laisser les élèves s'exprimer. Accueillir toutes leurs propositions. Noter au tableau les mots importants. Le sens de la chanson commence à apparaitre.

- *Nous venons d'écouter la chanson et je suis sûr.e que vous avez déjà compris beaucoup de choses. Avec la* ***stratégie de la licorne****, vous avez commencé à vous faire le film de l'histoire dans votre tête.*
  Quelles images avez-vous vues dans votre tête en écoutant la chanson ?
  INFÉRER Laisser les élèves s'exprimer, ne pas valider ou invalider leurs réponses. Résumer leurs propositions succinctement.
  Je viens de résumer vos premières idées. Vous avez vu des images dans votre tête, vous avez commencé à comprendre le message que veut nous faire passer Pierre Perret ; vous avez utilisé la ***stratégie de la licorne****.*

- Remplir collectivement le poster des stratégies (dictée à l'adulte) :
  Stratégie du hibou : Comprendre que la chanson va parler d'une fille, d'une femme en s'appuyant sur le mot « Lily ».
  Stratégie de la licorne : Commencer à se faire le film de l'histoire dans la tête.

PHASE 3 Début de la lecture annotée 20' oral collectif

Objectifs :
- Lire et comprendre le début de la chanson ;
- Annoter le début du texte.

- Projeter le tableau suivant.

	On la trouvait plutôt jolie, Lily Elle arrivait des Somalies, Lily Dans un bateau plein d'émigrés Qui venaient tous de leur plein gré Vider les poubelles à Paris	

Voici les 5 premiers vers de la chanson. Nous allons les annoter : nous allons écrire des notes, des remarques, des indications, ce que l'on comprend... Ce travail nous permettra de bien comprendre ce texte.

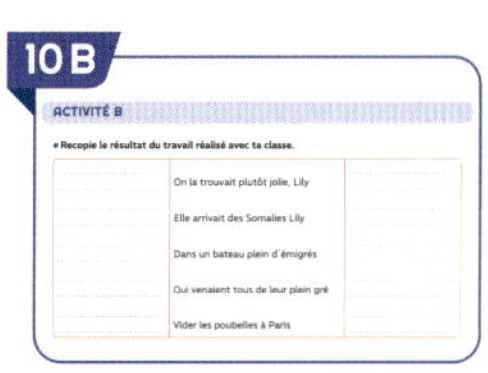

- *Ouvrez vos livrets à la page 115. Vous écrirez les résultats de notre travail collectif (activité B).*

- Lire l'extrait.
  Quels sont les mots difficiles à comprendre ?
  Laisser les élèves s'exprimer. Surligner les mots au fur et à mesure.

- *Nous devons nous mettre d'accord sur le sens de ces mots, nous allons dire la même chose que Pierre Perret mais avec nos mots à nous ; il s'agit d'utiliser la* ***stratégie du perroquet****.*
  Laisser les élèves s'exprimer en leur demandant de justifier leurs réponses. Valider ou invalider. Leur proposer de chercher dans un dictionnaire, sur Internet si nécessaire et de proposer des synonymes.
  Je vais annoter le texte avec vos synonymes.

Écrire devant eux. Leur demander d'écrire la même chose dans leur livret, dans la colonne de gauche.

 pays d'Afrique → Personnes qui quittent → leur pays. volontairement →	On la trouvait plutôt jolie, Lily Elle arrivait des Somalies, Lily Dans un bateau plein d'émigrés Qui venaient tous de leur plein gré Vider les poubelles à Paris	

- Leur demander de raconter ce début de chanson avec leurs mots et les synonymes écrits sur le côté gauche du texte.
  Je continue d'annoter le texte avec vos reformulations.
  Écrire devant eux. Leur demander d'écrire la même chose dans leur livret, dans la colonne de droite.

 pays d'Afrique → Personnes qui quittent → leur pays. volontairement →	On la trouvait plutôt jolie, Lily Elle arrivait des Somalies, Lily Dans un bateau plein d'émigrés Qui venaient tous de leur plein gré Vider les poubelles à Paris	Lily est une fille africaine. Elle quitte son pays en bateau avec plein d'autres jeunes. Ils viennent travailler en France pour échapper à une vie difficile dans leur pays d'origine.

- Relire les annotations.
  Que comprenez-vous ?
  INFÉRER et INTERPRÉTER Laisser les élèves s'exprimer. Valider ou invalider leurs réponses.
  Résumer les propos.
  – *La chanson parle d'une jeune fille, Lily.*
  – *Elle est originaire d'Afrique, de Somalie.*
  – *Elle a quitté son pays en bateau.*
  – *Elle arrive en France avec d'autres Somaliens.*
  – *Ils sont prêts à tout pour survivre, même vider les poubelles.*
  Avec vos annotations, vous voyez que vous dites la même chose que l'auteur, mais avec vos propres mots. Cela vous permet de vous faire plus facilement le film de l'histoire dans votre tête.

- Remplir collectivement le poster des stratégies (dictée à l'adulte) :
  Stratégie du perroquet **:** Chercher le sens de mots inconnus (dictionnaire, Internet) pour annoter la chanson avec nos mots.
  Stratégie de la licorne **:** Se faire le film de l'histoire dans la tête en imaginant Lily dans un bateau avec d'autres jeunes comme elle.

SÉANCE 2

PHASE 1 Rappels 10' oral collectif

Objectifs :
- Se souvenir du sens de la chanson et de l'outil (le texte annoté) ;
- Réécouter la chanson.

- Projeter les 5 premiers vers de la chanson. Les relire.
  Qu'avons-nous compris après avoir lu le début de la chanson ?
  PRÉLEVER et INFÉRER, voire INTERPRÉTER, en fonction du niveau de compréhension des élèves.

Comment avons-nous fait pour comprendre le début de cette chanson ?
Réponse attendue : *Nous avons surligné les mots que nous ne comprenions pas, nous avons trouvé des synonymes et nous avons reformulé le début de la chanson. L'outil utilisé s'appelle* ***LE TEXTE ANNOTÉ****.*

- *Avant de continuer, nous allons réécouter la chanson.*

PHASE 2 Annotation collective 5' oral collectif

Objectif :
▶ Lire et comprendre la chanson par annotation.

- Projeter le tableau suivant.

	Elle croyait qu'on était égaux, Lily Au pays d'Voltaire et d'Hugo, Lily Mais, pour Debussy, en revanche Il faut deux noires pour une blanche Ça fait un sacré distinguo	

Nous allons continuer à annoter le texte de la chanson. Les 5 vers suivants sont très difficiles ; je vais donc les annoter pour vous.

- Lire l'extrait.
Je surligne d'abord les mots difficiles, puis je propose des synonymes, des reformulations.

	Elle croyait qu'on était égaux, Lily	Lily croyait qu'on était égaux en France
en France →	Au pays d'Voltaire et d'Hugo, Lily	Mais pour certains, une personne blanche est égale à deux personnes noires.
c'est un musicien →	Mais, pour Debussy, en revanche	Et ça, ça change tout.
1 note blanche = 2 notes noires →	Il faut deux noires pour une blanche	
ça change tout →	Ça fait un sacré distinguo	

Voltaire et Hugo sont 2 écrivains français, 2 penseurs connus pour leur défense de la tolérance et de l'humanisme (personne attachée à la liberté et à l'épanouissement des Humains, sans distinction). Debussy est un musicien des XIXe et XXe siècles.
La durée d'une note blanche est le double de la durée d'une note noire.

Je reformule ces 5 vers avec mes mots :
Lily croyait qu'on était égaux en France
Mais pour certains, une personne blanche est égale à deux personnes noires.
Et ça, ça change tout.

- Relire les annotations.
Que veut nous dire Pierre Perret ? Que critique-t-il ? Que dénonce-t-il ?
APPRÉCIER Laisser les élèves dire ce qu'ils comprennent et ce qu'ils pensent que l'auteur veut dire à travers cette métaphore. Valider ou invalider leurs idées en justifiant. Résumer les propos. Pour certains, les personnes de couleur ont moins de valeur que les personnes blanches.

PHASE 3 Recherche 20' écrit individuel ou en binôme

Objectifs :
▶ Lire la suite du texte ;
▶ Annoter le texte pour le comprendre.

10 C
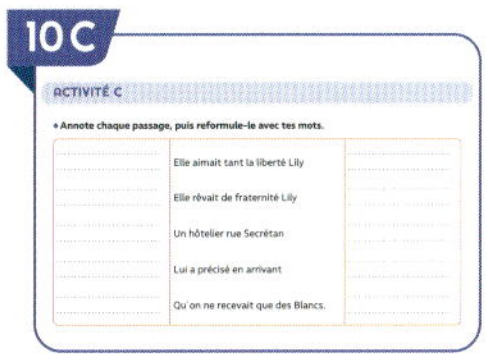

- *Ouvrez vos livrets aux pages 115-116 et réalisez l'activité C. Vous allez annoter la suite du texte, le réécrire avec vos mots. Vous pouvez travailler seul ou en binôme.*

PHASE 4 Mise en commun 10' oral collectif

Objectifs :

- Mettre en commun les annotations de la classe ;
- Comprendre la suite de la chanson.

- Mettre en commun. Projeter le tableau avec l'extrait travaillé.
  Vous avez annoté cette partie ; qu'avez-vous compris ?
  La discussion est ici essentielle. Laisser les élèves évoquer leurs annotations et ce qu'elles leur ont permis de comprendre (7 à 8 minutes). Ils doivent donner leur avis et le confronter à celui des autres en le justifiant, c'est-à-dire en cherchant des éléments ou des indices allant dans leur sens. Souligner les contradictions et guider les débats. La compréhension va se construire en se confrontant au texte, en prenant appui sur des erreurs pour en comprendre la genèse. Synthétiser la compréhension la plus adéquate en la rendant disponible pour tous. Les résumés sont donnés ici à titre indicatif.
  Procéder de la même manière pour chaque partie de la chanson.
  INTERPRÉTER et APPRÉCIER

Solidarité, union. → Personne qui travaille dans un hôtel. →	Elle aimait tant la liberté, Lily Elle rêvait de fraternité, Lily Un hôtelier, rue Secrétan Lui a précisé, en arrivant Qu'on ne recevait que des Blancs	Lily est venue en France pour être libre et égale aux autres. Mais dans un hôtel où elle a voulu dormir on lui a dit qu'on ne louait pas de chambre aux personnes noires.

Votre travail d'enseignant.e est ici de relier les mots « liberté » et « fraternité » (**stratégie de l'araignée**) pour faire comprendre que l'auteur parle aussi d'égalité (**stratégie du hibou**).

a fait	Elle a déchargé des cageots, Lily Elle s'est tapée les sales boulots, Lily Elle crie pour vendre des choux-fleurs Dans la rue, ses frères de couleur L'accompagnent au marteau-piqueur	Lily a fait un tas de petits boulots difficiles et pas très agréables, tout comme les autres personnes venues de l'étranger comme elle.

	Et quand on l'appelait Blanche-Neige, Lily Elle se laissait plus prendre au piège, Lily Elle trouvait ça très amusant Même s'il fallait serrer les dents Ils auraient été trop contents	Des gens se sont souvent moqués d'elle à cause de sa couleur de peau ; alors, peu à peu, elle a fait comme si ça ne lui faisait plus mal au cœur, même si elle en souffrait beaucoup.

Voici où nous en sommes dans la compréhension de la chanson de Pierre Perret.
L'histoire de Lily :
– Lily est une jeune somalienne qui arrive en France, avec d'autres jeunes comme elle.
– Au début, elle est pleine d'espoir en pensant qu'elle va être libre et égale aux autres.
– Mais elle s'aperçoit vite qu'elle n'est pas considérée comme l'est une femme blanche.
– Elle fait des petits boulots difficiles, comme ses compagnons de voyage.
– Quand on se moque d'elle, elle fait comme si cela ne lui faisait rien, mais ce n'est pas le cas. Elle est blessée.
Ce que Pierre Perret exprime :
– Les Blancs et les personnes de couleur ne sont pas égaux en France.
– Les personnes émigrées ne font pas le même travail et sont moquées.

- Remplir collectivement le poster des stratégies (dictée à l'adulte) :
  Stratégie de l'araignée : Relier les mots « liberté » et « fraternité » pour comprendre que l'auteur parle aussi d'égalité.
  Stratégie du hibou : Se servir de nos connaissances sur « Liberté, égalité, fraternité ».

SÉANCE 3

PHASE 1 Rappels 5' travail individuel, puis oral collectif

Objectif :

▶ Remettre en mots ce qui a été compris lors des séances 1 et 2.

- *Ouvrez vos livrets à la page 117 et réalisez l'activité D. Vous allez devoir colorier le résumé qui correspond au début de la chanson.*
  Mettre en commun en demandant aux élèves de justifier leur réponse.

Lily se fait rejeter d'un hôtel où elle vide les poubelles.	Une jeune fille noire vient en France pour vivre libre et égale aux autres.	Une Somalienne qui s'appelle Blanche-Neige vient vivre à Paris.
Là, on a bien 2 exemples donnés dans la chanson, mais ça ne correspond pas tout à fait à ce qu'on a lu.	Oui ; le début de la chanson raconte bien cela.	La jeune fille de la chanson ne s'appelle pas Blanche-Neige, ce sont ceux qui se moquent d'elle qui l'appellent ainsi.

PHASE 2 Recherche 30' écrit individuel ou par 2

Objectifs :

▶ Lire la suite du texte ;

▶ Annoter le texte pour le comprendre.

- *Ouvrez vos livrets aux pages 117-118 et réalisez l'activité E. Vous allez annoter la suite du texte, le réécrire avec vos mots. Vous pouvez travailler seul ou en binôme.*
  Nous allons encore apprendre des choses sur la vie de Lily ; vous allez devoir comprendre ce qui lui est arrivé, où elle est allée, qui elle a rencontré...
  Demander aux élèves de faire une recherche rapide sur Angela Davis.

PHASE 3 Mise en commun 10' oral collectif

Objectifs :

▶ Mettre en commun les annotations de la classe ;

▶ Comprendre la suite de la chanson.

- Mettre en commun. Projeter le tableau avec l'extrait travaillé.
  Vous avez annoté cette partie ; qu'avez-vous compris ?
  La discussion est ici essentielle. Laisser les élèves évoquer leurs annotations et ce qu'elles leur ont permis de comprendre (7 à 8 minutes). Ils doivent donner leur avis et le confronter à celui des autres en le justifiant, c'est-à-dire en cherchant des éléments ou des indices allant dans leur sens. Souligner les contradictions et guider les débats. La compréhension va se construire en se confrontant au texte, en prenant appui sur des erreurs pour en comprendre la genèse. Synthétiser la compréhension la plus adéquate en la rendant disponible pour tous. Les résumés sont donnés ici à titre indicatif.

Les parents du garçon. → ; du tout → ; Nous ne sommes pas d'accord. →	Elle aima un beau blond frisé, Lily Qui était tout prêt à l'épouser, Lily Mais, la belle-famille lui dit Nous n' sommes pas racistes pour deux sous Mais on veut pas de ça chez nous	Elle est prête à se marier avec un jeune homme, mais sa famille ne veut pas qu'il épouse une jeune fille noire.
Un pays où le peuple peut s'exprimer. → ; Elle est découragée. →	Elle a essayé l'Amérique, Lily Ce grand pays démocratique, Lily Elle aurait pas cru sans le voir Que la couleur du désespoir Là-bas, aussi ce fût le noir	Elle va en Amérique croyant que ce sera peut-être mieux, mais pas du tout. Elle est désespérée.
une réunion → ; une femme noire militante féministe → ; Des gens qui vous veulent du mal. →	Mais dans un meeting à Memphis, Lily Elle a vu Angela Davis, Lily Qui lui dit « viens, ma petite sœur En s'unissant on a moins peur Des loups qui guettent le trappeur »	Lily s'allie à une femme qui se bat pour les femmes, pour les Noirs…
Écarter quelque chose. → ; Lily s'oppose pour ne plus avoir peur, manifeste, milite. →	Et c'est pour conjurer sa peur, Lily Qu'elle lève aussi un poing rageur, Lily Au milieu de tous ces gugus Qui foutent le feu aux autobus Interdits aux gens de couleur	Lily devient militante contre les gens racistes qui commettent des horreurs contre les Noirs.

Voici où nous en sommes dans la compréhension de la chanson de Pierre Perret.
L'histoire de Lily :
– Lily est une jeune somalienne qui arrive en France.
– Au début, elle est pleine d'espoir, elle pense pouvoir vivre libre et égale aux autres.
– Mais elle s'aperçoit vite qu'elle n'est pas considérée comme l'est une femme blanche.
– Lily est amoureuse d'un jeune homme blanc qui veut l'épouser.
– Les parents du garçon refusent : ils ne veulent pas que leur fils épouse une jeune fille noire.
– Alors Lily part en Amérique. Mais là-bas, c'est pareil qu'en France.
– Lily devient militante pour les femmes noires avec Angela Davis.
Ce que Pierre Perret exprime :
– Les Blancs et les personnes de couleur ne sont pas égaux en France.
– En Amérique non plus.
– S'unir pour combattre le racisme permet de se sentir moins seul.e, et de faire reculer le racisme.

SÉANCE 4

PHASE 1 Rappels 5' oral collectif

Objectif :

▸ Remettre en mots ce qui a été compris lors des séances 1, 2 et 3.

Que sait-on de l'histoire de Lily ?

Laisser les élèves faire le résumé de ce qui a été vu jusqu'à maintenant.

PHASE 2 Annotation collective (13') oral collectif

Objectifs :
- Lire et comprendre la fin de la chanson ;
- Annoter la fin de la chanson.

- Projeter le tableau suivant.

	Mais, dans ton combat quotidien, Lily Tu connaitras un type bien, Lily Et l'enfant qui naitra, un jour Aura la couleur de l'amour Contre laquelle on ne peut rien	

Nous sommes presque arrivés à la fin de la chanson, il ne reste que 2 parties à comprendre. Nous allons les annoter ensemble.
Procéder comme précédemment.
Le tableau ci-dessous est donné à titre indicatif.

quelqu'un → L'enfant sera un mélange des parents. →	Mais, dans (ton) combat quotidien, Lily (Tu) connaitras un type bien, Lily Et l'enfant qui naitra, un jour Aura la couleur de l'amour Contre laquelle on ne peut rien	Tu finiras par rencontrer l'amour. Vous aurez un enfant qui sera le mélange des parents. Et ce sera votre force, votre revanche.

- Relire les annotations.
Que comprenez-vous ?
Laisser les élèves s'exprimer.
Résumer les propos.
Ce paragraphe parle d'espoir. D'ailleurs, Pierre Perret s'adresse directement à Lily en lui disant « tu » car, connaissant toute son histoire, il se sent proche d'elle, il veut montrer qu'il se sent solidaire de son combat. Ce « tu » est une marque de sympathie.
- *Il ne reste qu'un paragraphe. Je vous le lis.*

On la trouvait plutôt jolie, Lily
Elle arrivait des Somalies, Lily
Dans un bateau plein d'émigrés
Qui venaient tous de leur plein gré
Vider les poubelles à Paris

Que remarquez-vous ?
PRÉLEVER *C'est le même texte que celui du début de la chanson.*
Pourquoi Pierre Perret réécrit-il la même chose à la fin ?
INTERPRÉTER et APPRÉCIER
Faire une sorte de boucle avec vos mains en posant cette question afin que les élèves arrivent aux déductions suivantes :
– Ça veut dire que ça recommence sans cesse.
– Pour une Lily qui s'en sort, des centaines vont vivre une histoire similaire.
– Lily est un symbole, elle n'existe pas. La chanson ne raconte pas une histoire vraie. Lily représente tous les émigrés qui quittent leur pays pleins d'espoir chaque année et qui, une fois arrivés, sont confrontés au racisme quotidien, à la méchanceté banale.
Faire référence à la **stratégie de l'araignée** : le début de la chanson est repris à la fin, car l'auteur veut souligner que l'histoire se répète continuellement, tout recommence tout le temps.

- Remplir collectivement le poster des stratégies (dictée à l'adulte) :
Stratégie de l'araignée : Relier le premier et le dernier paragraphe : ce sont les mêmes. L'auteur veut nous dire que l'histoire se répète.

PHASE 3 Analyse 12' collectif

Objectif :

▶ Analyser la structure de la chanson.

Maintenant que nous avons bien compris chaque partie de la chanson, nous allons l'observer en entier pour essayer de comprendre comment Pierre Perret l'a construite pour passer son message.

Projeter le texte au tableau.

Relire partie par partie le texte de la chanson.

Indiquer aux élèves les idées générales dans chaque partie. Les écrire.

<table>
<tr>
<td>Voyage (déracinement)

Espérance

Convictions
Rêves

Vie quotidienne

Réalité

Difficultés

Rejet

Racisme

Blessures

Humiliations</td>
<td>Lily Pierre Perret

On la trouvait plutôt jolie, Lily
Elle arrivait des Somalies, Lily
Dans un bateau plein d'émigrés
Qui venaient tous de leur plein gré
Vider les poubelles à Paris

Elle croyait qu'on était égaux, Lily
Au pays d'Voltaire et d'Hugo, Lily
Mais, pour Debussy, en revanche
Il faut deux noires pour une blanche
Ça fait un sacré distinguo

Elle aimait tant la liberté, Lily
Elle rêvait de fraternité, Lily
Un hôtelier, rue Secrétan
Lui a précisé, en arrivant
Qu'on ne recevait que des Blancs

Elle a déchargé des cageots, Lily
Elle s'est tapée les sales boulots, Lily
Elle crie pour vendre des choux-fleurs
Dans la rue, ses frères de couleur
L'accompagnent au marteau-piqueur

Et quand on l'appelait Blanche-Neige, Lily
Elle se laissait plus prendre au piège, Lily
Elle trouvait ça très amusant
Même s'il fallait serrer les dents
Ils auraient été trop contents

Elle aima un beau blond frisé, Lily
Qui était tout prêt à l'épouser, Lily
Mais, la belle-famille lui dit
« Nous n' sommes pas racistes pour deux sous
Mais on veut pas de ça chez nous »

Elle a essayé l'Amérique, Lily
Ce grand pays démocratique, Lily
Elle aurait pas cru sans le voir
Que la couleur du désespoir
Là-bas, aussi ce fût le noir

Mais, dans un meeting à Memphis, Lily
Elle a vu Angela Davis, Lily
Qui lui dit « viens, ma petite sœur
En s'unissant on a moins peur
Des loups qui guettent le trappeur »

Et c'est pour conjurer sa peur, Lily
Qu'elle lève aussi un poing rageur, Lily
Au milieu de tous ces gugus
Qui foutent le feu aux autobus
Interdits aux gens de couleur

Mais, dans ton combat quotidien, Lily
Tu connaitras un type bien, Lily
Et l'enfant qui naitra, un jour
Aura la couleur de l'amour
Contre laquelle on ne peut rien

On la trouvait plutôt jolie, Lily
Elle arrivait des Somalies, Lily
Dans un bateau plein d'émigrés
Qui venaient tous de leur plein gré
Vider les poubelles à Paris</td>
<td>Révolte

Combats
Engagement
Espoir

Bonheur
Revanche

Éternel recommencement</td>
</tr>
</table>

Lily, jeune émigrée somalienne, arrive en France pleine d'espérance, de convictions et de rêves. Elle est rapidement confrontée à la réalité du racisme ordinaire, elle subit le rejet, ce qui l'amène à s'engager. Tout espoir n'est donc pas perdu pour elle. Hélas, des centaines de Lily arrivent en Europe, en Amérique, dans les pays « riches » chaque jour, risquant fort de vivre à leur tour ce qu'elle a vécu.

Dans cette chanson, Lily est donc un personnage mais aussi un emblème, un symbole, une allégorie. Ainsi, au-delà de la vie de Lily, l'auteur dénonce la condition très difficile des émigrés en Occident, avec des mots simples et sur une mélodie douce et répétitive.

Il s'agit donc d'une chanson engagée, qui dénonce une idéologie et des comportements ordinaires, presque banals. L'auteur défend son point de vue, il fait valoir une position critique par rapport à la réalité, au quotidien d'un personnage-symbole. Avec le temps, cette chanson est devenue un hymne antiraciste.

PHASE 4 Réponse à l'intention de lecture 10' travail individuel

Objectifs :
- Faire un bilan de la portée symbolique de la chanson ;
- Répondre à notre intention de lecture.

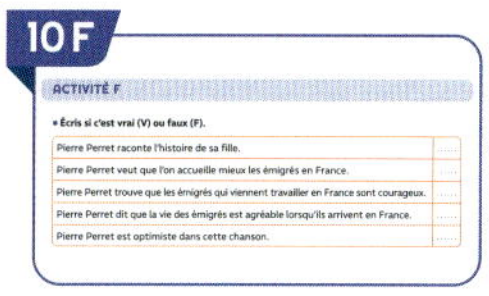
10 F

ACTIVITÉ F

• Écris si c'est vrai (V) ou faux (F).

Pierre Perret raconte l'histoire de sa fille.	......
Pierre Perret veut que l'on accueille mieux les émigrés en France.	......
Pierre Perret trouve que les émigrés qui viennent travailler en France sont courageux.	......
Pierre Perret dit que la vie des émigrés est agréable lorsqu'ils arrivent en France.	......
Pierre Perret est optimiste dans cette chanson.	......

- *Ouvrez vos livrets à la page 119 et réalisez l'activité F. Vous allez devoir dire si chaque phrase est vraie ou fausse. Il s'agit ici de répondre à notre intention de lecture : définir si Pierre Perret est optimiste ou pessimiste face au racisme.*
  Mettre en commun.

PHASE 5 Bilan 5' écrit individuel

Objectif :
- Garder une trace des procédures mises en œuvre pour comprendre.

- Projeter le poster des stratégies.
  Ouvrez vos livrets à la page 119 et réalisez l'activité G. Vous allez résumer ce que vous avez appris à faire grâce aux différentes stratégies.
  Mettre en commun.
  Réponses attendues :

Avec la stratégie de la licorne, je me suis fait le film de l'histoire dans la tête.	Avec la stratégie de l'araignée, j'ai relié les mots « liberté » et « fraternité » pour comprendre que l'auteur parlait aussi d'égalité, j'ai relié le début et la fin de la chanson pour comprendre que tout recommence tout le temps.	Avec la stratégie du perroquet, j'ai compris que la chanson parlerait d'une fille, d'une femme, j'ai annoté la chanson : recherche de mots dans le dictionnaire, sur Internet, recherche de synonymes et réécriture avec nos propres mots.	Avec la stratégie du hibou, j'ai fait appel à mes connaissances : « Liberté, Égalité, Fraternité ».

SÉQUENCE 11

SOPRANO, RÉDACTEUR EN CHEF D'UN JOUR

PRÉSENTATION DU TEXTE

- **Titre :** *Soprano, rédacteur en chef d'un jour*
- **Auteur :** PlayBac Presse
- **Origine :** Mon quotidien du 22 janvier 2019
- **Journal :** Mon Quotidien
- **Date :** 22 janvier 2019
- **Type de texte :** informatif
- **Genre :** article de presse

PRÉPARATION

POURQUOI CE TEXTE ?

Nous avons choisi ce document car :
- il est informatif : il a été écrit pour que les lecteurs apprennent des choses ;
- il est composite : il contient du texte, des photographies, une bande dessinée, une interview sous forme de questions/réponses ;
- il aborde un sujet proche des élèves : un chanteur interviewé par des enfants.

QU'Y A-T-IL À COMPRENDRE DANS CET ÉCRIT ?

Il s'agit d'une question fondamentale à laquelle l'enseignant.e doit avoir répondu avant de lancer le travail de compréhension. Ainsi, il sera possible de dire aux élèves « Bravo, tu as compris que… », au lieu de seulement dire « Tu as compris ». Répondre à cette question peut sembler facile, mais c'est en réalité très difficile.

Dans cet article de presse, le lecteur découvre des informations biographiques sur le chanteur Soprano (son enfance, sa vie d'écolier, son métier, le succès…). Le but de l'auteur de ce texte est de fournir des informations aux lecteurs de CM.

Au regard de cette analyse, l'intention de lecture communiquée aux élèves sera de rédiger quelques lignes sur la biographie de Soprano afin de le présenter.

QUEL OUTIL UTILISER POUR AMENER LES ÉLÈVES À COMPRENDRE CE TEXTE ?

Les élèves connaissent probablement le chanteur Soprano par le biais de ses chansons ou à travers sa participation à des émissions télévisuelles. Il est moins sûr qu'ils connaissent sa vie. La lecture d'une interview dans un article de presse apporte de nombreuses informations ; les élèves vont devoir prendre des repères pour en apprendre plus sur Soprano. Pour le travail sur ce document, l'outil le plus adapté semble être **LES 5 TEMPS**. JAC vous conseille de relire le paragraphe dédié à cet outil dans l'introduction (page 23).

MISE EN ŒUVRE

DÉMARCHE DE LA SÉQUENCE

SEMAINE 1			
SÉANCE 1 45 min.	Phase 1	Découverte de l'auteur et du genre	5 min.
	Phase 2	Clarification	7 min.
	Phase 3	Exploration du document	33 min.
SÉANCE 2 35 min.	Phase 1	Rappels	5 min.
	Phase 2	Sélection des informations pertinentes	30 min.
SEMAINE 2			
SÉANCE 3 45 min.	Phase 1	Rappels	5 min.
	Phase 2	Réponse à l'intention de lecture	35 min.
	Phase 3	Bilan	5 min.

MATÉRIEL

- Texte, p. 40-41 (Ressources)
- Livret de l'élève, p. 120-124 (Ressources)
- Support de présentation numérique « Soprano, rédacteur en chef d'un jour »

SÉANCE 1

PHASE 1 Découverte de l'auteur et du genre 5' oral collectif

Objectifs :
- Découvrir l'auteur ;
- Découvrir ce qu'est un article de presse ;
- Se projeter dans le document avant même d'avoir commencé à le lire.

- *Ouvrez vos livrets à la page 120 (activité A).*
  Lisez le paragraphe « Que sait-on de l'auteur de ce texte ? »
  Que sait-on de l'auteur de ce texte ?

  Lisez le paragraphe « Qu'est-ce qu'un article de presse ? »
  Qu'est-ce qu'un article de presse ?

Nous allons lire un article de presse dont les auteurs ont pour but de fournir des informations aux enfants de votre âge.

PHASE 2 Clarification 7' oral collectif

Objectifs :
- Se donner une intention de lecture ;
- Comprendre la consigne.

- Projeter le document. Laisser aux élèves un temps d'observation.

Lorsqu'on lit un article de presse, il faut se donner des intentions, des buts de lecture et les garder en mémoire. Ici, nous pouvons nous donner comme but d'écrire un texte de quelques lignes présentant Soprano à des élèves d'une autre classe à partir de cet article de presse.
*Nous allons utiliser l'outil **LES 5 TEMPS** pour comprendre ce document.*

Temps 1 : Comprendre la consigne

- *Dans un premier temps, nous devons bien comprendre la consigne ; écrire un texte de quelques lignes présentant Soprano à d'autres élèves à partir de cet article de presse.*
*Nous devons nous mettre d'accord sur le sens du mot « présentant » ; il s'agit d'utiliser la **stratégie du perroquet**.*
Pouvez-vous me donner des mots de la même famille ?
Présenter, présentation, représentation…
Pouvez-vous dire des phrases avec ce mot ?
Je te présente mon frère puisque tu ne le connais pas. Le maitre nous présente Eva, qui est une nouvelle élève. Je vais vous présenter mon exposé.
Dire :
C'est l'idée de faire découvrir, dévoiler, montrer, exposer.

- *Nous allons essayer de dire la même chose que la consigne, mais avec nos propres mots.*
Comment pouvons-nous le dire autrement ?
Laisser les élèves s'exprimer. Valider ou invalider leurs réponses.
Résumer les propos.
Écrire un texte pour dire qui est Soprano.
Écrire un texte pour donner des informations sur Soprano.

- Chercher avec les élèves quels types de réponses sont attendus.
Lister les idées et les garder sur un affichage.
Date de naissance, d'où il vient, sa famille, sa scolarité, son métier, ses passions…

- Remplir collectivement le poster des stratégies (dictée à l'adulte) :
Stratégie du perroquet : Chercher des mots de la même famille.
Mettre « le mot que je cherche à mieux comprendre » dans des phrases pour m'aider à préciser son sens.

PHASE 3 Exploration du document 33' travail individuel, puis oral collectif

Objectif :

▶ Repérer les différentes natures des blocs composant le document et les informations principales qu'ils contiennent.

Temps 2 : Analyser le document pour pouvoir ensuite sélectionner ce qui nous intéresse

- Le questionnement relèvera essentiellement du processus PRÉLEVER.
Le but de cette phase est de repérer les différentes parties du document et leurs différentes natures (texte, photo, questions/réponses, dessin…). Il faudra ensuite sélectionner les parties qui pourront aider à répondre à la consigne.
Votre travail d'enseignant.e est de faire repérer les parties et sous-parties qui composent ce document : le titre, le portrait, le zoom, la zone décrivant le ressenti des interviewers, les blocs vocabulaire, les BD, les photos. Attention, il n'est pas nécessaire d'analyser et de trop découper les différentes parties pour ne pas alourdir la séquence.

Lorsqu'on découvre un document avec différentes parties, il faut commencer par chercher combien il y a de parties et la nature de chacune d'elles. C'est ce que nous allons faire maintenant, en décomposant les étapes. Nous devons nous appuyer sur nos connaissances des articles de presse ; il s'agit d'utiliser la **stratégie du hibou** *: comment est organisé un article ? Quelles sont les différentes parties qui le composent ? (texte, sous-titre, colonnes…).*

- *Ouvrez vos livrets aux pages 121-122 et réalisez l'activité B. Vous allez devoir entourer les différentes parties (ou blocs) du document de différentes couleurs, et les numéroter.*

  Mettre en commun.

- Projeter le tableau à côté du document.

Nous allons maintenant réaliser l'activité C (p. 123). Nous allons dire, pour chacune des parties, de quelle nature elle est (photo, texte, schéma…) et indiquer son thème (de quoi elle parle). Vous allez écrire dans votre livret les résultats de notre travail collectif.

La qualification de la nature de la partie est complexe, car dans une même partie, il y a différentes natures. Ainsi, dans la partie centrale, le ventre, il y a du texte, des vignettes BD, une photo. La colonne « De quoi ça parle ? » est essentielle, car elle étayera la construction d'un parcours de lecture dans le document. L'idée est de ne pas lire le bloc dans sa totalité pour en extraire toutes les informations, mais d'envisager quel peut être son apport, déterminer de quoi il parle.

Quand on découvre un document qui est composé de différentes parties, il faut trouver quelles informations pourrait contenir chaque partie sans pour autant lire tout le texte. C'est ce que nous allons faire ensemble maintenant. Il s'agit d'utiliser la ***stratégie du lièvre et de la tortue*** *.*

De quelle sorte de document s'agit-il ? Une photo, un texte, un dessin… ?

De quoi parle ce/cette… (texte, photo, dessin) ? Quel est son thème ?

Afin d'obtenir des éléments à renseigner dans la colonne « De quoi ça parle », mettre en place un étayage serré au travers d'un guidage précis.

Laisser les élèves s'exprimer. Valider ou invalider leurs réponses.

Résumer les propos.

Réponses possibles :

Parties du document	Nature	Qu'est-ce que c'est ?	De quoi ça parle ?	Pour l'enseignant.e
1. Sous-tribune de gauche	Texte et photos	Rubrique « portrait » Rubrique « Zoom »	Informations biographiques Pochette d'un album	Après questionnement, apporter le mot « portrait » s'il n'est pas dit. Ce mot sera exploité par le biais de la **stratégie du perroquet** . En CM, il évoque davantage l'idée de portrait artistique, de portrait physique ou psychologique. Le mot « zoom » sera également exploité par le biais de la **stratégie du perroquet** . Faire un zoom, c'est regarder de près un petit élément. Ici, nous nous intéressons à la pochette d'un album de Soprano.

Parties du document	Nature	Qu'est-ce que c'est ?	De quoi ça parle ?	Pour l'enseignant.e
2. Le ventre	Texte, photographie et dessins (BD)	Interview	Questions/ réponses sur la vie de Soprano	Demander aux élèves d'utiliser la **stratégie du lièvre et de la tortue**. Utiliser la typographie : faire noter tout d'abord que le titre « À l'école, j'étais très timide, j'aimais apprendre des choses » n'indique pas clairement les informations que l'on va trouver. Le sujet de la partie 2 se trouve davantage dans le petit sous-titre « Dimanche, le rappeur Soprano était le rédacteur en chef exceptionnel de *Mon Quotidien*, 4 abonnés l'ont interviewé ». Les questions en gras sont essentielles car elles indiquent par déduction les informations que l'on trouvera dans les réponses. Les textes surlignés sont des citations de Soprano : les auteurs de l'article les ont trouvées importantes ; on peut noter aussi la présence d'un dessin, de deux vignettes (comme dans une BD) et d'une photographie.
3. Sous-tribune de droite	Texte et photographies	Rubrique « Ils ont dit »	Ce que pensent les jeunes intervieweurs de leur expérience.	Demander aux élèves d'utiliser la **stratégie du lièvre et de la tortue**. Faire noter tout d'abord la présence d'un titre « Ils ont dit », de photos d'enfants avec leur nom et leur âge. Puis faire survoler le document en repérant les mots importants pour « avoir une idée de quoi ça parle » : « je », « stressé », « impressionnant », « décontracté » (c'est la **stratégie du perroquet**). Il est utile de faire remarquer qu'il s'agit de l'avis des intervieweurs sur leur expérience.

- Remplir collectivement le poster des stratégies (dictée à l'adulte) :
  Stratégie du hibou **:** S'appuyer sur nos connaissances sur les articles de presse pour mieux comprendre le document.
  Stratégie du perroquet **:** Chercher le sens des mots « zoom » et « portrait ».
  Stratégie du lièvre et de la tortue **:** Ne pas tout lire.

SÉANCE 2

PHASE 1 Rappels 5' oral collectif

Objectifs :
- Tisser des liens avec la séance précédente ;
- Rappeler l'intention de lecture.

- *Vous souvenez-vous de ce qu'on a fait, de ce qu'on a dit la dernière fois ?*
Les élèves doivent redonner les différentes parties de l'article : sous-tribune de gauche, ventre, sous-tribune de droite. Ils pourront rappeler la nature des documents qui composent chaque partie et le contenu.

Je vous rappelle que lorsqu'on lit un article de presse, il faut avoir une intention, un but de lecture. Nous avions choisi : Écrire un texte de quelques lignes présentant Soprano.

PHASE 2 Sélection des informations pertinentes 30'

travail en groupe, puis oral collectif

Objectif :
- Lire le document de manière stratégique.

*Lire efficacement un article de presse veut dire que l'on ne doit pas tout lire du début à la fin comme une histoire et que l'on ne doit pas oublier ce que l'on cherche dans le document ; il s'agit d'utiliser la **stratégie du lièvre et de la tortue**. Nous allons chercher des informations pour répondre à notre consigne : Écrire un texte de quelques lignes présentant Soprano.*

Temps 2 et 3 : Explorer les différentes parties du document

- Le travail relèvera essentiellement des processus PRÉLEVER, INTERPRÉTER, APPRÉCIER. Nous inciterons les élèves à porter un avis sur les informations au regard de ce qui est recherché et de juger de leur pertinence. Par exemple, nous pourrons nous interroger sur l'intérêt des informations sur la pochette de l'album *Phœnix* par rapport à une note biographique. Nous allons demander aux élèves de faire des liens entre les informations. Par exemple, de faire le lien entre le lieu de naissance de Soprano (Marseille), qui est indiqué dans la sous-tribune de gauche et son soutien à l'OM, stipulé tout à la fin du ventre.
L'activité proposée sera à réaliser en groupe. L'intérêt de cette formalité réside dans les échanges qui vont avoir lieu, les négociations autour des indices. Les élèves devront également se mettre d'accord sur l'endroit où ils pourront trouver telle ou telle information.

- *Mettez-vous par 4, ouvrez vos livrets à la page 121 et réalisez l'activité D. Vous allez surligner, dans chaque bloc, les mots, les phrases... qui vont nous aider à répondre à la consigne « Écrire un texte de quelques lignes présentant Soprano ». Vous allez devoir faire des liens entre cette consigne et ce qui est dit dans l'article ; il s'agit d'utiliser la **stratégie de l'araignée**.*

Profils de lecteurs	Modalités de travail
Lecteur en difficulté	Lecture et réponses avec l'enseignant.e dans un groupe de soutien : rappel des procédures mises en œuvre (où chercher, les informations que cette partie contient) et dictée à l'adulte.
Faible compreneur	Constitution de groupes reprenant ces trois catégories d'élèves : lecture et réponses en commun.
Faible déchiffreur	
Normo-lecteur	

Mettre en commun.
Lecture en dialogue pédagogique, guidée par l'enseignant.e., des blocs le nécessitant. Autrement dit, une discussion dont l'enseignant.e a l'initiative et qu'il contrôle dans un but d'enseignement. Les points d'appui de cette discussion se trouvent ci-dessous. Ainsi, il s'agit de repartir de la consigne et de s'interroger.

Voici des pistes d'étayage possible en circulant entre les groupes ou dans le temps de correction :
Partie 1 : Les informations sont explicitement données. Elles suivent l'ordre chronologique mais sont de différents ordres. L'étayage peut prendre deux voies :
– sous forme de questions ouvertes : Qu'apprend-on sur Soprano ? Quelles informations trouve-t-on ?...
– sous forme de questions plus fermées : Quand est-il né ? Où est-il né ? Quel est son vrai nom ?...
Les questions ouvertes sont à privilégier, car elles ouvrent des espaces de réflexion et d'interprétation. En effet, l'exhaustivité n'est pas recherchée et laissera donc place au sujet lecteur avec des intérêts qui peuvent être différents.
Partie 2 : L'étayage sera du même ordre.

Réponses possibles :

	Va-t-on trouver des informations sur la vie de Soprano ?	Informations importantes à surligner
Partie 1 (sous-tribune de gauche)	Oui dans la rubrique « PORTRAIT ». Non dans la rubrique « ZOOM ».	Saïd M'Roumbaba est né le 14 janvier 1979 à Marseille. Il commence le rap dans les années 1990 dans le groupe Psy 4 de la rime. Il se lance en solo en sortant plusieurs albums. Il devient jury de *The Voice* en 2019.
Partie 2 (ventre)	Oui	Michael Jackson lui a donné envie de devenir chanteur. Sa voix aigüe pendant son enfance lui a donné son surnom : Soprano. Il n'a pas appris à jouer d'un instrument. Ses parents étaient inquiets de le voir se diriger vers le rap. Il a trois enfants. À 12 ans, Soprano était timide, mais aimait apprendre des choses.
Partie 3 (sous-tribune de droite)	non	

- Remplir collectivement le poster des stratégies (dictée à l'adulte) :
Stratégie de l'araignée : Faire le lien entre notre question et les informations contenues dans les différentes parties.
Stratégie du lièvre et de la tortue : Ne pas lire tout le document de la même manière, lire certaines parties plus lentement.

SÉANCE 3

PHASE 1 Rappels 5' oral collectif

Objectifs :
- Tisser des liens avec la séance précédente ;
- Rappeler l'intention de lecture.

- *Vous souvenez-vous de ce qu'on a fait, de ce qu'on a dit la dernière fois ?*

Je vous rappelle que lorsqu'on lit un article de presse, il faut avoir une intention, un but de lecture. Notre intention de lecture était la suivante : Écrire un texte de quelques lignes présentant Soprano.

PHASE 2 Réponse à l'intention de lecture 35' écrit individuel

Objectif :
- Répondre à notre intention de lecture.

Temps 4 et 5 : Évaluer les informations lues et répondre

- Le questionnement relèvera essentiellement des processus INTERPRÉTER et APPRÉCIER.
- Nous allons demander aux élèves de s'interroger sur la pertinence des informations recueillies au regard de l'intention de lecture.

Nous avons désormais de nombreuses informations. Vous allez devoir choisir celles que vous souhaitez retenir pour écrire un petit texte présentant Soprano.

- *Ouvrez vos livrets à la page 123 et réalisez l'activité E. Vous allez devoir écrire un texte qui répondra à notre consigne de départ : Écrire quelques lignes présentant Soprano à des élèves d'une autre classe à partir de l'article de presse. Vous pouvez vous aider de tout ce qu'on a fait précédemment.*

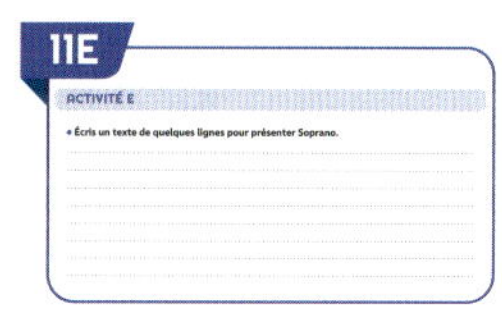

Si des élèves rencontrent des difficultés pour rédiger ou écrire le texte, mettre en place un étayage oral (questions ouvertes, questions fermées, amorces de phrases…) ou écrire sous la dictée (dictée à l'adulte).
Tous les éléments biographiques justes seront acceptés. Des différences peuvent apparaitre selon la sensibilité des élèves. Certains pourront être attirés par des données chiffrées, d'autres par l'enfance de Soprano, d'autres encore par son rôle de parent ou sa carrière de chanteur.
L'enseignant.e s'appuiera sur la connaissance de ses élèves pour adapter ses attentes : le texte rédigé pourra être proche du texte source (liste chronologiquement organisée, par exemple) ou pourra être plus élaboré (texte linéaire avec des connecteurs, des liens…).

PHASE 3 Bilan 5' écrit individuel

Objectif :

▶ Garder une trace des procédures mises en œuvre pour comprendre.

- Projeter le poster des stratégies.
Ouvrez vos livrets à la page 124 et réalisez l'activité F. Vous allez résumer ce que vous avez appris à faire grâce aux différentes stratégies.
Mettre en commun.
Réponses attendues :

Avec la stratégie du lièvre et de la tortue, j'ai lu les passages qui, selon leur titre, pouvaient contenir les informations que je cherchais. Je n'ai pas lu le texte dans l'ordre. Je n'ai pas tout lu, car certaines parties ne sont pas utiles pour mon objectif de lecture.	Avec la stratégie de l'araignée, j'ai cherché les liens qui existaient entre les différentes informations. J'ai mis en lien la consigne avec les informations du document.	Avec la stratégie du perroquet, j'ai été attentif à certains mots qui deviennent des indices pour trouver des informations. J'ai cherché le sens des mots en cherchant des mots de la même famille ou en mettant le mot dans une phrase.	Avec la stratégie du hibou, je me suis appuyé sur mes connaissances pour définir la nature des différentes parties.

SÉQUENCE 12

COMMENT CHARLEMAGNE A-T-IL ORGANISÉ SON POUVOIR DANS L'EMPIRE ?

PRÉSENTATION DU TEXTE

- **Titre :** *Comment Charlemagne a-t-il organisé son pouvoir dans l'Empire ?*
- **Auteur :** Marcelin Hamon
- **Origine :** L'auteur s'est basé sur les *Séances animées, Mon cahier d'Histoire CM* publiées aux Éditions Nathan pour construire son document.
- **Type de texte :** informatif
- **Genre :** documentaire

PRÉPARATION

POURQUOI CE DOCUMENT ?

Nous avons choisi ce document car :
- il est informatif : il a été écrit pour que les lecteurs apprennent des choses ;
- il est composite (textes linéaires, carte, frise chronologique) ;
- la thématique est au programme du cycle 3.

QU'Y A-T-IL À COMPRENDRE DANS CET ÉCRIT ?

Il s'agit d'une question fondamentale à laquelle l'enseignant.e doit avoir répondu avant de lancer le travail de compréhension. Ainsi, il sera possible de dire aux élèves « Bravo, tu as compris que... », au lieu de seulement dire « Tu as compris ». Répondre à cette question peut sembler facile, mais c'est en réalité très difficile.

Dans le document *Comment Charlemagne a-t-il organisé son pouvoir dans l'Empire ?*, le lecteur découvre que le roi des Francs, Charlemagne, est devenu Empereur. Le lecteur doit comprendre que Charlemagne, à la tête d'un territoire immense, a organisé son Empire grâce :
- aux comtes qui règnent sur les territoires de l'Empire ;
- aux *missi dominici*, sortes de surveillants des comtes, qui informent Charlemagne de tout ce qui se passe.

Le but de l'auteur de ce texte est de fournir des informations aux lecteurs de CM.

Au regard de l'analyse précédente, l'intention de lecture partagée avec les élèves sera d'écrire quelques lignes répondant à la question : Comment Charlemagne a-t-il organisé son pouvoir dans l'Empire ?

QUEL OUTIL UTILISER POUR AMENER LES ÉLÈVES À COMPRENDRE CE TEXTE ?

Les élèves connaissent probablement peu d'informations sur le sujet. Avoir quelques repères précis et sourcés est l'objectif que l'on peut se fixer à l'issue de la lecture de ce documentaire. Le document est simple du point de vue des informations. Les textes, carte, frise sont redondants. La difficulté essentielle réside dans les statuts énonciatifs : documents de natures différentes, auteurs différents, époques d'écriture différentes. Comme pour beaucoup de textes composites, pour le travail sur ce document, l'outil le plus adapté semble être **LES 5 TEMPS**. JAC vous conseille de relire le paragraphe dédié à cet outil dans l'introduction (page 23).

MISE EN ŒUVRE

DÉMARCHE DE LA SÉQUENCE

SEMAINE 1			
SÉANCE 1 45 min.	Phase 1	Découverte de l'auteur et du genre	5 min.
	Phase 2	Clarification	7 min.
	Phase 3	Exploration	33 min.
SÉANCE 2 45 min.	Phase 1	Rappels	5 min.
	Phase 2	Sélection des informations pertinentes	15 min.
	Phase 3	Réponse à l'intention de lecture	20 min.
	Phase 4	Bilan	5 min.

MATÉRIEL

- Document, p. 42-43 (Ressources)
- Livret de l'élève, p. 125-129 (Ressources)
- Support de présentation numérique « Charlemagne »

SÉANCE 1

PHASE 1 Découverte de l'auteur et du genre 5' oral collectif

Objectifs :

▶ Se faire une idée de l'auteur et du support ;

▶ Se projeter dans le document avant même d'avoir commencé à le lire.

- *Ouvrez vos livrets à la page 125 (activité A).*
  Lisez le paragraphe « Qui est l'auteur de ce texte ? »
  Qui est l'auteur de ce texte ?

  Lisez le paragraphe « Qu'est-ce qu'un texte documentaire ? »
  Qu'est-ce qu'un texte documentaire ?

Nous allons lire un texte documentaire dont l'auteur a pour but de fournir des informations aux enfants de votre âge.

PHASE 2 Clarification 7' oral collectif

Objectifs :
- Entrer dans le document par le titre ;
- Comprendre la question ;
- Se donner une intention de lecture.

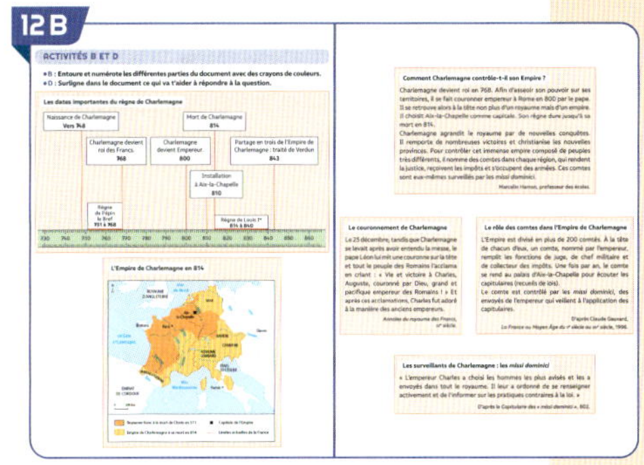

- Projeter le document (p. 42-43 des ressources). Laisser aux élèves un temps d'observation.

Le titre de ce document est Comment Charlemagne a-t-il organisé son pouvoir dans l'Empire ? *Après avoir lu ce document, vous devrez pouvoir répondre à cette question. Lorsqu'on lit un texte documentaire, il faut se donner des intentions, des buts de lecture et les garder en mémoire. Ici, nous pouvons nous donner comme but d'écrire un texte de quelques lignes répondant à cette seule question : Comment Charlemagne a-t-il organisé son pouvoir dans l'Empire ?*

Nous allons utiliser l'outil ***LES 5 TEMPS*** *pour comprendre ce texte documentaire.*

Temps 1 : Comprendre la question

- *Dans un premier temps, nous devons bien comprendre la question ; 3 mots sont très importants dans cette question : « organisé », « pouvoir » et « Empire ».*

Nous devons nous mettre d'accord sur le sens du mot « organisé » ; il s'agit d'utiliser la ***stratégie du perroquet***.

Pouvez-vous me donner des exemples de phrases avec le mot « organisé » ?

J'ai organisé mon classeur en mettant des intercalaires. Les enseignants ont organisé une sortie au musée. J'ai organisé une fête d'anniversaire.

Dire :

C'est l'idée de penser à ce qu'il faut faire pour que tout se passe au mieux.

Lors du travail de préparation, chercher des synonymes aux mots importants du texte. Ici « organisé » signifie « structuré », « administré », « orchestré ».

- *Nous devons nous mettre d'accord sur le sens du mot « Empire » ; il s'agit d'utiliser la* ***stratégie du perroquet***.

Pouvez-vous me donner des mots de la même famille que le mot « empire » ?

Empereur ou Impératrice.

Dire :

Un Empire, c'est le territoire sur lequel l'Empereur exerce son pouvoir.

- *Nous devons nous mettre d'accord sur le sens du mot « pouvoir » ; il s'agit d'utiliser la* ***stratégie du perroquet***.

Pouvez-vous me donner des mots de la même famille que le mot « pouvoir » ?

Puissance, puissant, penser aussi au verbe « pouvoir »...

Dire :

Le pouvoir d'un roi, d'un empereur, correspond à ce qu'il peut faire.

- *Nous allons essayer de dire la même chose que le titre, mais avec nos mots.*

Comment pouvons-nous le dire autrement ?

Laisser les élèves s'exprimer. Valider ou invalider leurs réponses.

Résumer les propos.

Comment fonctionne l'Empire de Charlemagne ?
Comment Charlemagne a-t-il fait pour faire appliquer les lois dans tout l'Empire ?
Qu'est-ce que Charlemagne a mis en place pour que son Empire fonctionne bien ?
Qu'a mis en place Charlemagne pour que son pouvoir soit respecté dans tout l'Empire ?

- Demander aux élèves de faire des hypothèses sur les réponses possibles à la question posée. Lister les idées et les garder sur un affichage.
  Réponses possibles :
  Charlemagne peut promulger des lois, informer sur des nouvelles lois, mettre en place une surveillance du respect des lois…

- Remplir collectivement le poster des stratégies (dictée à l'adulte) :
  **Stratégie du perroquet : **Être attentif à certains mots qui deviennent des indices pour trouver des informations.
  Chercher des mots de la même famille.
  Mettre « le mot que je cherche à mieux comprendre » dans des phrases pour m'aider à préciser son sens.

PHASE 3 Exploration 33' travail individuel, puis oral collectif

Objectif :

▶ Repérer les différentes natures des blocs composant le document et les informations principales qu'ils contiennent.

Temps 2 : Analyser le document pour pouvoir ensuite sélectionner ce qui nous intéresse

- Le but de cette phase est de repérer les différentes parties du document (blocs) et leurs différentes natures (texte, frise chronologique, carte). Il faudra ensuite sélectionner les parties qui pourront aider à répondre à la question initiale.
  *Lorsqu'on découvre un document avec différents blocs, il faut commencer par chercher combien il y a de blocs et la nature de chaque bloc. C'est ce que nous allons faire maintenant en décomposant les étapes, en cherchant comment est organisé le document ; il s'agit d'utiliser la **stratégie du hibou**.*

- *Ouvrez vos livrets aux pages 126-127 et réalisez l'activité B. Vous allez devoir entourer les différentes parties (ou blocs) du document de différentes couleurs, et les numéroter.*
  Mettre en commun.

- Projeter le tableau à côté du document.
  Nous allons maintenant réaliser l'activité C (p. 128). Nous allons dire, pour chacun des documents, de quelle nature il est (photo, texte, schéma…) et indiquer son thème (de quoi il parle). Vous allez écrire dans votre livret les résultats de notre travail collectif.

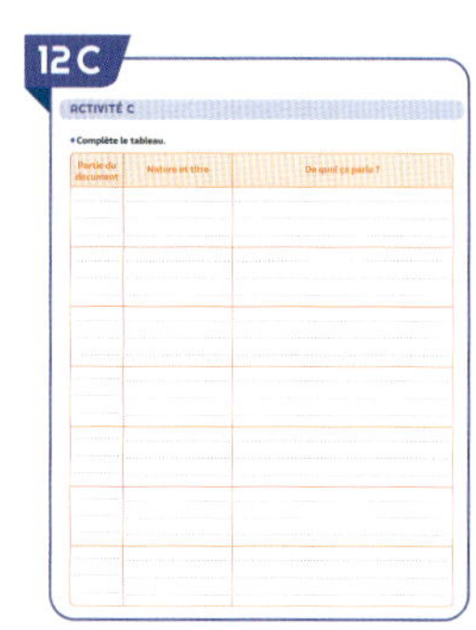

  La qualification de la nature de chaque bloc ne devrait pas poser de difficulté (texte, carte, frise chronologique). La colonne « De quoi ça parle ? » est essentielle, car elle étayera la construction d'un parcours de lecture dans le document en permettant d'identifier le sujet d'un bloc et sa contribution à la réponse. L'idée, dans un premier temps, n'est pas de lire le bloc dans sa totalité pour en extraire toutes les informations, mais de déterminer de quoi il parle.
  *Quand on découvre un document qui est composé de différents blocs, il faut trouver quelles informations pourrait contenir chaque bloc, sans pour autant lire tout le texte. C'est ce que nous allons faire ensemble maintenant. Il s'agit d'utiliser la **stratégie du lièvre et de la tortue**.*
  Quelle est la nature du document ? Une photo, un texte, un dessin… ?
  De quoi parle ce/cette… (texte, frise, carte) ? Quel est son thème ?
  Afin d'obtenir des éléments à renseigner dans la colonne « De quoi ça parle ? », mettre en place un étayage serré au travers d'un guidage par des questions.
  Laisser les élèves s'exprimer. Valider ou invalider leurs réponses.

Résumer les propos.
Réponses possibles :

Partie du document	Titre et nature	De quoi ça parle ?	Pour l'enseignant.e
1	Titre du document	Annonce le thème, c'est le titre.	Après questionnement, apporter le mot « titre » s'il n'est pas dit.
2	Frise chronologique	Cela donne les dates importantes du règne de Charlemagne.	Faire lire le titre qui indique qu'il s'agit d'une frise chronologique. Il s'agit probablement d'un type de document que vous avez l'habitude d'utiliser avec vos élèves, vous pouvez utiliser la même méthodologie d'étude que d'habitude.
3	Carte *L'Empire de Charlemagne en 814*	De l'étendue de l'Empire de Charlemagne.	Faire lire le titre qui informe sur le contenu, les informations que l'on va trouver. Faire repérer la légende de la carte qui va nous donner d'autres informations (limites de l'Empire de Charlemagne en 814 ou le nom de la capitale de l'Empire). Faire chercher la source du document : faire remarquer qu'il s'agit d'une carte extraite d'un ouvrage scolaire publié chez Nathan ; nous pouvons donc lui faire confiance.
4	*Comment Charlemagne contrôle-t-il son Empire ?*, M. Hamon, professeur des écoles	Du contôle de l'Empire.	Faire noter tout d'abord l'importance du titre, qui indique clairement les informations que l'on peut trouver dans le texte, puis faire survoler le document en repérant les mots importants **(stratégie du lièvre et de la tortue**) pour « avoir une idée de ce dont il parle » : « contrôle », « Empire » ; il s'agit d'utiliser la **stratégie du perroquet** . Faire remarquer qu'il n'y a pas de source pour ce document, cela peut interroger sur sa véracité ; néanmoins, vous, en tant qu'enseignant.e, vous pouvez affirmer que ce sont de vraies informations.
5	*Le couronnement de Charlemagne*, texte écrit à l'époque de Charlemagne	Du couronnement de Charlemagne comme Empereur.	Faire noter tout d'abord l'importance du titre, qui indique clairement les informations que l'on peut trouver dans le texte, puis faire survoler le document en repérant les mots importants **(stratégie du lièvre et de la tortue**) pour « avoir une idée de ce dont il parle » : « couronnement », « Empereur » ; il s'agit d'utiliser la **stratégie du perroquet** . Faire chercher la source du document : faire remarquer qu'il s'agit d'un texte écrit à l'époque de Charlemagne.
6	*Le rôle des comtes dans l'Empire de Charlemagne*, C. Gauvard, historienne	Du rôle des comtes dans l'Empire.	Faire noter tout d'abord l'importance du titre, qui indique clairement les informations que l'on peut trouver dans le texte, puis faire survoler le document en repérant les mots importants **(stratégie du lièvre et de la tortue**) pour « avoir une idée de ce dont il parle » : « comte, » « comté », « Empire », « *missi dominici* » ; il s'agit d'utiliser la **stratégie du perroquet** . Faire chercher la source du document : faire remarquer qu'il s'agit d'un texte d'une historienne ; nous pouvons donc lui faire confiance.

Partie du document	Titre et nature	De quoi ça parle ?	Pour l'enseignant.e
7	*Les surveillants de Charlemagne, les* missi *dominici,* texte écrit à l'époque de Charlemagne	Des *missi dominici* qui sont des surveillants.	Faire noter tout d'abord l'importance du titre, qui indique clairement les informations que l'on peut trouver dans le texte, puis faire survoler le document en repérant les mots importants **(stratégie du lièvre et de la tortue**) pour « avoir une idée ce dont il parle » : *missi dominici* ou surveillants de Charlemagne ; il s'agit d'utiliser la **stratégie du perroquet** . Faire chercher la source du document : faire remarquer qu'il s'agit d'un texte écrit à l'époque de Charlemagne.

- Remplir collectivement le poster des stratégies (dictée à l'adulte) :

Stratégie du perroquet : Chercher des mots importants et précis.

Stratégie du lièvre et de la tortue : Ne pas lire tout le texte linéairement. Le survoler rapidement.
Prendre le temps de lire le titre, la légende et la source.

Stratégie du hibou : S'appuyer sur nos connaissances sur les textes documentaires. Chercher la nature des différentes parties.

SÉANCE 2

PHASE 1 Rappels 5' oral collectif

Objectifs :
- Tisser des liens avec la séance précédente ;
- Rappeler l'intention de lecture.

- *Vous souvenez-vous de ce qu'on a fait, de ce qu'on a dit la dernière fois ?*

Les élèves doivent redonner la nature des 7 parties du document et se souvenir qu'ils apportent tous quelque chose au thème général : l'organisation du pouvoir de Charlemagne.

Je vous rappelle que lorsqu'on lit un documentaire, il faut se donner une intention, un but de lecture. Nous voulions pouvoir répondre à la question suivante : Comment Charlemagne a-t-il organisé son pouvoir dans l'Empire ?

PHASE 2 Sélection des informations pertinentes 15' en groupe, puis oral collectif

Objectif :
- Lire le document de manière stratégique.

Lire efficacement un texte documentaire signifie que l'on ne doit pas tout lire du début à la fin, comme une histoire, et que l'on ne doit pas oublier ce que l'on cherche dans le documentaire. Il s'agit d'utiliser la ***stratégie du lièvre et de la tortue****. Nous allons chercher des informations pour répondre à la question : Comment Charlemagne a-t-il organisé son pouvoir dans l'Empire ?*

- ***Temps 2 et 3 : Explorer les différentes parties du document***

Le questionnement relèvera essentiellement des processus INFÉRER, INTERPRÉTER, APPRÉCIER.

Nous allons demander aux élèves de faire des liens entre les informations, de porter un avis sur ces informations au regard de ce qui est recherché et de juger de leur pertinence.

Le travail suivant sera à réaliser en groupe. L'intérêt de travailler en groupe réside dans les échanges qui vont avoir lieu, les négociations autour des indices. Les élèves devront également se mettre d'accord sur l'endroit où ils vont trouver telle ou telle réponse.

- *Mettez-vous par 4, ouvrez vos livrets aux pages 126-127 et réalisez l'activité D. Vous allez surligner, dans chaque bloc, les mots, les phrases… qui vont vous aider à répondre à la question « Comment Charlemagne a-t-il organisé son pouvoir dans l'Empire ? » Vous allez devoir faire des liens entre cette question et ce qui est dit dans les documents ; il s'agit d'utiliser la* **stratégie de l'araignée**.

≠

Profils de lecteurs	Modalités de travail
Lecteurs en difficulté	Groupe avec l'enseignant.e qui apporte son aide : rappel des procédures mises en œuvre (où chercher, les informations que le bloc donne).
Faible compreneur	Groupes hétérogènes, constitués d'élèves des 3 profils.
Faible déchiffreur	
Normo-lecteur	

Mettre en commun.

Lecture en dialogue pédagogique, guidée par l'enseignant.e., des blocs le nécessitant. Il s'agit d'une discussion dont l'enseignant.e a l'initiative et qu'il contrôle dans un but d'enseignement. Les points d'appui de cette discussion se trouvent ci-dessous et dans le tableau de la page suivante. Ainsi, il s'agit de repartir de la question que l'on se pose et de s'interroger.

Pour les blocs 2, 3 et 5, il est difficile de savoir s'ils contiennent une information intéressante pour répondre à la question en se basant sur les indices habituels (titre, mots importants, légendes…). Ce constat est important pour mettre les élèves en état de vigilance. La conclusion est que ces blocs devront être explorés de façon plus approfondie.

Bloc 2 : La lecture d'une frise fait partie des pratiques de classe. La difficulté est de savoir si les repères donnés ont un intérêt pour la question posée. Les informations utiles au regard de la recherche sont en lien avec le pouvoir : devenir roi, devenir empereur, choix d'une capitale, partage de l'Empire.

Bloc 3 : La lecture d'une carte fait partie des pratiques de classe. La difficulté est de savoir si les repères donnés ont un intérêt pour la question posée. Les indices utiles au regard de la recherche sont les éléments en lien avec le pouvoir : taille de l'Empire qui peut poser problème pour faire connaitre les lois et contrôler leur application, position excentrée de la capitale…

Bloc 5 : Il est facile de comprendre que le texte parle d'un couronnement ; il s'agit d'utiliser la **stratégie du perroquet** (lien avec le mot « couronne »). Il faut lire le texte plus en détail pour se rendre compte que Charlemagne devient empereur. L'étayage de l'enseignant.e peut porter sur le pointage de deux groupes de mots : « empereur des Romains » et « anciens empereurs » ; il s'agit d'utiliser la **stratégie de l'araignée**.

Bloc 7 : Le recours à un dictionnaire papier est préconisé pour comprendre le mot « avisé » **(stratégie du perroquet**).

- Se reporter à l'activité C et indiquer si on trouve des informations dans chaque bloc pour répondre à la question.

Réponses possibles :

	Va-t-on trouver des informations pour répondre à la question ?	Informations importantes à surligner
Bloc 1 (titre du document) Le thème général du documentaire	non	
Bloc 2 (frise) *Les dates importantes du règne de Charlemagne*	?	Charlemagne devient roi en 768 et empereur en 800. En 810, Charlemagne s'installe à Aix-la-Chapelle. Son Empire est partagé en trois en 843.
Bloc 3 (carte) *L'Empire de Charlemagne*	?	La carte montre que l'Empire est très grand et dépasse de beaucoup les frontières de la France actuelle. La capitale est Aix-la-Chapelle, elle est loin de certains endroits de l'Empire.
Bloc 4 *Comment Charlemagne contrôle-t-il son Empire ?*	oui	Charlemagne devient empereur en 800 pour être encore plus puissant. Des comtes sont nommés dans les territoires : ils s'occupent des impôts, de l'armée et de la justice. Ils sont surveillés par les *missi dominici*.
Bloc 5 *Le couronnement de Charlemagne*	?	Charlemagne est devenu Empereur le 25 décembre en se faisant couronner.
Bloc 6 *Le rôle des comtes dans l'Empire de Charlemagne*	oui	Il y a 200 comtés. Les comtes s'occupent de la justice, de l'armée et des impôts. Ils vont écouter les lois une fois par an.
Bloc 7 *Les surveillants de Charlemagne : les* missi dominici	oui	Charlemagne utilise des *missi dominici* pour savoir si les lois sont appliquées.

- Remplir collectivement le poster des stratégies (dictée à l'adulte) :
  Stratégie du perroquet : Utiliser un dictionnaire.
  Chercher le sens de certains mots en s'aidant de mots de la même famille.
  Stratégie de l'araignée : Bien garder en mémoire ce que je cherche et examiner si ce que je trouve est en lien avec, a un rapport avec ce que je cherche.
  Mettre en lien des informations.
  Stratégie du lièvre et de la tortue : Ne pas lire tout le texte de la même manière, lire certaines parties plus lentement.

PHASE 3 Réponse à l'intention de lecture (20') en groupe

Objectif :
▸ Répondre à notre intention de lecture.

- ***Temps 4 et 5 : Évaluer les informations lues et répondre***
- Le questionnement relèvera essentiellement des processus INTERPRÉTER et APPRÉCIER.
- Nous allons demander aux élèves de porter un regard sur les informations sélectionnées au regard de ce qui est recherché et de juger de leur pertinence.

Nous avons désormais de nombreuses informations concernant le texte documentaire. Vous devez répondre à la question suivante : Comment Charlemagne a-t-il organisé son pouvoir dans l'Empire ?

- *Ouvrez vos livrets à la page 129 et réalisez l'activité E. Vous allez devoir écrire un texte qui répondra à notre question de départ :* Comment Charlemagne a-t-il organisé son pouvoir dans l'Empire ? *Vous pouvez vous aider de tout ce qu'on a fait précédemment.*

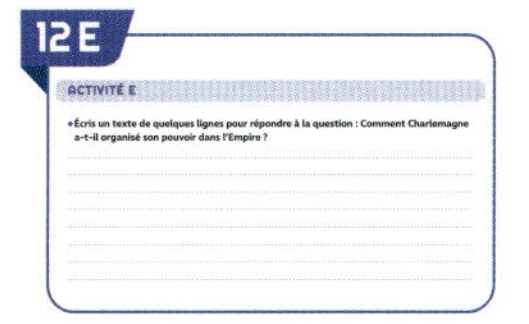

Former des groupes d'élèves. Une différenciation peut être mise en place : un groupe fragile sur la rédaction peut être accompagné par l'enseignant.e qui aidera à la formulation ou prendra en charge l'écrit matériel.
Pistes de réponses :
Idée de la taille de l'Empire qui pose problème : Charlemagne doit organiser un territoire immense.
Une capitale, Aix-la-Chapelle, qui est éloignée de certains endroits de l'Empire.
Charlemagne se fait couronner empereur en 800 pour affirmer son autorité.
Des comtes sont nommés par Charlemagne pour collecter des impôts, rendre la justice et lever des forces armées.
*Des envoyés (*missi dominici*) sont choisis pour contrôler, surveiller les comtes.*

PHASE 4 Bilan 5' écrit individuel

Objectif :
▶ Garder une trace des procédures mises en œuvre pour comprendre.

- Projeter le poster des stratégies.
Ouvrez vos livrets à la page 129 et réalisez l'activité F. Vous allez résumer ce que vous avez appris à faire grâce aux différentes stratégies.
Mettre en commun.
Réponses attendues :

Avec la stratégie du lièvre et de la tortue, j'ai lu les passages qui, selon leurs titres ou légendes, pouvaient contenir les informations que je cherchais. Je n'ai pas lu le texte dans l'ordre et j'ai survolé certains passages rapidement. J'ai lu plus ou moins vite.	Avec la stratégie de l'araignée, j'ai cherché les liens qui existaient entre les différentes informations. J'ai mis en lien la question que je me suis posée avec les informations du document.	Avec la stratégie du perroquet, j'ai été attentif à certains mots qui deviennent des indices pour trouver des informations. J'ai cherché le sens des mots en cherchant des mots de la même famille ou en mettant les mots dans une phrase. J'ai cherché des mots dans le dictionnaire.	Avec la stratégie du hibou, je me suis appuyé sur mes connaisssances pour définir la nature des différentes parties.

SÉQUENCE 13

LA LUNE

PRÉSENTATION DU TEXTE

- **Titre :** *La Lune*
- **Autrice :** Sophie Hénon
- **Origine :** Documents en ligne
- **Type de texte :** explicatif
- **Genre :** documentaire

PRÉPARATION

POURQUOI CE TEXTE ?

Nous avons choisi ce documentaire car :
- il est explicatif ;
- il est composite : il contient des textes, un titre, des sous-titres, des schémas, des photos, des dessins ;
- il a une organisation linéaire, mais sur 2 colonnes ;
- la thématique « le système solaire » est au programme du cycle 3.

QU'Y A-T-IL À COMPRENDRE DANS CE DOCUMENTAIRE ?

Il s'agit d'une question fondamentale à laquelle l'enseignant.e doit avoir répondu avant de lancer le travail de compréhension. Ainsi, il sera possible de dire aux élèves « Bravo, tu as compris que… », au lieu de seulement dire « Tu as compris ». Répondre à cette question peut sembler facile, mais c'est en réalité très difficile.

Grâce à ce document, le lecteur doit comprendre que la Lune est un morceau de Terre qui tourne autour de notre planète, c'est son unique satellite naturel.
Voici quelques définitions du terme « satellite » :
- Corps céleste (astre) gravitant autour d'une planète (Le Robert) ;
- Transposition didactique : objet naturel, issu de l'Univers, ou artificiel qui tourne autour d'une planète.

Au regard de cette analyse, l'intention de lecture communiquée aux élèves sera de lire le texte et, après avoir répondu à 4 questions, de donner une définition de la Lune. L'objectif final est que les élèves comprennent que la Lune est un morceau de terre qui tourne autour de notre planète, que c'est son unique satellite naturel. Les 4 questions ne balayent donc pas l'ensemble du contenu, mais une partie très ciblée.

QUELS OUTILS UTILISER POUR AMENER LES ÉLÈVES À COMPRENDRE CE TEXTE ?

Pour comprendre ce documentaire, il s'agira :
- de s'appuyer sur les connaissances des élèves ;
- de faire apparaitre les différents éléments qui le composent ;
- de sélectionner efficacement les documents qui permettront de mener à bien la recherche.

Pour le travail sur ce document, l'outil le plus adapté semble être **LES 5 TEMPS**. JAC vous conseille de relire les paragraphes dédiés à cet outil dans l'introduction (page 23). 4 questions seront posées aux élèves pour les guider dans l'exploration du documentaire. Elles relèvent du processus issu de PIRLS (voir p. 28) : PRÉLEVER (question A), INFÉRER (question B), INTERPRÉTER (question C), APPRÉCIER (question D).

MISE EN ŒUVRE

DÉMARCHE DE LA SÉQUENCE

SEMAINE 1			
SÉANCE 1 45 min.	Phase 1	Mise en route	5 min.
	Phase 2	Découverte de la technique	10 min.
	Phase 3	Recherche (question A)	10 min.
	Phase 4	Recherche (question B)	15 min.
	Phase 5	Bilan	5 min.
SÉANCE 2 55 min.	Phase 1	Rappels	5 min.
	Phase 2	Recherche (question C)	15 min.
	Phase 3	Recherche (question D)	15 min.
	Phase 4	Rédaction	10 min.
	Phase 5	Bilan	10 min.

MATÉRIEL

- Document, p. 44-45 (Ressources)
- Livret de l'élève, p. 130-132 (Ressources)
- Support de présentation numérique « La Lune »

SÉANCE 1

PHASE 1 Mise en route 5' oral collectif

Objectifs :
- Se projeter dans le document avant même d'avoir commencé à le lire ;
- Se donner une intention de lecture.

- Projeter le document (p. 44-45, Ressources). Laisser un temps d'observation aux élèves. Les élèves ne pourront pas lire le contenu du document. Leur demander :
  De quoi parle ce document ?
  Combien de parties comporte-t-il ?

Nous allons lire ce texte documentaire qui parle de la Lune. Il va donc falloir étudier les documents pour répondre aux 4 questions (activités A à D). À la fin, vous devrez donner une définition de la Lune.

PHASE 2 Découverte de la technique 10' oral collectif

Objectif :
- Lire et comprendre les 5 Temps.

Vous aurez bien compris le texte quand vous aurez répondu aux 4 questions. Vous allez devoir comprendre les questions et aller à la recherche des réponses dans le texte ; comme un détective, il faudra prendre des indices partout dans le texte. Aujourd'hui, nous allons chercher à répondre aux questions A et B. Pour cela, nous allons utiliser un mode d'emploi pour lire efficacement un texte documentaire : ce mode d'emploi s'appelle « Les 5 Temps ».

- Projeter le visuel suivant.

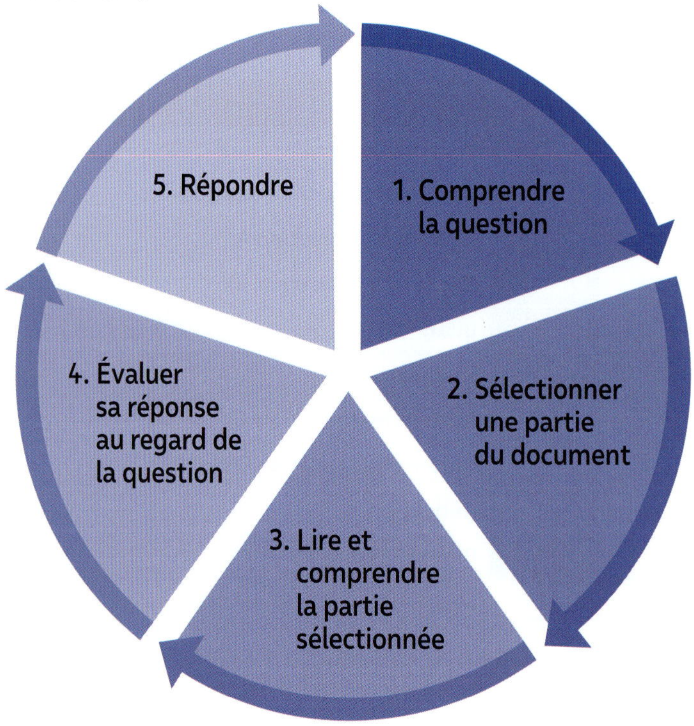

Que devons-nous faire pendant le Temps 1 ?
Comprendre la question. Nous allons nous demander « Que dois-je chercher pour répondre à la question ? Un lieu ? un nombre ? un animal ?... »
Si l'on connait déjà la réponse, devons-nous quand même la chercher dans le texte ?
Laisser les élèves réagir et dire : *Si vous êtes sûrs de la réponse, ce n'est pas la peine de chercher dans le texte quelque chose que vous savez. Mais si vous ne pouvez pas répondre ou si vous n'êtes pas sûrs de votre réponse, alors il faudra lire les documents pour y trouver la réponse.*

- ***Que devons-nous faire pendant le Temps 2 ?***
Sélectionner une partie du document.
Qu'est-ce que cela veut dire ?
Laisser les élèves reformuler. Valider ou invalider leurs réponses. Dire : *Cela veut dire qu'il ne faut pas tout lire, comme pour un roman.*
Mimer un élève qui lirait tout le texte documentaire en suivant avec son doigt les lignes comme pour un récit.

Comment faites-vous pour savoir ce qu'il est utile de lire ?
Laisser les élèves s'exprimer. Valider ou invalider leurs réponses. Amener les élèves à parler de lecture sélective et de balayage visuel. Dire : *Il faut s'aider des titres, des dessins, des schémas pour savoir ce qu'il faut lire ; il s'agit d'utiliser la* ***stratégie du lièvre et de la tortue***.

- ***Que devons-nous faire pendant le Temps 3 ?***
Lire et comprendre la partie sélectionnée.

- ***Que devons-nous faire pendant le Temps 4 ?***
Évaluer sa réponse.
Qu'est-ce que ça veut dire ?
Laisser les élèves reformuler. Valider ou invalider leurs réponses. Dire : *Il s'agit de se demander si la réponse trouvée répond bien à la question.*

- ***Que fait-on si on croit avoir la réponse ?***
Écrire la réponse à la question.
Je vais ajouter quelque chose d'important : il faut vous assurer que la réponse est EXACTE et SUFFISANTE : a-t-on trouvé toutes les informations qui répondent à la question ? Quelquefois, il faut trouver plusieurs informations pour y répondre.

- Remplir collectivement le poster des stratégies (dictée à l'adulte) :

Stratégie du lièvre et de la tortue : Ne pas tout lire et lire les documents utiles lentement.

PHASE 3 Recherche (question A) 10' oral collectif, travail en binôme

Objectif :
▶ Chercher la réponse juste et suffisante à la question A.

- Distribuer le document à chaque élève (disponible dans les ressources, p. 44-45) et leur laisser un temps d'observation.

- *Ouvrez vos livrets à la page 130 et réalisez l'activité A, c'est-à-dire répondre à la première question. Vous travaillerez par deux.*

≠ Faire des binômes hétérogènes. Prenez avec vous 5-6 lecteurs en difficulté.

- Faire la première étape des 5 Temps avec le groupe classe. Puis laisser les élèves travailler en binôme. Suivre uniquement le groupe choisi.
Nous allons commencer notre travail de compréhension du texte ; nous allons répondre à la première question en nous servant des 5 Temps.
Faire lire la première question : **Soleil, Lune, Terre : qui tourne autour de qui ?**
Selon Les 5 Temps, que faut-il faire en premier ?
Comprendre la question, savoir ce que l'on cherche.
Que cherchons-nous ?
Nous voulons savoir quel(s) astre(s) tourne(nt) autour de quel(s) astre(s). Un ou plusieurs astre(s) tourne(nt) autour d'un ou plusieurs astres.
Il s'agit de reformuler, de paraphraser la question de différentes façons.

- *Continuez avec votre binôme. Le plus important est de mener une véritable enquête ; si vous ne trouvez pas exactement la réponse, ce n'est pas grave, nous sommes en train d'apprendre ! Vous avez 5 minutes pour répondre à la*

Dans le cadre du travail de préparation de la séquence, il est conseillé d'anticiper la reformulation des questions en enseignement explicite. Ce travail ne peut être fait à chaud en classe, il nécessite une réflexion didactique en amont.

première question ; vous devez vous aider des 4 temps restants et des différents éléments du support : textes, schémas...

Au bout de 5 minutes, et quand vous avez fini avec votre groupe, faire une mise en commun, notamment une mise en commun des procédures.

1. Soleil, Lune, Terre : qui tourne autour de qui ?

Accepter différentes formulations :

– *La Lune tourne autour de la Terre. La Terre tourne autour du Soleil.*

– *La Lune tourne autour de la Terre. La Terre et la Lune tournent autour du Soleil.*

Cette question fait appel au processus PRÉLEVER : il s'agit pour les élèves de localiser les bons éléments textuels et iconographiques utiles pour donner une réponse juste et suffisante, et de la rédiger. L'indice le plus important pour localiser la réponse est le schéma des orbites ; s'ils localisent ce schéma, les élèves disposent des éléments pour répondre. Il se peut que certains élèves sachent répondre sans avoir recours au texte. C'est normal. Il s'agira alors de mettre leur stratégie en avant lors de la mise en commun (**stratégie du hibou**).

De quoi vous êtes-vous aidés pour répondre à la question A ?

Réponses possibles :

– Du schéma des orbites (mise en lien du mot « tourne » de la question et des dessins des orbites sur le schéma ; **stratégie de l'araignée**) ;

– De mes connaissances personnelles (**stratégie du hibou**) ;

– De mots du document (localisation de « tourne autour » dans le texte ; **stratégie du lièvre et de la tortue**). Cette stratégie est la plus couteuse cognitivement, mais c'est celle que les élèves les plus fragiles utilisent souvent ; la procédure de recherche de mots dans un texte pour répondre est une pratique très courante.

– De la compréhension du mot « orbite » (**stratégie du perroquet**).

- Remplir collectivement le poster des stratégies (dictée à l'adulte) :

Stratégie du hibou : Faire appel à mes connaissances personnelles.

Stratégie de l'araignée : Mettre en lien des éléments de la question et du support.

Stratégie du lièvre et de la tortue : Ralentir la lecture lorsque je rencontre les mots « tourne autour ».

Stratégie du perroquet : Chercher des mots qui signifient la même chose que « tourner autour » : « orbite ».

PHASE 4 Recherche (question B) 15' oral collectif, travail en binôme

Objectif :

▶ Chercher la réponse juste et suffisante à la question B.

- *Vous allez répondre à la deuxième question (activité B, p. 130). Vous travaillerez toujours par deux.*

- Faire la première étape des 5 Temps avec le groupe classe. Puis laisser les élèves travailler en binôme. Suivre uniquement le groupe choisi.

Nous allons recommencer notre travail de compréhension du texte ; nous allons répondre à la deuxième question en nous servant des 5 Temps.

Faire lire la deuxième question : **D'où vient la roche qui compose la Lune ?**

Selon Les 5 Temps, que faut-il faire en premier ?

Comprendre la question, savoir ce que l'on cherche.

Attention, la réponse à la question B est plus difficile à trouver que celle de la question A, si vous avez plus de mal, c'est normal.

Que cherchons-nous ?

Un lieu, un endroit. Nous le savons grâce au mot « où ». La roche qui forme la Lune vient de quelque part dans l'Univers ; nous cherchons cet endroit.
La question fait aussi référence à la formation de la Lune, à sa naissance, au commencement de son existence. Nous devons donc également chercher un moment. Pour répondre à la question B, nous allons chercher des informations sur la naissance de la Lune, sur le moment où elle est née et à partir de quoi elle s'est formée : de quel endroit vient la roche qui est devenue la Lune ?

- *Continuez avec votre binôme. Vous avez 10 minutes pour répondre à la deuxième question ; vous devez vous aider des 4 temps restants, des 4 étapes restantes.*
  Au bout de 10 minutes, et quand vous avez fini avec votre groupe, faire une mise en commun, notamment une mise en commun des procédures.

2. D'où vient la roche qui compose la Lune ?
Accepter différentes formulations :
– *La roche qui compose la Lune vient de la Terre.*
– *La Lune est un morceau de la Terre.*
– *C'est un morceau de Terre qui s'est détaché.*
Cette question fait appel au processus INFÉRER (la réponse n'est pas clairement énoncée dans le texte) : il s'agit pour les élèves de mettre en lien les bons éléments textuels et iconographiques utiles pour donner une réponse juste et suffisante, et de la rédiger. La partie à cibler pour rechercher les informations nécessaires est « Origine ». Si le mot « Origine » (commencement, naissance) est compris (**stratégie du perroquet**), le travail de recherche de la réponse commencera sans difficultés.
De quoi vous êtes-vous aidés pour répondre à la question B ?
Réponses possibles :
– De l'illustration *Formation de la Lune* (mise en lien du mot « roche » de la question et des dessins sur lesquels on peut observer des roches ; **stratégie de l'araignée**) ;
– De mes connaissances personnelles (**stratégie du hibou**) ;
– De mots du texte (localisation de « une partie de la Terre », « détachée », « morceaux », « donner naissance » dans le texte ; **stratégie du lièvre et de la tortue**).

- Remplir collectivement le poster des stratégies (dictée à l'adulte) :
  Stratégie du hibou : Faire appel à mes connaissances personnelles.
  Stratégie de l'araignée : Mettre en lien des éléments de la question et du support.
  Stratégie du lièvre et de la tortue : Ralentir la lecture lorsque je rencontre certains mots.
  Stratégie du perroquet : Comprendre la définition du mot « origine ».

PHASE 5 Bilan 5' oral collectif

Objectif :
▶ Synthétiser les procédures mises en œuvre et les stratégies mobilisées pour répondre aux questions.

- *Comment avez-vous fait pour chercher et trouver les réponses aux 2 questions ?*
  Laisser les élèves s'exprimer. Projeter le schéma suivant pour qu'ils s'y réfèrent et qu'ils visualisent bien Les 5 Temps. Les encourager à formuler les stratégies utilisées.

1. Soleil, Lune, Terre : qui tourne autour de qui ?
2. D'où vient la roche qui compose la Lune ?

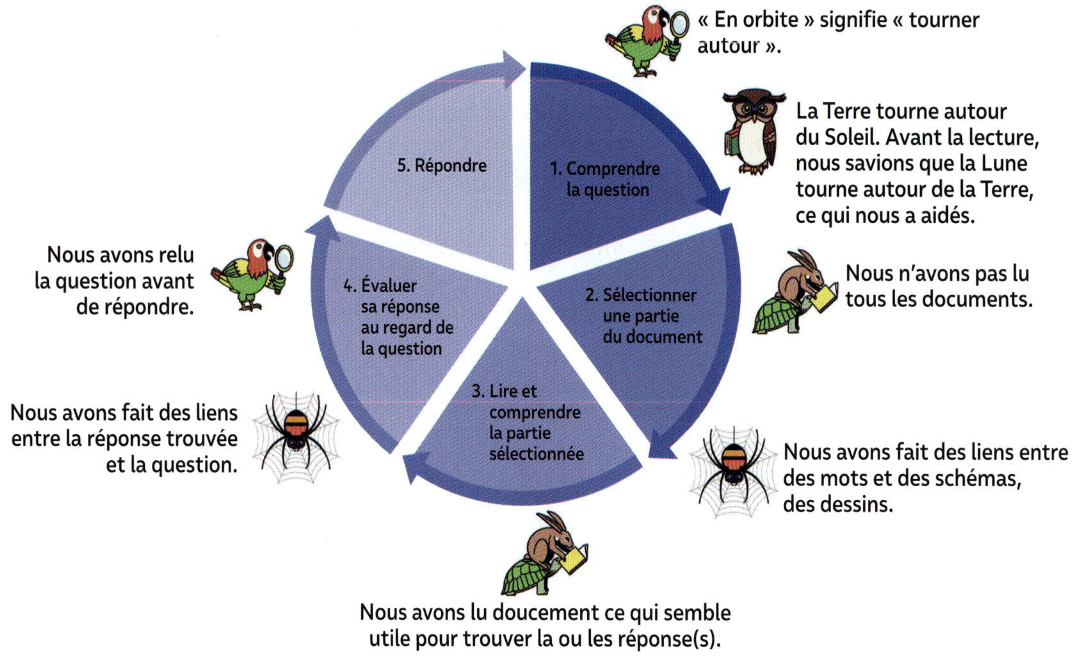

SÉANCE 2

PHASE 1 Rappels 5' oral collectif

Objectif :

▶ Synthétiser les procédures mises en œuvre et les stratégies mobilisées pour répondre aux questions.

- *Vous souvenez-vous de ce qu'on a fait, de ce qu'on a dit la dernière fois ?*

PHASE 2 Recherche (question C) 15' oral collectif, travail en binôme

Objectif :

▶ Chercher la réponse juste et suffisante à la question C.

- *Ouvrez vos livrets à la page 130 et réalisez l'activité C, c'est-à-dire répondre à la troisième question. Vous travaillerez à nouveau par deux.*

≠ Faire des binômes hétérogènes. Prenez avec vous 5-6 lecteurs en difficulté.

- Faire la première étape des 5 Temps avec le groupe classe. Puis laisser les élèves travailler en binôme. Suivre uniquement le groupe choisi.

Nous allons recommencer notre travail de compréhension du texte ; nous allons répondre à la troisième question en nous servant des 5 Temps.
Faire lire la troisième question : **La Lune est un satellite : qu'est-ce qu'un satellite ?**
Selon Les 5 Temps, que faut-il faire en premier ?
Comprendre la question, savoir ce que l'on cherche.
La question C se compose de deux parties : lesquelles ?
Dans la première partie, il y a une affirmation : « La Lune est un satellite. » Dans la deuxième partie, une question est posée : « Qu'est-ce qu'un satellite ? »
Que cherchons-nous ?
Nous cherchons ce que veut dire le mot « satellite » ; nous cherchons une définition, une explication.

Pour répondre à la question C, nous allons chercher dans le texte des mots qui expliquent ce qu'est un satellite. La Lune est un satellite.

- *Continuez avec votre binôme. Vous avez 10 minutes pour répondre à la troisième question ; vous devez vous aider des 4 temps restants.*

  Au bout de 15 minutes, et quand vous avez fini avec votre groupe, faire une mise en commun, notamment une mise en commun des procédures.

  3. La Lune est un satellite : qu'est-ce qu'un satellite ?
  Réponse attendue :
  – *Un satellite est un astre ou un engin qui tourne autour d'une planète, qui orbite autour d'une planète.*
  Accepter différentes formulations :
  – *Un satellite, ça tourne autour d'une planète.*
  – *C'est un astre qui tourne (en orbite) autour d'une planète.*
  – *C'est quelque chose qui tourne autour de la Terre (faire remplacer « Terre » par « planète » car la Terre n'est pas la seule à posséder un satellite et « quelque chose » par « astre ou engin »).*
  S'il y a une réponse comme « C'est une machine qui est envoyée dans l'espace pour observer l'Univers », dire que c'est une réponse juste, mais insuffisante ; juste car le mot « naturel » n'est pas spécifié dans la question, insuffisante car il n'y a pas de référence aux astres.
  Cette question fait appel au processus INTERPRÉTER : il s'agit de mettre en lien des informations du texte, de les comparer entre elles et avec des connaissances personnelles.
  La partie à cibler pour rechercher les informations nécessaires est « Origine ». Dans cette partie, tout est dit, mais de manière non explicite. De plus, les élèves capables de se représenter mentalement la Lune en rotation autour de la Terre et ceux connaissant les satellites artificiels pourront répondre plus facilement.
  De quoi vous êtes-vous aidés pour répondre à la question C ?
  Réponses possibles :
  – De l'illustration *Formation de la Lune* (mise en lien du mot « satellite » du texte et présence de la Lune à côté de la Terre sur l'image ; **stratégie de l'araignée**) ;
  – Du schéma des orbites (mise en lien des dessins des orbites, des trajectoires et de « tourne autour » dans le texte ; **stratégie de l'araignée**) ;
  – De mes connaissances personnelles (**stratégie du hibou**) ;
  – De mots du texte (localisation de « tourner autour », « qui orbite autour », « seul satellite » dans le texte ; **stratégie du lièvre et de la tortue**) ;
  – De la compréhension du mot « orbite » (**stratégie du perroquet**).

- Remplir collectivement le poster des stratégies (dictée à l'adulte) :

  Stratégie du hibou : Faire appel à mes connaissances personnelles.

  Stratégie de l'araignée : Mettre en lien des éléments de la question et du support.

  Stratégie du lièvre et de la tortue : Ralentir la lecture lorsque je rencontre les mots « satellite », « tourner autour ».

  Stratégie du perroquet : Comprendre la définition du mot « orbite ».

PHASE 3 Recherche (question D) 15' oral collectif, travail en binôme

Objectif :
▸ Chercher la réponse juste et suffisante à la question D.

- *Vous allez répondre à la quatrième question (activité D, p. 131). Vous travaillerez toujours par deux.*

- Faire la première étape des 5 Temps avec le groupe classe. Puis laisser les élèves travailler en binôme. Suivre uniquement le groupe choisi.

Nous allons recommencer notre travail de compréhension du texte ; nous allons répondre à la quatrième question en nous servant des 5 Temps.

Faire lire la quatrième question : **Laquelle des illustrations montre le mieux que la Lune est l'unique satellite de la Terre ? Pourquoi ?**

Selon Les 5 Temps, que faut-il faire en premier ?

Comprendre la question, savoir ce que l'on cherche.

Que cherchons-nous ?

Nous cherchons l'illustration qui montre le mieux que la Lune est l'unique satellite de la Terre.

Que vous demande-t-on dans cette question ?

Laisser les élèves faire des propositions. Si la réponse n'émerge pas, dire :

On vous demande votre avis au sujet des illustrations et de justifier votre choix. La réponse n'est pas écrite dans le texte. Vous pouvez vous servir de la réponse à la question C pour répondre au mieux à cette nouvelle question.

- *Continuez avec votre binôme. Vous avez 10 minutes pour répondre à la quatrième question ; vous devez vous aider des 4 temps restants, des 4 étapes restantes.*

Au bout de 10 minutes, et quand vous avez fini avec votre groupe, faire une mise en commun, notamment une mise en commun des procédures.

4. Laquelle des illustrations montre le mieux que la Lune est l'unique satellite de la Terre ? Pourquoi ?

Le texte compte 7 photos/illustrations, seules 3 représentent à la fois la Terre et la Lune, seules celles-ci peuvent donc constituer une réponse correcte. Illustrations « Formation de la Lune : le satellite de la Terre » et « Orbites de la Terre autour du Soleil et de la Lune autour de la Terre », et « Les phases de la Lune ».

Cette question fait appel au processus APPRÉCIER : c'est le plus difficile. Elle demande aux élèves de porter un avis, de lier la forme et le fond, de porter un jugement. Il n'y a pas vraiment de réponse attendue à une question d'appréciation, puisque, par définition, il est attendu que les élèves donnent leur avis. C'est donc la justification qui va compter. Il s'agit ici pour les élèves de mettre en lien la réponse à la question C (la définition d'un satellite) et les choix iconographiques de l'auteur.

De quoi vous êtes-vous aidés pour répondre à la question D ?

Réponses possibles :

– De la définition du mot « satellite » de la question C (**stratégie du perroquet**) ;

– De l'illustration *Formation de la Lune* (mise en lien du mot « satellite » du texte et présence de la Lune à côté de la Terre sur l'image ; **stratégie de l'araignée**) ;

– Du schéma des orbites (mise en lien des dessins des orbites, des trajectoires et de « tourne autour » dans le texte ; **stratégie de l'araignée**) ;

– De mes connaissances personnelles (**stratégie du hibou** ;

– De mots du texte (localisation de « tourner autour », « qui orbite autour », « seul satellite » dans le texte ; **stratégie du lièvre et de la tortue**).

- Remplir collectivement le poster des stratégies (dictée à l'adulte) :

Stratégie du hibou : Faire appel à mes connaissances personnelles.

Stratégie de l'araignée : Mettre en lien des éléments de la question et du support.

Stratégie du lièvre et de la tortue : Ralentir la lecture lorsque je rencontre certains mots.

Stratégie du perroquet : S'appuyer sur la définition du mot « satellite » pour répondre à la question.

Il est plus intéressant de cibler une partie d'un texte documentaire et de ne poser que 4 questions selon les 4 processus que de « bombarder » les élèves de questions tous azimuts.

PHASE 4 Rédaction 10' écrit individuel ou en binôme

Objectifs :
- ▶ Écrire une définition de la Lune ;
- ▶ Répondre à l'intention de lecture.

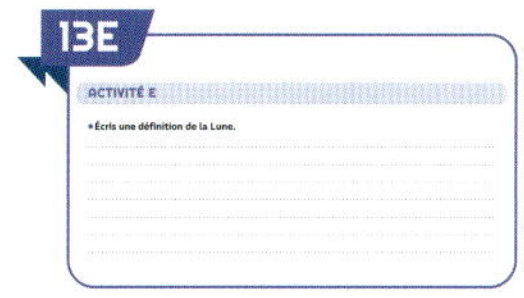

- *Ouvrez vos livrets à la page 131 et réalisez l'activité E. Vous allez devoir écrire un texte qui répondra à notre consigne de départ :* écrire une définition de la Lune. *Vous pouvez vous aider de tout ce qu'on a fait précédemment. Vous pouvez vous mettre par 2.*
Former des groupes d'élèves.
≠ Une différenciation peut être mise en place : un groupe fragile sur la rédaction peut être accompagné par l'enseignant.e, qui aidera à la formulation ou prendra en charge l'écrit matériel.

Définition possible : La Lune est un astre qui tourne/orbite autour de la Terre.
Cet élément de réponse est indispensable.
Accepter tous les autres éléments que les élèves auront choisi de retenir. Attention à ne pas obtenir de texte trop long et donc exhaustif par rapport au document de base.
Accepter également les définitions sous forme de liste.

PHASE 5 Bilan 10' oral collectif, puis écrit individuel

Objectifs :
- ▶ Synthétiser les procédures mises en œuvre et les stratégies mobilisées pour répondre aux questions ;
- ▶ Garder une trace des procédures mises en œuvre pour comprendre.

- *Comment avez-vous fait pour chercher et trouver les réponses aux questions C et D ?*
Laisser les élèves s'exprimer. Projeter le schéma des 5 Temps pour qu'ils s'y réfèrent et qu'ils visualisent bien les 5 Temps. Les encourager à formuler les stratégies utilisées.

- *Est-ce que les 5 Temps vous ont aidés ? Pourquoi ?*

- Projeter le poster des stratégies.
Ouvrez vos livrets à la page 132 et réalisez l'activité F. Vous allez résumer ce que vous avez appris à faire grâce aux différentes stratégies.
Mettre en commun.
Réponses attendues :

Avec la stratégie du lièvre et de la tortue, je n'ai pas lu certains documents. J'en ai lu certains plus lentement pour trouver les réponses.	Avec la stratégie de l'araignée, j'ai mis en lien des informations, notamment la réponse à la question 3 (la définition du mot « satellite ») et la question 4 (chercher la meilleure représentation du mot « satellite »).	Avec la stratégie du perroquet, j'ai cherché des mots qui signifiaient la même chose que « tourner autour » : « orbite ».	Avec la stratégie du hibou, j'ai utilisé tout ce que je savais déjà sur la Lune, sur les satellites...

SÉQUENCE 14

CHANSON DU VITRIER

PRÉSENTATION DU TEXTE

- **Titre :** *Chanson du vitrier*
- **Auteur :** Jacques Prévert
- **Origine :** *Histoires et d'autres histoires*
- **Éditeur :** Gallimard
- **Date :** 1972
- **Type de texte :** poétique
- **Genre :** poème

PRÉPARATION

POURQUOI CE TEXTE ?

Nous avons choisi ce poème car :

- il est explicite dans son sens ;
- il est accessible dans sa forme ;
- son auteur est très connu ;
- il n'est pas trop long ;
- il est « visuel ».

Poésie ou poème ? La poésie est l'« art d'évoquer et de suggérer les sensations, les impressions, les émotions les plus vives par l'union intense des sons, des rythmes, des harmonies, en particulier par les vers ». (Dictionnaire Larousse en ligne) La poésie est donc un terme générique. Dans le type de texte « poétique », on trouve le poème, au même titre que la chanson ou le proverbe...

QU'Y A-T-IL À COMPRENDRE DANS CET ÉCRIT ?

Il s'agit d'une question fondamentale à laquelle l'enseignant.e doit avoir répondu avant de lancer le travail de compréhension. Ainsi, il sera possible de dire aux élèves « Bravo, tu as compris que... », au lieu de seulement dire « Tu as compris ». Répondre à cette question peut sembler facile, mais c'est en réalité très difficile.

Dans le poème *Chanson du vitrier*, le lecteur doit comprendre que le poète écrit une déclaration d'amour à des artisans, il célèbre, prône la solidarité, la complémentarité ; il critique l'individualisme. La morale du poème pourrait être « nous sommes faits de l'Autre, l'Autre nous permet d'Être ». Jacques Prévert exprime son admiration pour des métiers anciens et manuels. Il les cite sous forme de chaine humaine pour montrer qu'ils dépendent les uns des autres. Le poème commence par une évocation de la beauté et se termine par la joie ; la complémentarité est belle et amène la solidarité, donc la joie.
Comme dans tous les textes poétiques, le style va soutenir le propos. Le poète n'utilise aucune ponctuation pour ne pas créer de séparation entre les maillons de cette chaine, il opte pour des vers libres et irréguliers, de plus en plus longs, ce qui permet d'accentuer son accumulation de métiers.

La forme et le fond du poème tendent à nous faire ressentir de la complémentarité, de la solidarité, de la considération et de la joie.
Au regard de cette analyse, l'intention de lecture communiquée aux élèves sera de chercher comment Jacques Prévert crée du lien entre toutes les personnes dont il parle dans son poème.

QUEL OUTIL UTILISER POUR AMENER LES ÉLÈVES À COMPRENDRE CE TEXTE ?

Dans ce poème, il s'agit de relier la forme et le fond, de mettre en relation ce que dit l'auteur et comment il le dit. C'est donc l'enchainement des métiers et leur suite logique qu'il va falloir rendre visibles. Pour ce faire, nous avons choisi comme outil **LE VISIBILÉO**, pour rendre visible ce qui est invisible. JAC vous conseille de relire le paragraphe dédié à cet outil dans l'introduction (page 24).

MISE EN ŒUVRE

DÉMARCHE DE LA SÉQUENCE

SEMAINE 1			
SÉANCE 1 45 min.	Phase 1	Découverte de l'auteur et du genre	5 min.
	Phase 2	Entrée en compréhension : les métiers	15 min.
	Phase 3	Lecture du début du poème	10 min.
	Phase 4	Lecture de la « pyramide »	15 min.
SÉANCE 2 45 min.	Phase 1	Rebrassage	5 min.
	Phase 2	Mise en évidence de l'interdépendance	15 min.
	Phase 3	Analyse de la portée symbolique	15 min.
	Phase 4	Réponse à l'intention de lecture	5 min.
	Phase 5	Bilan	5 min.

MATÉRIEL

- Texte, p. 46 (Ressources)
- Livret de l'élève, p. 133-137 (Ressources)
- Audio du texte
- Support de présentation numérique « Chanson du vitrier »

SÉANCE 1

PHASE 1 Découverte de l'auteur et du genre (5') oral collectif

Objectifs :

- Découvrir l'auteur ;
- Savoir ce qu'est un poème ;
- Se projeter dans le propos du texte avant même d'avoir commencé à le lire.

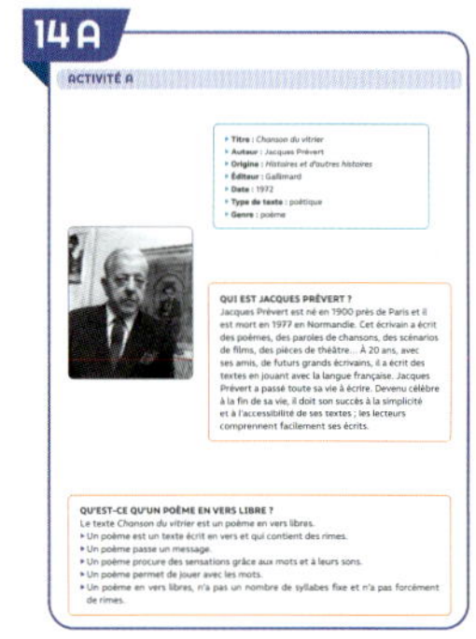

- *Ouvrez vos livrets à la page 133 (activité A).*
  Lisez le paragraphe « Qui est Jacques Prévert ? »
  Qui est Jacques Prévert ?
  Lisez le paragraphe « Qu'est-ce qu'un poème en vers libre ? »
  Qu'est-ce qu'un poème en vers libre ?

Nous allons lire un poème de Jacques Prévert. L'auteur l'a écrit pour nous faire passer un message et pour nous procurer des sensations, des émotions, en jouant avec les mots, avec la langue française. Jacques Prévert a choisi de ne pas écrire un poème classique : il n'a pas voulu de rimes, il ne voulait pas compter les syllabes de ses vers… Il a écrit un poème en vers libre.
Notre intention de lecture sera de rechercher comment Jacques Prévert crée du lien entre toutes les personnes dont il parle dans son poème (fond et forme).

PHASE 2 Entrée en compréhension : les métiers (15')

oral collectif, travail individuel

Objectif :

- Découvrir la chaine humaine des métiers.

- *Je vais maintenant lire le poème, une fois. Ouvrez vos livrets à la page 134 (activité B) ; vous pouvez écouter le texte et le suivre en même temps grâce à votre livret. Pendant cette lecture, vous allez vous faire le film de l'histoire dans votre tête : il s'agit d'utiliser la **stratégie de la licorne**.*

- *Le titre du poème est* Chanson du vitrier.
  *Nous devons nous mettre d'accord sur ce qu'est un « vitrier » ; il s'agit d'utiliser la **stratégie du perroquet**.*
  Que peut vouloir dire « vitrier » ?
  Recherche : Les élèves ont 3 minutes pour rechercher sur Internet ou dans un dictionnaire le mot « vitrier » et comprendre ce qu'il signifie.
  Mettre en commun. Les laisser s'exprimer et mettre en lien leurs définitions.
  Vitrier, c'est un métier. C'est la profession de celui qui pose et qui répare les vitres des fenêtres, des portes.

- *Réalisez l'activité C. Vous allez devoir souligner les 10 métiers qui figurent dans ce poème. Vous avez 3 minutes.*

≠

Faire quelques binômes
1 lecteur en difficulté avec 1 normo-lecteur

Mettre en commun.

Chanson du vitrier

Comme c'est beau
ce qu'on peut voir comme ça
à travers le sable à travers le verre
à travers les carreaux
tenez regardez par exemple
comme c'est beau
ce bûcheron
là-bas au loin
qui abat un arbre
pour faire des planches
pour le menuisier
qui doit faire un grand lit
pour la petite marchande de fleurs
qui va se marier
avec l'allumeur de réverbères
qui allume tous les soirs les lumières
pour que le cordonnier puisse voir clair
en réparant les souliers du cireur
qui brosse ceux du rémouleur
qui affûte les ciseaux du coiffeur
qui coupe le ch'veu au marchand d'oiseaux
qui donne ses oiseaux à tout le monde
pour que tout le monde soit de bonne humeur.

Jacques Prévert, in *Histoires et d'autres histoires*,

- *Allez à la page 135 de votre livret et réalisez l'activité D. Vous allez associer chaque métier à sa définition. Il s'agit d'utiliser la* ***stratégie du perroquet*** *en cherchant des mots de la même famille, et la* ***stratégie du hibou*** *en s'appuyant sur les connaissances qu'on a déjà sur les métiers.*
L'enseignant.e travaillera avec un groupe de faibles déchiffreurs.
Mettre en commun.

- Remplir collectivement le poster des stratégies (dictée à l'adulte) :
Stratégie de la licorne **:** Se faire le fim de l'histoire dans la tête.
Stratégie du perroquet **:** Chercher des mots dans le dictionnaire.
Chercher des mots de la même famille.
Stratégie du hibou **:** S'appuyer sur ses connaissances.

PHASE 3 Lecture du début du poème 10' oral collectif et travail individuel

Objectif :
▶ Comprendre les 6 premiers vers du poème.

- *Nous allons étudier les mots choisis par Jacques Prévert pour écrire le début de son poème.*
Projeter les 6 premiers vers. Laisser les élèves les lire seuls.

Chanson du vitrier

Comme c'est beau
ce qu'on peut voir comme ça
à travers le sable à travers le verre
à travers les carreaux
tenez regardez par exemple
comme c'est beau

- *Ouvrez vos livrets à la page 135 et réalisez l'activité E. Vous allez devoir lire la première consigne et surligner les répétitions.*
L'enseignant.e travaillera avec un groupe de faibles déchiffreurs. Il leur lira les vers. Mettre en commun. Surligner au tableau.
PRÉLEVER ***Que répète Jacques Prévert ?***
« Comme c'est beau » 2 fois et « à travers » 2 fois.
À quoi ça sert de répéter quelque chose ?
APPRÉCIER Laisser les élèves réfléchir puis mettre en commun.
Répéter sert à insister, à appuyer sur une idée, à renforcer son idée, à convaincre (celui qui écoute, celui qui lit), à montrer qu'il a raison, à se souvenir.
Ici, Jacques Prévert veut démontrer que regarder par la fenêtre, c'est beau, c'est vraiment beau. Il veut qu'on le croie.

- *Vous allez devoir effectuer la deuxième consigne : en vert, surligner les 3 synonymes du mot « vitre ».*
Mettre en commun.
Si nous remplaçons chaque synonyme par le mot « vitre », ça donne quoi ?
à travers la vitre à travers la vitre
à travers la vitre
Jacques Prévert utilise des synonymes encore une fois pour insister. Il dit 3 fois la même chose.

- *Vous allez devoir effectuer la troisième consigne : en bleu, surligner les 2 verbes qui se suivent.*
Mettre en commun.
Que pouvez-vous dire sur ces 2 verbes ?
Ils sont à l'impératif. Ils nous donnent un ordre.
INTERPRÉTER ***Comment résumeriez-vous cette partie du poème ?***
Jacques Prévert insiste, répète ses propos pour bien les souligner. Il nous parle à nous, lecteurs, lectrices. Il nous donne un ordre « Tenez regardez… ». Il dit « c'est vraiment très beau, j'ai raison, regardez ! »

Chanson du vitrier

Comme c'est beau
ce qu'on peut voir comme ça
à travers le sable à travers le verre
à travers les carreaux
tenez regardez par exemple
comme c'est beau

INTERPRÉTER ***Que dit Jacques Prévert dans ces 6 vers ?***
Laisser les élèves s'exprimer. Faire mettre en mots autant de fois que nécessaire. Valider ou invalider leurs réponses.
Propositions possibles :
Je vous assure que quand on regarde par la fenêtre on voit de très belles choses.
Croyez-moi, regardez par les vitres, vous verrez des choses magnifiques.
Regardez par la fenêtre, vous verrez, c'est beau…
- *Vous allez devoir compléter votre livret en répondant à la question (activité E, p. 135).*
L'enseignant.e travaillera avec les faibles déchiffreurs. Soit ils écrivent dans leur livret avec votre étayage, soit vous écrivez pour tout le groupe sur une feuille blanche en forme de bulle.

PHASE 4 Lecture de la « pyramide » 15' oral collectif et travail individuel

Objectif :
▶ Visualiser que le fond et la forme du poème sont liés.

- Projeter le poème.
Nous avons compris les 6 premiers vers. Nous allons maintenant travailler sur le reste du poème.
Laisser les élèves lire le poème seuls. Vous pouvez le lire aux faibles déchiffreurs en les regroupant autour de vous.

- PRÉLEVER *Quel est le premier métier cité ?*
Le bucheron.
PRÉLEVER *Que fait le bucheron dans le poème ?*
Il abat des arbres pour faire des planches pour le menuisier.

- *Mettez-vous par 2 et chacun votre tour, posez la question « Que fait le... ? » en utilisant chaque métier cité. Vous devez répondre en utilisant les mots de Jacques Prévert.*
L'enseignant.e travaillera avec les faibles déchiffreurs.
Mettre en commun.
PRÉLEVER
Que fait le menuisier ?
Il fait un lit pour la marchande de fleurs.
Que fait la marchande de fleurs ?
Elle va se marier avec l'allumeur de réverbères.
Qui allume les lumières pour le cordonnier ?
L'allumeur de réverbères.
Qui répare les chaussures du cireur ?
Le cordonnier.
Qui brosse les chaussures du rémouleur ?
Le cireur.
Qui affûte les ciseaux du coiffeur ?
Le rémouleur.
Qui coupe les cheveux du marchand d'oiseaux ?
Le coiffeur.
Qui donne ses oiseaux à tout le monde ?
Le marchand d'oiseaux.

- *Je viens de dire de nombreuses fois « qui » ; je ne les ai pas inventés, je les ai pris dans le poème.*
Allez à la page 134 de vos livrets et réalisez l'activité F. Vous devez surligner tous les « qui » du poème.
INFÉRER *Que remarquez-vous ? Que fait chaque artisan ?*
Il fait/fabrique quelque chose pour un autre.
- *Vous devez maintenant surligner tous les « pour » du poème.*
APPRÉCIER *Que se passe-t-il avec les noms de métiers quand on ne voit plus de mots « pour » ?*
Ils sont plus rapprochés, plus près les uns des autres. On passe plus vite d'un métier à l'autre sans « pour ». Le poète veut rapprocher tous ces gens qui travaillent les uns pour les autres, alors il enlève des mots.
Comment ça s'appelle quand on va plus vite ?
On dit que l'on accélère.
APPRÉCIER *Qu'est-ce que Jacques Prévert n'a pas mis dans son poème et qui permet d'accélérer notre lecture et donc de rapprocher les artisans ?*
Des points, des virgules, de la ponctuation.

- INTERPRÉTER *De quoi parle le poème ? Que nous dit Jacques Prévert ? Que voyez-vous comme images dans votre tête ?*
Quand on regarde par la fenêtre, on voit de belles choses : des artisans qui travaillent les uns pour les autres, qui s'aident, qui s'entraident. Ils forment une chaine de métiers.

- Remplir collectivement le poster des stratégies (dictée à l'adulte) :
Stratégie du lièvre et de la tortue : Lire le poème à des vitesses différentes. Faire des pauses dans la lecture. Faire attention à la ponctuation.
Stratégie de la licorne : Se faire un film de l'histoire dans la tête.

SÉANCE 2

PHASE 1 Rebrassage 5' travail individuel et oral collectif

Objectif :
▶ Rendre visible la chaine humaine.

- *Nous allons maintenant écouter à nouveau le poème. Ouvrez vos livrets à la page 134 ; vous pouvez écouter le texte et le suivre en même temps grâce à votre livret.*
Faire écouter le poème.

- *Allez à la page 136 et réalisez l'activité G. Vous devez écrire les 9 noms de métiers dans l'ordre du poème. Nous allons essayer de rendre visible ce qui est invisible dans le poème ; nous allons fabriquer un Visibiléo.*
Mettre en commun.

Pourquoi, selon vous, les métiers sont-ils listés dans cet ordre ?
INTERPRÉTER et APPRÉCIER *Parce qu'un métier travaille pour un autre bien précis, pas pour n'importe lequel.*
Comment pouvons-nous appeler cette représentation : une liste de métiers reliés les uns aux autres ?
Une suite, une succession, une file, une ribambelle, une chaine, un enchainement…
Nous avons compris que Jacques Prévert décrit une chaine humaine, un enchainement de personnes qui travaillent les unes pour les autres, les unes avec les autres.

PHASE 2 Mise en évidence de l'interdépendance 15' travail en binôme

Objectif :
▶ Souligner les liens entre les différents métiers.

- *Nous allons maintenant essayer de comprendre le lien entre les métiers du poème ; il s'agit d'utiliser la **stratégie de l'araignée**.*

Projeter le visuel suivant : le bûcheron → le menuisier

En binôme, vous allez chercher à quoi correspond la flèche bleue qui relie le bucheron au menuisier.
L'enseignant.e travaillera avec les faibles déchiffreurs/scripteurs.
Mettre en commun.
Réponses attendues :
Travaille pour…, fabrique quelque chose pour…, fait quelque chose pour…, est ce qu'il est grâce à…

- Projeter le visuel suivant : | le bûcheron → le menuisier |

  En binôme, vous allez chercher à quoi correspond la flèche orange qui relie le menuisier au bucheron.
  Mettre en commun.
  Réponses attendues :
  Travaille grâce au...

- Remplir collectivement le poster des stratégies (dictée à l'adulte) :
  Stratégie de l'araignée : Comprendre que chaque professionnel fait quelque chose pour un autre ; qu'ils sont liés les uns aux autres.

PHASE 3 Analyse de la portée symbolique 15'

oral collectif et travail individuel

Objectif :
▶ Mise en évidence de la portée symbolique du poème.

- Former des groupes de 10 élèves (si vous avez plus de 20 ou 30 élèves, vous pouvez doubler les rôles). Distribuer un rôle et un post-it à chacun. Chaque élève écrit son métier sur son post-it, puis le colle sur sa poitrine.
  *Vous allez vous placer comme sur un Visibiléo, sous forme de chaine. Vous allez reconstituer la chaine des métiers, chacun représentera un métier. Vous allez mimer un travail et donner ce que vous avez fabriqué à votre partenaire. Vous avez imaginé la chaine des métiers dans votre tête grâce à la **stratégie de la licorne**, vous allez maintenant en faire une représentation réelle.*
  Cette activité permettra aux élèves de mieux comprendre la chaine des métiers, de s'en imprégner.

  Que pouvons-nous dire sur ces personnes qui travaillent les unes pour les autres et qui travaillent grâce aux autres ? Vous allez utiliser plusieurs mots pour définir leurs liens ; il s'agit d'utiliser la stratégie du perroquet.
  Laisser les élèves formuler leurs idées de plusieurs façons et écrire les mots importants au tableau.
  Elles s'aident.
  Elles se complètent, elles sont donc complémentaires.
  Elles coopèrent.
  Elles sont associées.
  Elles se soutiennent, s'entraident, on peut dire qu'elles sont solidaires.
  Elles sont liées, unies ; elles travaillent seules, mais dans un même objectif : que tout le monde soit de bonne humeur (dernier vers).
  INTERPRÉTER ***Que ferait chacun de ces artisans sans les autres ?***
  Il travaillerait seul (ou ne pourrait pas travailler).
  Quel autre adjectif de la famille de « seul » pouvons-nous utiliser ?
  Quand on est seul, on est... solitaire. Écrire ce mot près de « solidaire », écrit précédemment. Expliquer que ces deux mots ont la même racine latine « sol », qui signifie « seul ».
  Quand on travaille pour soi seul, on dit qu'on est... ?
  Personnel, individuel, individualiste.
  APPRÉCIER ***Quel est le message de Jacques Prévert, selon vous ?***
  Ce que Jacques Prévert trouve beau, c'est la solidarité, la coopération entre tous ces métiers manuels. Chacun fabrique quelque chose qui va servir à quelqu'un d'autre. Les uns servent les autres.

- *Ouvrez vos livrets à la page 136 et réalisez l'activité H. Vous allez devoir barrer des mots et répondre à des questions.*
  L'enseignant.e travaillera avec les faibles déchiffreurs/scripteurs.

Mettre en commun.
Réponses attendues :
1. Dans son poème, Jacques Prévert dit que pour être heureux, nous devons être... complémentaires, unis, solidaires, mais pas individualiste (qui pense pouvoir faire seul).
2. Que feraient les artisans du poème les uns sans les autres ? Ils ne pourraient pas travailler. Ils ne pourraient rien faire. Ils seraient seuls.
3. Qu'est-ce qui permet à chaque personne d'être ce qu'elle est ? C'est un autre artisan. Chacun est ce qu'il est grâce à un autre professionnel de son village.

- *Nous allons maintenant répondre à notre intention de lecture : comment Jacques Prévert crée-t-il du lien entre toutes les personnes dont il parle dans son poème ?*
Laisser les élèves s'exprimer. Résumer les propos.
Réponse possible :
Jacques Prévert n'utilise pas que des mots pour nous faire passer son message « Pour être heureux, il faut tenir compte des autres ». Il utilise également une façon particulière d'écrire : il n'utilise pas de ponctuation pour ne pas séparer les noms de métiers, il accélère son écriture en employant beaucoup « qui », il fait des vers de plus en plus longs, que l'on doit lire sans respirer (lien avec la fluidité de lecture, le phrasé).

- Remplir collectivement le poster des stratégies (dictée à l'adulte) :
**Stratégie du perroquet : ** Redire avec nos mots ce que nous avons compris.

PHASE 4 Réponse à l'intention de lecture 5' collectif

Objectif :
▶ Formalisation du parcours de lecteur par un Visibiléo.

- Projeter le poème et le Visibiléo.

Chanson du vitrier

Comme c'est beau
ce qu'on peut voir comme ça
à travers le sable à travers le verre
à travers les carreaux
tenez regardez par exemple
comme c'est beau
ce bûcheron
là-bas au loin
qui abat un arbre
pour faire des planches
pour le menuisier
qui doit faire un grand lit
pour la petite marchande de fleurs
qui va se marier
avec l'allumeur de réverbères
qui allume tous les soirs les lumières
pour que le cordonnier puisse voir clair
en réparant les souliers du cireur
qui brosse ceux du rémouleur
qui affûte les ciseaux du coiffeur
qui coupe le ch'veu au marchand d'oiseaux
qui donne ses oiseaux à tout le monde
pour que tout le monde soit de bonne humeur.

Jacques Prévert, in *Histoires et d'autres histoires*,

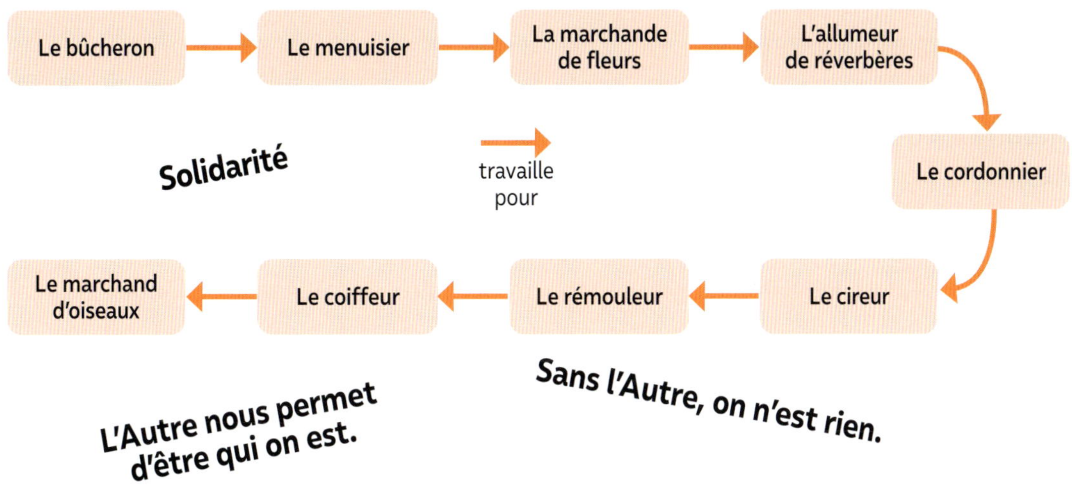

Dire aux élèves :

Ce que nous disent les mots du poème	Ce que nous dit la forme du poème
Pour être de bonne humeur, il faut s'entraider, travailler pour les autres, être solidaires.	Si on regarde bien autour de nous, on voit que nous sommes tous liés aux autres, attachés les uns aux autres. Nous avons besoin les uns des autres.

PHASE 5 Bilan 5' écrit individuel

Objectif :

▶ Garder une trace des procédures mises en œuvre pour comprendre.

- Projeter le poster des stratégies.

Ouvrez vos livrets à la page 137 et réalisez l'activité I. Vous allez résumer ce que vous avez appris à faire grâce aux différentes stratégies.

Mettre en commun.

Réponses attendues :

Avec la stratégie de la licorne, je me suis fait le film du poème dans ma tête et j'ai vu les artisans travailler les uns pour les autres.	Avec la stratégie de l'araignée, j'ai représenté les liens entre tous les métiers.	Avec la stratégie du perroquet, j'ai trouvé le sens du mot « vitrier » et celui de métiers inconnus (dictionnaire, mots de la même famille), ainsi que le sens de « solidaire », « complémentaire », « individualiste ». J'ai redit avec mes mots ce que j'avais compris.

Avec la stratégie du hibou, j'ai lu des noms de métiers que je connaissais déjà.	Avec la stratégie du lièvre et de la tortue, j'ai lu le poème à des vitesses différentes. J'ai fait des pauses dans ma lecture.

BIOGRAPHIE DES AUTEURS

Sophie Hénon
Conceptrice, co-autrice
Enseignante pendant 20 ans
Titulaire du CAFIPEMF
Titulaire d'un Master 2 en ingénierie de la formation
Actuellement Conseillère Pédagogique Départementale en Maitrise de la langue française

Sophie Hénon a été professeure des écoles pendant 20 ans. Elle est titulaire du CAFIPEMF depuis 2005 et d'un Master 2 en ingénierie de la formation. Elle est actuellement Conseillère Pédagogique Départementale en Maitrise de la langue française. Elle a bénéficié de nombreuses formations auprès de chercheurs reconnus dans le domaine de la compréhension. Elle a conçu et animé de nombreuses formations, initiales et continues, à destination d'enseignants du 1er et du 2nd degrés sur l'enseignement de la compréhension, au niveau départemental et académique.
Ayant repéré des pratiques innovantes lors d'Erasmus en Grande Bretagne, elle a conçu le présent ouvrage.

Marcelin Hamon
Co-auteur
Professeur des écoles pendant 25 ans
Titulaire du CAFIPEMF
Titulaire d'un DEA en Sciences de l'Éducation à forte coloration en didactique du français
Actuellement Conseiller Pédagogique Référent en Maitrise de la langue française

Marcelin Hamon a été professeur des écoles pendant 25 ans, en milieu rural et en REP. Il est titulaire du CAFIPEMF depuis 2005 et d'un DEA en sciences de l'éducation, à forte coloration en didactique du français. Il est actuellement Conseiller Pédagogique Référent en Maitrise de la langue française auprès de constellations. Il a conçu et animé de nombreuses formations sur l'enseignement de la compréhension, aux niveaux départemental et académique. Il s'est emparé de cette question après avoir constaté les besoins de nombreuses équipes dans le domaine de la compréhension.
Il est l'auteur d'articles dans des revues professionnelles.

CRÉDITS DES TEXTES

Séquence 1 : « Exercices » in *Histoires pressées*, Bernard Friot, © Éditions Milan, 1988.

Séquence 2 : « Le vaillant petit tailleur » in *Contes*, Jacob Grimm, Wilhelm Grimm, trad. Marthe Robert, © Éditions Gallimard, 1973.

Séquence 3 (texte et visuels) **:** *P'tit Libé dans la jungle de l'information*, https://www.liberation.fr/apps/2017/03/le-ptit-libe-semaine-de-la-presse/, Cécile Bourgneuf, Elsa Maudet et Émilie Coquard, © Le P'tit Libé.

Séquence 4 : *Mafalda*, Quino © 2024, sucesores de Joaquín S. Lavado (Quino) / Caminito Sas Literary Agency.

Séquence 5 : « Le chameau et sa bosse » in *Histoires comme ça*, Rudyard Kipling, trad. Pierre Gripari, © Éditions Gallimard.

Page 19 : https://centre-alain-savary.ens-lyon.fr/CAS/education-prioritaire/ressources/theme-1-perspectives-pedagogiques-et-educatives/realiser-un-enseignement-plus-explicite/enseigner-plus-explicitement-un-dossier-ressource

Séquence 7 : *L'électricité en France*, Maxime Paul (Monsieur Paul, blogueur) https://chezmonsieurpaul.org/ © Maxime Paul.

Séquence 8 : *La grande encyclopédie*, Sean Callery, Clive Gifford, Mike Goldsmith et Nicolas Blot, © Éditions Nathan, 2019.

Séquence 9 : *L'homme à l'oreille coupée*, Jean-Claude Mourlevat © Éditions Thierry Magnier, 2015.

Séquence 10 : *Lily*, paroles et musique de Pierre Perret, avec l'aimable autorisation des Éditions Adèle.

Séquence 11 : *Mon Quotidien n° 6716* du 22/01/2019 © PlayBac Presse.

Séquence 14 : « Chanson du vitrier » in *Histoires et d'autres histoires*, Jacques Prévert, © Éditions Gallimard, 1972.

CRÉDITS PHOTOGRAPHIQUES

p. 9 b © tiena – stock.adobe.com (reprise p. 10) ; **p. 18 m** © YummyBuum – stock.adobe.com (reprise p. 27) ; **p. 70** marmelade © AlenKadr – stock.adobe.com ; miche © emuck – stock.adobe.com ; pourpoint © Céline Tohier – www.celinecostumes.fr ; **p. 119** chameau © Hunta – stock.adobe.com.

Conception de couverture et maquette intérieure : Céline Bernard
Adaptation maquette intérieure : Amandine Chambosse
Adaptation couverture : Jean-Marc Denglos
Mise en page : Médiamax
Iconographie : Sylvie Leneveu
Illustrations : Régis Lejonc
Fabrication : Sébastien Argant
Direction éditoriale : Pascale Costet
Édition : Laure De Checchi et Julie Delaere

ISBN : 9782095033545

Code éditeur : 374554 - N° de projet : 10296547
Dépôt légal : juillet 2024 - Achevé d'imprimer en mai 2024 par Digit'Offset (54).